云南警官学院规划系列教材

道路交通管理教程

刘 进 主 编

中国人民公安大学出版社

·北 京·

图书在版编目（CIP）数据

道路交通管理教程/刘进主编. —北京：中国人民公安大学出版社，2011.4

云南警官学院规划系列教材

ISBN 978 -7 -5653 -0382 -1

Ⅰ. ①道… Ⅱ. ①刘… Ⅲ. ①公路运输—交通运输管理—高等学校—教材 Ⅳ. ①U491

中国版本图书馆 CIP 数据核字（2011）第 048327 号

道路交通管理教程

刘 进 主编

出版发行：中国人民公安大学出版社
地 址：北京市西城区木樨地南里
邮政编码：100038
经 销：新华书店
印 刷：北京普瑞德印刷厂

版 次：2011 年 4 月第 1 版
印 次：2016 年 1 月第 3 次
印 张：15.75
开 本：880 毫米×1230 毫米 1/32
字 数：408 千字

书 号：ISBN 978 -7 -5653 -0382 -1
定 价：47.00 元

网 址：www.cppsup.com.cn www.porclub.com.cn
电子邮箱：zbs@cppsup.com zbs@cppsu.edu.cn

营销中心电话：010 - 83903254
读者服务部电话（门市）：010 - 83903257
警官读者俱乐部电话（网购、邮购）：010 - 83903253
教材分社电话：010 - 83903259

云南警官学院规划系列教材
编委会

《道路交通管理教程》

主　　编　刘　进

副 主 编　吴建昆　张　鸿

撰 稿 人 （以姓氏笔画为序）

　　　　　刘　进　吴建昆　张　鸿

前　言

　　教材建设是公安教育的基础性工作。面对当前社会治安形势的变化和公安院校招录体制改革的需要，云南警官学院根据公安部和云南省公安厅党委的部署要求，结合云南公安工作的实际，主动适应公安队伍建设和公安教育改革的发展形势需要，坚持"在继承中发展、在适应中推进、在改革中创新、在实践中办学"的办学理念，积极构建适应云南公安工作和公安队伍建设的"大教育、大培训"工作体系。在近年的工作实践中，我们深切感到现有教材已经不能满足公安教育训练工作的需要，迫切需要编写一套适用于公安院校本科教育及在职民警培训的系列教材。因此，我们组织了有关教师及专家，编写了一套涉及侦查、治安、刑事技术、交通管理、禁毒等专业课程及其他基础课程的系列教材。

　　在编写过程中，我们强调了如下原则：

　　一是实战为主的实用性原则。为了突出警察职业教育特征，有利于培养学生的实战能力，突出专业特点，实行"教、学、练、战"一体化的教学模式。

　　二是图文并茂的直观性原则。在编排时，精选图片、图表、样例等，既能形象直观、生动有趣地呈现内容，又便于学生阅读和理解。

　　三是引领发展的前沿性原则。面对当今社会治安形势的变化，警察职业教育不仅要适应现实需要，还要引领公安工作开展、公安学科发展和公安人才成长。因此，在教材的内容选取方面，密切结合当前公安工作中出现的新需求，体现公安学科的发展趋势。

四是学科特色的多样性原则。既要符合警察职业教育系列教材的统一规范和要求，又要结合不同学科特点进行创新，体现学科的专业特色。

云南警官学院规划系列教材编委会
2010 年 7 月

编者的话

道路交通管理是管理科学中的一个重要组成部分，是一种以稳定社会、保证经济健康发展、追求社会效益为目标的社会管理。衣、食、住、行是人类经济社会生活中的四大要素。交通管理的对象是全体交通参与者的交通行为，利用法律、法规对行为进行引导和约束，是交通管理工作的主要内容。

本教材是在参考有关教材和资料，并吸收有关研究成果的基础上编写而成的。在教材编写工程中，以相关基础理论和基础知识为依据，力求准确阐述道路交通管理的基础理论、基础知识和基本技能，力求引用最新的法律、法规，并兼顾了学科知识的系统性和完整性。为了配合公安院校招录体制改革的需要，加强对学生实际操作能力的培养，本教材在主要章节后安排了实训教学的内容，以供参考。

随着社会的发展，我国道路交通中的各种矛盾日益凸显，道路交通管理工作面临着更加严峻的形势。因此，交通管理法律、法规和管理内容，必须随着经济社会的发展需要不断调整。作为培养预备警官的公安高等院校，理应针对时代变迁带来的新情况、新任务、新要求，紧跟时代步伐，适时对专业性理论教材进行创新，才能培养出高素质的适应形势发展变化需要的道路交通管理人才。

本教材主要针对学历教育和试点专业非交通管理专业本、专科教学，也可作为从事道路交通安全管理人员的学习参考书。本教材共分为十章。其中：第一章"道路交通管理概述"、第二章"道路交通管理法规概述"、第五章"道路交通管理设施"和第八章"道路交通勤务与交通警卫"由吴建昆同志编写；第三章"车辆与驾驶人管理"、第四章"道路交通组织"、第六章"道路交通秩序管理"和第七章"道路交通违法处理"由刘进同志编写；第九章"交通事故处理"和第十章"公安交通管理信息系统"由张鸿同志编写。全书由云南警官学院郭宝院长主审，由刘进同志统稿。

　　本教材在编写过程中，参阅、借鉴了有关教材和资料，引用了有关专家学者的最新研究成果，为此，谨向有关单位和编著者表示诚挚的谢意！本教材得以顺利出版，有赖于云南警官学院领导和各级领导的关心与支持，在此特表示衷心的感谢！

　　鉴于作者理论水平有限以及实践经验欠缺，本教材难免会有诸多不妥之处，恳请专家和读者提出宝贵意见，以便在修订中改进。

编　者

2011 年 2 月

第一章 道路交通管理概述

第一节 道路交通管理的概念与原理

一、道路交通管理的概念

（一）道路交通的含义和特征

道路交通，是指人类为达到交流目的，人和车辆在道路上发生空间位置移动的全部活动。可见，无一定目的和不在道路上所发生的人与车辆的空间位置变化，均不宜称之为道路交通。同时，道路交通活动都有其始发地点和终止地点以及它们两者间的运行全部过程，即包括运行正在进行与运行过程的停驻两个环节。解决好道路交通运行全部过程中两个环节的问题，就能实现"保障道路交通有序、安全、畅通"所要追求的目标。

道路交通是由人、车辆、道路和交通环境四项基本要素而构成。人是指车辆驾驶人、行人和乘车人，又称为交通参与者；车辆是指机动车和非机动车；道路是指供人与车辆公共通行的地方；交通环境是指交通参与者所处的与其所进行的道路交通活动有关的客观环境。按照交通方式，道路交通可分为机动车交通、非机动车交通和步行交通三种基本类型。

在我国，道路交通的最大特点是混合交通，其基本特征有如下四个方面：

首先，交通源点分布不均衡。交通源点即交通源头。它是指交通活动数量较大的交通始点和交通终点，包括吸引大量人流的地点和货物运输的主要集散地点。吸引大量人流的地点，如工业区、商业区、住宅区、文化娱乐场所以及车站、码头等；货物运输的主要集散地点，如铁路货站、航运装卸码头、工业企业、仓库、建筑工地等。这些客运和货运的集散点，集中吸引交通，形成交通源头。在城市中，特别是在旧城市中，由于历史上的种种原因，造成交通源点往往布局不尽合理，分布不均衡，甚至过于集中，因而，导致交通拥挤、交通阻塞的现象发生。

其次，交通流不稳定。人们进行道路交通活动的目的不尽相同，因而，导致交通流随时间变化。这表现在：在每年的各个月份、每周的各天、每天的各段时间上均不相同，还受到季节、气候等条件的影响；在交通路线方向上，除了按一定路线行驶的公共交通车辆以外，其他车辆基本不固定。可见，道路上的交通流量、流向、分布都在不断变化，具有很大的随机性。

再次，交通工具复杂。交通运输工具有机动车与非机动车，大客车与小客车，大货车与小货车。各种车辆的几何尺寸、运载量、行驶速度诸方面各不相同。这反映出道路交通具有工具复杂的基本特征。

最后，人车相互干扰。道路上各种交通流汇集于交叉路口，形成人与车、车与车相互交汇，相互交织、相互冲突，以致降低行驶速度，造成交通阻滞，甚至可能发生交通事故。这种情形，在交通量比较大的交叉路口尤为突出。

（二）道路交通管理的含义和组成

道路交通管理的表现形式，主要有静态和动态两种表现形式。在这个前提下，可引出不同的含义或概念，当中既包含了宏观广义的，又包含了微观狭义的管理内容。

道路交通管理，是指运用法律、法规、安全教育、现代管理科学和工程技术的理论与方法，协调和处理道路交通活动中的人、车辆、道路以及交通环境之间的关系，以达到交通安全、畅

通、低公害、低能耗的目的。简而言之，道路交通管理，是指对构成道路交通活动的人、车辆、道路以及交通环境诸要素的统一管理。这可以理解为宏观广义的概念。

道路交通管理，是指依法享有道路交通管理资格主体的国家机关，依法采用静态的、客观的事、物和动态的行为，对构成道路交通法律关系的人、车辆、道路、交通环境等客体的动态行为进行正确有效的组织、规范、协调、控制的活动。这可以理解为微观狭义的概念。

所谓静态的表现形式，是指客观的事、物。例如，成文、正式颁布施行的各种道路交通管理法规和与之相对应需经行政许可的各种道路交通活动的规定等，这可以理解为"事"；再如，各种道路交通管理设施，包括各种国家相关管理机关的各种设施装备甚至人员，在这里可以理解为"物"，它们都与道路交通管理活动有关，都是以一种相对固定静止的形态表现出来的。

所谓动态的表现形式，是指相应的国家机关，对构成道路交通法律关系的各要素进行管理的主客观活动的行为。例如，交通、路政、城建部门对道路建设、维护、运输企业的管理；工商、质监部门对车辆生产企业的审核、质量监督，特别是公安交通管理机关的许多公安交通管理行政行为，如机动车驾驶人考核、登记；机动车登记、落户；道路交通秩序管理；道路交通事故处理等，都是必须在各要素、各种主客体之间的主观努力和施行的有机运动过程中来完成的。所以，在这里就可以理解为动态的行为。

道路交通管理是国家行政管理的一个组成部分，又是社会治安管理的一项内容。道路交通管理的基本职能是：执行法律、交通法规和有关规定，保护公民的合法权益，保障道路交通和经济建设的顺利进行。道路交通管理的基本内容有：车辆与驾驶人管理、道路交通秩序管理、交通违法的查处与预防、交通事故的处理与对策。

（三）道路交通管理的作用

道路交通管理工作的有效开展，与保证社会生产生活和经济活动的顺利进行有着直接关系。同时，与保证整个社会正常秩序以及构建和谐社会也有着直接的关系。因此，道路交通管理在社会经济和社会生活中有着重要的作用。这主要表现在以下三个方面：

首先，保障社会经济发展。道路交通管理有着保卫和促进社会经济发展的作用。这反映在，开展道路交通管理，可强化道路交通活动的有效进行，从而强化它对于社会经济发展具有动脉和"先行官"的功能。改善和加强道路交通管理，提高管理水平，可更好地促进和保障社会经济的稳步发展。

其次，保障公众生命财产安全。随着人民群众生活水平逐步提高，对道路交通的需求越来越强。如果道路交通的安全、畅通得不到保障，就会直接影响到人民群众生产生活的正常进行，给他们的生命财产带来巨大损失，甚至可能导致严重的社会灾难。因此，必须改善和加强道路交通管理，使得在道路交通的快速发展中，能有效控制其所带来的负面影响，保障社会生活正常、和谐、安定的秩序。

最后，促进国家声誉提高。道路交通管理关系到精神文明建设和维护国家政治声誉。社会的各种活动往往同道路交通密切相关，特别是通过道路交通秩序反映出来，所以，道路交通秩序被称为城市和地区之"橱窗"。因为它直接反映社会的科学文化水平和管理水平，反映社会公众的道德面貌、社会风尚和文明程度。在国际交往中，国际友人、海外华侨来参观访问、旅游观光、贸易活动和探亲访友的越来越多。他们往往通过交通秩序这个"橱窗"来观察和评论社会发展变化，这直接涉及国家的政治声誉。因此，改善和加强道路交通管理，可以促进精神文明建设和维护国家的政治声誉。

二、道路交通管理的特点

道路交通管理和其他管理一样，都具有社会的和自然的双重属性。它的社会属性，反映了一定的社会形态中统治阶级的要求，受到生产关系和经济基础的制约；它的自然属性，反映了社会生产劳动过程本身的要求，是一系列科学方法的总结。与此同时，道路交通管理所协调和处理的关系是多对象和诸种因素，并且，应视为居于道路交通之上和之中的一种直接管理。因此，道路交通管理还有多因属性和科学属性的特点。

（一）道路交通管理的社会属性

道路交通管理的社会属性，是指道路交通活动中不可避免地发生着人与人、人与社会之间的关系，伴随这种关系始终所进行的调整、协调、控制等一系列管理。首先，道路交通是社会经济的组成部分。社会生产和人员物资交流的进行，需要道路交通提供保障条件，同时，它又促进社会经济的稳步发展。其次，道路交通是社会生活的主要组成部分。人们进行正常生活，都必须毫无例外地参与道路交通。因此，道路交通必然涉及每个家庭和每个家庭成员的正常生活的有效进行。

上面所述表明，道路交通贯穿和渗透到社会经济和社会生活的各方面，任何社会组织和社会成员没有不与道路交通发生着经常性的密切联系的。同时，道路交通是人们有计划、有目的而进行的一种社会活动，因而，在进行过程中不可避免地发生着人与人、人与社会之间的关系。通常，这种错综复杂的关系，不是客体相互间可以自发地予以解决的。道路交通管理作为适应道路交通这种共同活动需要的产物，就要采用一定的社会规范和上层建筑的某些职能，把人们组织起来并统一于道路交通共同目标之下，正确协调和处理道路交通活动中所发生的人与人、人与社会之间的关系，保证道路交通有节奏、有成效地进行，以达到预期的效果。可见，道路交通管理具有较强的社会属性。

（二）道路交通管理的自然属性

道路交通管理的自然属性，是指对在道路交通活动中所发生的人与自然之间关系而进行的调整、协调和控制等一系列管理活动。这是因为，道路交通是物质资料生产的联结纽带，贯穿于整个过程至终，而它的存在和发展又依赖于物质资料生产来提供不可缺少的物质条件。同时，道路交通构成要素"人、车辆、道路、交通环境"都是以一定的物质运动形态存在于自然界。人的主观能动作用直接关联着道路交通的运动形态，而道路交通运动形态又同车辆、道路、环境、运输对象相互之间发生着密切联系，还受到气候、地貌、秩序诸因素的影响和制约。

在道路交通活动中发生的人与自然之间的错综复杂关系，交通参与者自身往往难以单纯地适应，也不是他们能自发地予以解决的。于是，客观要求开展相应管理活动，组织人们发挥主观能动作用并统一于道路交通的社会性目标之下，正确协调和处理道路交通活动中发生的人与自然的诸种关系，并遵循客观发展趋势来进行有计划地改造自然的有关因素，以保障道路交通的正常进行。可见，道路交通管理具有较强的自然属性。

（三）道路交通管理的多因属性

道路交通管理的多因属性，是指道路交通管理活动中存在着多种影响制约因子的一种管理机制。这是因为，道路交通管理有若干组成部分，各组成部分往往集合多种相关因子所构成。它们各自发挥其功能作用，必然影响制约着其管理整体的基本性能，从而形成了道路交通管理的多因属性。

道路交通管理多因属性的表现有：一是多对象，即道路交通管理有"人、车辆、道路、交通环境"四个管理对象。二是多目标。就内容目标而言，有交通设施发展目标；交通方式发展目标；交通教育发展目标；管理体制完善目标；管理效益提高目标，包括安全目标、畅通目标、降低公害目标、降低能源消耗目标。三是多状态。这主要有：静态道路交通，静态道路交通管理；动态道路交通，动态道路交通管理；宏观道路交通，宏观道路交通管理；微观道路交通，微观道路交通管理。四是多手段。这主要有：法律、教育、行政、经济、系统信息控制、科学技术等手段。五是多种响应，即道路交通管理必须对道路交通的发展要求作出响应，包括连续性、快速性、及时性和准确性等客观要求作出响应。

（四）道路交通管理的科学属性

道路交通管理和一切社会现象一样，都具有自身的客观发展规律，科学解释现象。它以相信在两组或两组以上的事件之间一定能够找到它们之间相互联系的观点为依据。科学的本质特点是，明确基础原理知识可以用科学的方法而使之系统化。任何领域中的科学，都是指在这个领域中根据所发现的普遍真理积累起来的知识的系统阐述。道路交通管理的发展规律是由社会经济发展规律、道路交通发展规律和现代管理发展规律所决定的。对道路交通所进行的调整、协调、控制等一系列管理活动，不仅居于道路交通之中，而且位于道路交通之上。可见，道路交通管理具有科学属性。

三、道路交通管理的基本任务

道路交通管理的总任务是，根据客观规律和道路交通发展的需求，结合社会经济发展的态势，依据法律和国家赋予的管理职能，加强和完善管理功能，实施道路交通活动的组织协调与控制管理，促进道路交通的稳步发展。道路交通管理的基本任务有以下几个方面：

（一）预测与决策

预测与决策是道路交通管理活动的先导，因而是最重要的管理任务之一。在道路交通管理活动中，预测是否科学，决策是否正确，其后果是不可低估的。做到科学预测，必须根据经济发展、社会进步的需求，借助科学的预测手段和对大量信息资料的系统分析，揭示其客观过程的本质联系和必然趋势。同时，在科学预测的前提下，进行正确决策，即对道路交通管理的发展目标、发展规划、行动方案、政策策略和重大措施等方面，作出正确的决定和选择。在正确决策的基础上，制定道路交通管理的规划和计划，同时，大力组织投入，付诸实施，具体落实。并且，在实施中，运用信息反馈，修正和完善计划，以便实现最佳管理效果。

（二）开展安全教育

广泛开展交通安全教育活动，普及交通法规、交通安全知识，增强公众交通法制观念和交通安全意识，以使公众自觉维护交通秩序，保障交通安全畅通。交通安全教育是道路交通管理的基础工作，因此应贯穿于道路交通管理的整个过程。

（三）加强机动车与驾驶人管理

加强机动车与驾驶人管理是道路交通管理的基础工作。其内容有：第一，机动车辆必须实行登记、检验和牌证管理，必须保持车况良好、安全技术性能可靠，使之有效运行。第二，驾驶人必须实行考试、审验和执照管理，必须保持驾驶人驾驶技术可靠、法制观念正确和交通道德良好，使之行车安全。这就要求加强和改善机动车辆与驾驶人管理机制。

（四）开展道路交通秩序管理

道路交通秩序管理是道路交通管理的核心组成部分，所以，必须大力地开展道路交通秩序管理活动，使得道路交通管理水平全面提高。这就要求做到：根据道路交通秩序的特征和发展规律，制定和完善道路交通管理目标，实行全面系统控制管理。同时，通过贯彻交通行为规范，正确协调道路交通活动中的诸种关系，保障道路交通的有效进行和稳步发展。

（五）处理道路交通事故

国家具有维护社会组织和社会成员合法权益的职能，这就决定了处理道路交通事故是公安交通管理部门代表国家执行的一项重要任务。这就要求做到：正确地进行道路交通事故的现场勘查、调查、成因分析，责任认定和处理。并且，制定和实施道路交通事故的预防对策。

（六）实行科学管理

在道路交通管理活动中，坚持从实际出发，因地制宜，实行科学管理。这就要求做到：第一，应用现代管理科学，以信息化、最优化和自动化为目标，完善管理体系，强化管理功能，科学地组织协调，高效率地实行控制管理，促进道路交通管理科学建设。第二，采用先进技术设备，替代人工和旧设备，有效发挥技术设备功能，加速道路交通管理现代化建设。

（七）维护社会治安和社会稳定

道路交通管理和社会治安、稳定联系密切，因此，维护社会治安和社会稳定也是道路交通管理的主要任务之一。这就要求做到：制止和打击妨碍社会公共安全、损害社会财产、侵犯公民合法权益等违法犯罪活动；会同公安其他职能部门，查处由道路交通引发的治安事件和各种案件。

（八）改革完善管理体制

随着社会经济和道路交通的迅速发展，客观地要求改革完善道路交通管理体制。首先，确定管理层次，明确管理职能，健全管理机构。其次，按照交通运输方式和地区分布特点，建立社会安全管理组织。在此基础上，改善管理方式，有效发挥管理部门、管理组织乃至道路交通管理系统整体的管理效能。值得指出的是，交通警察队伍建设是完善管理体制的重要内容之一。因此，随着道路交通管理水平的不断提高，必须有计划地开展交通警察队伍的教育培养，实行严格管理，优化素质结构，加速交通警察队伍建设。

四、道路交通管理的基本原则

道路交通管理的基本原则是道路交通管理活动所必须遵循的

共同准则和基本要求。道路交通管理的基本原则是对道路交通管理实践的理论抽象和概括，来源于和指导着道路交通管理实践。它属于国家上层建筑的范畴，随社会制度不同而异。道路交通管理的基本原则具有实践性、全面性、阶级性和指导性的重要特征。根据中国道路交通管理发展的历程和态势，从事道路交通管理活动必须遵循如下基本原则：

（一）适应社会经济发展原则

坚持保障经济发展，适应社会需求的原则，取决于道路交通管理具有反映生产关系和促进生产力发展的上层建筑属性。通过道路交通管理功能，治理交通环境，整顿交通秩序，保障交通安全与畅通，从而保障国民经济建设的发展，适应社会进步的需求。充分发挥道路交通管理本身特定的属性和功能，作为道路交通管理的指导思想和根本方向。在当代，服从和服务于社会经济建设，这是道路交通管理活动必须遵循的根本原则。

实行保障经济发展，适应社会需求原则的基本要求，就是要树立全局观念，防止和克服单纯业务观点。只有站在国家建设和发展的高度上，摆正道路交通管理的位置，始终沿着正确方向来开展活动，才能充分发挥其应有作用。其正确途径，就是改革和完善道路交通管理体制。客观环境对于道路交通管理的要求日益增强，如果管理体制一成不变，则难以取得良好效果，甚至阻碍社会经济发展。只有对管理体制实行改革和完善，不断强化管理机制，才能使得道路交通管理活动坚持适应社会经济发展的基本原则。这是客观事物发展规律的必然。

（二）综合治理原则

坚持综合治理，各负其责原则，取决于道路交通管理的社会属性特点。首先，按照国家有关部门的分工，各司其职，完成各自承担的建设交通环境、改善交通条件、提高交通素质诸方面任务，共同促进道路交通的稳步发展。其次，社会各系统、各阶层和每个社会成员都与道路交通活动存在密切联系。因此，道路交通的稳步发展，必须依靠全社会共同努力，采取有效措施，提高社会成员的交通法制观念、交通道德观念和交通安全知识水平。值得指出的是，当代道路交通管理是错综复杂的，要求增大投入，还要求采取综合性的科学措施。总之，促进道路交通的稳步发展，绝非道路交通管理部门所能承担的，而是全社会的共同任务，因此，必须坚持综合治理，各负其责的原则。

实行道路交通的综合治理，要求做到：第一，必须把治理道路交通纳入政府的重要工作内容之中，认真抓好，建立和健全道路交通综合治理机构，统一领导和组织道路交通的综合治理工作。第二，承担道路交通建设的各有关部门，包括规划、建设、运输、管理等部门，共同制定规划与计划，实行合理分工，付诸实施。第三，各部门、各单位要把道路交通活动当做大事来抓，教育所属人员遵守交通法规，维护交通秩序。同时，建立健全道路交通安全规章制度，同人员考核结合起来，使道路交通安全规章制度落到实处。第四，主动取得宣传教育、财政物资、科研生产、安全保险等社会各界的大力支持，积极配合。第五，道路交通管理部门对本部门职责范围内的管理工作，一定要积极做好，对于有关部门职责范围内的业务工作，予以大力支持，积极配合。

（三）整体效应原则

现代道路交通管理具有社会化大生产管理的高效率、高效益、快速性、及时性、准确性的特征，它本身就要求领导、组织、协调都务必集中统一，否则，其整体系统便难以正常运行。只有实行集中统一管理，才能把构成道路交通管理的诸种因素，按照整体效益的要求，有效地运作起来，充分发挥诸种因素的积极作用，形成整体的向心力和凝聚力，从而，取得道路交通管理整体的高效益。实践证明，分散和孤立的传统管理体制，管理效益不可能高。因此，在现代道路交通管理系统中，必须强化道路交通管理部门的集中统一管理机制，采用先进的创新的管理手

11

段，以取得道路交通管理整体的高效益。

实行集中统一管理，讲究整体效益的原则，要求做到：首先，对于道路交通管理系统内部，实现全国统一指导，分级管理，协调一致，相互配合；各级管理部门之间都应从全局出发，围绕着整体目标，积极开拓前进。否则，分散地、孤立地开展道路交通管理活动，劳民伤财，效益低，对整体无益。其次，对于交通运输有关部门，应该从国家行政管理大局出发，大力支持和积极配合道路交通管理活动的顺利开展。务必防止从本部门、本系统的局部利益出发，各行其是，政出多门，互相扯皮，影响整体效益。总而言之，只有从道路交通管理的全局出发，树立现代的科学管理观念，坚持集中统一管理，讲究整体效益的基本原则，才能加速道路交通管理的稳步发展。

（四）法规与科学相结合原则

坚持依法管理与科学管理相结合的原则，反映了道路交通管理的客观规律和时代要求。在道路交通管理活动中，既要贯彻执行交通法规，又要遵循科学原理。交通法规的制定与完善，应当建立在科学的基础上，因而，依法管理与科学管理两者是一致的。与此同时，必须看到依法管理与科学管理两者不尽相同。一方面，科学管理，是指从客观规律出发，应用现代的科学理论与方法，指导道路交通管理实践活动，使之持续发展。另一方面，交通法规是道路交通管理实践活动的经验总结，并随着实践活动的发展而变化，因而，它不能作为指导道路交通管理实践活动的科学理论。这就反映出，只有坚持依法管理与科学管理相结合的基本原则，才能促进道路交通管理的稳步发展。

（五）权利与义务相结合原则

我国宪法第 33 条第 4 款规定："任何公民享有宪法和法律规定的权利，同时必须履行宪法和法律规定的义务。"根据宪法和法律而制定的交通法规，就是调整人们在道路交通活动中权利和义务的法规。显然，道路交通的权利和义务两者必须分明，又必须统一。人们都有在道路上进行道路交通活动的权利，同时都有执行交通法规、维护良好交通秩序的义务。如果只享有交通的权利而不履行交通的义务，那么，势必出现交通秩序混乱、交通阻塞，造成交通事故，乃至道路交通活动无法正常进行。因此，单纯追求交通权利而不履行交通义务，便不可能有交通权利可言。

实行交通权利与交通义务相结合原则，应该做到：人们在交通法规面前，人人平等。

（六）教育与处罚相结合原则

道路交通管理具有的特点，决定必须坚持安全教育与按责论处相结合的原则。开展交通安全教育，可使公众掌握交通行为规范，提高遵纪守法的自觉性，增强交通法制观念，形成良好交通风尚。按责论处是维护法律尊严，也是国家和社会的统一意志的体现。安全教育是基本手段，处罚是一种辅助手段。安全教育与按责论处是相辅相成的两个方面，二者缺一不可。安全教育不是万能的，单靠安全教育，没有强制性的约束和处罚，安全教育就不能发挥更大的效能；只有单纯的强制性处罚，没有广泛的安全教育，处罚也不能发挥更大的效能。只有把安全教育与按责论处两者有机地结合起来，才能达到事半功倍的管理效果。

开展交通安全教育应做到经常化，不仅要抓住有利时机进行大规模的宣传教育，而且还要贯穿于整个管理过程。在使用处罚手段时，一定要慎重，不能感情用事，避免处罚过多甚至滥施处罚的现象发生；严格依法办事，做到事实清楚，证据充分，程序完备，处罚适当。分清不同性质的责任，按责论处。

第二节 道路交通管理方法

道路交通管理方法，是指国家执行管理职能和实现管理任务的手段和途径。

一、法规管理方法

（一）法规管理方法的特点

运用法律规范进行道路交通管理，有以下主要特点：

1. 概括性。法律这种社会规范属于政治范畴，由国家制定或认可。法律规范集中表现了社会组织、社会成员的交通权益与义务，取决于经济与社会发展对道路交通的需求。法律方法具有概括性，是指它的制约对象是抽象的，是一般的社会组织、社会成员，而不是具体、特定的社会组织与社会成员，通过法律方法的有效运用，可促使这个管理系统更好地运转，从而得到管理整体的最佳效益。

2. 强制性。道路交通行为的法律规范，规定了人们在一定交通情况下允许做什么、应当做什么，或不允许做什么、不应当做什么。它是依靠国家职能和警察机关的强制力来保证实施的。运用法规管理方法进行管理，就是运用它所具有的普遍约束力、强制性效力来实行管理，规定人们必须遵守，违反者则强制遵守。

3. 稳定性。交通行为法律规范是国家用法律形式发布的道路交通实践经验的科学总结以及相关政策的法律化条文。它一经制定，就具有一定的稳定性，而且，随着道路交通的发展变化，交通行为法律规范应逐步充实与完善。这就决定了法律方法具有相对稳定性的特点。运用法规方法来进行管理时，因其内容的概括性，在规定的效力范围内可连续运用，在同样情况下可以反复使用。

4. 预测性。交通行为这种法律规范往往采用图案、符号形式来表达信息的客观存在，人们有可能预见到自己和他人的交通行为是否符合特定的法律规范。因此，就要运用法律方法的预测性特点，利用信息及其系统运行，科学地控制道路交通，使之达到预期的效果。

（二）法规方法在管理中的作用

1. 保证必要的交通秩序。交通秩序管理的关键就在于道路交通构成要素、控制设施、管理信息相互间的合理沟通，而使用法律方法来进行管理，把沟通方式用法律的形式规定下来，可以建立起法律程序。同时，可以明确管理系统内子系统的职责、权利和义务，促进它们之间的联系渠道畅通，充分发挥管理职能。通过在管理中运用法规方法，推动整个管理系统有效运转，形成良好的道路交通秩序。

2. 调节管理因素关系。交通行为这种法律规范，可以调节道路交通活动中各种社会组织及其所属成员之间的相互关系。它可以根据应予调节的对象特点、行为类型，在管理活动过程中选择使用相应的各种不同方法，并且，可以逐步改变其约束力的程度与规范来调节各种管理因素之间的相互关系。通过调节管理因素之间的各种关系，有效地保护道路交通活动中的合法权益，查处和预防交通违法肇事，保障道路交通的顺利进行。

3. 促进管理系统稳步发展。法律的方法因其具有概括性和稳定性，就能把现存的各种管理关系固定下来，所以，管理系统具有一定的稳定性。这种稳定性是管理系统各种要素存在和进行有规律运动的基础。由于科学的法律规范能够保护合理的交通活动，抑制某些不合理的交通活动，禁止和限制非道路交通活动，从而形成相对稳定的良好道路交通秩序。这样，就能提高管理的效率，充分发挥管理系统及其各子系统的交通功能，推动管理系统机制稳步发展。

（三）法规管理方法的运用条件

1. 社会交通素质水平。从形式上看，法律是由立法机关制定的；从内容上讲，法律必须与社会上普遍交通素质的水平相适应，低于社会总体交通素质水平的法律，将起不到法律制约的作用，高于超过全社会交通素质水平的法律，也会造成执行的困难，达不到期望效果。因此，必须广泛开展交通宣传教育，普遍提高人们的交通素质水平，以使法规管理方法的运用更为有效。

2. 加强交通管理法制建设。道路交通中存在着复杂关系，需要制定和逐步完善交通法规体系。建立有效的交通法规体系，用以保证法律方法的正确运用。通过法律的方法在管理中的效力发挥，能及时发现管理中存在的矛盾和不足的地方，进而促进法律方法的逐步完善。同时，实行执法监督，要求做到有法可依，有法必依，执法必严，违法必究。只有逐步完善执法监督机制，才能使法律方法在管理中的运用更为有效。

二、教育方法

(一) 教育方法的特点

教育是传授理论知识和操作技能，提高劳动素质的重要手段。一般都要遵循启发诱导、循序渐进的教育原则。交通管理中的教育具有一般教育的共同特点，又有着法制教育的特殊性。这是指运用国家政权职能和警察强制力来敦促被教育者转变法制观念、端正交通行为，控制交通违法，预防交通事故。可见，交通法制教育是具有一定程度的外在强迫性和压制力作为特定附加条件的教育方式。

(二) 教育方法的运用途径

1. 社会宣传教育。国家舆论宣传教育机构、公安机关宣传教育机构两者相互配合，广泛地开展交通安全宣传教育。采用多种形式，宣传交通法规、交通安全知识，以普遍提高人们的交通安全意识，增强法制观念，自觉维护交通秩序。

2. 社会组织教育。一切社会组织对其下属单位及其成员进行有组织的教育活动，通过开展思想政治工作，提高人们对世界的认识和改造能力。运用批评与表扬，奖励与处罚的形式，增强教育效果，尽可能广泛地调动群众的积极性。在进行组织教育过程中，把交通安全教育纳入整体教育工作之中进行，并取得公安机关的积极配合，以使交通安全教育能够有效、协调地进行。

3. 管理过程教育。在实施交通管理活动中，全面、准确地执行交通法规，实行协调控制，严格多方位管理，形成良好交通秩序，使安全畅通得到保障。这种管理的客观存在，可以对人们产生潜移默化的影响，使之得到保障交通安全与畅通的教益。在查处交通违法肇事过程中，必须以事实为依据，以法律为准绳，严格按责论处，从中产生一种内省性教育效果。

三、行政管理方法

（一）行政方法在管理中的作用

行政方法是依靠行政机构的职能，通过强制性的行政命令直接对管理对象发生影响，按照行政系统来管理的方法。行政方法在管理中的作用，取决于行政职能，依靠行政组织，按照行政管理方式来进行管理。管理活动无论作为社会化生产的客观要求，还是作为一定生产关系的体现，它本身就带有权威的性质。如若没有一定的权威和服从，管理职能就无法实现。

（二）行政管理方法的特点

运用行政管理的方法进行管理，主要有以下特点：

1. 强制性。行政方法通过国家机关发出命令、指示、规则、指令性计划等形式，利用严格的组织机构，按照下级服从上级的行政领导原则，直接对管理对象产生制约，具有强制性。行政方法与法律方法的强制性有程度上的不同。法律方法的强制性，取决于法律效力，通过国家机关和司法机构贯彻执行。它规定人们可以做什么和不允许做什么。行政方法的强制性，规定人们在思想上、行政上、纪律上服从统一的意志，要求做到原则上的统一，具体做法上则允许灵活。在制约范围上，法律方法的强制性对任何人都一律有效，而行政方法的强制性一般只对特定的对象有效。

2. 权威性。运用行政方法管理，权威性起着主要作用。行政方法的信息接受和处理，很大程度上取决于行政组织和领导者的权威性。权威可以体现利益原则和真理性。其权威越高，则所属成员对信息的接受与处理的成效性就越高。

3. 稳定性。行政方法的稳定性，取决于社会经济发展的必然趋势。行政管理系统具有严密的组织机构、共同的任务、统一的目标、一致的行动，有力的调节和控制，抗干扰能力较强。因此，运用行政方法来管理，具有稳定性。

4. 具体性。运用行政方法来管理，其对象、内容、目标、时空范围、实施方式都是具体的。它不同于法律方法、宣传教育等方法。法律方法具有概括性的特点，适用于任何人；宣传教育方法具有抽象性的特点。

（三）运用行政方法的原则

1. 集中管理原则。道路交通管理是服务于经济与社会发展，涉及社会各系统，具有社会性共同目标的一种行政管理。因此，必须实行集中管理，上级统一指挥，下级服从上级，局部利益服从整体利益。我国幅员辽阔，道路交通发展不平衡，因此，应该实行条块结合的领导体制。中央国家机关按照原则上、总体上的管理职能进行领导，地方管理机关应该从实际出发，有计划地开展管理活动。上级机关既要防止包办代替，又要防止放松指导；下级机关既要防止过分强调特殊而各行其是，又要防止照搬照抄而不充分发挥本身的能动作用。

2. 系统原则。行政管理方法需要有一套严密的组织机构，形成行政管理系统，适应行政方法的稳定和具体的特性要求。遵循系统原则应该做到以下几个方面：

第一，适应目标要求。目标是管理活动的出发点，管理过程的轴心，也是最终效果。行政方法必须根据目标来确定所运用的手段和方式。同时，从管理规模和复杂程度出发，设置相应机构及其组成人员。

第二，适应跨度要求。管理跨度，是指一个上级组织能够直接有效地指挥下属组织的数目。适当的跨度是提高管理效能的因素之一。因此，应根据管理系统中的必要联系，合理划分相对独立的子系统，使之充分发挥管理效能。

第三，适应层级要求。行政方法要求集中领导，分级管理。这就要求按照管理层次，规定各自的管理目标、职责范围和权限。

3. 职能原则。采用行政方法必须坚持党和国家的领导，坚持正确的政治方向，充分发挥道路交通管理的行政职能，有利于管理目标的明确和具体实施。

四、经济方法

（一）运用经济方法的必要性

运用物质利益原则来制约人们有效地进行道路交通活动，保障安全畅通是十分必要的。首先，人们进行道路交通活动，要求有良好的物质条件，而现实的物质条件是有限的，甚至有较大差异，客观上往往难以满足迅速发展的道路交通活动的全部需求。这种物质利益上的关系，应该运用经济杠杆予以协调，社会容易接受。其次，有效进行管理，除了运用法律方法、教育方法之外，还要正确利用物质利益原则，处理好各方面的交通权益关系，充分调动积极因素，促进人们自觉按照社会法律规范来进行道路交通活动。最后，道路交通活动中发生的物质损失，完全用法律方法、行政方法来进行处理，存在着不合理性，也是难以奏效的。只有正确运用经济手段，才能收到预期效果。

（二）经济方法的适用范围

1. 削减交通总量。运用经济方法，可以使得车辆拥有者进行有比较和有选择的道路交通活动，从而达到减少交通总量的效果。其主要办法有以下几种：

第一，通行收费办法。一般车辆行驶中，通过特定的道路或桥梁，可实行收取通行费的规定，使之交通量有一定减少。

第二，停车收费办法。在停车场和存车处内停放车辆时，实行收取停车费。在不准临时停车的道路上停放车辆，除按有关法规给予处罚外，还应收取适当的停车费用。

第三，增收养路费办法。这主要指的是将城市分成区域，而车辆行驶不同的区域应增收其相应的养路费用。这样，可以限制部分车辆的行驶范围。

第四，增收牌照费办法。这是指可将车辆号牌分成若干种类，按号牌规定的区域和时间来行驶，而不同种类号牌实行收取相当的牌照费用，可以控制车辆的行驶时间和区域。

2. 经济处罚。按照教育与处罚相结合的原则，对交通违法者实行适当处罚是完全必要的。当实行处罚时，除采用法律方法与行政方法来进行处罚外，还要按经济利益原则，实行适当的罚款处罚，以使处罚手段更为有效。

3. 经济赔偿。交通事故造成的损失，应按责任大小和损失程度来承担经济责任。这就是以经济形式赔偿事故受害一方的经济损失，包括受害一方的直接损失和可得利益损失。

五、系统信息控制方法

（一）系统信息控制方法的特点

系统信息控制方法，是研究现代管理科学的有效方法。系统、信息控制二门科学方法论是新兴学科，与其他基础科学不同，它的研究对象不是客观世界中的物质结构，也不是物质的运动形态，而是从横向综合的角度来研究物质运动的规律。

一切物质均具有系统的属性。无论现代管理科学研究的对象多么庞大复杂，情况怎样千变万化，它始终是一个有机的动态系统。所谓系统，就是集合了若干相互依存、相互制约的诸要素，为了实现确定的目标而组成的有机整体。系统具有一定的功能和性质。系统具有一定的边界，同时，它又是一个更大系统的组成部分。系统方法是认识和处理问题的一种方法。

在管理系统内部，诸要素有向心力和离心力的性质。当若干要素组成核心要素系统时，其他要素就成为外层要素。外层要素有多层，它围绕核心要素运动。核心要素在系统中起支配作用，它决定系统的性质和发展方向。核心要素与外层要素相互依赖、相互作用而推动系统的发展。在此基础上，还有核心要素之间的关系；外层要素之间的关系，系统与子系统之间的关系；系统结构与功能之间的关系；系统与外部环境之间的关系等。这些关系相互作用，促使系统在发展过程中呈现出各种运动状态，即多结构、多层次、多功能的运动状态。

信息表征系统运动状态的有序性。它是物质系统、要素、环境三者之间相互作用的一种特殊形式。信息，不是物质，也不是能量，而它与物质和能量同等重要，并且均有密切联系。这是因为，信息传递必须借助于物质载体，获取信息需要能量，驾驭能量又离不开信息。信息有实在信息，即客观存在的信息；信息有实得信息，即人们在实践中得到的信息。信息通过信道传递、交换、反馈、功能模拟，从而达到控制、实现预定的管理目标。

系统、信息、控制在管理工作过程中，彼此既互为条件，又互相补充；既互相渗透，又互相促进，紧密相连，形成系统信息控制科学管理体系。

在管理过程中，管理对象就是一个有机的动态系统。系统运动状态的有序度，通过信息量表现出来。因此，任何管理都必须通过信息系统有效运行来控制人流、物流的发展变化。信息是管理的基础和内容，没有信息，就无法管理。控制就是控制信息。控制目的就在于协调系统内部诸要素，逐步形成一个新的结构和新的功能，不断增强管理效应。

系统、信息、控制贯穿管理过程的始终，无时不在，无处不有。在不同系统内，信息、控制的内容和形式各有特点。从其特点出发，研究系统、信息、控制的应用和发展，对于建立现代道路交通管理科学具有重要现实意义。

（二）运用系统信息控制方法的原则

运用系统信息控制科学方法，主要应该体现以下原则：

1. 整分合原则。整分合原则，是指把握整体，科学分解，组织综合，达到预期管理目标。

第一，设置系统目标。管理目标是一切管理活动的依据。它既是一切管理活动的出发点，又是一切管理活动所指向的终点、从系统整体出发，确定系统目标，而正确目标的制定应以调查研究为前提，对相关因素进行统筹处理。其正确性主要经实践来检验。

第二，目标分解。根据系统目标的组成结构，系统内部、外部相互关系，科学地分解若干子系统，明确各自的具体目标、职责范围，采取有效措施，付诸实施。

第三，目标综合。在合理分工实施的基础上，按照系统整体要求，把若干子系统运行综合起来，组织严密有效的各环节协调，使之符合系统整体的目标要求。

2. 相对封闭原则。任何系统都属于更大系统的组成部分，任何系统又都处于一定环境之中。因此，研究管理就要采用有效手段，按照各因素的位置和作用，规范系统组成条件，相对独立研究范围，确立一个连续封闭系统。不封闭的管理，无法体现管理效应。任何管理活动，都要采取相应措施，注意可能产生的后果。通常是以原定管理目标为依据，检验执行情况，监督减少偏差，力求达到预期的管理目标。后果与目标往往不完全一致，这就要采取管理对策，加以相对封闭，杜绝偏离目标的后果。任何管理系统都是相对封闭的系统，而不是独立存在的系统。在空间上，它要受到系统原理的作用；在时间上，系统运行后果要通过实践检验。

3. 能级原则。在现代管理中，任何要素都具有一定的能量，而能量有大有小，做功也不同。所谓分级，就是依据能量而建立一定的规范和秩序。现代管理要求建立一个合理的能级构成，于是，管理内容处于相应的能级中而进行有规律的运动。实现能级原则，应该做到以下几点：

第一，能级管理必须按层次进行，具有稳定的组织形态；

第二，不同等级应该表现出不同的职责范围、物质利益和精神荣誉；

第三，各类能级必须有相对的动态位置，充分发挥各自功能。

4. 动力原则。管理必须有强大动力，正确地运用动力，推动管理持续而有效地进行运转。动力有三种，要综合运用，协调运用。物质动力是根本动力。物质动力不仅是物质鼓励，更重要的是经济效益。经济效益是检查管理实践的重要标准。当然，物质动力不是万能的，使用不当会产生副作用。精神动力是客观存在。精神动力包括理想教育、日常的思想政治工作、宣传教育等。信息动力是特殊动力。从管理角度看，信息作为一种动力，有超越物质和精神的相对独立性。信息可以促进诸要素相互联系，有效利用信息对管理起着持续的推动作用。在运用信息动力时，要注意信息量适度，要注意信息传递方式。

5. 行为原则。行为原则，是指遵循行为准则，最大限度地调动多类多级人员的积极性，科学地进行行为管理，充分发挥人们的主导作用，有效开展管理活动。行为原则要求做到以下几点：

第一，尽力解决人们的合理物质和精神方面的客观需要；

第二，务必使每个人都有确定的、可以考核的具体责任；

第三，一定要对每个人所负责的履行情况，进行认真的检查考核。

6. 反馈原则。反馈，就是由控制系统输出信息，其作用结果返送回输入，对信息的再输出产生影响，起到控制效果。应用反馈控制时，通常采用负反馈形式，可促使系统运行越来越靠近目标，趋向于稳定状态。有许多地方也需要应用正反馈。在管理过程中，有灵敏、正确和有力的反馈控制，是取得良好效果的关键因素。

7. 弹性原则。因为动态管理必须留有余地，这就要坚持弹性原则。

第一，管理涉及众多因素，它们有千丝万缕的有机联系，管理目的就在于形成一个最佳结果。人们不可能完全掌握所有因果，必须承认主观对客观的认识永远有缺陷，管理活动难以完全正确地反映客观规律。

第二，科学研究方式，总要设法排除一些次要因素，力争抓住主要因素；分析探求已经固定下来的诸因素之间的因果关系；动态变化受到环境和边界条件的影响。管理永远处在活生生的普遍联系之中，必须尽可能全面、系统地处理众多因素，科学地进行综合平衡，以求取得满意效果。

第三，一切事物都在运动变化之中，管理更带有不确定性。

第四，管理是行动的科学，它有因疏忽或失误而可能产生的巨大影响。由上可见，任何管理都必须保持可以调节的弹性。

8. 价值原则。现代管理科学价值原则所强调的价值，既不是单纯的商品价值，也不是单纯的经济价值，而是经济价值与社会价值的统一价值。

六、科学技术方法

道路交通管理涉及相当多的科学技术，这里仅介绍应用的设备器材技术。

（一）无线电通信技术

在道路交通管理活动中，处理发生的案件与事件是一项重要专门业务。这些案件与事件所发生的时间、地点、类别都带有随机性，难以预料。同时，一旦发生了案件与事件，因情况变化很快，交通警察应立即赶赴现场，迅速地进行处理。要做到这一点，在必须有严密组织的同时，还依赖于有效的通信装备。只有通信迅速、准确、机动、灵活，才能应付复杂、紧迫的案件与事

件。否则，就会贻误战机。因此，为及时传递信息，灵活使用警力，提高管理效益，应用无线电通信设备就具有重要的作用。具体表现在以下几个方面：

第一，组织控制交通流。运用无线电通信传递交通流量变化信息，有效地进行组织控制，以便提高通行能力。尤其当出现交通阻塞时，可以及时获取信息，迅速赶赴现场，进行调整疏导，恢复正常交通。

第二，交通事故现场勘查。运用无线电通信传递交通事故信息，交通警察可迅速赶赴现场，进行勘查。特别是如果遇到几起交通事故，勘查人员可从某现场就近赶赴另一现场，连续勘查，提高工作效率。

第三，交通保卫工作。运用无线电通信传递外宾、首长、重大集会以及其他重大活动的交通信息，可以协调一致、灵活机动地实施交通保卫方案，保障交通安全与畅通。

第四，处置道路上的突发案件与事件。运用无线电通信传递突发案件与事件的信息，可以组织警力在大范围内协调作战，对于阻截、追捕交通肇事案逃逸分子和刑事犯罪嫌疑潜逃分子，以及控制交通违法和治安违法行为，以及予以及时处理，效果都很显著。

（二）电视摄录像技术

电视摄录像设备的特点有：摄录的现场记录不需加工处理，可以立即重放所录内容，因而，有利于图像信息的及时传递；摄录像所用磁带的费用较便宜，磁带又可反复使用；电视图像要比照片更形象、生动。因此，电视摄录像设备应用于道路交通管理越来越广泛。它主要应用在以下几个方面：

第一，交通监视。交通监视系统是由安装在交叉路口和路段的电视摄像机、以电缆线连接控制中心的电视监视器，以及有关的配套设备所组成。通过交通监视系统，能够观察道路交通流的成分、流量、流向和密度，以及交通流的状态变化。这样，有利于管理活动的深入开展。

第二，交通事故现场的取证。运用电视摄录像设备可以迅速记录交通事故现场的全貌，有利于道路交通事故处理的正确进行。同时，现场内容的记录磁带可以重新放录，对交通事故的分析和责任认定，都提供了方便条件。

第三，作为交通安全宣传教育的工具。运用电视摄录像设备进行交通安全宣传教育，可以做到形象、生动。由于记录内容的录像磁带能进行复制，也可以编辑电视节目，因此，为广泛开展交通安全宣传教育提供了方便条件。

第四，作为档案资料的保存手段。磁带录像内容可以较长时间保存，因此，能够把某些重要活动记录下来，可以作为真实、详细的信息资料进行传递，也可以作为档案资料加以保存。

（三）交通检测技术

在道路交通管理活动中，广泛采用交通检测设备，检测交通状态的各种参量，并且，依据交通检测所取得的交通状态的实际参量，实行控制与管理。交通检测亦称交通情报搜集。随着交通检测设备的普遍采用，可以形成一个交通检测系统。交通检测是现代道路交通管理的基础。如果交通检测系统失灵，就要导致管理系统整体运行的不协调，甚至造成交通阻塞或者交通事故。因此，加强交通检测设备的研究和普遍应用，具有重要意义。交通检测设备的类别较多，常见的有以下几种：

第一，交通流量检测仪。交通流量检测仪（简称流量仪）涉及传感技术、电子技术和记录打印等，是用来自动检测和记录交通流量的一种技术设备。通过自动检测，掌握交通流量的状态和变化特点，有利于道路交通科学管理，并为制定管理规划提供依据。

第二，车辆测速仪。车辆测速仪是采用雷达技术、超声技术而制作的，用于测量道路上行驶车辆的速度，以便控制车辆行驶的超速违法。

第三，减速度仪。减速度仪是检验汽车制动性能的技术设备。汽车的制动检验可分为制动台检验和路面检验两种。前者着重于制动力的检验，后者则可以测量实际的制动时间、减速度和距离。

第四，噪声计。噪声计又名声级计。噪声计是一种测量声压级和振动的仪器。通过噪声检测，掌握交通噪声的危害程度，以便实行有效控制。

第五，废气分析仪。废气分析仪是一种检测汽车排放废气的仪器。通过废气检测，掌握交通环境中的废气危害程度，以便实行有效控制。

第六，酒精检测仪。酒精检测仪是一种检验车辆驾驶人饮酒的仪器。它可分为化学试剂饮酒检测器和燃料电池式饮酒检测器两种。通过检测，掌握驾驶人是否饮酒及饮酒量是否超过一定数量，以便实行有效控制与管理。

（四）电子计算机的应用

电子计算机具有数值计算、数据处理和实时控制的功能。同时，它具有计算速度快、精确度高、记忆能力强、能按程序进行自动计算和逻辑运算的特点。因此，在道路交通管理中，无论是实行自动控制，还是建立有效运行的信息系统，实行优化管理，都与电子计算机的应用密切相关。其应用范围有以下几个方面。

1. 交通自动控制。在城市道路交通管理中，利用电子计算机的控制功能，实行交通信号自动控制，主要用于线控制系统和面控制系统。这可以大大减轻管理人员的劳动强度，提高管理效率。

2. 档案资料管理。利用电子计算机进行档案资料管理，就是将数据化的档案资料，按一定要求，实行数据处理，由一种数据形式转换为另一种数据形式。虽然这种数据的量大，然而，计算的数学问题比较简单，一般只做算术运算就可迅速解决。因此，利用电子计算机进行档案资料的存储与使用都十分方便、迅速。

档案资料管理可分为以下几类：

第一，车辆与驾驶人档案资料。车辆与驾驶人的档案项目多、更新频繁、数量越来越大。因此，利用电子计算机进行管理，可以做到存储与使用方便、迅速，并且，可以同交通秩序管理有效地结合起来，使管理效果更好。

第二，交通事故统计资料。交通事故统计的时间性和准确性较强，为此，只有利用电子计算机进行迅速和准确的分类和汇总，才能及时提供有关数据，以加强预防工作。

第三，交通流量资料。利用电子计算机作交通流量的调查，按不同要求进行记录、分类、统计，并绘制成图表资料。只有迅速和准确地提供交通流量的数据资料，才能正确地实行控制与管理。

3. 数值计算。数值计算就是利用电子计算机来完成道路交通管理中所提出的数学问题的计算工作。这种计算有以下几个方面：

第一，工程设计的数值计算。例如，交通控制、道路通行能力的工程计算等。

第二，交通流理论研究的数值计算。交通流理论涉及概率论、微分方程和积分方程等数学问题。只有利用电子计算机进行数值计算，才能使交通流理论的研究工作顺利进行。

第三，交通模拟。采用物理和数学的方法，对交通实态进行描述，以便有效进行研究工作。在研究过程中，只有利用电子计算机进行数值计算，才能使交通模拟成为动态化，乃至形象地反映交通实态。

第三节 道路交通管理的现状和发展趋势

一、道路交通管理现状

道路交通管理是一门科学，它是理论和实践相结合的产物，因而它的产生和发展必然有其实践和理论基础。

目前从总体上看，我国的道路交通发展与经济、社会发展的要求仍极不相适应，道路交通安全形势严峻，城市道路拥堵问题越来越严重，在一定程度上制约了经济、社会的进一步发展和人民生活水平的提高。突出表现在以下两个方面：

（一）道路交通安全形势十分严峻，道路交通事故对社会影响巨大

进入 21 世纪以来，随着我国经济发展、市场繁荣、人民生活水平的不断提高，截至 2009 年年底，全国机动车保有量已超过 1.86 亿辆，全国机动车驾驶人接近 2 亿人。汽车产销已突破 1300 万辆，超过美国成为世界第一产销大国，有媒体预测，2010 年，全国汽车产销将突破 1800 万辆。与此同时，道路交通的压力也大大增加了，道路交通事故已经进入了高发期，道路交通事故起数从 1986 年的 29 万起上升到了 2002 年的 77 万余起，年均增长 6.3%。死亡人数由 5 万人上升到 10.9 万人，年均增长 5%，居世界第一位。直至 2006 年，每年交通事故的死亡人数都在 10 万人左右，特别是，群死群伤的重特大事故仍然频繁发生，一次死亡 3 人、5 人和 10 人事故都在增长，特别是一次死亡 5 人事故和 10 人事故大幅度增长，其中，发生一次死亡 5 人以上事故 326 起，一次死亡 10 人事故 38 起（2006 年）。2000～2006 年，平均每年发生一次死亡 10 人以上的特大事故 40 起左右。2009 年，全国共发生道路交通事故 238351 起，造成 67759 人死亡、275125

人受伤，直接财产损失 9.1 亿元，与 2008 年同期相比，分别下降 10.1%、7.8%、9.8% 和 10.7%。其中，发生一次死亡 10 人以上特大道路交通事故 24 起，同比减少 5 起。全国万车死亡率为 3.6，同比减少 0.7；2010 年上半年，全国共发生道路交通事故 9.9 万起，造成 2.7 万人死亡、11.7 万人受伤，直接财产损失 4.1 亿元，同比分别下降 9.3%、12%、10.6% 和 5.3%。其中，发生一次死亡 10 人以上特大道路交通事故 15 起，同比增加 3 起。尽管从 2006 年后道路交通事故的各项指标都有所下降，但有些指标仍有起伏，特别是"酒驾"、"超速"、"飙车"等因素引发的交通事故给公共安全、社会稳定和谐带来了极大的危害，引起了社会强烈的反应；再一个就是农村道路交通安全形势严峻，严重地威胁着广大农村地区的经济发展和社会稳定。

因此，全国人大常委会在 2010 年 4 月 28 日听取国务院关于加强道路交通安全管理工作情况的报告时，国务委员兼公安部部长孟建柱在汇报中表示，将进一步完善有关道路交通安全制度和措施，研究在《刑法》中增设"危险驾驶机动车罪"，将醉酒驾驶机动车、在城镇违法高速驾驶机动车竞逐等严重危害公共安全的交通违法行为纳入《刑法》，并提高交通肇事罪的法定最高刑。孟建柱说，当前道路交通安全隐患还比较突出，管理水平和执法能力仍有待提高。交警警力不足的问题比较突出。截至 2009 年年底，全国农村公路达 333.6 万公里，但管理农村公路的警力只有 2.1 万人，人均管理近 160 公里。

（二）道路交通拥堵问题严重

全国近 700 个城市中，大多数不同程度存在交通拥堵现象，约有 2/3 的城市交通高峰时段主干道机动车速下降，拥堵严重。一些大、中城市由于严重交通拥堵而至交通环境脆弱、路网通行效率下降、主、次干道车速缓慢，常发生大面积、持续时间长的拥堵。居民出行时间、交通运输成本明显增加。北京等特大城市交通高峰时主、次干道交通流已达饱和和超饱和状态，有时甚至

陷于瘫痪。全国部分公路的个别路段也开始出现交通拥堵。

这种严峻形势，使得道路交通管理工作面临着巨大的压力、考验和挑战。同时，也充分说明了我国在道路交通管理方面还存在着体制上、行政上和技术上的问题。

目前我国经济体制正处在由计划经济向市场经济转型并深入持续发展阶段，道路交通活动的矛盾和特征与以前相比，已有了很大的变化，但道路交通管理却没有很好地适应这种发展变化，政府管理道路交通的意识、理念没有完全形成，整体水平不高。涉及道路交通管理这个大系统的政府职能部门，如公安、交通、城建、工商、质监、农机等部门，没有形成对道路交通安全管理各司其职、各负其责、紧密协作、齐抓共管的共识与合力。社会上的惯性思维总认为道路交通管理是公安交通部门的事。是的，法律规定了公安机关是道路交通安全管理的主力军，可是，社会上往往忘记了法律还规定了政府、政府相关职能部门、社会各界对道路交通安全所负的责任和义务。所以，有时候道路交通安全管理就好像公安交通管理部门一家在单打独斗，往往显得捉襟见肘、势单力薄、力不从心，体现不出道路交通管理应有的实际和社会效果，这就是当前的道路交通管理现状。

综上所述，加强道路交通管理，特别是城市交通管理，保持良好的交通秩序，是关系到党和国家政治声誉的重大问题。

道路交通，特别是城市道路交通，是反映国家治安状况好坏的一面镜子，在重大外事活动中，道路交通又是展示我国改革开放巨大成就的一个窗口。道路交通秩序直接反映着我国城市的科学文化、经济发展和管理水平，反映着人民群众的道德风貌、社会风尚和文明程度。因此，搞好交通管理，保持良好的交通秩序，对于维护党和国家的政治声誉具有很重要的意义。

二、道路交通管理的组织机构

前面我们曾经讨论过道路交通管理的含义，这里我们只以履行道路交通管理职责的主要主体之一：公安交通管理机关来进行讨论或研究。再引出一个狭义的概念：道路交通管理，是指公安交通管理机关根据国家法律、法规，用行政手段和科学管理方法，对交通活动和交通要素所进行的监督和管理行为。

所以这里的道路交通管理组织机构，即各级公安交通管理机关的总和，是国家为了行使其管理道路交通的行政权力，依照法律、法规的有关规定，按照一定的隶属关系而设置的用于管理道路交通的组织、机构或部门。

道路交通管理组织机构包括以下要素：

1. 人员：管理组织中的管理者和被管理者。良好的人际关系是建立有效的管理组织的基本条件。

2. 岗位职务：明确每个人在系统中所处的位置以及相应的职务，形成不同层次的职务结构。

3. 职责与权力：规定不同岗位、不同职务的人所要承担的责任和权力，以达到指挥、控制和协调的目的。

4. 信息：管理组织内的联系主要是信息联系。

（一）道路交通管理组织机构的内容与类型

1. 道路交通管理组织的内容。作为国家行政机关的公安交通管理机关，其组织的内容，即组织工作的基本事项是由道路交通管理法规中的组织法规明文规定的。其主要内容包括以下几个方面：

（1）隶属关系。隶属关系，即公安交通管理机关在国家行政管理体系中的地位。各级公安交通管理机关是各级公安机关的一个业务部门，是公安机关的组成部分，它是在相应的公安机关的监督和管辖下，独立地完成道路交通管理活动的。

（2）职权范围。负责全国范围内的道路交通管理，具有行政干预权、行政处置权、行政强制权和行政处罚权。通常可以独立行使某些权力，但有一些则必须以公安机关的名义来行使。

（3）机构的设置。各级公安交通管理机关内部应设哪些单位，单位的级别和名称如何，通常以各机关级别的高低、组织的大小和职能范围来决定。

（4）人员及编制。交通警察政治业务素质标准、干部的任免方式、编制的多少、职称和配置方式等，都属于道路交通管理组织的内容。

2. 道路交通管理组织机构的类型。目前，公安部、省（自治区、直辖市）、地（市）、县（市）公安交通管理四级管理体制已经形成。从管理的职能上看，公安交通管理机构可分为以下几种：

（1）决策组织：服务于整个国家或地方的咨询及制定决策的国家机构。公安部、各省（自治区、直辖市）公安厅（局）属于此类。

（2）指导性组织：对下属机构，仅存在业务指导的关系。例如，公安部交通管理局、各省（自治区、直辖市）交通管理局。

（3）指令性组织：对下级的交通管理工作直接进行指挥、监督和控制，带有强制命令的性质。例如，地（市）交通警察支队、县（市）交通警察大队。

（4）直接执行组织：执行上级的政策和指示，直接从事道路交通管理的具体工作。例如，市区交通警察大队、交通警察中队。

（二）道路交通管理组织机构的设立原则

1. 符合国家法律和政策的原则。公安道路交通管理机关是国家行政管理部门，其组织结构和职权的行使必然受到国家有关法律和政策的约束。因此，在进行机构设置、人员录用、干部任免、行使权力和管理道路交通等活动时，都应符合国家的法律和政策的要求。

2. 与各级政府相对应的原则。公安交通管理机关是公安机关的一个职能部门，它的设置必须与各级公安机关相对应。公安交通管理机关设公安部交通管理局、交通警察总队、交通警察支队、交通警察大队。

3. 系统整体的原则。交通管理的各级组织构成一个相互联系、相互制约的有机整体。为保证管理组织成为一个有机整体，必须做到以下几点：

（1）结构完整：如同一部机器，由决策系统、执行系统、监督系统、操作系统和反馈系统组成，各系统有各系统的功能，缺一不可。

（2）要素有用：建立一支精干的管理人员队伍，合理设置各级管理机构，合理配置机构的职位和职权，防止机构重叠、职责不分和职责不明而降低管理效能。

（3）确保目标：按目标的要求设置管理机构、按管理机构的职能确定管理人员的素质和工作量；按人员的素质和工作量选拔管理人员。只有这样才能确保目标的完成。

4. 统一指挥的原则。统一指挥的原则要求上下级之间建立明确、高效的指挥链，以保证指令信息能有效地进行传输。要实现对整个组织的统一指挥必须做到：指挥链不能中断，任何一个岗位或环节中断或延误都会使得指令不能有效得到贯彻；切忌多头领导，否则会使下级无所适从；不要越级指挥，通常状况下上级对下级的指挥要逐级进行，否则会造成下属没有主见。

5. 责权对应的原则。在道路交通管理中明确划分职责和权力范围，尽力做到职责与权力相对应，即责任有多大，权力就有多大。权大责小，会造成滥用职权；责大权小，会影响积极性和创造性，管理缺乏活力。

（三）道路交通管理组织的结构

道路交通管理组织的结构，是指由组织系统各部分之间的联系构成的模式。组织结构决定了管理系统中的指挥和信息构成网络，不但影响信息和物质的流通及利用效率，而且影响人的心理和社会方面的功能。因此，恰当的组织结构，对于实现管理目标至关重要。

1. 管理层次与管理幅度。管理层次，是指管理系统划分为多少等级。管理幅度，是指一名上级管理人员直接管理的下级人员数。

现代管理组织，由于集群的规模大，必须从上至下分成不同的层次，才能构成系统。而层次又与幅度有关，通常层次多幅度就小，反之则大。管理层次与管理幅度是表征组织结构的重要指标，管理层次决定了组织的纵向结构，而管理幅度则体现了组织的横向结构。

管理层次通常分为决策层、协调层、执行层和操作层。各层的特点和任务包括以下几点：

（1）决策层：确定管理组织的目标和大政方针，必须精干、高效。

（2）协调层：主要起参谋和咨询作用，具有较高的业务能力。

（3）执行层：直接调动和组织人、财、物，具有实干精神，并能贯彻管理指令。

（4）操作层：直接与管理对象打交道，完成具体任务，具有实际的管理工作技能。

这四个层次从上至下权责递减，人数递增。当组织系统的人数一定时，适当精减上层机构的人员并增加操作层的人数是提高管理效益的重要途径。影响管理幅度的因素较多，如管理人员的性格、才能、个人精力、管理作风、授权幅度等与管理幅度的确定有着密切的关系。此外，职能的难易程度、工作的相似程度、工作制度和程序以及新技术的应用情况等客观因素，也会影响管理幅度，要根据具体情况来定。

管理组织按其层次和幅度的关系，可分为高型结构和扁平结构。

高型结构：管理层次较多，管理幅度小，因而管理严密，分工明确，上下级容易协调。公安交通管理机关因其职能特点，多采用此类结构。但由于层次多，增加了管理费用，信息沟通时间长，不利于发挥下级人员的创造性。

扁平结构：管理层次少，管理幅度大，管理费用低，信息交流速度快，有利于发挥下级的主动性。但难以严密地监督下级的工作和进行上下级协调。

2. 管理组织的结构形式。管理组织的结构形式要与管理的目标、管理的现实条件相适应。根据管理任务的不同需要和管理层次、幅度的相互关系，管理组织的结构形式有直线制、直线参谋制、直线职能参谋制等。

（1）直线制：管理的全部职能由单位各级领导人负责，不另设职能或参谋机构。机构简单，权力集中，命令统一，决策迅速。在这种组织里，一切指挥和管理职能基本上由行政负责人自己执行。这就要求行政负责人通晓各种行业，统领全局。该组织形式适用于规模较小、级别较低的单位，如基层交通警察队。

（2）直线参谋制：把人员分为两类：一类是直线指挥机构的人员，负责统一指挥各项活动并对工作全面负责；另一类是参谋机构人员，给直线领导当助手。直线参谋制保持了直线制统一指挥的优点，避免了直线管理粗放的缺点，但是在执行过程中有过分强调直线指挥而对参谋职权注意不够的倾向。

（3）直线职能参谋制：此种形式是在直线参谋制的基础上发展起来的。二者的区别是在坚持直线指挥的前提下，为了充分发挥参谋部门的作用，直线领导授予某些参谋部门一定程度的权力。

3. 公安交通管理机关的组织结构。公安交通管理工作的特点是：执法管理的严肃性、指挥领导的统一性和整体反应的迅速性。因此，无论是从其职能的要求，还是从组织论观点的角度看，公安交通管理机关的组织结构均应采用直线制的组织形式。

目前，我国各级公安交通管理机关都采用直线职能参谋制的组织形式。单位首长全面负责，各职能科室起参谋和咨询的作用，并在其授权范围内参与指挥、控制和协调工作。这样，既有利于领导形成统一的方针、政策，部署指挥，集中调配警力，充分发挥公安交通管理机关的快速反应和整体作战优势，又能通过适当的放权分工，有效地发挥职能科室的专业管理作用。

处于操作层的基层公安交通警察队，由于其管理范围小，决策简单而又要求迅速，所以多采用直线制组织形式。主管领导拥有对下级实行指挥和命令的权力，并对本级机构的工作负全部责任。实行这种组织形式使得机构精干，机动灵活，指挥管理统一；责任和权限比较明确，有利于上级对下级工作的情况进行监督、检查和控制。

（四）道路交通管理的机构设置

1. 道路交通管理机构设置的要求。合理设置机构是公安交通管理机关有效行使道路交通管理职能的基础和前提。1991 年 10 月 31 日中共中央《关于加强公安工作的决定》中指出，公安机关是政府的一个职能部门，但又不同于一般的行政机关，必须有与职责和任务相适应的体制。这是整个公安机关，包括交通警察在内组织建设的一项基本方针。

2003 年 11 月 18 日中共中央《关于进一步加强和改进公安工作的决定》对公安机关的组织机构建设提出了明确的要求，要根据公安机关的性质、任务和工作特点，依据《人民警察法》等法律、法规，在公安机关的组织机构、勤务机制、管理方式、教育训练、监督制约、警务保障等方面实现标准化、程序化、法制化和科学化，使公安机关指挥畅通、内务规范、工作高效、保障有力。周永康同志在第二十次全国公安会议上的报告中明确指出，要有效整合警力资源，调整机构设置，切实解决分工过细、职责交叉、精力分散的问题。市、县公安机关要逐步将 110、119、122 三台合一，并进行交巡警合一试点。在中等城市进行减少机构层次的试点。

同一般行政工作相比，交通警察的大量工作是在道路上，在

37

流动中完成的，具有很强的机动性，需要快速的反应能力。因而在组织机构的设置和队伍管理方面，不能与一般的行政机关雷同，应有自己的特色。

《人民警察法》第24条规定："国家根据人民警察的工作性质、任务和特点，规定组织机构设置和职务序列。"现阶段，国家对地方各级交通警察队伍的组织方式是实行队建制，即省设总队、地市设支队、县设大队、乡镇根据需要设中队。此种组织方式借鉴了军队建设的经验，有利于交通警察队伍实行军事化管理，体现了我国道路交通管理的特点。

实行队建制以后，交通警察队伍内部机构如何设置，目前各地做法不一。这是由于公安机关的机构改革正处于探索阶段，没有成熟的经验可以借鉴。

2010年下半年，我们看到了公安机关机构改革的探索与实践，河南省郑州市公安局在全国首家全部撤销了公安分局，充实加强了派出所，并在派出所设立了交巡警大队，履行辖区道路交通安全交通管理的职责，市公安局直接领导派出所；云南省红河州公安局，也是全国首家在全州所有的派出所设立了交警中队，中队长兼任派出所副所长（副科级），负责辖区内的道路交通安全管理工作。如果这种探索是成功的，将会给道路交通管理的机制、模式带来重大的变革。

但是不论机构设置如何改革，都要本着精简、统一、高效的原则，力求建立起一种与社会主义市场经济相适应的管理体制，真正做到机构设置合理，整体功能优化。判断机构设置合理、优化的标准，不能只看机构设置的多少，关键要看能否适应科学管理。

现代管理的系统原理认为，任何组织都是一个系统。只有系统的整体功能优化，才能实现有效管理的目的。而系统整体功能能否优化，主要取决于两点：一是功能是否齐全，二是组织是否合理。功能齐全是使系统信息畅通、运转协调、灵活高效的基础和前提，而任何功能都要由相应的组织去承担，否则就是一句空话。

公安交通警察是一支力量雄厚的队伍，各级交通警察组织都是一个独立的系统。现代管理学指出，比较大型的社会组织系统，都应包括决策、咨询、信息、执行和监督五个功能不同的子系统。以往的机构设置重视决策和执行两个方面，对于咨询、信息和监督不够重视，这在计划经济和闭关锁国的社会环境之下，其弊端暴露还不很明显，而在改革开放和建立社会主义市场经济的新形势下，如果仍然忽视咨询、信息等项功能，是难以建立起适应时代要求的运行机构的。

在健全和完善机构的基础上，要合理定编，实行人员结构的优化组合。现阶段交通警察队伍组织建设方面存在三项不足：一是警力不足；二是配备不尽合理；三是增编没有规律。这些不足已经影响到道路交通管理职能的发挥。今后，应当根据道路交通管理任务的增加，制定科学的警力配置标准，有计划、有步骤地增加警力，同时在力量分配上向基层倾斜，大力加强第一线，逐步形成金字塔形的分布。

2. 我国现行的道路交通管理机构。公安交通管理部门是全国道路交通管理的主体，其机构由法律、法规规定。为了有效地管理道路交通，从中央到地方建立了不同层次的管理机构。内部实行首长负责制。

（1）公安部交通管理局。公安部交通管理局是全国道路交通管理的领导机关，在公安部的直接领导下，从宏观上对全国的道路交通管理工作进行组织、指挥协调；草拟事关全国道路交通管理方面的法规、规章，对现有的交通法规、规章等提出修改意见；定期或不定期向上级机关报告道路交通管理工作和反映情况；在全国范围内推广交通科研成果，参与有关城市的道路交通建设规划等。

（2）各省、自治区、直辖市的公安交通管理局（交通警察总

队)。这一机构负责本行政区内的交通管理工作,积极贯彻上级
部门的指示精神,对下级交通管理机关的工作和法规执行情况进
行检查、指导,组织交流工作经验,推广科研成果,草拟地方性
的交通法规和规章制度,接受公安部交通管理局和当地公安厅
(局)的双重领导。

(3)地、市公安交通警察支队。这一机构是管理各自区域范
围内的道路交通的专门机构。负责定期布置和检查本地区的交通
管理工作,安全权限与分工审批或报批占道的范围和期限,处理
交通事故,处罚交通违法,负责本地区的车辆和驾驶人管理工
作,定期或不定期向上级机关报告道路交通管理工作和反映情
况,参与本地区道路交通建设和规划。

(4)县、市公安交通警察大队或乡镇交通警察中队。这一机
构是基层道路交通管理机构。接受上级交通管理机关和县、市公
安机关的领导。具体负责本地区的日常道路交通管理业务,处罚
交通违法,处理交通事故,参与本地区道路交通建设和规划。

随着形势的不断发展,进入20世纪90年代以来,我国大中
城市相继建立了城市交通巡逻民警队,隶属交通警察大队领导,
负责城市的交通巡逻工作。同时,在一些有高速公路任务的地
方,组建了高速公路交通警察大队,隶属交通警察支队领导。

1996年9月,公安部发出通知,要求在县(市)交通警察大
队组建公路交通巡逻民警队,采用两块牌子、一套班子的管理体
制,对辖区内公路上的治安和交通问题实行统一执法。

三、道路交通管理的发展趋势

道路交通管理和任何事物一样,有其自身的发展趋向。道路
交通管理发展的总趋势是根据客观情况和客观规律的要求,随着
社会经济的发展变化,道路交通管理也在不断进步,规模越来越
大,分工越来越细,效能和效率越来越高,目标和效益越来越
高。具体地讲,道路交通管理的发展趋势主要表现在以下几个

方面。

（一）道路交通管理科学化

道路交通管理科学化，是指对道路交通的构成要素及其系统运行的统一控制管理。当然，对道路交通的每个要素和每个环节的合理管理是十分重要和必要的，而诸要素和诸环节是互相联系、互相制约和互相影响的有机整体，所以，即使每个要素和每个环节的管理效果都是最佳的，其系统整体的效果却不一定是最佳的。道路交通管理科学化，就是使得其系统构成和运行机制都符合客观规律的要求，以追求其系统整体的最佳管理效果。道路交通管理的科学化建设，必须以对每个要素和每个环节进行合理管理为基础，更强调其系统整体的构成和特性，为使其系统达到整体的最佳效果来进行管理活动。

（二）道路交通管理现代化

道路交通管理现代化建设必须建立在道路交通管理科学化建设的基础上，因而，随着道路交通管理科学化建设的深入开展，应该伴随加大道路交通管理现代化建设的力度。在开展道路交通管理活动中，广泛应用现代科学技术，及时更新技术设备和管理手段，使之符合时代要求。其重点有：第一，开展道路交通管理规范化建设，即管理要素及其运行特性等均应定性化、定量化和参数化。第二，开展道路交通管理运行机制建设，即以信息化、最优化和自动化为目标，对道路交通实行自动控制和优化管理。

（三）道路交通管理法制化

法制主要是国家的法律和制度，包括：立法、执法、守法的一系列制度，以建立法律秩序。法律意识是法律观，是关于法律和法律现象的思想观点、知识和心理的总和。道路交通管理法制建设的意义就在于：维护良好的道路交通秩序；保障道路交通管理事业的持续发展；促进社会主义精神文明建设。随着社会经济和道路交通的迅速发展，遵循有法可依、有法必依、执法必严、违法必究的基本原则，深入开展道路交通管理的法制建设。

（四）道路交通管理社会化

道路交通管理社会化是国家各部门、社会各群体各负其责，共同推进道路交通安全事业的持续发展。随着道路交通及其管理事业的迅速发展，特别是社会主义市场经济体制的建立与发展，就要相应改革道路交通管理的某些模式和方法。公安交通管理部门应该集中履行国家行政管理职能，不能全部包揽，一切都管，而把不该管和不便管的某些方面，交由国家有关部门和社会群体来负责实施。概括起来，道路交通管理具有较强的社会属性和自然属性，必须依靠和组织社会各方面力量，共同参与，互相配合，积极推进道路交通管理事业的持续发展。

总之，随着以《道路交通安全法》为代表的一系列适应社会发展变化的道路交通管理新法规的颁布实施，为我国道路交通管理建设奠定了坚实的基础，也使我国的道路交通管理工作逐步走向正规化、法治化。在不远的将来我们会看到，管理制度将逐步建立健全，管理者执法水平将日益提高，各级政府、部门的责任将层层落实，全民遵章守法意识将普遍提高，整个社会的交通安全环境、秩序将得到根本性的改变，和谐交通乃至和谐社会的景象将会早日来到。

思考题：

1. 简述道路交通管理的概念。
2. 为什么道路交通管理要遵循一定的基本原则？
3. 简述道路交通管理方法的内容。
4. 简述经济方法与其他方法的异同。
5. 试展望道路交通管理的前景。

第二章 道路交通管理法规概述

第一节 道路交通管理法规

一、道路交通管理法规的概念

人类的交通活动，随着社会的进步，发展到今天，已经形成了一个全方位的、立体的状况（趋势）。例如，航空、铁路、航运、公路等交通活动，越来越多地进入了人类社会的每一个角落。但是，迄今为止，最大量、最广泛、最普遍地体现出人类交通活动内容特征的，还是最传统、最基本的平面交通形式——道路交通。

为了有效地调整好人类在道路上的交通活动行为和由此产生的各种关系，道路交通管理法规就应运而生了。道路交通管理法规调整的对象是道路交通关系。道路交通关系，是指人们在进行道路交通活动和与道路交通有关的活动中所发生的各种关系，是公安机关交通管理部门参与其间，并起主导作用的关系。道路交通管理法规的调整对象包括以下几个方面：

一是调整政府在道路交通管理中的职责；

二是调整在道路交通管理中公安机关内部及其与其他有关机关的关系；

三是调整道路交通管理者与参与者之间的关系；

四是调整人们在道路交通活动中产生的相互之间的关系；

五是调整人们在进行与道路交通有关的活动中发生的关系；

六是调整因道路交通而发生的人与车辆、道路、环境等交通要素之间的关系。

因此，我们就可以这样理解，所谓道路交通管理法规，是指所涉及的所有有关道路交通管理内容方面的法律规范的总称，它是由国家权力机关或行政机关依法制定或颁布的、体现人民交通意志，由国家强制力来保证实施的、在任何道路交通活动中都必须遵守的行为规则的总和。这是一个庞大的法律、法规体系，它除了包括纵向各种效力等级的专门直接针对各种交通活动或行为的法律、法规外，如《道路交通安全法》、《道路交通事故处理程序规定》、《机动车登记规定》等，横向还有间接针对或涉及交通活动内容的其他法律体系的法规，如《刑法》、《民法通则》、《行政许可法》等，这些也同样规范、调整、约束着道路交通活动的某些关系和相关行为。所以，它是一个广义的概念。

相对而言，还有一种狭义的概念，是指国家针对道路交通活动而制定和颁布的专门法律、法规，也就是前述的道路交通管理纵向法律体系。另外，从字面上理解，道路交通管理法规，也就是关于道路交通管理方面法律、法规的合称。

每一项道路交通活动和管理内容，在道路交通管理法规里，都有相对应的、相对独立的专门适用或针对的法律、法规，把它们相互联系，总和起来就形成了一个既有内在又有外延的有机联系的整体，共同构成了道路交通管理的法律体系，这是有别于其他法律体系的一个最显著的特征。

二、道路交通管理法规的性质

根据交通工程学的理论，构成人类交通活动有四大要素，人、车辆、道路和交通环境。因此，可以说，凡涉及的道路交通活动，必然要由其交通活动的主体——作为交通活动参与者的自然人之间构成相应的权利和义务关系，即社会关系，而同时还要由此产生人与车，人与道路和人与交通环境的关系，即人与自然的关系。这就是说，道路交通管理法规，必然具有社会属性和自然属性。同时，作为我国法律的一种组成和表现形式，它必然也是具有与其他法律规范相同的法律属性。

（一）道路交通管理法规的社会属性

社会属性体现了一定社会形态下统治阶级的意志和要求，是由一定社会形态的生产关系和经济基础决定的。道路交通管理法规属于上层建筑的范畴，我国道路交通管理法规的社会属性，是由我国社会主义的经济基础和国家政权的性质决定的。

道路交通管理法规的社会属性，是指由我国社会主义国家政权和经济基础的性质所决定的，具有时代特征，体现出广大人民群众对由道路交通活动产生的社会关系进行调整、规范的意志和要求，属于意识形态上层建筑的范畴。

随着我国社会和经济的进一步深入发展，道路交通管理法规也将不断地深入发展和完善，以更好地保护和促进经济的发展与社会的进步。

道路交通管理法规可以说是社会道路交通公共事务的调整器，它的正确实施使全社会受益。但是，任何一个国家政权为了保证社会生产和人民生活能正常有序地进行，都必须执行一些具有全社会意义的公共职能。例如，保障自然资源合理开发利用，保护生态环境，维护交通秩序等就是具有全社会意义的公共事务。为了执行全社会的公共职能，就需要制定资源保护法、环境保护法、道路交通管理法规等一系列的法律规范，使全社会的人共同遵守。

（二）道路交通管理法规的自然属性

道路交通管理法规的自然属性，是指符合道路交通活动特征的自然客观规律，体现出道路交通活动四大要素各自具有特有的内在联系、形态和性质等，能有效地调整和规范道路交通活动中产生的人与自然之间的关系。具体来说，就是有效地调整和规范道路交通活动中人与人以及人与车辆、人与道路、人与交通环境之间的关系。

道路交通管理法规的自然属性主要体现反映在道路交通中的技术规范和技术标准上，它是人类在长期的道路交通活动实践中积累起来的正确的交通和保障交通安全的经验总结，不会因社会制度不同而异，任何人在进行道路交通活动时都必须遵守道路交通管理法规中的技术规范和技术标准。不同社会意识形态国家的道路交通管理法规之所以能相互学习和借鉴，就在于他们都具有共同的自然属性。因此，虽然技术规范本身不具有阶级性，但实施这些规范对全社会都有好处。当技术规范上升为法律规范后，就成为国家法律体系的重要组成部分；并与其他法律规范相配合，为维护国家政权服务。

（三）道路交通管理法规的法律属性

我国的法律，是由众多的部门法律规范组成的一个有机整体。道路交通管理法规是我国法律规范的组成部分，它当然具有一切法律规范的共同属性。但是，由于其调整对象的特殊性，决定了道路交通管理法规不同于一般的法律规范，而具有自身的特点。

在我国的法律体系中，道路交通管理法规属于行政法的范畴。所谓行政，就是国家的组织活动，它直接体现着国家职能的行使。国家行政机关为了贯彻和执行宪法和法律，保证其全部正确实施，必须进行广泛的行政管理。行政法就是一切行政管理法律规范的总称。凡调整行政管理的法律规范，都属于行政法的范围。道路交通管理是国家行政管理的重要组成部分，所以道路交通管理法规是一种行政法律规范。由于道路交通管理法规调整的对象是道路交通安全关系，因此它体现的是社会共同的交通意志，即人们共同使用道路时的整体交通愿望和要求。

道路交通管理法规的法律属性，是指既具有一切法律规范的共同属性，又由于其调整对象的特殊性而有其自身区别于其他法律规范特点的特殊法律属性，而且具有行政法规和技术性法规相结合并统一的特性。

道路交通管理法规的性质，明确体现了国家和人民的意志，符合自然客观规律和社会现实，具有自身广泛的社会性，形式上复杂的多层次性，较强的适应性和可操作性，纵向、横向间互相依存，紧密联系的统一性等这样一些鲜明的特征。

三、道路交通管理法规的目的和作用

（一）道路交通管理法规的目的

国家制定法律、法规的目的，就是指国家所要达到的社会效果和所起到的社会作用。古往今来，任何国家，任何朝代、任何社会制度，概莫能外。

在社会进入 21 世纪的今天，我国经过三十多年的改革开放，社会已发展进步到了一个新的历史转折时期，特别是在"十五"期间，党的十六大提出的科学发展观和构建社会主义和谐社会的指导思想，在"十一五"期间及今后一个时期，都得到了和将得到很好的贯彻落实，建立法治社会的进程越来越快。

构建社会主义和谐社会离不开构建和谐的交通环境和氛围。因此，道路交通管理法规，应该是以构建和谐交通为目标来制定。2004 年 5 月 1 日施行的《道路交通安全法》第 1 条明确规定："为了维护道路交通秩序，预防和减少交通事故，保护人身安全，保护公民、法人和其他组织的财产安全及其他合法权益，提高通行效率，制定本法。"这就明确地指明了制定道路交通管理法规的根本目的。并且此目的最终目标在于：构建和谐社会交通形态并致力于和谐社会的建设。

（二）道路交通管理法规的作用

作用和目的是相辅相成的，目的产生作用，作用来保障目的。因此，衡量作用的标准，就是看能否达到目的所要求的效果。

道路交通管理法规的作用，就是指其所希望达到的社会效果和目的。同其他法律体系一样，道路交通管理法规的作用具有两方面的内容，即规范作用和社会作用。规范作用的实质就是规范构成交通活动四大因素的交通行为，社会作用就是以法律的形式明确了政府、社会各界、执法机关和交通行为参与人在道路交通管理活动中的职责、权利、义务，以期达到确保实现预期的社会效果和目的。

　　所以说，正确地理解、认识道路交通法规的作用和目的之间的辩证关系，对很好地贯彻、落实、施行、实现道路交通管理法规，进而构建和谐的交通环境与秩序，具有重要的现实意义和深远的历史意义。

第二节　道路交通管理法规的内容

　　"体系"一词，泛指由若干有关事物互相联系而构成的一个整体。法律体系又称部门法律体系，通常是指由一国现行的各个部门法构成的有机联系的统一整体。道路交通管理法规体系，是指构成道路交通管理法规的结构和内容，是将道路交通法律规范按其不同的调整对象和范围，分为不同的组成部分所形成的内在统一及有机联系的系统。

　　前文已述及，道路交通管理法规的内容，是一个包含有纵向法规结构和横向法规结构的庞大的体系，而且，随着社会经济的发展，体系的内容还在逐渐变化、扩展和延伸。这就使得我们在研究讨论这个问题时必须前后联系，以一种动态的思维来探究、认识和理解。这里我们主要从渊源和效力等级的角度来讨论道路交通管理法规体系的内容。

一、法律宪法

在我国的法制实践中，宪法作为国家的根本大法，是行政法的根本渊源，它当中包含了许多制定行政法规的规范和原则，如其中它规定的行政管理工作的基本规范，如行政机关工作必须接受人民监督和保障人民基本权利的原则；在制定和遵守道路交通管理法规中的许多公安交通管理行政行为、行政救济的内容时，都得到了充分的体现。因此，它是任何一个法律体系或任何一个法的部门最根本的立法依据和具有最高效力等级的法律。这一点是不容置疑的，对于道理交通管理法规内容体系来说，也是如此。

二、法律

法律在这里是指由全国人民代表大会或全国人民代表大会常务委员会所制定的基本法律或基本法律以外的法律。

随着社会的进步与发展，道理交通管理法规在法律这一层级上也得到了发展。在《道路交通安全法》施行以前，道路交通管理法规中没有由全国人民代表大会及其常务委员会制定的法律层级的纵向结构内容，仅有由全国人大常委会制定的《治安管理处罚条例》中涉及少量的道路交通管理内容；还有对道路交通管理有所涉及或含有道路交通管理内容的，如《刑法》、《民法通则》、《行政处罚法》等横向结构的法律。它们都不是主要针对道路交通管理活动的，故当时的学术界把《治安管理处罚条例》（全国人民代表大会常务委员会制定），《道路交通管理条例》、《道路交通事故处理办法》（国务院制定）作为这段时期道路交通管理法规的基本法和主要法律渊源。实际上那时其纵向结构的最高层级和最高渊源就是上述国务院制定的《道路交通管理条例》、《道路交通事故处理办法》这两部行政法规。

2004 年 5 月 1 日《道路交通安全法》施行以后，道路交通管理法规内容体系在法律这一效力等级和渊源上得到了提高，除了上述由全国人民代表大会制定的，如《行政诉讼法》、《行政复议法》等基本法律和由全国人大常委会制定的，如《刑法》、《国家赔偿法》等基本法律以外的法律这样一些作为横向结构的法律外；作为纵向结构的道路交通管理法规，《道路交通安全法》已上升到法律的最高等级。

我们这里所谓的纵向结构体系的法规，是指专门针对道路交通管理活动而制定的各种层级、效力等级、渊源的法律、法规、规章；而横向结构体系，是指不是专门针对道路交通管理活动，而仅仅是有部分涉及而制定的法律、法规。

所以说，《道路交通安全法》的颁布施行，标志着我国道路交通管理法规体系有了最高层级或最高效力等级的法律，它是我国新时期道路交通管理法规中的核心和最根本的渊源。

三、行政法规

行政法规在这里是指由国务院制定的有关道路交通安全管理的规范性文件。在道路交通安全管理法规体系中，行政法规除了被废止的《道路交通管理条例》以外，在目前的道路交通安全法规体系中。也只有唯一的一部与《道路交通安全法》配套的《道路交通安全法实施条例》。它是《道路交通安全法》具体实施的细化和补充，起到承上启下的重要作用，它是道路交通安全管理法规的主干部分，在以前被称为道路交通管理法规体系中的"基本法"。

在道路交通管理法规中，行政法规有一个特点，它的数量不是太多。所以，从某个角度来看，也体现出作为国家最高行政领导的政府机关，在管理国家、行政管理中的一些特征来。

四、行政（部门）规章

行政（部门）规章的含义，从广义上来说是指国务院下属各部、委，依据比其效力等级更高的法规和法律的规定，在自身的职权范围内，制定的有关各职能部门所对应的管理具体问题的规范性文件。这一层级的规章在我国现行法律中，是数量最多的部分。因为，在对国家的整个行政管理中，国务院下属的各部、委、办、局是很多的，它们都在自己的职权范围内，依法制定了很多代表国家行政管理的规范性文件。例如，有一个涉及我们道路交通管理方面的规章《汽车报废标准》，就是由国家经济贸易委员会、国家计划委员会、国内贸易部、机械工业部（现已撤销）、公安部、国家环境保护局共同制定的。实际上，涉及道路交通管理的，我们经常会碰到的还有交通部、农业部、国家发改委、国家工商总局、海关总署、最高人民法院、最高人民检察院等，不涉及道路交通管理方面的诸如教育部、卫生部、水利部等，它们都是可以制定行政（部门）规章的部门。

从狭义来讲，道路交通管理的行政（部门）规章，是指作为涉及道路交通管理的职能部门，在其职权范围内依法制定的针对有关道路交通安全管理具体问题的规范性文件。它也是我国道路交通安全管理法规体系中数量最多的部分，在我国的道路交通安全管理中发挥着重要的作用。最多最常见的就是公安部制定的规章，如《道路交通事故处理工作规范》、《警车管理规定》、《机动车驾驶证申领和使用规定》等；包括以前没有废止的还有很多。其次就是如交通部制定的《道路运输行政处罚规定》，司法部、最高人民法院、最高人民检察院、公安部制定的关于人体受伤鉴定标准，等等。涉及的面非常广，基本上每一个道路交通安全管理的内容方面，都有相应的行政（部门）规章对其作出具体规定，并具体操作实施。其性质就是每一个下位阶的法规都有其上位法为制定的依据，成为上位法的执行法。

在以前旧的道路交通管理法规体系中，行政规章都是称为"部门"规章，或是叫做"部门法"，是有其寓意的。

五、地方法规

根据宪法的规定，省、自治区、直辖市的人民代表大会及其常务委员会，在不与宪法、法律、行政法规和行政（部门）规章相抵触的前提下，可以制定地方法规，当然其中就包含了地方道路交通安全管理法规。

所以，这里所指的地方道路交通安全管理法规，是指根据法律规定所享有制定法律权力的各级地方人民代表大会及其常务委员会，所制定的关于道路交通安全管理方面的地方性法律规范。

由于我国各地社会、经济发展的差异，各地道路交通安全状况、发展也不平衡，所以根据实际情况，法律赋予了各地方人民代表大会及其常务委员会以及地方政府，可以对道路交通安全管理法规各组成部分的内容进一步作出具体规定，使其能够更好地在当地发挥作用，这是对我国道路交通安全管理法规体系内容的有利补充。

这里需要注意的是，根据现行的《地方各级人民代表大会和地方各级人民政府组织法》之规定，除前述的省、自治区、直辖市的人民代表大会以外，省、自治区的人民政府所在地的市和国务院批准的较大的市的人民代表大会及其常委会，和经过全国人大及其常委会特别授权的经济特区（如深圳、珠海经济特区），在不与上位法相抵触的前提下，可以制定地方法规，其中同样包含地方道路交通安全管理法规。例如，自《道路交通安全法》施行以来，国内较早与之配套颁布的地方性法规有《广东省道路交通安全条例》等。截至2007年2月底，全国已有十三个省市人民代表大会及其常委会，制定了道路交通安全管理方面的地方性法规。

六、地方行政规章

这里所说的地方行政规章，是指根据法律规定享有制定权的相应的地方人民政府，在不与上位法相抵触的前提下，所制定的对地方法规具有细化操作和补充作用、更好适应本行政区域内实际状况及其发展的地方性法律规定，这当然也包括地方性的道路交通安全管理方面的各项法律规定。例如，20世纪90年代，北京市人民政府曾制定过《北京市道路交通管理规定》，这就是典型的地方性行政规章。

实际上，地方性行政规章在很多地区来说，以法规形式出现的并不多见，因为其所在地区的人民代表大会及其常委会，一般都制定有相应的地方性法规。所以，地方行政规章一般多以地方政府的通知、要求、规定的形式出现，所对应的多是一些很具体的、相对单一的管理内容。例如，昆明市人民政府在1987年颁布过一个规定，即从施行之日起，昆明市城区一环路以内禁止无入城证的摩托车驶入；还有2007年年初发出的在城区一环路内禁止机动车鸣喇叭的通知要求。这就是地方行政规章的一个特点。

七、技术性法规

道路交通安全管理法规中的技术性法规，如果仅按学科性质来理解，它应该是属于自然科学的范畴。但是前文已述及，正是由于道路交通安全管理法规体系的性质，同时它还具有自然属性，从法律属性上来说是属于行政法的范畴，从社会属性上来说它属于上层建筑的范畴，那么它似乎也可以说是属于社会科学的大范畴，所以不能给其下一个单纯的定义，而应该是社会科学和自然科学的结合。而技术性法规，也仅只是这个体系中的一部分。

道路交通安全管理法规体系中，有相当一部分内容就是技术性法规，就是规定人们如何使用车辆和道路、适应交通环境的规则。例如，GB7258－2004《机动车安全运行技术条件》、GB5768－1999《道路交通标志和标线》等国家标准，就是融入了道路交通安全管理法规内容中的典型代表。所以，道路交通安全管理法规不仅调整人与人的关系，还调整人与自然的关系，是行为规范和技术规范的统一的法律规范。这也是道路交通安全管理法规体系与其他部门法体系的明显区别和特征之一。

技术性法规在道路交通管理法规体系中从效力等级的层级上来说，一般多属于行政（部门）规章这一层级。有的可以归属于体系结构中的纵向结构内容，有的归为或延伸为横向结构，有的两者皆可。在规范或管理不同对象的时候，它既可以归属于道路交通安全管理法规体系内的内容，也可以独立于这个体系之外，去单独行使它调整其他领域里人与自然关系的职能。例如，我国众多的机动车生产制造企业，就经常要用"GB7258-2004"这个国家标准来规范所生产的一切机动车产品。而在机动车产品销售后，申请登记落户、检验或定期检验时，公安交通管理机关就把这个标准作为道路交通安全管理法规的内容来衡量、要求申请者，必须达到或满足这个标准的内容，才能完成后面一系列的公安交通管理的行政行为。

八、涉外法规

我国改革开放三十多年来，对外交往越来越频繁，以前很少涉及的涉外道路交通活动也越来越多了，故涉外道路交通安全管理法规的应用也越来越多地显现。

这里所说的涉外道路交通安全管理法规，是指具有涉外因素的道路交通安全管理法律规范。这主要是指国内法中有关涉外道路交通安全管理的法律规定。这在我国现行的道路交通安全管理法规内容中，都有具体规定。例如，在《道路交通事故处理程序规定》中，就专门辟出"涉外道路交通事故处理"一章（共五条）。新中国成立以来，我国参加的与道路交通管理相关的国际公约及我国与他国签订的与道路交通管理相关的双边条约和协定，这些也可归属于涉外的道路交通安全管理法规的内容中。

在进行涉外道路交通安全管理的活动中，除适用上述的国内法规中有关道路交通安全管理的规定外，还应适用有关我国认可、签字和参加的国际公约或协定的相关规定。例如，《维也纳外交关系公约》、《维也纳领事关系公约》、《中华人民共和国外交特权与豁免条例》、《中华人民共和国领事特权与豁免条例》等。

涉外道路交通安全管理同一个国家的外交政策密切相关，在处理涉外道路交通事件时，首先应当考虑到的是国家的利益，也就是说要解决好国家整体利益和具体的道路交通安全事件中的个人利益之间的矛盾；其次应根据涉外因素而产生的特殊性和复杂性来正确、及时、冷静地进行处理，同时还应注意原则性与灵活性的结合，在基本原则的指导下，根据国家的对外政策，灵活处理各类道路交通事件，做到敢于管理、善于管理。

根据我国现行的立法体制，各个部门法的各种法律之间都存在效力关系，我国法律还有一个结构特点，就是多层次的集中统一。多层次，是指从上到下从宪法开始，依次为基本法律、法律、行政法规、行政（部门）规章、地方性法规、地方性行政规章等层次。集中统一，是指法律的各个层次中，存在着严格的效力关系，即低层次的法律不得违背高层次的法律，所有层级的法律都不得违背宪法。除此以外还应当注意"新法优于旧法"、"特殊优于一般"的效力等级原则的适用。

第三节 道路交通管理法规的制定和实施

一、道路交通管理法规的制定

道路交通管理法规的制定，是指一定的国家机关依照法定的职权和程序，制定、修改和废止有关道路交通管理的法律、行政法规、部门规章以及其他规范性法律文件的活动。无论是广义的道路交通管理法规还是狭义的道路交通管理法规，都必须由一定的国家机关按法定的职权和程序来制定。

（一）制定的机关

道路交通管理法规的制定机关是有关的国家机关。有关国家机关，是指构成国家的机构，即国家的权力机关和行政机关。

1. 权力机关。权力机关，是指在我国拥有立法权的国家机关。包括：全国人民代表大会及其常务委员会；省（自治区、直辖市）人民代表大会及其常务委员会；省会城市和国务院批准的较大城市的人民代表大会及其常务委员会。

2. 行政机关。行政机关，是指在我国拥有立法权的国家行政领导机关。包括：国务院；国务院所属的部委；省（自治区、直辖市）人民政府；省会城市与较大城市的人民政府。

除上述国家机关外，任何党政机关、公民、法人和其他组织都无权制定道路交通管理的法律规范。

（二）制定的权限

道路交通管理法规制定的权限，是指根据宪法的规定，一定的国家机关有权立什么样的法，一定级别的国家机关有权立什么样效力等级的法。在判断某一立法是否合法有效时，首先要看立法者有无该项立法权。如果立法者根本没有该项立法权，那么该项立法就不具备法律效力，应予撤销。在我国的司法实践中，立法实行中央统一领导下的多级立法体制，对道路交通管理法规来说也如此，制定的权限划分为以下几个方面：

1. 全国范围内适用的法律规范。

（1）全国人民代表大会制定道路交通管理的基本法律。

（2）全国人民代表大会常务委员会制定道路交通管理的法律。

（3）国务院制定道路交通管理的行政法规。

（4）国务院所属主管部门制定道路交通管理的行政（部门）规章。

2. 地方范围内适用的法规、规章。

（1）省（自治区、直辖市）人民代表大会及其常务委员会和省会城市、较大城市人民代表大会及其常务委员会制定地方性法规。

（2）省（自治区、直辖市）人民政府和省会城市与较大城市人民政府制定道路交通管理的地方性规章。

（三）制定的依据

制定道路交通管理法规不能凭空设想，为了实现法的严肃性、权威性、完整性和科学性，必须要有各方面的依据。

1. 思想理论依据。马克思主义、毛泽东思想、邓小平理论和深入贯彻落实科学发展观"三个代表"的重要思想，特别是以胡锦涛同志为首的党中央提出的"构建社会主义和谐社会"的工作方针，是我国一切工作的指导思想，特别是经济基础和上层建筑辩证统一关系的基本原理，是制定我国道路交通管理法规的直接思想理论依据。随着我国改革开放的深入发展，商品流转、人员流动的迅速扩大，各种道路交通活动越来越频繁，道路交通在我国经济发展和人民生活中的作用越来越大，对公安机关如何管理好道路交通也提出了新的更高的要求，道路交通管理法规的制定必须适应这种新的形势，作出比较完善的规定，以通过规范人们的交通行为，建立良好的交通秩序，保障交通安全畅通，促进国民经济的发展和人民生活水平的提高，为经济发展和社会进步服务。

2. 法律依据。道路交通管理法规是国家行政法的组成部分，它的制定必须以宪法、基本法为依据。这是因为宪法是国家的根本大法，具有最高的法律效力。国家一切法律、法规的制定，都不得与宪法相抵触，否则就是"违宪"，就没有法律效力。我国宪法涉及道路交通管理的内容主要有：保护国家和集体财产；保护公民合法财产；公民的人身自由和权利不受侵犯；公民必须遵守公共秩序、尊重社会公德；维护社会秩序，制裁危害社会治安的违法犯罪活动等项规定。这些规定为道路交通管理法规的制定提供了最高的法律依据。

基本法是仅次于宪法的法律。《立法法》属于基本法的范畴，它关于发布行政法规的规定，为有关国家机关制定道路交通管理法规提供了授权立法依据；《刑法》、《刑事诉讼法》、《民法通则》、《民事诉讼法》和《行政诉讼法》等基本法则为制定道路交通安全法在具体内容上提供了法律依据。在制定道路交通管理法规时，其具体内容必须与这些基本法保持一致。

除了宪法、基本法以外，其他有关法律也是制定道路交通管理法规的依据。例如，《行政处罚法》、《行政赔偿法》等就是制定道路交通管理法规的主要法律依据。其中《行政处罚法》不仅在指导思想、基本原则、处罚的种类和程序上直接关系着道路交通管理，而且它的一些具体条款直接规定了道路交通管理问题。因此，制定道路交通管理法规也必须以它为依据。

3. 自然科学依据。现代道路交通具有速度高、密度大、流量大的特点，而道路交通管理的对象是一个由人、车辆、道路及交通环境所组成的统一系统，这个系统内各要素之间的自然属性十分明显。因此，制定道路交通管理法规还必须以自然科学为依据，使法律建立在科学的基础之上。

制定道路交通管理法规所涉及的专门知识很多，归纳起来主要有以下几个方面：

（1）道路工程学。道路的合理性和充分利用与道路的交通特性密切相关，制定道路交通管理法规要考虑到道路与车辆发展的关系，不同等级和不同类型道路的功能、道路线形、弯道半径、坡度等几何特征，道路的横断面布置以及交叉路口的改良与渠化等各方面因素；道路的质量、结构、宽窄，道路在不同气候条件下所具有的特点等，也会影响交通的安全与畅通。制定道路交通管理规法就必须研究道路工程学。

（2）汽车工程和汽车力学。汽车的性能和汽车的运用与汽车力学密切相关，制定道路交通管理法规要考虑到车辆拥有量与道路、人口的关系，车辆的分类构造和原理，特别是车辆的性能，对车辆的运行速度，加速功能，滑动阻力，制动距离，转向，灯光，负载，以及车辆的交通效率和能源节约等诸多因素，都有着直接的影响，车辆本身的特性也会给车辆的正确使用及安全带来影响。这些情况要求在制定道路交通管理法规时要研究汽车工程和汽车力学方面的内容。

（3）交通心理学和生理学。道路交通的参与人，包括驾驶人和行人，都要受其生理和心理特征的影响，如人的视觉、听觉、触觉、反应特性、运动器官和神经系统的健康状况，以及烟、酒、药物、疲劳、情绪等，都会对人们驾车、走路产生不同的影响。制定道路交通管理法规时只有充分考虑到交通参与人的这些生理、心理因素，作出相应的规定，才能保障交通安全。

（4）交通环境科学。道路交通活动是在一定的交通环境中进行的，而交通环境对交通活动又会有重要影响。制定道路交通管理法规必须考虑到交通环境对交通活动的影响，并以法律规范的形式为降低和防止交通公害作出规定，才能建立起良好的交通环境，保障交通的安全、畅通。

（5）交通控制科学。交通控制既包括交通标志、标线和其他交通设施的静态控制，也包括交通标志、标线等的动态控制；交通控制的正确和有效，对道路交通管理具有十分重要的意义。制定道路交通管理法规必须研究交通控制科学，并作出相应的专门规定。

4. 政策依据。在我国，政策与法的关系是：政策是法的灵魂，法是政策的具体化、条文化。教育和处罚相结合是党和国家解决人民内部轻微违法行为的一贯政策。制定道路交通管理法规主要是对人的交通行为的管理，而对人的管理就必须依据党和国家教育与处罚相结合的政策，使这一政策成为制定道路交通管理法规的政策依据。教育和处罚是不可分割、不可偏废的两个方面，其中以教育为主，使人们自觉地遵守交通法规，主动维护交通安全，才能建立良好的交通秩序，预防和减少交通事故的发生。但对那些故意或过失违法的人员，也必须辅之以相应的处罚，以维护道路交通管理法规的严肃性和权威性。从广义上讲，处罚也是教育，它可以起到特殊预防和一般预防的双重作用。因此，处罚也不能放弃。

5. 实践经验的总结。《道路交通安全法》是在总结我国道路交通管理长期实践经验的基础上制定的。道路交通管理经验是道路交通管理部门及其工作人员在长期实践中所形成的智慧的结晶，是对道路交通安全规律性的总结。在制定道路交通管理规法时，必须广泛听取实际工作部门和广大群众的意见，摸索道路交通管理的内在规律，才能使制定出的法律、法规更符合实际，起到规范的作用。

（四）逻辑结构

一般各种层级的道路交通管理法规在结构组成上都遵循一定的逻辑关系。例如，《道路交通安全法》的逻辑结构，是指一个具体的道路交通安全法律规范在逻辑上由哪些部分构成。掌握道路交通安全法的逻辑结构，对于制定、理解和执行道路交通安全法都具有十分重要的意义。

《道路交通安全法》在逻辑上一般由假定、处理、制裁三部分组成。

1. 假定。假定，是指适用该法律规范的必要条件。一般来说，每一个法律规范都是在一定条件下才能适用的，不具备一定的条件就不能适用，而适用该法律规范的一定条件就是假定。例如，根据《道路交通安全法实施条例》的有关规定，机动车辆会车时，"在有障碍的路段，无障碍的一方先行"，在这个法律规范中，"在有障碍的路段"就是该规范的假定部分。

2. 处理。处理，是指法律规范本身的基本要求，它规定人们应当做什么，禁止做什么，允许做什么。例如，"机动车行经人行横道时，应当减速行驶"，就是规定应当做什么；"达到报废标准的机动车不得上道路行驶"，就是禁止做什么；"绿色箭头灯亮时，准许本车道车辆按指示方向通行"，就是允许做什么。处理是法律规范的中心部分和主要内容，规定必须明确具体。

3. 制裁。制裁，是指违反道路交通安全管理法律规范将要承担的法律后果。制裁部分在法律条文中有两种表现形式：一种是法律条文中明确规定如何制裁，如《道路交通安全法》第 101 条第 2 款规定："造成交通事故后逃逸的，由公安机关交通管理部门吊销机动车驾驶证，且终生不得重新取得机动车驾驶证。"这一规定可以理解为直接制裁。另一种是制裁部分规定在其他法律条文中。例如，《道路交通安全法》第 103 条第 2 款规定："机动车生产企业经国家机动车产品主管部门许可生产的机动车型，不执行机动车国家安全技术标准或者不严格进行机动车成品质量检验，致使质量不合格的机动车出厂销售的，由质量技术监督部门依照《中华人民共和国产品质量法》的有关规定给予处罚。"这一规定可以理解为间接制裁。这两种表现形式表明，道路交通安全法律在逻辑上的三个组成部分，并不一定都明确地规定在一个法律条文中。法律规范和法律条文是有区别的，法律条文只是法律规范的文字表述，它不一定都包括法律规范的三个逻辑因素。一个法律规范有的在一个法律条文中表述，有的可以在几个法律条文中，甚至可以在不同的法律文件中表述。《道路交通安全法》的许多法律条文从表面上看，似乎只有假定和处理两个部分，这并不是缺少制裁部分，而是将制裁部分规定在其他法律、法规文件中去了。

（五）制定的程序

道路交通管理法规制定的程序，是指国家机关在制定和修改法律时应当遵守的制度和履行的手续。

法律是经过特定的立法程序制定的，一般要经过立法规划的确立，法律草案的提出、审查和讨论，法律的通过和法律的公布几个阶段。这套立法程序，既能全面体现人民的意志，符合我国现实的政治、经济发展的客观需要，也充分体现了法律的严肃性和权威性。鉴于道路交通安全管理法律规范的大量文件是由国务院或公安部制定的，现以国务院的立法程序为例作一具体介绍。

1. 规划与起草阶段。行政法规的立法规划是行政立法的第一阶段，由国务院法制局编制，国务院审定，并由法制局负责组织实施和监督执行。规划的编制，可先由国务院各主管部门分别提出本部门立法建议，经法制局通盘研究，按轻重缓急进行编制，上报国务院审定。

行政法规由国务院各主管部门分别起草。在起草重要的行政法规时，其主要内容与几个主管部门的业务有密切联系的，先由主管部门发表征求意见稿，就一些问题协商一致后，上报国务院法制局，对不能协调一致的，也要把分歧的焦点写清楚后上报，由国务院出面召集有关部门协商再定。

2. 审定与发布阶段。行政法规起草工作完成后，由起草部门将行政法规草案报送国务院审批。报送的行政法规草案，由国务院法制局负责审查，并向国务院提出审查报告。行政法规草案由国务院常务会议审议，或者由国务院总理审批。

经国务院常务会议审议通过或经国务院总理审定的行政法规，由国务院发布，或者由国务院批准、国务院主管部门发布。现在，国务院发布行政法规须由国务院总理签署国务院令公布，并在全国范围内发行的报纸上刊登。

二、道路交通管理法规的实施

（一）道路交通管理法规实施的含义

道路交通管理法规的实施，是指道路交通管理法规在交通管理活动中的贯彻，是法规在实际生活中的具体运用，是公安交通管理机关运用道路交通管理法规规定而完成的交通管理任务的有意识的、积极的活动。通常，道路交通管理法规的实施有两种形

式，即道路交通管理法规的遵守和道路交通管理法规的执行。

1. 道路交通管理法规的遵守。道路交通管理法规的遵守，是指道路交通法规的规范在交通参与者的交通活动中被自觉地遵照执行的过程。这是国家机关、社会团体、企事业单位、国家机关工作人员和全体公民自觉遵守法律规范的一种形式，也是道路交通管理法规实施的必不可少的形式之一。道路交通管理法规以这种形式实施的程度越大，越表明道路交通管理法规制定得符合绝大多数人的需要。

2. 道路交通管理法规的执行。道路交通管理法规的执行，是指公安机关交通管理部门依照道路交通管理法规的规定作用于具体的交通参与人而产生的道路交通管理法规上的权利与义务的专门活动，即公安机关交通管理部门的执法过程。这是道路交通管理法规得以实施的一个重要方式，是国家强制力在交通管理活动中的具体体现，是国家行使行政管理权力的表现之一。它是通过具体的法律关系，即交通管理者和被管理者之间的管理与被管理的法律关系来实现的。

（二）道路交通管理法规实施的作用

道路交通管理法规实施的作用是道路交通管理法规实施的一种重要形式。广义地说，是国家专门机关即公安交通管理机关及其工作人员（交通警察）或公安机关授权单位按照法定的职权和程序，将法规规范作用于具体的人或组织的专门活动；狭义地说，是指国家司法机关，即公安交通管理机关运用法规规范处理案件的活动。

在我国，适用法律的专门机关是公安机关、检察机关、人民法院和其他依法行使其管辖权的行政机关。我国宪法和法律规定了人民公安机关、人民检察院、人民法院和有权的行政机关适用法律规范的职权范围和程序。

（三）道路交通管理法规实施的要求

1. 准确、合法、及时。准确、合法、及时是道路交通管理法规实施的基本要求之一，也是衡量执法的质量和效率的重要标准。

（1）准确。首先，执法的准确表现在要如实地反映客观情况，即适用法规时，一定要事实清楚，证据确凿。这是正确执行道路交通管理法规的基础和前提。其次，定性要准确。在处理违法时要在查清事实的基础上，根据法规的规定，正确地依法认定违法的性质。最后，处罚要恰当。道路交通管理法规对不同类型的违法及其处罚的种类和幅度都作了明确的规定。这就要求在处理违法时，既不能随意加重处罚，也不能随意减轻处罚。

（2）合法。合法，是指公安交通管理机关及其交通警察，在执行法规时要符合法规的规定，严格依法办事。具体应做到以下几点：第一，对道路交通的管理必须符合法定标准，必须依照法规的规定办事。第二，对违法和事故的处理必须按照法规规定的程序进行。第三，必须坚持任何公民在法律面前一律平等的原则，反对一切特权。

（3）及时。道路交通的特点决定了不论是疏导交通还是对违法和事故现场的处理都必须迅速、及时，才能有效地管理道路交通，保护交通参与者的合法权益。及时就是在准确合法的前提下，公安交通管理机关要提高工作效率，对道路交通活动中出现的各种情况迅速采取措施，及时进行处理。

2. 有法可依，有法必依，执法必严，违法必究。有法可依，是指有完备的交通管理法规可供遵循，使执行机关和广大人民群众在交通管理的范围内，都有章可循。有法必依，是指严格依照法律的规定办事，秉公执法。执法必严，是指执行机关和执法人员在执行交通法规时必须严格、严肃、严明，对违反交通法规的行为必须依法处理，绝不姑息迁就。违法必究，是指对违反交通管理法规的行为必须依法追究法律责任，该处罚的决不漏罚。

3. 必须深入宣传教育群众。违反交通管理法规的行为既有人的心理因素，又有客观因素，而且涉及社会各个方面。因此，预防和减少交通违法行为必须从宣传交通道德和交通法规、提高思想认识出发，采取综合治理的措施。这就要深入宣传教育群众，依靠社会各方面的力量，针对人们在交通活动中容易产生交通违法行为的心理因素，利用多种形式，广泛开展遵章守法的宣传教育。

　　4. 提高执法者自身的素质。道路交通管理法规最终是通过公安交通警察执行的，公安交通管理队伍和交通警察的素质的高低直接关系到交通管理法规执行的好坏。因此，要保证法规准确、合法、及时地执行，必须提高执法者的思想素质和业务素质等多方面的综合素质。

思考题：

1. 简述道路交通安全管理法规的概念。

2. 怎样理解道路交通安全管理法规的性质、目的和作用？

3. 简述道路交通安全管理法规的体系内容。

4. 用其他法的体系内容与道路交通安全管理法规体系作比较，分析出异同点。

5. 简述道路交通安全管理法规的制定和实施。

6. 简述道路交通安全管理法规的效力范围和效力。

第三章 车辆与驾驶人管理

车辆及其驾驶人作为道路交通的主体元素，对交通安全、交通秩序、交通运输效益和交通环境的影响具有决定性作用。近年来，随着我国经济建设的发展，各类车辆和驾驶人的数量剧增，与此同时，交通事故、交通违法问题突出，交通安全形势日益严峻。因此，迫切需要加强车辆与驾驶人员管理工作，以适应社会发展和道路交通管理工作的需要。本章内容是对公安交通管理部门车辆管理所主要业务工作的基本概括。

第一节 概 述

一、车辆与驾驶人管理的概念

车辆与驾驶人管理，是指公安交通管理部门依据国家有关法律、法规、政策、标准，对车辆及其驾驶人进行检验、考核、登记、核发牌证，以及对车辆驾驶人进行教育管理的一项专门工作。车辆与驾驶人管理可分为机动车与驾驶人管理和非机动车与驾驶人管理。非机动车与驾驶人管理是对自行车、三轮车、残疾人专用车等纳入非机动车范围的车辆及其驾驶人的管理。车辆与驾驶人管理的具体内容包括以下几个方面：

1. 机动车牌证管理；
2. 机动车的检验监督；
3. 机动车驾驶证管理；

4. 驾驶人的培训监督和教育管理；
5. 非机动车管理；
6. 档案管理。

二、车辆与驾驶人的管理机构

实施民用车辆与驾驶人管理工作的部门是各级公安机关的车辆管理所。中国人民解放军和中国人民武装警察部队在编机动车牌证，在编机动车检验及机动车驾驶人考核，均由中国人民解放军、中国人民武装警察部队有关部门负责。对上道路行驶的拖拉机、农业机械由农业（农业机械）主管部门行使管理职能。

三、车辆与驾驶人管理的原则

（一）统一立法，属地管理

我国的机动车牌证、驾驶证全国统一，全国通用，故关于车辆和驾驶人管理的法律、法规和技术标准必须全国统一。同时，由于我国地域辽阔，各地经济和文化发展水平等情况不同，因此，采用属地管理的方法，各地可依据全国性的法律、法规和技术标准，针对各地具体问题，制定实施办法与细则等，以便更有效地进行车辆与驾驶人管理。

（二）为人民服务，接受群众监督

我国道路交通管理的性质，决定了公安车辆管理部门的一切管理活动，必须从广大人民的根本利益出发，为人民服务。为了确实做好为人民服务，防止腐败的工作，车辆管理部门要建立健全监督机制，采取有效措施，接受群众监督。

（三）保护合法，打击非法

保护公民和法人的合法权益，打击非法活动，是公安机关的神圣职责。在车辆与驾驶人管理工作中，必须对合法的车辆制造、拥有、使用、维修、交易等活动予以保护，对车辆走私、无牌无证行驶、非法组装、非法交易等行为予以打击，才能保证国家法律、法规和技术标准的严肃性。

四、车辆与驾驶人管理的特点

车辆与驾驶人管理工作具有很强的政策性、技术性和社会性。

（一）政策性

车辆与驾驶人管理，是公安车辆管理部门依法对车辆和驾驶人进行的统一管理。其管理过程就是执行法律、法规，贯彻国家政策的过程。在管理过程中，除依据国家有关法律、法规外，还要严格执行国家及地方政府的各项有关政策。

（二）技术性

车管工作的技术性，要求管理人员必须具备必要的车辆管理基础理论知识和技能；懂得车辆的构造、性能、维修、调整等；了解测试手段和设备的使用、调整；具有相应的驾驶技能；掌握驾驶技术考核方法和标准。

（三）社会性

车辆与驾驶人管理的许多方面都直接涉及群众的切身利益。人数众多的驾驶人队伍，既是管理对象，又是服务对象；车辆管理人员既是管理者，又是被监督者。

五、车辆与驾驶人管理的制度

（一）车辆牌证制度

车辆牌证制度，是指公安车辆管理部门，用车辆牌证核发和管理的方法，控制车辆的增长和单车的安全技术状态，杜绝非法车辆上路运行，以创造安全、畅通的交通条件并维持社会稳定的一项制度。车辆牌证具有表明车辆来源的合法性、表明车辆技术的安全性、具有单车识别性，掌握车辆的数量、类型、分布等资料，有作为决策依据等作用。

（二）车辆登记制度

根据《道路交通安全法》第 8 条和第 18 条第 1 款的规定，国家对机动车与部分非机动车实行登记制度。车辆经公安机关交通管理部门登记后，方可上道路行驶。

（三）驾驶证制度

驾驶证制度，是指用驾驶证考取、核发和管理的方法，控制驾驶人的安全驾驶素质，以保证安全行车的一项制度。驾驶证制度确保驾驶人有合格的驾驶技术，是安全行车的必要保证。由于机动车速度快、质量大，对交通安全影响大，因此，要求驾驶人必须具备较高的思想素质，懂得行车法规、安全驾驶方法、车辆构造等相关知识，具有健康的体魄和适应于道路复杂情况的熟练驾驶技能。公安部令《机动车驾驶证申领和使用规定》中，对申领驾驶证的条件、考试内容、考试标准等作出了明确的规定。

（四）车辆检验制度

车辆检验制度，是指车辆必须接受法定的检验后方可在道路上行驶。车辆检验制度可以保证车辆安全性能，促使机动车所有人及时更新车辆，保护合法车的注册登记，促进车辆厂家的技术发展。

第二节　机动车管理

机动车管理，是公安交通管理机关根据有关法律、法规、技术标准，采取必要的技术手段，对正在使用的机动车辆进行登记、检验、发牌、发证以及对车辆制造、保修单位进行技术监督的一项专门工作。

机动车管理，是公安交通管理的重要组成部分，是公安交通管理机关的一项基本职能，它关系到广大群众的正常生活和我国交通运输业的发展。机动车管理的目的是：确保交通安全，减少交通公害，延长车辆使用寿命，充分发挥运输效能。

现行机动车管理的依据主要是《道路交通安全法》及相关配套法规、技术标准。

一、机动车管理的内容

机动车管理的内容主要有以下几个方面：

1. 对机动车进行安全技术检验监督。

2. 对机动车进行注册登记，核发号牌与行驶证。

3. 对在用机动车进行其他登记，包括变更、抵押、转移登记。

4. 办理号牌与行驶证的补、换发手续。

5. 审核、办理机动车辆的注销手续。

6. 建立、管理机动车档案。

二、机动车的分类

（一）按机动车的牌证管理办法分类

按牌证管理办法，机动车可分为以下七大类。

1. 汽车。汽车按照安装的号牌形式的不同，又分为大型汽车、小型汽车和特种汽车三类。大型汽车，是指总质量大于等于4500kg，或总长度大于等于6m，或座位数在10座（含）以上的汽车（包括驾驶人座位，下同）。小型汽车，是指总质量在4500kg以下，或总长度6m以下，或座位数在10座以下的汽车。特种汽车，是指有专门用途的汽车，如公安机关用车、武装警察部队用车和使馆用车等。

2. 摩托车。摩托车，是指由动力驱动的，具有两个或三个车轮的道路车辆。其不包括：一是整车整备质量超过400kg的三轮车辆；二是最大设计车速、整车整备质量、外廓尺寸等指标符合有关国家标准的残疾人机动轮椅车；三是电驱动的，最大设计车速不大于20km/h且整车整备质量符合相关国家标准的两轮车辆。

70

其分为以下几种：

（1）轻便摩托车。最高设计车速不大于 50km/h，发动机汽缸总排量不大于 50mL 的两个车轮的机动车。

（2）普通摩托车。最高设计车速大于 50km/h 或发动机汽缸总排量大于 50mL 的两个或三个车轮的机动车。

3. 拖拉机。拖拉机，是指手扶拖拉机等最大设计车速小于等于 20km/h 的轮式拖拉机和最大设计车速小于等于 40km/h、牵引挂车方可从事道路运输的轮式拖拉机。其分为以下几种：

（1）大型拖拉机。大型拖拉机，是指发动机功率大于 14.7kW 的机动车。

（2）小型拖拉机。小型拖拉机，是指发动机功率小于或等于 14.7kW 的机动车。

（3）手扶拖拉机。手扶拖拉机，是指转向操纵机构为手扶把式的轮式拖拉机。

4. 电车。电车分为以下几种：

（1）无轨电车。无轨电车，是指以电能为动力，有专用输电电缆线的轮式公共汽车。

（2）有轨电车。有轨电车，是指以电能为动力，在轨道上运行的公共汽车。

（3）电瓶车。电瓶车，是指以蓄电池电能为动力的轮式车辆。

5. 轮式自行机械车。轮式自行机械车，是指有特殊结构和专门功能，装有橡胶车轮可以自行行驶，最大设计车速大于 20km/h 的轮式工程机械，如装载机、平地机、挖掘机、铲车、推土机等，但不包括叉车。

6. 挂车。挂车，是指就其设计和技术特性需由汽车或拖拉机牵引，才能正常使用的一种无动力的道路车辆。其分为以下几种：

（1）全挂车。全挂车，是指车身无动力，独立承载，由牵引车辆牵引行驶的车辆。

（2）半挂车。半挂车，是指无行驶动力，与牵引车共同承载，由牵引车辆牵引行驶的车辆。

（3）特殊结构半挂车。特殊结构半挂车，是指载货部位为特殊结构，专门运输特定物品的半挂车。

7. 低速车。低速车分为以下几种：

（1）三轮汽车。三轮汽车，是指以柴油机为动力，最大设计车速小于等于 50km/h，总质量小于等于 2000kg，长小于等于 4600mm，宽小于等于 1600mm，高小于等于 2000mm，具有三个车轮的货车。其中，采用方向盘转向、由传递轴传递动力、有驾驶室且驾驶人坐椅后有物品放置空间的，总质量小于等于 3000kg，车长小于等于 5200mm，宽小于等于 1800mm，高小于等于 2200mm。

（2）低速货车。低速货车，是指以柴油机为动力，最大设计车速小于 70km/h，总质量小于等于 4500kg，长小于等于 6000mm，宽小于等于 2000mm，高小于等于 2500mm，具有四个车轮的货车。

（二）按机动车的使用性能分类

按机动车的使用性能，机动车可分为以下七类：

1. 轿车。轿车按发动机的汽缸排量可分为微型轿车、轻型轿车、中型轿车、大型轿车四类。

2. 客车。客车按长度可分为大型客车、中型客车和小型客车、微型客车等。

3. 货车。货车按使用用途分为普通货车、特种货车、自卸货车、载货货车等；按车长及总质量可分为重型货车、中型货车、轻型货车、微型货车。

4. 牵引车。牵引车，是指本身不能装载，专门牵引挂车或其他车辆的机动车。

5. 特种用途汽车。特种用途汽车，是指有专门用途的机动车，包括：建筑工程用汽车、市政及其他公用事业用车、竞赛汽车等。

6. 越野汽车。越野汽车，是指四轮驱动，动力较大，通过性能好，适用于在非道路上行驶的机动车。又可分为轻型、中型、重型、超重型等。

7. 自动卸货汽车。自动卸货汽车，是指设有专门液压自动卸货装置，能自动卸货的机动车。又可分为轻型、中型、重型自动卸货汽车等。

三、机动车号牌

（一）机动车号牌的作用

机动车号牌，是国家车辆管理法规确定的具有统一规格，统一式样，由公安车辆管理机关对机动车登记、检验后核发的带有注册登记编号的标牌。它是车辆取得道路合法通行权的标志，只有号牌完全符合规定的车辆，才准予上路。其作用表现在以下方面：

1. 为制定车管政策提供依据。通过号牌，可以了解和掌握机动车的数量、分布、使用情况和归属，为车辆管理部门制定车辆发展规划和车辆管理政策提供可靠依据。

2. 有利于群众监督。号牌具有明显的视认性，有利于群众监督驾驶人遵守交通法规和行车秩序。

3. 有利于防止窃车、走私等犯罪活动，以保障国家和机动车所有人的合法权益，维护生活治安秩序。

4. 有利于查缉违法和肇事逃逸人员。

（二）号牌的管理

《道路交通安全法实施条例》对机动车号牌的管理有如下要求：号牌必须由国家主管部门统一制定规格、式样；其他单位或个人不得制作、挪用、收缴或扣留；当号牌遗失或损坏时，应及时告知发牌机关并补办或补损。

（三）号牌的种类与式样

根据 2007 年 9 月 28 日公安部发布的公共安全行业标准 GA36 – 2007《中华人民共和国机动车号牌》，号牌分为 19 种。具体如表3-1所示。

表3-1　号牌的分类、规格、颜色及适用范围

序号	分类	外廓尺寸（mm×mm）	颜色	数量	适用范围
1	大型汽车号牌	前：440×140 后：440×220	黄底黑字黑框线	2	中型（含）以上载客、载货汽车和专项作业车；半挂牵引车；电车
2	挂车号牌	440×220		1	全挂车和不与牵引车固定使用的半挂车
3	小型汽车号牌	440×140	蓝底白字白框线		中型以下的载客、载货汽车和专项作业车
4	使馆汽车号牌		黑底白字,红"使"、"领"字白框线		驻华使馆的汽车
5	领馆汽车号牌				驻华领事馆的汽车
6	我国港澳地区入出境车号牌		黑底白字,白"港"、"澳"字白框线		我国港澳地区入出内地的汽车
7	教练汽车号牌		黄底黑字,黑"学"字黑框线		教练用汽车
8	警用汽车号牌		白底黑字,红"警"字黑框线	2	汽车类警车
9	普通摩托车号牌	前：220×95 后：220×140	黄底黑字黑框线		普通二轮摩托车和普通三轮摩托车
10	轻便摩托车号牌		蓝底白字白框线		轻便摩托车
11	使馆摩托车号牌		黑底白字,红"使"、"领"字白框线		驻华使馆的摩托车
12	领馆摩托车号牌				驻华领事馆的摩托车
13	教练摩托车号牌		黄底黑字,黑"学"字黑框线		教练用摩托车

（续表）

序号	分类	外廓尺寸（mm×mm）	颜色	数量	适用范围
14	警用摩托车号牌	220×140	白底黑字，红"警"字黑框线	1	摩托车类警车
15	低速车号牌	300×165	黄底黑字黑框线	2	低速载货汽车、三轮汽车和轮式自行机械车
16	临时行驶车号牌	220×140	天（酞）蓝底纹黑字黑框线	1	行政辖区内临时行驶的机动车
			棕黄底纹黑字黑框线		跨行政辖区临时移动的机动车
			棕黄底纹黑字黑框线黑"试"字		试验用机动车
			棕黄底纹黑字黑框线黑"超"字		特型机动车，是指轴荷和总质量超限的工程专项作业车和超长、超宽、超高的运输大型不可解物品的机动车
17	临时入境汽车号牌	220×140	白底棕蓝色专用底纹，黑字黑边框		临时入境汽车
18	临时入境摩托车号牌	88×60			临时入境摩托车
19	拖拉机号牌	按 NY 345.1－2005 执行			上道路行驶的拖拉机

1. 警用汽车号牌。白底黑字红"警"字。

（1）汽车号牌。

前号牌　　　　　　　　　后号牌

京·A0006警　　京-A0006警

（2）摩托车号牌（只有后号牌）。

京·A
0006警

2. 民用机动车号牌

（1）大型汽车号牌。

前号牌　　　　　　　　　　后号牌

京A·F0236　　京·A F0236

（2）挂车号牌。

京·A
F023挂

（3）小型汽车号牌。

京A·F0236

76

（4）使馆汽车号牌。

使014·578

（5）领馆汽车号牌。

沪A·0023领

（6）我国港澳地区入出境车号牌。

香港入出境车号牌

粤Z·F023港

澳门入出境车号牌

粤Z·F023澳

（7）教练汽车号牌。

京A·F023学

（8）普通摩托车号牌。

前号牌

A0062

后号牌

京A
A0062

（9）轻便摩托车号牌。

前号牌

后号牌

（10）使馆摩托车号牌。

前号牌

后号牌

（11）领馆摩托车号牌。

前号牌

后号牌

（12）教练摩托车号牌。

前号牌

后号牌

（13）低速车号牌。

京 M
00000

（14）拖拉机号牌。
①正式拖拉机号牌。

京 04
23456

②教练拖拉机号牌。

豫 04
2345学

③临时行驶拖拉机号牌。

正面

冀 03
5775临

反面

所有人：_____

机型：_____品牌型号：_____

发动机号：_____机身(机架)号码：_____

临时通行区间：_____

有效期限：_____年____月____日至_____年____月____日
发牌机关印章
____年____月____日

（15）临时行驶车号牌。

①行政辖区内临时行驶使用的临时行驶车号牌。

正面

反面

②跨行政辖区临时移动使用的临时行驶车号牌。

正面

反面

临 时 行 驶 车 号 牌			
机动车所有人		住 址	
车辆类型		厂牌型号	
发动机号码		车辆识别代号/车架号码	
核定载质量	千克	核定载客	人
有效期至			
发牌机关章:	签发人:	备注:	
	年 月 日		

L7

* 1 2 3 4 5 6 7 8

③试验用机动车的临时行驶车号牌。

正面

反面

④特型机动车的临时行驶车号牌。

正面

反面

（16）临时入境汽车号牌。

纸质单页卡片。号牌背面为临时入境机动车行驶证。式样如下：

式样一：适用于参加有组织的旅游、比赛以及其他交往活动的汽车。

正面

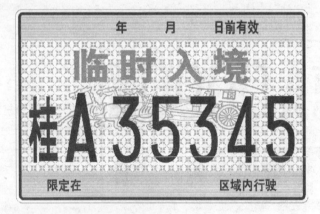

反面

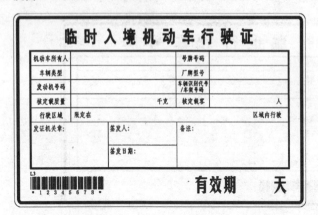

式样二：适用于在边境地区频繁入出境的汽车。

正面

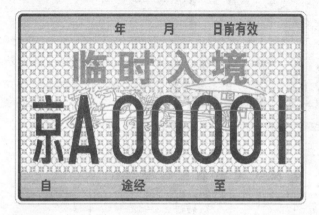

反面

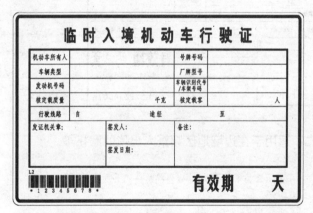

（17）临时入境摩托车号牌。

式样一：适用于参加有组织的旅游、比赛以及其他交往活动的摩托车。

年 月 日前有效

临 时 入 境

桂A35345

限定在　　　　区域内行驶

临 时 入 境 机 动 车 行 驶 证

机动车所有人		号牌号码	
车辆类型		厂牌型号	
发动机号码		车辆识别代号/车架号码	
核定载质量	千克	核定载客	人
行驶区域	限定在		区域内行驶
	签发人：	有效期　　　天	
	签发日期：		
	备注：	L5:12345678	

式样二：适用于在边境地区频繁入出境的摩托车。

年 月 日前有效

临 时 入 境

京A00001

自　　　途经　　　至

86

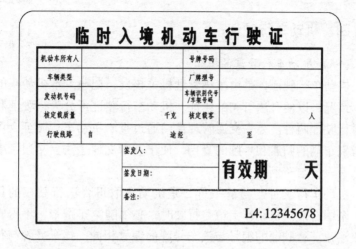

（四）号牌的安装要求

根据《中华人民共和国机动车号牌》的有关规定，号牌安装时必须按照如下要求：

1. 前号牌安装在机动车前端的中间或者偏右，后号牌安装在机动车后端的中间或者偏左，应不影响机动车安全行驶和号牌的识别。

2. 号牌安装要保证号牌无任何变形和遮盖，横向水平，纵向基本垂直于地面，纵向夹角小于等于15°。

3. 除临时入境车辆号牌和临时行驶车号牌外，其他机动车号牌安装时每面至少要用两个统一的压有发牌机关代号的号牌专用固封装置固定。

4. 使用号牌架辅助安装时，号牌架内侧边缘距离机动车登记编号字符边缘大于5mm。

5. 临时入境汽车号牌和临时行驶号牌应放置在前挡风玻璃右侧，临时入境摩托车号牌应随车携带。

四、机动车行驶证

（一）机动车行驶证的概念

机动车行驶证，是由车辆管理机关核发，记载着本机动车的基本情况，以便合法行驶的凭证。机动车行驶证可分为行驶证和临时行驶证两种。公安交通管理部门通过查验机动车行驶证，可以辨别车辆的归属和号牌的真伪，便于查缉交通违法、交通肇事和逃逸人员与车辆。

机动车行驶证与号牌一样，是机动车取得合法行驶权的凭证，全国有效。机动车上道路行驶时，必须随本车携带，不得转借或涂改。行驶证的编号与该车号牌的编号相同。挂车号牌与行驶证单独核发，拖带挂车的机动车辆应同时携带主车和挂车两个行驶证。

（二）机动车行驶证的内容

机动车行驶证内容包括该车的厂牌型号、车辆类型、号牌号码、发动机和车架号码、核定载质量和载客人数、车属单位或个人、主管机关和发证机关、检验记录、附记及注意事项等。

机动车行驶证由证夹、车照片、主页和副页组成。

1. 主页记录内容（如图 3－1 所示）。

```
中华人民共和国机动车行驶证

号牌号码 ..云A . 12345...    车辆类型...轿车...
所有人 ....王XX...........
住址...昆明市教场北路249号.................
品牌型号...福特7160型.....   使用性质...非营运...
          发动机号...........................
          车辆识别代号.......................
发证
机关章  注册登记日期  年  月  日  发证日期 年 月 日
```

图 3－1　机动车行驶证主页

2. 副页记录内容（如图3-2所示）。

中华人民共和国机动车行驶证副页

档案编号

号牌号码 . . 云A. 12345···.　车辆类型···轿车···
总质量...1415...kg　整备质量 ...1040kg.....
核定载质量.........　准牵引总质量..........
核定载客...5人.........　驾驶室共乘.............
货箱内部尺寸...........　后轴钢板
　　　　　　　　　　　　弹簧片数
外廓尺寸......4153×1634×1435 mm ....
检验记录.. 检验合格至2008年06月有效云A(01).

图3-2　机动车行驶证副页

（三）临时行驶证

临时行驶证是供车辆临时性使用的，仅适用于临时入境的机动车，为纸质单页卡片，有效期最长为3个月。临时入境机动车行驶证背面为临时入境机动车号牌。临时行驶证的式样如下：

1. 式样一：适用于参加有组织的旅游、比赛以及其他交往活动的汽车。

220mm

临 时 入 境 机 动 车 行 驶 证

机动车所有人		号牌号码	
车辆类型		厂牌型号	
发动机号码		车辆识别代号/车架号码	
核定载质量	千克	核定载客	人
行驶线路	自	途经	至
发证机关章：	签发人：	备注：	
	签发日期：		

L2
12345678

140mm

有效期　　天

89

2. 式样二：适用于在边境地区频繁入出境的汽车。

临时入境机动车行驶证

机动车所有人		号牌号码	
车辆类型		厂牌型号	
发动机号码		车辆识别代号/车架号码	
核定载质量	千克	核定载客	人
行驶区域	限定在		区域内行驶
发证机关章：	签发人： 签发日期：	备注：	

L3 ﹡12345678﹡

有效期　　　天

3. 式样三：适用于参加有组织的旅游、比赛以及其他交往活动的摩托车。

临时入境机动车行驶证

机动车所有人		车牌号码	
车辆类型		厂牌型号	
发动机号码		车辆识别代号/车架号码	
核定载质量	千克	核定载客	人
行驶区域	限定在		区域内行驶

签发人：
签发日期：
备注：

有效期　　　天

L4:12345678

反面

90

4. 式样四：适用于在边境地区频繁入出境的摩托车。

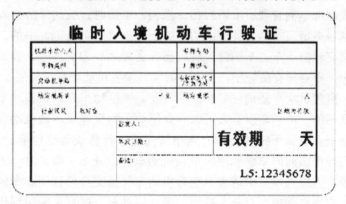

五、机动车登记证书

机动车登记证书是机动车办理登记的证明文件，记载《机动车登记规定》规定的登记事项。机动车登记证书不随车携带，当机动车所有权发生转移时，原机动车所有人应当将《机动车登记证书》随车交给现机动车所有人。机动车登记证书与机动车号牌、行驶证同时核发。

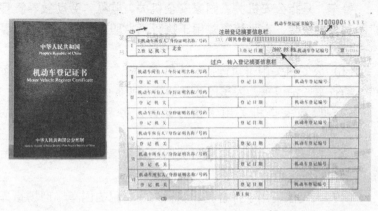

　　机动车登记证书灭失、丢失或者损毁的，机动车所有人应当向登记地车辆管理所申请补领、换领。申请时，机动车所有人应当填写申请表并提交身份证明，属于补领机动车登记证书的，还应当交验机动车。车辆管理所应当自受理之日起1日内，确认机动车，审查提交的证明、凭证，补发、换发机动车登记证书。

　　启用机动车登记证书前已注册登记的机动车未申领机动车登记证书的，机动车所有人可以向登记地车辆管理所申领机动车登记证书。但属于机动车所有人申请变更、转移或者抵押登记的，应当在申请前向车辆管理所申领机动车登记证书。申请时，机动车所有人应当填写申请表，交验机动车并提交身份证明。车辆管理所应当自受理之日起5日内，确认机动车，核对车辆识别代号拓印膜，审查提交的证明、凭证，核发机动车登记证书。

六、机动车号牌与行驶证管理

（一）号牌与行驶证的核发

1. 正式号牌与行驶证实行分级核发。分别由省级车管所、所在地车管所或具备条件的车辆交易市场窗口，办理相关车辆牌证的核发业务。其中，警车号牌与行驶证由省级车管所核发。

　　警车，是指公安机关、国家安全机关、监狱、劳动教养管理机关和人民法院、人民检察院用于执行紧急职务的机动车辆。警车包括以下几种：

　　（1）公安机关用于执行侦查、警卫、治安、交通管理的巡逻车、勘查车、护卫车、囚车以及其他执行职务的车辆。

　　（2）国家安全机关用于执行侦查任务和其他特殊职务的车辆。

　　（3）监狱、劳动教养管理机关用于押解罪犯、运送劳教人员的囚车和追缉逃犯的车辆。

　　（4）人民法院用于押解犯罪嫌疑人和罪犯的囚车、刑场指挥车、法医勘查车和死刑执行车。

（5）人民检察院用于侦查刑事犯罪案件的现场勘查车和押解犯罪嫌疑人的囚车。

2. 临时号牌的核发。临时号牌是临时性使用的号牌，只在指定的时间和区域内有效。临时号牌分为临时行驶车号牌和临时入境车号牌。

根据《机动车登记规定》第 36 条的规定，机动车具有下列情形之一，需要临时上道路行驶的，机动车所有人应当向车辆管理所申领临时行驶车号牌：

（1）未销售的。

（2）购买、调拨、赠予等方式获得机动车后尚未注册登记的。

（3）进行科研、定型试验的。

（4）因轴荷、总质量、外廓尺寸超出国家标准不予办理注册登记的特型机动车。

临时行驶车号牌为纸质双面、有效期最长为 90 天。临时行驶车号牌在核发时，需要审核车辆的来历证明、保险凭证（除新车外）、车辆整车合格证及其他证明，并进行车辆检验，确认无误后，按编号顺序填发并盖章。临时行驶车号牌在核发时，不同时核发行驶证。

因未销售或购买等后未注册等原因，需要在本行政辖区内临时行驶的，核发有效期不超过 15 日的临时行驶车号牌；需要跨行政辖区临时行驶的，核发有效期不超过 30 日的临时行驶车号牌。机动车所有人需要多次申领临时行驶车号牌的，车辆管理所核发临时行驶车号牌不得超过 3 次。属于科研、试验或特型车辆的，核发有效期不超过 90 日的临时行驶车号牌。

临时入境车号牌有效期最长为 3 个月。核发对象具体如下：

（1）经国家主管部门批准，临时入境参加有组织的旅游、比赛以及其他交往活动的外国机动车。

（2）临时入境后仅在边境地区一定范围内行驶的外国机

动车。

临时入境车号牌在核发时，应审核中国海关等部门出具的准许机动车入境的凭证和机动车安全技术检验合格证明，以及不少于临时入境期限的中国机动车交通事故责任强制保险凭证，属于有组织的旅游、比赛以及其他交往活动的，还应当提交中国相关主管部门出具的证明。受理部门应在 3 日内核发临时入境车号牌和临时行驶证。

（二）号牌与行驶证的补发与换发

机动车号牌与行驶证灭失、遗失或损坏时，机动车所有人应凭有关证明及时向原发证机关申请补发与换发。申请时应当填《补领、换领机动车牌证申请表》并提交机动车所有人身份证明。车管所自受理之日起 1 日内补、换发行驶证，自受理之日起 15 日内补、换发号牌。补发、换发号牌期间应当核发有效期不超过 15 日的临时行驶车号牌。

（三）号牌与行驶证管理的有关规定

1. 号牌与行驶证只能在公安车辆管理机关的监督下，在指定的单位制造和印刷，任何单位和个人不得伪造。

2. 机动车号牌要按规定安装，并使用印有发牌机关代号的专用装置固封，行驶证要随车携带。

3. 号牌要保持清晰、完整。牌证不准转借、涂改。

4. 除公安车辆管理机关外，任何单位和个人不准以任何借口收缴或扣留号牌与行驶证。

5. 除公安车辆管理机关外，任何单位和个人不得发放机动车号牌或要求机动车悬挂其他号牌。

七、机动车登记

机动车登记，是指公安机关车辆管理部门依法对我国民用机动车辆的车主、住址、联系电话、单位代码、身份证明、车辆类型、厂牌型号以及车辆技术参数和车辆变更、转移、抵押、注销

等情况所进行的记录手续。机动车登记的目的是使车辆管理机关及时掌握车辆的技术状况和分布状况，以便查找车主和掌握车辆的动态。因此，车辆登记是一项非常细致而且需要认真处理的工作，必须严肃地履行规定手续。

根据《道路交通安全法实施条例》第4条的规定，机动车登记的种类有注册登记、变更登记、转移登记、抵押登记和注销登记。

（一）注册登记

初次申领机动车号牌、行驶证的，应当向机动车所有人住所地的公安机关交通管理部门申请注册登记。根据《机动车登记规定》第2条的规定，直辖市公安机关交通管理部门车辆管理所、设区的市或者相当于同级的公安机关交通管理部门车辆管理所负责办理本行政辖区内机动车登记业务。

申请机动车注册登记，应当交验机动车，填写《机动车注册、转移、注销登记/转入申请表》，并提交机动车所有人的身份证明、购车发票等机动车来历证明、机动车整车出厂合格证明或进口机动车进口凭证、车辆购置税完税证明或免税凭证、机动车交通事故责任强制保险凭证及法律、行政法规规定应当在机动车注册登记时提交的其他证明、凭证等，不属于经海关进口的机动车和国务院机动车产品主管部门规定免予安全技术检验的机动车，还应当提交机动车安全技术检验合格证明。

车辆管理所应当自受理申请之日起2日内，确认机动车，核对车辆识别代号拓印膜，审查提交的证明、凭证，核发机动车登记证书、号牌、行驶证和检验合格标志。对因机动车所有人提交的资料不齐全而不予受理登记的，应书面一次告知其所需要补正的全部内容；对因进口机动车信息未传递到车管所而不能受理登记的，应口头告知不予受理的理由，并记载联系电话以便及时通知。

根据《机动车登记规定》第9条的规定，有下列情形之一的，不予办理机动车注册登记。

1. 机动车所有人提交的证明、凭证无效的。

2. 机动车来历证明被涂改或者机动车来历证明记载的机动车所有人与身份证明不符的。

3. 机动车所有人提交的证明、凭证与机动车不符的。

4. 机动车未经国务院机动车产品主管部门许可生产或者未经国家进口机动车主管部门许可进口的。

5. 机动车的有关技术数据与国务院机动车产品主管部门公告的数据不符的。

6. 机动车的型号、发动机号码、车辆识别代号或者有关技术数据不符合国家安全技术标准的。

7. 机动车达到国家规定的强制报废标准的。

8. 机动车被人民法院、人民检察院、行政执法部门依法查封、扣押的。

9. 机动车属于被盗抢的。

10. 其他不符合法律、行政法规规定的情形。

（二）变更登记

已注册登记的机动车有下列情形之一的，机动车所有人应当向登记该机动车的公安机关交通管理部门申请变更登记。

1. 改变车身颜色的。

2. 更换发动机的。

3. 更换车身或者车架的。

4. 因质量问题更换整车的。

5. 营运机动车改为非营运机动车或者非营运机动车改为营运机动车等使用性质改变的。

6. 机动车所有人的住所迁出或者迁入车辆管理所管辖区域的。

机动车所有人为两人以上，需要将登记的所有人姓名变更为其他所有人姓名的，可以向登记地车辆管理所申请变更登记。

属于上述第 1 项、第 2 项和第 3 项规定的变更事项的，机动车所有人应当在变更后 10 日内向车辆管理所申请变更登记；属于第六项规定的变更事项的，机动车所有人申请转出前，应当将涉及该车的道路交通安全违法行为和交通事故处理完毕。车辆管理所办理第 3 项、第 4 项和第 6 项规定的变更登记事项的，应当核对车辆识别代号拓印膜。

　　申请变更登记时，应填写《机动车变更登记/备案申请表》，并提交法定证明、凭证。车辆管理所应当自受理之日起 1 日内，确认机动车，审查提交的证明、凭证，在机动车登记证书上签注变更事项，收回行驶证，重新核发行驶证。车辆管理所办理机动车变更登记时，需要改变机动车号牌号码的，收回号牌、行驶证，确定新的机动车号牌号码，重新核发号牌、行驶证和检验合格标志。

　　已注册登记的机动车，机动车所有人住所在车辆管理所管辖区域内迁移或者机动车所有人姓名（单位名称）、联系方式变更的，应当向登记地车辆管理所备案。机动车所有人的身份证明名称或者号码变更的，可以向登记地车辆管理所申请备案。

　　发动机号码、车辆识别代号因磨损、锈蚀、事故等原因辨认不清或者损坏的，可以向登记地车辆管理所申请备案。机动车所有人应当提交身份证明、机动车登记证书、行驶证。车辆管理所应当自受理之日起 1 日内，在发动机、车身或者车架上打刻原发动机号码或者原车辆识别代号，在机动车登记证书上签注备案事项。

　　对于小型、微型载客汽车加装前后防撞装置的，或货运机动车加装防风罩、水箱、工具箱、备胎架等，或机动车增加车内装饰等情况，在不影响安全和识别号牌的情况下，机动车所有人不需要办理变更登记。

　　（三）转移登记

　　已注册登记的机动车所有权发生转移的，应当及时办理转移登记。

有下列情形之一的，不予办理转移登记：

1. 机动车与该车档案记载内容不一致的。

2. 属于海关监管的机动车，海关未解除监管或者批准转让的。

3. 机动车在抵押登记、质押备案期间的。

4. 机动车所有人提交的证明、凭证无效的。

5. 机动车来历证明被涂改或者机动车来历证明记载的机动车所有人与身份证明不符的。

6. 机动车达到国家规定的强制报废标准的。

7. 机动车被人民法院、人民检察院、行政执法部门依法查封、扣押的。

8. 机动车属于被盗抢的。

机动车所有人申请转移登记前，应当将涉及该车的道路交通安全违法行为和交通事故处理完毕。

机动车所有人应当自机动车交付之日起 30 日内提出申请，交验机动车，填写《机动车注册、转移、注销登记/转入申请表》，并提交法定证明、凭证。属于超过检验有效期的机动车，还应当提交机动车安全技术检验合格证明和交通事故责任强制保险凭证。属海关监管的，还应当提交《中华人民共和国海关监管车辆解除监管证明书》或者海关批准的转让证明。

被人民法院、人民检察院和行政执法部门依法没收并拍卖，或者被仲裁机构依法仲裁裁决，或者被人民法院调解、裁定、判决机动车所有权转移时，原机动车所有人未向现机动车所有人提供机动车登记证书、号牌或者行驶证的，现机动车所有人在办理转移登记时，应当提交人民法院出具的未得到机动车登记证书、号牌或者行驶证的《协助执行通知书》，或者人民检察院、行政执法部门出具的未得到机动车登记证书、号牌或者行驶证的证明。车辆管理所应当公告原机动车登记证书、号牌或者行驶证作

废，并在办理转移登记的同时，补发机动车登记证书。

（四）抵押登记

机动车所有人将机动车作为抵押物抵押的，应当向登记地车辆管理所申请抵押登记；抵押权消灭的，应当向登记地车辆管理所申请解除抵押登记。

抵押登记或注销抵押登记应由抵押人和抵押权人双方共同申请，填写《机动车抵押登记/质押备案申请表》，提交抵押人和抵押权人的身份证明和机动车登记证书，以及抵押人和抵押权人依法订立的主合同和抵押合同。人民法院调解、裁定、判决解除抵押的，机动车所有人或者抵押权人应当填写申请表，提交机动车登记证书、人民法院出具的已经生效的《调解书》、《裁定书》或者《判决书》，以及相应的《协助执行通知书》。

车辆管理所应当自受理之日起1日内，审查提交的证明、凭证，在机动车登记证书上签注抵押登记或解除抵押登记的内容和日期。

1. 不予办理抵押登记的情形。

（1）机动车所有人提交的证明、凭证无效的。

（2）机动车达到国家规定的强制报废标准的。

（3）机动车被人民法院、人民检察院、行政执法部门依法查封、扣押的。

（4）机动车属于被盗抢的。

（5）属于海关监管的机动车，海关未解除监管或者批准转让的。

2. 不予办理解除抵押登记的情形。

（1）机动车所有人提交的证明、凭证无效的。

（2）机动车被人民法院、人民检察院、行政执法部门依法查封、扣押的。

（五）注销登记

已达到国家强制报废标准的机动车，机动车所有人向机动车回收企业交售机动车时，应当填写申请表，提交机动车登记证书、号牌和行驶证。机动车回收企业应当确认机动车并解体，向机动车所有人出具《报废机动车回收证明》。报废的大型客、货车及其他营运车辆应当在车辆管理所的监督下解体。机动车回收企业应当在机动车解体后 7 日内将申请表、机动车登记证书、号牌、行驶证和《报废机动车回收证明》副本提交车辆管理所，申请注销登记。

机动车报废，是指达到国家报废标准，或虽未达到国家报废标准，但发动机或底盘严重损坏，经检验不符合国家机动车运行安全技术条件或国家机动车污染物排放标准的机动车。

有下列情形之一的，应当办理机动车注销登记。

1. 机动车灭失的。

2. 机动车因故不在我国境内使用的。

3. 因质量问题退车的。

4. 机动车登记被依法撤销的。

5. 达到国家强制报废标准的机动车被依法收缴并强制报废的。

6. 机动车已达到国家强制报废标准的。

机动车所有人申请注销登记前，应当将涉及该车的道路交通安全违法行为和交通事故处理完毕。

属于机动车灭失的，还应当提交机动车所有人的身份证明和机动车灭失证明；属于机动车因故不在我国境内使用的，还应当提交机动车所有人的身份证明和出境证明，其中属于海关监管的机动车，还应当提交海关出具的《中华人民共和国海关监管车辆进（出）境领（销）牌照通知书》；属于因质量问题退车的，还应当提交机动车所有人的身份证明和机动车制造厂或者经销商出具的退车证明。

因车辆损坏无法驶回登记地的，机动车所有人可以向车辆所在地机动车回收企业交售报废机动车。交售机动车时应当填写申请表，提交机动车登记证书、号牌和行驶证。机动车回收企业应当确认机动车并解体，向机动车所有人出具《报废机动车回收证明》。报废的大型客、货车及其他营运车辆应当在报废地车辆管理所的监督下解体。机动车回收企业应当在机动车解体后 7 日内将申请表、机动车登记证书、号牌、行驶证和《报废机动车回收证明》副本提交报废地车辆管理所，申请注销登记。报废地车辆管理所应当自受理之日起 1 日内，审查提交的证明、凭证，收回机动车登记证书、号牌、行驶证，并通过计算机登记系统将机动车报废信息传递给登记地车辆管理所。登记地车辆管理所应当自接到机动车报废信息之日起 1 日内办理注销登记，并出具注销证明。

（六）机动车登记相关业务

1. 更正。机动车所有人发现登记内容有错误的，应当及时要求车辆管理所更正。车辆管理所应当自受理之日起 5 日内予以确认。确属登记错误的，在机动车登记证书上更正相关内容，换发行驶证。需要改变机动车号牌号码的，应当收回号牌、行驶证，确定新的机动车号牌号码，重新核发号牌、行驶证和检验合格标志。

已注册登记的机动车被盗抢的，车辆管理所应当根据刑侦部门提供的情况，在计算机登记系统内记录，停止办理该车的各项登记和业务。被盗抢机动车发还后，车辆管理所应当恢复办理该车的各项登记和业务。机动车在被盗抢期间，发动机号码、车辆识别代号或者车身颜色被改变的，车辆管理所应当凭有关技术鉴定证明办理变更备案。

2. 核发机动车检验合格标志。机动车所有人可以在机动车检验有效期满前 3 个月内向登记地车辆管理所申请检验合格标志。申请前，机动车所有人应当将涉及该车的道路交通安全违法行为和交通事故处理完毕。申请时，机动车所有人应当填写申请表并提交行驶证、机动车交通事故责任强制保险凭证、机动车安全技术检验合格证明。

车辆管理所应当自受理之日起 1 日内，确认机动车，审查提交的证明、凭证，核发检验合格标志。

除大型载客汽车以外的机动车因故不能在登记地检验的，机动车所有人可以向登记地车辆管理所申请委托核发检验合格标志。申请前，机动车所有人应当将涉及机动车的道路交通安全违法行为和交通事故处理完毕。申请时，应当提交机动车登记证书或者行驶证。车辆管理所应当自受理之日起 1 日内，出具核发检验合格标志的委托书。机动车在检验地检验合格后，机动车所有人应当向被委托地车辆管理所申请检验合格标志，并提交核发检验合格标志的委托书。被委托地车辆管理所应当自受理之日起 1 日内，按照规定核发检验合格标志。

3. 申请使用原机动车号牌号码的办理。办理机动车转移登记或者注销登记后，原机动车所有人申请办理新购机动车注册登记时，可以向车辆管理所申请使用原机动车号牌号码。

申请使用原机动车号牌号码应当符合下列条件：

（1）在办理转移登记或者注销登记后 6 个月内提出申请。

（2）机动车所有人拥有原机动车 3 年以上。

（3）涉及原机动车的道路交通安全违法行为和交通事故处理完毕。

4. 代理登记。机动车所有人可以委托代理人代理申请各项机动车登记和业务，但申请补领机动车登记证书的除外。对机动车所有人因死亡、出境、重病、伤残或者不可抗力等原因不能到场申请补领机动车登记证书的，可以凭相关证明委托代理人代理申领。

代理人申请机动车登记和业务时，应当提交代理人的身份证明和机动车所有人的书面委托。

（七）机动车登记业务的基本岗位

机动车登记岗位设置，是为了加强公安交通管理部门车辆管理业务岗位规范化建设，强化内部监督制约机制。根据《机动车登记工作规范》第 2 条的规定，车辆管理所办理机动车登记业务，应当设置查验岗、登记审核岗和档案管理岗。

1. 查验岗。审查机动车合格证或者进口凭证；查验机动车，核对车辆识别代号拓印膜；制作机动车标准照片，并粘贴到机动车查验记录表上；录入机动车信息；与被盗抢机动车信息系统比对；将机动车查验记录表内部传递至登记审核岗。

2. 登记审核岗。审核各种凭证、证明材料。确定机动车登记编号，制作并核发号牌、行驶证、机动车登记证书和检验合格标志。

3. 档案管理岗。核对计算机登记系统的信息整理资料，装订、归档。

此外，还需设置嫌疑车辆调查岗位。主要工作是：确认车型，并核对有关技术参数；进行车辆外观检查，确认车身颜色；查验车辆发动机号码和车架号码，确认是否有凿改痕迹，发现不一致或有改动等人为改变或损坏的，对车辆一律扣留审查，并与全国被盗抢机动车信息系统进行对比，发现伪造或私自改装、改型等可疑车辆的，一律扣留交刑侦部门审查。

第三节　机动车安全技术检验

一、机动车安全检验的种类

（一）机动车安全技术检验的概念

机动车安全技术检验，是机动车安全技术检验机构根据车辆管理法律、法规的规定，对机动车的唯一性、安全性和使用情况所进行的全面验证，判定机动车是否符合国家机动车安全技术的标准和要求的工作。经检验合格的，由公安机关交通管理部门核发检验合格标志，未取得检验合格标志的车辆，不准上道路行驶。

机动车安全技术检验由机动车安全技术检验机构实施。根据《道路交通安全法》第13条的规定，对机动车的安全技术检验实行社会化。机动车安全技术检验实行社会化的地方，任何单位不得要求机动车到指定的场所进行检验。公安机关交通管理部门、机动车安全技术检验机构不得要求机动车到指定的场所进行维修、保养。机动车安全技术检验机构对机动车检验收取费用，应当严格执行国务院价格主管部门核定的收费标准。

（二）机动车安全检验的目的

1. 通过对申请登记的机动车进行安全技术检验，可以判定机动车是否符合国家机动车安全技术标准，以便确定是否给予机动车登记或核发牌证，从管理的源头上确保机动车的良好安全性能。

2. 通过对在用机动车的安全技术检验，可以督促机动车所有人及时保养和维护车辆，确保机动车经常处于良好的安全技术状态，减少由车辆性能原因造成的交通事故。同时，通过检验还可判定机动车是否达到强制报废条件，以便及时实施报废。

3. 通过对交通事故车辆进行安全技术检验，可以帮助交通事故处理人员查找事故原因，为确定事故赔偿责任提供依据。

4. 通过对机动车的定期检验，可以掌握车辆使用情况，预防和打击利用车辆进行的违法犯罪活动。

5. 通过对机动车的安全技术检验，公安交通管理部门可以向机动车生产厂家和维修部门反馈机动车普遍存在的质量问题，为厂家改进机动车产品质量和提高维修行业的维修质量提供技术参考。

（三）机动车安全检验的种类

1. 初次检验。机动车在申领正式号牌、行驶证和机动车登记证书时所进行的检验称为初次检验。检验目的是审核该机动车是否具备申领正式号牌、行驶证和机动车登记证书的条件。其检验范围是除国家有关规定免检以外的新车和转入本辖区的机动车辆。

免检，是指对指定（认定）的企业生产的特定车型在新车登记时，不再进行安全性能检验，仅核对车辆识别代号（车架号码）、发动机号码并检验有无被凿改嫌疑，与全国被盗抢机动车信息系统比对，审核机动车的技术参数。根据《道路交通安全法》第10条的规定，经国家机动车产品主管部门依据机动车国家安全技术标准认定的企业生产的机动车型，该车型的新车在出厂时经检验符合机动车国家安全技术标准，获得检验合格证的，免于安全技术检验。

2. 定期检验。定期检验，是指对在用的机动车辆在规定的时间内必须进行的安全技术检验。其检验目的是：检验机动车是否具有唯一性和合法性；机动车的安全技术性能是否达到国家规定的标准；机动车是否参加了交通事故责任强制保险；是否涉及未处理完的交通安全违法行为或交通事故。机动车未登记或停驶期间或已报废车辆，不实行定期检验。机动车定期检验的工作性质是技术监督与执法过程。

根据《道路交通安全法实施条例》第16条的规定，机动车应当从注册登记之日起，按照下列期限进行安全技术检验：

（1）营运载客汽车5年以内每年检验一次；超过5年的，每6个月检验一次。

（2）载货汽车和大型、中型非营运载客汽车10年以内每年检验1次；超过10年的，每6个月检验一次。

（3）小型、微型非客运载客汽车6年以内每2年检验1次；超过6年的，每年检验1次；超过15年的，每6个月检验一次。

（4）摩托车4年以内每2年检验一次；超过4年的，每年检验一次。

（5）拖拉机和其他机动车每年检验1次。

营运机动车在规定检验期限内经安全技术检验合格的，不再重复进行安全技术检验。

已注册登记的机动车进行安全技术检验时，机动车行驶证记载的登记内容与该机动车的有关情况不符，或者未按照规定提供机动车交通事故责任强制保险凭证的，不予通过检验。经检验不合格车辆要限期修复。逾期仍不合格的，收缴牌证，车辆报废。对因故不能按期参加检验的，应事先向登记地车管所提出延期检验申请。驻外地车辆可向登记地车管所申请委托所在地车管所核发检验合格标志，但大型载客汽车和涉及道路交通安全违法行为或交通事故未处理完毕的机动车，不得委托核发检验合格标志。

3. 临时检验。临时检验，是指除定期检验外还需进行的检验。临时检验针对：申领临时号牌的车辆；机动车遭受严重损坏修复后；临时入境车辆和车管所认为必要时进行。

4. 特殊检验。特殊检验是对改装车辆、事故车辆、外事车辆等进行的检验。其检验目的是：检查改装车辆的外表尺寸、安全性能及审查相关手续是否合法；检验事故车辆，查明事故原因；检验外事车辆，保证外事活动中首长及外宾的安全。对事故车辆进行检验时，如车辆可以正常行驶的，在现场进行；车辆已损坏的，待车辆修复后进行，并对换下的零件进行检查，必要时，可解体检查。

二、机动车安全检验的依据

根据《道路交通安全法》第 10 条的规定，准予登记的机动车应当符合机动车国家安全技术标准。申请机动车登记时，应当接受对该机动车的安全技术检验。因此，机动车安全技术检验是机动车登记中一项必不可少的工作。

机动车安全技术检验的依据主要有《机动车运行安全技术条件》和《机动车安全检验项目和方法》。适用于在我国道路上行驶的所有机动车，但不包括在任何轨道上运行的车辆。《机动车运行安全技术条件》是我国机动车安全技术管理的最基本的技术标准，是公安机关交通管理部门对机动车进行安全技术检验管理的主要技术依据。它既是一部技术性法规，同时也是国家的强制性标准。《机动车安全检验项目和方法》，对机动车安全技术检验的内容、方法、流程和检验结果的审核及相关标准都作了详细的规定，主要针对车辆唯一性认定、机动车安全性能和减少公害三个方面。

第四节　非机动车管理

一、非机动车管理概述

非机动车管理，是指公安车辆管理部门依据道路交通安全法律、法规，对辖区内各单位和个人所拥有的非机动车及其驾驶人进行的各项管理活动。包括对非机动车的审验、登记、核发牌证和对非机动车驾驶人的安全教育等。

非机动车管理是道路交通管理的一项重要工作，是车辆管理系统的一个分支。由于非机动车在城市中拥有量较大，使用率较高，与非机动车有关的交通事故突出，因此，搞好非机动车的管理，是改善城市交通的重要环节，研究和探讨非机动车管理的可行性方案，是我国道路交通管理中的一项重要课题。对非机动车的管理，必须依据相关法律、法规进行。目前，全国拥有五亿多辆自行车以及数量众多的三轮车、畜力车和残疾人专用车等，由于非机动车的社会占有量大，与广大人民群众的利益息息相关，而且，我国幅员辽阔，经济发展及道路建设不平衡，因此非机动车管理具有广泛性、强制性和差异性等特点。

通过对非机动车的管理，可以提高道路通行能力，增强社会效益；保障行车安全，预防和减少交通事故的发生；打击盗车活动，维护社会治安；为城建规划部门制定总体布局、发展规划以及道路和停车场的建设提供依据。

非机动车管理的任务有三个方面，即牌证管理、行车管理和停放管理。牌证管理属于车辆管理部分，行车管理和停放管理属于交通秩序管理部分。

二、非机动车的分类

根据《道路交通安全法》第119条第4项的规定，非机动车，是指以人力或畜力驱动，上道路行驶的交通工具。以及虽有动力装置驱动但设计最高时速、空车质量、外形尺寸符合有关国家标准的残疾人机动轮椅车、电动自行车等交通工具。

根据推动力的不同，非机动车可分为以下几种：

1. 自行车：以人力脚踏驱动的二轮车。
2. 三轮车：靠人力驱动的有三个车轮的车辆。
3. 人力车：用手推拉的方式驱动的二轮或独轮车。
4. 畜力车：用牲畜为动力驱动的车辆。
5. 残疾人专用车（含残疾人机动轮椅车）：专为下肢残疾者设计使用的单人代步车辆，分人力和机械驱动两种。
6. 电动自行车。

三、非机动车牌证管理

非机动车牌证管理，是公安车辆管理机关依据国家法律、政策和有关法规，对各类非机动车进行登记、检验，对符合要求的，给予发放或换发非机动车牌证的工作。辖区内拥有的非机动车的单位及个人，应主动到居住地公安车辆管理所或受其委托的部门申领牌证。

在本市县有一个以上非机动车管理机构的，首先可按单位所在地原则划分，即以单位（指企业、事业、商业、学校、机关、部队等）的密集程度和地理位置等为依据，进行区域划分。凡本区域单位的隶属人员所用的非机动车，一律在单位所在地的车辆管理部门办理有关手续。其次可以以户籍所在地原则划分，即辖区的非工作或上学人员（包括居民、村民等）所使用的非机动车，一律在户籍所在地的车辆管理部门办理有关手续；其他的可按指定所在地原则划分，如外国驻华机构人员、外籍人员等所使用的非机动车，可指定其在某一个车辆管理部门办理有关手续。

申领非机动车牌证时需要以下证明：

（一）车辆证明

新车应有整车销售发票。从国外购置的非机动车，还必须持有海关纳税单或免税证明。拼装、改装的非机动车不准申领牌证。

（二）车主证明

个人申领牌证的，应出具身份证（或工作证）；单位申领牌证的，应出具单位证明或介绍信。

（三）其他证明

1. 残疾人专用车申领牌证的，需出具残疾人体检证明和残联出具的残疾人办车证明。

2. 从事营运的三轮车、机动残疾人专用车，还必须出具交通运输管理部门批准发放的营运证和所在区（县）工商行政管理机关发给的营业执照。机动残疾人专用车参加营运的，必须办理交通事故责任强制保险和车上人员责任保险。

四、非机动车登记

非机动车登记，是指非机动车管理所对新购买的非机动车进行注册或对已领取牌证的非机动车异动所办理的登记手续。

（一）注册登记

新购买的非机动车应在 1 个月内注册登记，一般不应超过 2 个月。

（二）异动登记

异动登记，是指已领取牌证的非机动车，在转籍或原登记项目的内容有所变化时需要办理的登记手续。其包括转籍登记和变更登记。另外，非机动车登记还包括报废登记、挂失、错骑及认领登记和收缴和协查登记等。

第五节　机动车驾驶证管理

一、机动车驾驶证的分类和式样

（一）机动车驾驶证的分类

机动车驾驶证是由公安车辆管理机关核发的，证明机动车驾驶人驾驶资格的法定凭证。机动车驾驶证既是一种技术凭证，也是一种权利凭证。

通过对机动车驾驶证的管理，可以保证驾驶人的安全素质，掌握驾驶人队伍状态，并及时处理和杜绝相关交通安全违法行为。

按照管辖归属的不同，机动车驾驶证可分为民用机动车驾驶证、军队机动车驾驶证和武装警察部队机动车驾驶证三种，分别由公安、军队和武装警察部队车辆管理机关核发和管理。

我国现行的民用机动车驾驶证管理法规是《机动车驾驶证申领和使用规定》（公安部第 111 号令）。民用机动车驾驶证可分为以下三种：

1. 驾驶技能准考证明。驾驶技能准考证明是学习机动车驾驶技术的证明，有效期 2 年。

2. 机动车驾驶证。机动车驾驶证是取得某种机动车驾驶资格的法定凭证。其有效期分别为 6 年、10 年和长期有效。

3. 临时机动车驾驶许可。临时机动车驾驶许可是临时入境的机动车驾驶人，在中国道路上驾驶自带临时入境的机动车，或驾驶租赁的中国机动车时应持有的证明文件。有效期最长不超过 3 个月。

（二）机动车驾驶证的式样

1. 机动车驾驶证式样。机动车驾驶证由证夹、驾驶证主页、驾驶证副页三部分组成。证夹为黑色人造革封皮；驾驶证主页为聚酯防伪薄膜单页卡片，苹果绿花纹；驾驶证副页为苹果绿色的单页卡片。

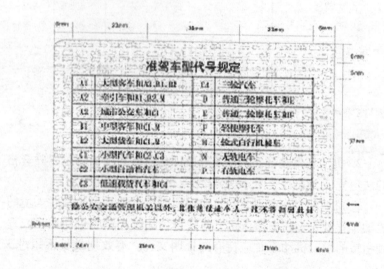

2. 临时机动车驾驶许可式样如图 3 – 3 所示。

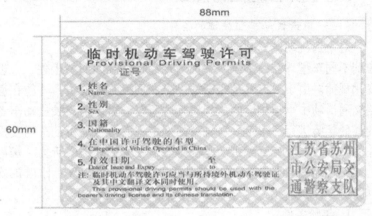

正面

反面

图 3 – 3　临时机动车驾驶许可

二、机动车驾驶证的核发

（一）申请机动车驾驶证的条件

对申请机动车驾驶证的年龄和身体条件作出限制，主要是考虑到不同车型驾驶技术学习掌握的难易程度及人们的生理、心理变化规律。由于只有具备完全的民事和刑事责任能力，才能在道路交通活动中承担相应的法律责任，所以，对申请驾驶机动车者的最低年龄进行了限定。对身高的规定主要是考虑机动车驾驶操作的要求。同时，驾驶机动车辆需要驾驶人的视力、听力、辨色力等感官器官功能正常，以便能够根据外界情况及时作出正确判断。

1. 年龄条件。

（1）申请小型汽车、小型自动挡汽车、残疾人专用小型自动挡载客汽车、轻便摩托车准驾车型的，在18周岁以上，70周岁以下。

（2）申请低速载货汽车、三轮汽车、普通三轮摩托车、普通二轮摩托车或者轮式自行机械车准驾车型的，在18周岁以上，60周岁以下。

（3）申请城市公交车、中型客车、大型货车、无轨电车或者有轨电车准驾车型的，在21周岁以上，50周岁以下。

（4）申请牵引车准驾车型的，在24周岁以上，50周岁以下。

（5）申请大型客车准驾车型的，在26周岁以上，50周岁以下。

2. 身体条件。

（1）身高。申请大型客车、牵引车、城市公交车、大型货车、无轨电车准驾车型的，身高为155厘米以上。申请中型客车准驾车型的，身高为150厘米以上。

（2）视力。申请大型客车、牵引车、城市公交车、中型客车、大型货车、无轨电车或者有轨电车准驾车型的，两眼裸视力或者矫正视力达到对数视力表 5.0 以上。申请其他准驾车型的，两眼裸视力或者矫正视力达到对数视力表 4.9 以上。

（3）辨色力。无红绿色盲。

（4）听力。两耳分别距音叉 50 厘米能辨别声源方向。有听力障碍但佩戴助听设备能够达到以上条件的，可以申请小型汽车、小型自动挡汽车准驾车型的机动车驾驶证。

（5）上肢。双手拇指健全，每只手其他手指必须有三指健全，肢体和手指运动功能正常。但手指末节残缺或者右手拇指缺失的，可以申请小型汽车、小型自动挡汽车准驾车型的机动车驾驶证。

（6）下肢。双下肢健全且运动功能正常，不等长度不得大于 5 厘米。但左下肢缺失或者丧失运动功能的，可以申请小型自动挡汽车准驾车型的机动车驾驶证。右下肢、双下肢缺失或者丧失运动功能但能够自主坐立的，可以申请残疾人专用小型自动挡载客汽车准驾车型的机动车驾驶证。

（7）躯干、颈部。无运动功能障碍。

（二）不得申请机动车驾驶证的几种情况

1. 有器质性心脏病、癫痫病、美尼尔氏症、眩晕症、癔病、震颤麻痹、精神病、痴呆以及影响肢体活动的神经系统疾病等妨碍安全驾驶疾病的。

2. 吸食、注射毒品、长期服用依赖性精神药品成瘾尚未戒除的。

3. 吊销机动车驾驶证未满 2 年的。

4. 造成交通事故后逃逸被吊销机动车驾驶证的。

5. 驾驶许可依法被撤销未满 3 年的。

6. 法律、行政法规规定的其他情形。

（三）申请机动车驾驶证的规定

1. 初次申领机动车驾驶证的有关规定。

（1）初次申领机动车驾驶证的，可以申请准驾车型为城市公交车、大型货车、小型汽车、小型自动挡汽车、低速载货汽车、三轮汽车、残疾人专用小型自动挡载客汽车、普通三轮摩托车、普通二轮摩托车、轻便摩托车、轮式自行机械车、无轨电车、有轨电车的机动车驾驶证。

（2）在暂住地初次申领机动车驾驶证的，可以申请准驾车型为小型汽车、小型自动挡汽车、低速载货汽车、三轮汽车、残疾人专用小型自动挡载客汽车、普通三轮摩托车、普通二轮摩托车、轻便摩托车的机动车驾驶证。

2. 已持有机动车驾驶证需申请增加准驾车型的规定。已持有机动车驾驶证，申请增加准驾车型的，应当在本记分周期和申请前最近一个记分周期内没有满分记录。申请增加中型客车、牵引车、大型客车准驾车型的，还应当符合下列规定：

（1）申请增加中型客车准驾车型的，已取得驾驶小型汽车、小型自动挡汽车、低速载货汽车或者三轮汽车准驾车型资格 3 年以上，并在申请前最近连续 2 个记分周期内没有满分记录；或者取得驾驶城市公交车、大型货车准驾车型资格 1 年以上，并在申请前最近 1 个记分周期内没有满分记录。

（2）申请增加牵引车准驾车型的，已取得驾驶中型客车或者大型货车准驾车型资格 3 年以上，并在申请前最近连续 2 个记分周期内没有满分记录；或者取得驾驶大型客车准驾车型资格 1 年以上，并在申请前最近一个记分周期内没有满分记录。

（3）申请增加大型客车准驾车型的，已取得驾驶中型客车或者大型货车准驾车型资格 5 年以上，并在申请前最近连续 3 个记分周期内没有满分记录；或者取得驾驶牵引车准驾车型资格 2 年以上，并在申请前最近 1 个记分周期内没有满分记录。

（4）在暂住地可以申请增加的准驾车型为小型汽车、小型自动挡汽车、低速载货汽车、三轮汽车、普通三轮摩托车、普通二轮摩托车、轻便摩托车。

（5）发生交通事故造成人员死亡，承担全部责任或者主要责任的，或醉酒后驾驶机动车的，或在本记分周期和申请前最近连续3个记分周期内有饮酒后驾驶机动车行为的，或在本记分周期和申请前最近连续3个记分周期内有驾驶机动车行驶超过规定时速50％以上行为，机动车驾驶证未被吊销的，不得申请增加大型客车、牵引车、中型客车准驾车型。

3. 持有军队、武装警察部队机动车驾驶证，或者持有境外机动车驾驶证，符合以上规定的申请条件，可以申请对应准驾车型的机动车驾驶证。

三、申请程序

1. 申领机动车驾驶证的人，按照下列规定向车辆管理所提出申请：

（1）在户籍地居住的，应当在户籍地提出申请。

（2）在暂住地居住的，可以在暂住地提出申请。

（3）现役军人（含武警），应当在居住地提出申请。

（4）境外人员，应当在居留地提出申请。

（5）申请增加准驾车型的，应当在所持机动车驾驶证核发地提出申请。

2. 初次申请机动车驾驶证，应当填写《机动车驾驶证申请表》，并提交以下证明：

（1）申请人的身份证明。

（2）县级或者部队团级以上医疗机构出具的有关身体条件的证明。属于申请驾驶残疾人专用小型自动挡载客汽车的，应当提交经省级卫生主管部门指定的专门医疗机构出具的有关身体条件的证明。

3. 申请增加准驾车型的，除填写《机动车驾驶证申请表》，提交上述两个证明外，还应当提交所持机动车驾驶证。

4. 持军队、武装警察部队机动车驾驶证的人申请机动车驾驶证，应当填写《机动车驾驶证申请表》，并提交以下证明、凭证：

（1）申请人的身份证明，属于复员、转业、退伍的人员，还应当提交军队、武装警察部队核发的复员、转业、退伍证明。

（2）县级或者部队团级以上医疗机构出具的有关身体条件的证明。

（3）军队、武装警察部队机动车驾驶证。

5. 持境外机动车驾驶证的人申请机动车驾驶证，应当填写《机动车驾驶证申请表》，并提交以下证明、凭证：

（1）申请人的身份证明。

（2）县级以上医疗机构出具的有关身体条件的证明。

（3）所持机动车驾驶证。属于非中文表述的，还应当出具中文翻译文本。

6. 持境外机动车驾驶证的外国驻华使馆、领馆人员及国际组织驻华代表机构人员申请机动车驾驶证，应当填写《机动车驾驶证申请表》，并提交以下证明、凭证：

（1）申请人的身份证明。

（2）所持机动车驾驶证。属于非中文表述的，还应当出具中文翻译文本。

7. 车辆管理所对符合机动车驾驶证申请条件的，应当受理，并在申请人预约考试30日内安排考试。

四、考试和发证

（一）考试

1. 考试科目。考试科目分为道路交通安全法律、法规和相关知识考试科目（以下简称"科目一"）、场地驾驶技能考试科目（以下简称"科目二"）和道路驾驶技能考试科目（以下简称"科目三"）。考试顺序按照科目一、科目二、科目三依次进行，前一科目考试合格后，方准参加后一科目的考试。

初次申请机动车驾驶证或者申请增加准驾车型的，科目一考试合格后，车辆管理所应当在 3 日内核发驾驶技能准考证明。驾驶技能准考证明的有效期为 2 年。申请人应当在有效期内完成科目二和科目三考试。

2. 考试科目内容及合格标准。考试科目内容及合格标准全国统一。其中，科目一考试题库的结构和基本题型由公安部制定，省级公安机关交通管理部门结合本地实际情况建立本省（自治区、直辖市）的考试题库。科目二考试项目包括：桩考、坡道定点停车和起步、侧方停车、通过单边桥、曲线行驶、直角转弯、限速通过限宽门、通过连续障碍、百米加减挡、起伏路行驶。科目三考试基本项目包括：上车准备、起步、直线行驶、变更车道、通过路口、靠边停车、通过人行横道线、通过学校区域、通过公共汽车站、会车、超车、掉头、夜间行驶。科目二、科目三考试采取必考项目与选考项目相结合的方式进行，选考项目根据不同车型随机选取。

初次申请机动车驾驶证或者申请增加准驾车型的，申请人预约考试科目二，应当符合下列规定：

（1）报考小型汽车、小型自动挡汽车、低速载货汽车、三轮汽车、残疾人专用小型自动挡载客汽车、轮式自行机械车、无轨电车、有轨电车准驾车型的，在取得驾驶技能准考证明满 10 日后预约考试。

（2）报考大型客车、牵引车、城市公交车、中型客车、大型货车准驾车型的，在取得驾驶技能准考证明满 20 日后预约考试。

初次申请机动车驾驶证或者申请增加准驾车型的，申请人预约考试科目三，应当符合下列规定：

（1）报考低速载货汽车、三轮汽车、轮式自行机械车、无轨电车、有轨电车准驾车型的，在取得驾驶技能准考证明满 20 日后预约考试。

（2）报考小型汽车、小型自动挡汽车、残疾人专用小型自动挡载客汽车准驾车型的，在取得驾驶技能准考证明满 30 日后预约考试。

（3）报考中型客车、大型货车准驾车型的，在取得驾驶技能准考证明满 40 日后预约考试。

（4）报考大型客车、牵引车、城市公交车准驾车型的，在取得驾驶技能准考证明满 60 日后预约考试。

（二）发证

初次申请机动车驾驶证或者申请增加准驾车型的，申请人考试科目一、科目二和科目三合格后 5 日内，车辆管理所核发机动车驾驶证。申请增加准驾车型的，应当收回原机动车驾驶证，具体规定如下：

1. 持军队、武装警察部队机动车驾驶证的人申请大型客车、牵引车、中型客车、大型货车准驾车型机动车驾驶证的，应当考试科目一和科目三；申请其他准驾车型机动车驾驶证的，直接核发机动车驾驶证。属于复员、转业、退伍的，应当同时收回其所持军队、武装警察部队机动车驾驶证。

2. 持境外机动车驾驶证申请机动车驾驶证的，应当考试科目一。申请准驾车型为大型客车、牵引车、中型客车、大型货车机动车驾驶证的，还应当考试科目三。外国驻华使馆、领馆人员及国际组织驻华代表机构人员申请机动车驾驶证的，应当按照外交对等原则核发机动车驾驶证。

3. 每个科目考试一次，可以补考一次。补考仍不合格的，本科目考试终止。申请人可以重新申请考试，但科目二、科目三的考试日期应当在 20 日后预约。在驾驶技能准考证明有效期内，已考试合格的科目成绩有效。

4. 各科目考试结果应当当场公布，并出示成绩单。考试不合格的，应当说明不合格的原因。

5. 每个科目的考试成绩单应当有申请人和考试员的签名。未签名的不得核发机动车驾驶证。从事考试工作的人员，应当持有省级公安机关交通管理部门颁发的考试员证书。

6. 申请人在考试过程中有舞弊行为的，取消本次考试资格，已经通过考试的其他科目成绩无效。

五、机动车驾驶证的管理

（一）准驾与增驾

1. 准驾。准驾，是指驾驶证申请人报考车型经公安车辆管理机关考试合格后，准许驾驶的车型，以及按规定不经考试即准许驾驶的车型。

机动车驾驶人准予驾驶的车型顺序依次分为：大型客车、牵引车、城市公交车、中型客车、大型货车、小型汽车、小型自动挡汽车、低速载货汽车、三轮汽车、残疾人专用小型自动挡载客汽车、普通三轮摩托车、普通二轮摩托车、轻便摩托车、轮式自行机械车、无轨电车和有轨电车。

年龄在 60 周岁以上的，不得驾驶大型客车、牵引车、城市公交车、中型客车、大型货车、无轨电车和有轨电车；年龄在 70 周岁以上的，不得驾驶低速载货汽车、三轮汽车、普通三轮摩托车、普通二轮摩托车和轮式自行机械车。

机动车准驾车型及代号如表 3 - 2 所示。

表 3 - 2　机动车准驾车型及代号

准驾车型	代号	准驾的车辆	准予驾驶的其他准驾车型
大型客车	A1	大型载客汽车	A3、B1、B2、C1、C2、C3、C4、M
牵引车	A2	重型、中型全挂、半挂汽车列车	B1、B2、C1、C2、C3、C4、M
城市公交车	A3	核载 10 人以上的城市公共汽车	C1、C2、C3、C4

121

（续表）

准驾车型	代号	准驾的车辆	准予驾驶的其他准驾车型
中型客车	B1	中型载客汽车（含核载10人以上、19人以下的城市公共汽车）	C1、C2、C3、C4、M
大型货车	B2	重型、中型载货汽车；大、重、中型专项作业车	C1、C2、C3、C4、M
小型汽车	C1	小型、微型载客汽车以及轻型、微型载货汽车；轻、小、微型专项作业车	C2、C3、C4
小型自动挡汽车	C2	小型、微型自动挡载客汽车以及轻型、微型自动挡载货汽车	
低速载货汽车	C3	低速载货汽车（原四轮农用运输车）	C4
三轮汽车	C4	三轮汽车（原三轮农用运输车）	
残疾人专用小型自动挡载客汽车	C5	残疾人专用小型、微型自动挡载客汽车（只允许右下肢或者双下肢残疾人驾驶）	
普通三轮摩托车	D	发动机排量大于50mL或者最大设计车速大于50km/h的三轮摩托车	E、F
普通二轮摩托车	E	发动机排量大于50mL或者最大设计车速大于50km/h的二轮摩托车	F
轻便摩托车	F	发动机排量小于等于50mL，最大设计车速小于等于50km/h的摩托车	

（续表）

准驾车型	代号	准驾的车辆	准予驾驶的其他准驾车型
轮式自行机械车	M	轮式自行机械车	
无轨电车	N	无轨电车	
有轨电车	P	有轨电车	

2. 增驾。增驾，是指已取得正式驾驶证的机动车驾驶人在所持驾驶证准驾车型的基础上，要求增加驾驶其他车型。

（二）奖励与禁止规定

1. 奖励规定。机动车驾驶人在机动车驾驶证的 6 年有效期内，每个记分周期均未达到 12 分的，换发 10 年有效期的机动车驾驶证；在机动车驾驶证的 10 年有效期内，每个记分周期均未达到 12 分的，换发长期有效的机动车驾驶证。

换发机动车驾驶证时，公安机关交通管理部门应当对机动车驾驶证进行审验。

2. 禁止规定。机动车驾驶人初次申领机动车驾驶证后的 12 个月为实习期。在实习期内驾驶机动车的，应当在车身后部粘贴或者悬挂统一式样的实习标志。

机动车驾驶人在实习期内不得驾驶公共汽车、营运客车或者执行任务的警车、消防车、救护车、工程救险车以及载有爆炸物品、易燃易爆化学物品、剧毒或者放射性等危险物品的机动车；驾驶的机动车不得牵引挂车。

（三）换证

换发机动车驾驶证的情形主要有以下几种：

1. 有效期满。机动车驾驶人应当于机动车驾驶证有效期满前 90 日内，向机动车驾驶证核发地车辆管理所申请换证。申请时应当填写《机动车驾驶证申请表》，并提交以下证明、凭证：

（1）机动车驾驶人的身份证明。

（2）机动车驾驶证。

（3）县级或者部队团级以上医疗机构出具的有关身体条件的证明。属于申请驾驶残疾人专用小型自动挡载客汽车的，应当提交经省级卫生主管部门指定的专门医疗机构出具的有关身体条件的证明。

机动车驾驶人有下列情形之一的，不予换发机动车驾驶证：

（1）道路交通安全违法行为未处理完毕的。

（2）身体条件不符合驾驶许可条件的。

（3）在一个记分周期内记分达到12分未接受道路交通安全法律、法规和相关知识教育、考试的。

2. 机动车所有人居住地发生变化。机动车驾驶人户籍迁出原车辆管理所管辖区的，应当向迁入地车辆管理所申请换证；机动车驾驶人在核发地车辆管理所管辖区以外居住的，可以向居住地车辆管理所申请换证。申请时应当填写《机动车驾驶证申请表》，并提交机动车驾驶人的身份证明和机动车驾驶证。

3. 年龄原因。年龄达到60周岁，持有准驾车型为大型客车、牵引车、城市公交车、中型客车、大型货车的机动车驾驶人，应当到机动车驾驶证核发地车辆管理所换领准驾车型为小型汽车或者小型自动挡汽车的机动车驾驶证；年龄达到70周岁，持有准驾车型为普通三轮摩托车、普通二轮摩托车的机动车驾驶人，应当到机动车驾驶证核发地车辆管理所换领准驾车型为轻便摩托车的机动车驾驶证。申请时应当填写《机动车驾驶证申请表》，并提交机动车驾驶人的身份证明，机动车驾驶证和县级或者部队团级以上医疗机构出具的有关身体条件的证明。

4. 机动车驾驶人自愿降低准驾车型。应当填写《机动车驾驶证申请表》，并提交机动车驾驶人的身份证明和机动车驾驶证。

机动车驾驶人身体条件发生变化，不符合所持机动车驾驶证准驾车型的条件，但符合准予驾驶的其他准驾车型条件的，应当在 30 日内到机动车驾驶证核发地车辆管理所申请降低准驾车型。申请时应当填写《机动车驾驶证申请表》，并提交机动车驾驶人的身份证明、机动车驾驶证、县级或者部队团级以上医疗机构出具的有关身体条件的证明。

机动车驾驶人身体条件不适合驾驶机动车的，不得驾驶机动车，应当在 30 日内到机动车驾驶证核发地车辆管理所申请注销。

5. 具有下列情形之一的，机动车驾驶人应当在 30 日内到机动车驾驶证核发地车辆管理所申请换证：

（1）在车辆管理所管辖区域内，机动车驾驶证记载的机动车驾驶人信息发生变化的。

（2）机动车驾驶证损毁无法辨认的。

申请时应当填写《机动车驾驶证申请表》，并提交机动车驾驶人的身份证明和机动车驾驶证。

车辆管理所应当在 3 日内换发机动车驾驶证。其中，除有效期满换证外，车辆管理所还应当收回原机动车驾驶证。

（四）补证

机动车驾驶证丢失、损毁、遗失的，机动车驾驶人应当向机动车驾驶证核发地车辆管理所申请补发。申请时应当填写《机动车驾驶证申请表》，并提交以下证明、凭证：

1. 机动车驾驶人的身份证明。

2. 机动车驾驶证遗失的书面声明。

对符合规定的，车辆管理所应当在 3 日内补发机动车驾驶证。

机动车驾驶人补领机动车驾驶证后，原机动车驾驶证作废，不得继续使用。机动车驾驶证被依法扣押、扣留或者暂扣期间，机动车驾驶人不得申请补发。

（五）注销

机动车驾驶证注销，是指由于持证人的自然或人为原因，不再从事或不再适合从事驾驶工作，由发证机关收回驾驶证，注销其证件效力的一种业务手续。

机动车驾驶人具有下列情形之一的，车辆管理所应当注销其机动车驾驶证：

1. 死亡的。

2. 身体条件不适合驾驶机动车的。

3. 提出注销申请的。

4. 丧失民事行为能力，监护人提出注销申请的。

5. 超过机动车驾驶证有效期1年以上未换证的。

6. 年龄在60周岁以上，在1个记分周期结束后1年内未提交身体条件证明的；或者持有大型客车、牵引车、城市公交车、中型客车、大型货车、无轨电车、有轨电车准驾车型，在2个记分周期结束后1年内未提交身体条件证明的；或者持有残疾人专用小型自动挡载客汽车准驾车型，在3个记分周期结束后1年内未提交身体条件证明的。

7. 年龄在60周岁以上，所持机动车驾驶证只具有无轨电车或者有轨电车准驾车型，或者年龄在70周岁以上，所持机动车驾驶证只具有低速载货汽车、三轮汽车、轮式自行机械车准驾车型的。

8. 机动车驾驶证依法被吊销或者驾驶许可依法被撤销的。

有第五项至第八项情形之一，未收回机动车驾驶证的，应当公告机动车驾驶证作废。因第五项、第六项情形之一被注销机动车驾驶证未超过2年的，机动车驾驶人考试科目一合格后，可以恢复驾驶资格。

（六）临时机动车驾驶许可管理

1. 临时机动车驾驶许可的申请规定。临时入境的机动车驾驶人在中国道路上驾驶自带临时入境的机动车，可以凭所持境外机动车驾驶证和入境凭证，驾驶自带机动车行驶至入境地或者始发地所在的直辖市或者设区的市公安机关交通管理部门，并于入境后2日内申请临时机动车驾驶许可。临时机动车驾驶许可的准驾

车型应当与其自带机动车车型一致。

临时入境的机动车驾驶人驾驶租赁中国机动车的，应当向机动车租赁单位所在的直辖市或者设区的市公安机关交通管理部门申领临时机动车驾驶许可，其准驾车型为小型汽车和小型自动挡汽车。

临时机动车驾驶许可的准驾车型应当符合申请人所持境外机动车驾驶证的准驾车型。

申领临时机动车驾驶许可的，应当用中文填写《临时机动车驾驶许可申请表》，并提交下列证明、凭证：

（1）入出境身份证件。

（2）境外机动车驾驶证，属于非中文表述的，还应当出具中文翻译文本。

（3）年龄、身体条件符合中国驾驶许可条件的证明文件。

（4）两张一寸彩色照片（近期半身免冠正面白底）。

（5）参加有组织的旅游、比赛以及其他交往活动的，还应当提交中国相关主管部门出具的证明。

公安机关交通管理部门应当在收到申请材料之日起3日内进行审查，符合规定的，组织道路交通安全法律、法规学习，核发临时机动车驾驶许可。

临时机动车驾驶许可有效期截止日期应当与机动车驾驶人入出境身份证件上签注的准许入境期限的截止日期一致，但有效期最长不超过3个月。临时机动车驾驶许可有效期不得延期。

2. 临时机动车驾驶许可使用规定。临时机动车驾驶许可应当随身携带，并与所持境外机动车驾驶证及其中文翻译文本同时使用。

公安机关交通管理部门核发临时入境机动车号牌、行驶证和临时机动车驾驶许可时，应当对境外机动车和机动车驾驶人以前的入境记录进行核查，发现有道路交通违法行为和交通事故未处理完毕的，告知其处理完毕后再核发牌证；在中国境内有驾驶机动车交通肇事逃逸记录的，不予核发临时机动车驾驶许可。

3. 对临时入境机动车驾驶人的管理。临时入境的机动车驾驶人应当按照下列规定驾驶机动车：

（1）遵守中国的道路交通安全法律、法规及规章。

（2）按照临时入境机动车号牌上签注的行驶区域或者路线行驶。

（3）遇有交通警察检查的，应当停车接受检查，出示入出境证件、临时机动车驾驶许可和所持境外机动车驾驶证及其中文翻译文本。

（4）违反道路交通安全法律、法规的，应当依法接受中国公安机关交通管理部门的处理。

（5）发生交通事故的，应当立即停车，保护现场，抢救受伤人员，并迅速报告执勤的交通警察或者公安机关交通管理部门，依法接受中国公安机关交通管理部门的处理。

临时入境的机动车驾驶人有下列行为之一的，地（市）一级公安机关交通管理部门应当按照下列规定处理：

（1）未取得临时机动车驾驶许可驾驶机动车，或者临时机动车驾驶许可超过有效期驾驶机动车的，处 200 元以上 2000 元以下罚款。

（2）驾驶未取得临时入境机动车号牌和行驶证的机动车，或者驾驶临时入境机动车号牌和行驶证超过有效期的机动车的，公安机关交通管理部门应当扣留机动车，通知当事人补办相应手续，并可处警告或者 20 元以上 200 元以下罚款。补办相应手续的，应当及时退还机动车。

（3）驾驶临时入境的机动车超出行驶区域或者路线的，处警告或者 20 元以上 200 元以下罚款。

（七）特殊驾驶规定

持有准驾车型为残疾人专用小型自动挡载客汽车的机动车驾驶人驾驶机动车时，应当按规定在车身设置残疾人机动车专用标志。有听力障碍的机动车驾驶人驾驶机动车时，应当佩戴助听设备。

六、记分和审验

（一）记分规定

1. 记分周期。道路交通安全违法行为累积记分周期（即记分周期）为12个月，满分为12分，从机动车驾驶证初次领取之日起计算。

2. 记分分值。依据道路交通安全违法行为的严重程度，一次记分的分值为：12分、6分、3分、2分、1分五种。

附件3 道路交通安全违法行为记分分值

一、机动车驾驶人有下列违法行为之一，一次记12分

1. 驾驶与准驾车型不符的机动车的；

2. 饮酒后或者醉酒后驾驶机动车的；

3. 驾驶公路客运车辆载人超过核定人数20%以上的；

4. 造成交通事故后逃逸，尚不构成犯罪的；

5. 使用伪造、变造机动车号牌、行驶证、驾驶证或者使用其他机动车号牌、行驶证的；

6. 在高速公路上倒车、逆行、穿越中央分隔带掉头的。

二、机动车驾驶人有下列违法行为之一，一次记6分

1. 机动车驾驶证被暂扣期间驾驶机动车的；

2. 公路客运车辆载人超过核定人数未达20%的；

3. 机动车行驶超过规定时速50%以上的；

4. 在高速公路行车道上停车的；

5. 机动车在高速公路或者城市快速路上遇交通拥堵，占用应急车道行驶的；

6. 驾驶机动车载运爆炸物品、易燃易爆化学物品以及剧毒、放射性等危险物品，未按指定的时间、路线、速度行驶或者未悬

挂警示标志并采取必要的安全措施的;

7. 连续驾驶公路客运车辆或者危险物品运输车辆超过 4 小时未停车休息或者停车休息时间少于 20 分钟的;

8. 上道路行驶的机动车未悬挂机动车号牌的,或者故意遮挡、污损、不按规定安装机动车号牌的;

9. 以隐瞒、欺骗手段补领机动车驾驶证的。

三、机动车驾驶人有下列违法行为之一,一次记 3 分

1. 货车载物超过核定载质量 30% 以上或者违反规定载客的;

2. 驾驶公路客运车辆以外的载客汽车载人超过核定人数 20% 以上的;

3. 违反道路交通信号灯通行的;

4. 机动车行驶超过规定时速未达 50% 的;

5. 在高速公路上驾驶机动车行驶低于规定最低时速的;

6. 驾驶禁止驶入高速公路的机动车驶入高速公路的;

7. 违反禁令标志、禁止标线指示的;

8. 不按规定超车、让行的,或者逆向行驶的;

9. 驾驶机动车违反规定牵引挂车的;

10. 在道路上车辆发生故障、事故停车后,不按规定使用灯光和设置警告标志的;

11. 上道路行驶的机动车未按规定定期进行安全技术检验的。

四、机动车驾驶人有下列违法行为之一,一次记 2 分

1. 驾驶公路客运车辆以外的载客汽车载人超过核定人数未达 20% 的;

2. 货车载物超过核定载质量未达 30% 的;

3. 行经交叉路口不按规定行车或者停车的;

4. 行经人行横道,不按规定减速、停车、避让行人的;

5. 有拨打、接听手持电话等妨碍安全驾驶的行为的;

6. 驾驶和乘坐二轮摩托车,不戴安全头盔的;

7. 机动车在高速公路或者城市快速路上行驶时，机动车驾驶人未按规定系安全带的；

8. 遇前方机动车停车排队或者缓慢行驶时，借道超车或者占用对面车道、穿插等候车辆的。

五、机动车驾驶人有下列违法行为之一，一次记1分

1. 不按规定使用灯光的；

2. 不按规定会车的；

3. 机动车载货长度、宽度、高度超过规定的；

4. 上道路行驶的机动车未放置检验合格标志、保险标志，未随车携带行驶证、机动车驾驶证的。

3. 满分分值学习考试规定。机动车驾驶人在1个记分周期内累积记分达到12分的，应当在15日内到机动车驾驶证核发地或者违法行为地公安机关交通管理部门接受为期7日的道路交通安全法律、法规和相关知识的教育。机动车驾驶人接受教育后，车辆管理所应当在20日内对其进行科目一考试。

机动车驾驶人在一个记分周期内两次以上达到12分的，车辆管理所还应当在科目一考试合格后10日内对其进行科目三考试。

考试合格的，记分予以清除，发还机动车驾驶证；考试不合格的，继续参加学习和考试。

接受驾驶技能考试的，按照本人机动车驾驶证载明的最高准驾车型考试。

4. 其他有关规定。

（1）对机动车驾驶人的道路交通安全违法行为，处罚与记分同时执行。

（2）机动车驾驶人一次有两个以上违法行为记分的，应当分别计算，累加分值。

（3）机动车驾驶人对道路交通安全违法行为处罚不服，申请

行政复议或者提起行政诉讼后，经依法裁决变更或者撤销原处罚决定的，相应记分分值予以变更或者撤销。

（4）公安机关交通管理部门应当向社会公布机动车驾驶人违法行为记分查询方式，提供查询便利。

（5）机动车驾驶人在一个记分周期内记分未达到12分，所处罚款已经缴纳的，记分予以清除；记分虽未达到12分，但尚有罚款未缴纳的，记分转入下一个记分周期。

（6）机动车驾驶人记分达到12分，拒不参加公安机关交通管理部门通知的学习，也不接受考试的，由公安机关交通管理部门公告其机动车驾驶证停止使用。

（7）对非本辖区机动车驾驶人的违法行为给予记分或者扣留机动车驾驶证的，作出决定的公安机关交通管理部门应当在2日内将违法行为信息转至机动车驾驶证核发地公安机关交通管理部门。

（8）对非本辖区机动车驾驶人要求在违法行为地考试的，公安机关交通管理部门可以准许，考试合格后发还机动车驾驶证，并将考试合格的信息转至核发地公安机关交通管理部门。机动车驾驶证核发地公安机关交通管理部门应当根据转递信息清除机动车驾驶人的累积记分。

（二）审验规定

根据《道路交通安全法实施条例》的有关规定，换发机动车驾驶证时，公安机关交通管理部门应当对机动车驾驶证进行审验。

1. 驾驶证审验的内容。审核机动车驾驶人的身体条件、机动车驾驶人的累积记分情况和驾驶证记录内容有无涂改、伪造或与档案记录不符等情况。

2. 审验规定。年龄在60周岁以上的机动车驾驶人，应当每年进行一次身体检查，在记分周期结束后15日内，提交县级或者部队团级以上医疗机构出具的有关身体条件的证明。

持有准驾车型为大型客车、牵引车、城市公交车、中型客车、大型货车、无轨电车、有轨电车的机动车驾驶人，应当每两年进行一次身体检查，在记分周期结束后 15 日内，提交县级或者部队团级以上医疗机构出具的有关身体条件的证明。

持有准驾车型为残疾人专用小型自动挡载客汽车的机动车驾驶人，应当每 3 年进行一次身体检查，在记分周期结束后 15 日内，提交经省级卫生主管部门指定的专门医疗机构出具的有关身体条件的证明。

机动车驾驶人因服兵役、出国（境）等原因，无法在规定时间内办理驾驶证期满换证、提交身体条件证明的，可以向机动车驾驶证核发地车辆管理所申请延期办理。申请时应当填写《机动车驾驶证申请表》，并提交机动车驾驶人的身份证明、机动车驾驶证和延期事由证明。

延期期限最长不超过 3 年。延期期间机动车驾驶人不得驾驶机动车。

经审验合格的，在驾驶证上按规定格式签章或记载。持未记载审验合格驾驶证的，不具备驾驶资格。

七、撤销机动车登记和驾驶许可

（一）撤销机动车登记和驾驶许可的情形

1. 机动车所有人以欺骗、贿赂等不正当手段取得机动车登记的，应当收缴机动车登记证书、号牌、行驶证，撤销机动车登记。

2. 机动车驾驶人以欺骗、贿赂等不正当手段取得驾驶许可的，应当收缴机动车驾驶证，撤销机动车驾驶许可。

（二）撤销机动车登记和驾驶许可的程序

1. 经设区的市公安机关交通管理部门负责人批准，制作撤销决定书送达违法行为人。

2. 将收缴的机动车登记证书、号牌、行驶证、机动车驾驶证连同撤销决定书转至核发地车辆管理所。

3. 无法收缴的，公告作废。

第六节　机动车档案管理

机动车档案管理，是指公安车辆管理机关对辖区内的各种机动车及驾驶人材料和其他技术资料加以收集、整理、鉴定、统计、保管和对变动情况进行记载的一项专门工作。

机动车档案具有信息性、知识性、原始性、真实性和查考利用价值的特征。

通过对机动车与驾驶人的档案管理，有利于打击和惩处与车辆有关的犯罪活动；有利于为领导进行决策提供依据；有利于提供进行科学研究的可靠材料和宣传教育的生动教材。因此，档案内容必须全面、准确，文字清楚，档案内容的增减变动必须及时，必须确保档案完好无损，严格档案借阅和变动手续，建立安全检查制度，确保某些档案及资料的机密性。

一、机动车档案管理

（一）机动车档案的收集

机动车档案的收集是机动车档案管理工作的起点，对车辆管理人员移交来的机动车档案材料，要经过档案管理人员及时、仔细地核对和清点，根据档案管理及档案分类的要求，编号登记入档，实行档案集中统一管理，以维护档案的统一性和完整性。

（二）机动车档案的建档要求和建档范围

1. 建档要求。车辆管理所应当建立每辆机动车的档案，一车一卷。机动车档案按照机动车号牌种类分类，并按照号牌号码或者档案编号从上到下、从左到右的顺序上架排列。

2. 建档范围。建档范围包括形成机动车档案的全部材料。一般情况下，下列材料必须归档：

（1）机动车所有人身份证明或单位证明复印件。

（2）机动车的来历凭证原件或者复印件，其中，全国统一的机动车销售发票、《协助执行通知书》和国家机关出具的调拨证明必须是原件。

（3）机动车登记申请表原件。

（4）《机动车登记业务流程记录单》原件。

（5）国产机动车的整车出厂合格证明原件，进口机动车的进口凭证原件。

（6）车辆购置税的完税证明或者免税凭证副联原件。

（7）机动车交通事故责任强制保险凭证复印件。

（8）机动车标准照片。

（9）车辆识别代号（车架号码）拓印膜。

（10）机动车变更申请书、批准文件及竣工检验文书。

（11）车辆报废手续。

（12）代理人身份证明复印件。

（13）法律、行政法规规定应当在机动车登记时提交的其他证明、凭证的原件或复印件。

（三）机动车档案的鉴定、检查与销毁

1. 鉴定。对机动车档案进行鉴定的目的是：判断档案中材料对历史和现实的价值大小，确定档案的保管期限，决定档案的保存或销毁。

2. 检查。对档案的定期检查一般为 1 年一次或 2～3 年一次。当发生水、火灾害后，或发生档案被盗或有怀疑被盗时，或发现档案有虫蛀、鼠咬、霉烂等现象时，或档案管理人员调动工作时，都要进行不定期检查。主要检查档案数量是否相符、有无损坏；档案的收进、移出、存取、登记是否准确；库房管理和提供利用制度的执行情况。

3. 销毁。销毁是档案管理工作的最后一步。经过鉴定认为无保存价值的档案，在经过严格的审查批准手续后予以销毁。

机动车档案从办理注销登记之日起保存 2 年后销毁。属于撤销机动车登记的，机动车档案保存 3 年后销毁。

销毁机动车档案时，车辆管理所应当对需要销毁的机动车档案登记造册，并书面报告省（自治区、直辖市）市（地、州、盟、县级市）公安局交通警察支队（交通管理局、大队），经批准后方可销毁。销毁机动车档案应当在指定的地点，监销人和销毁人应当共同在销毁记录上签字。记载销毁档案情况的登记簿和销毁记录存档备查。

二、非机动车档案管理

非机动车档案一般有表类、卡类、专业文件类。表类档案以申领牌证时的登记表为主体，按号牌顺序或时间顺序排列。其他证明及异动登记等，均粘贴于注册登记表上。

三、驾驶人档案管理

车辆管理所应当建立机动车驾驶证档案，一证一档。机动车驾驶证档案包括实物档案和电子档案。实物档案应当保存机动车驾驶人提交的资料。保存的资料应当装订成册，并填写档案资料目录，置于资料首页，案卷编号为档案编号。

车辆管理所及其工作人员不得泄露机动车驾驶证档案中的个人信息。任何单位和个人不得擅自涂改、故意损毁或者伪造机动车驾驶证档案。

（一）驾驶学员档案管理

这包括报考人从申领《机动车驾驶证申请表》开始至取得驾驶技能准考证明为止的有关材料。

驾驶学员档案应存入如下材料：

1. 《机动车驾驶证申请表》。

2. 申请人的身份证明复印件。

3. 《身体条件证明》。

4. 考试成绩表。

5. 《驾驶技能准考证明》。

6. 经驾校培训的，还需收存驾校出具的培训记录。

驾驶学员档案编号应根据《驾驶技能准考证明》顺序排列，由公安车辆管理部门统一保管。

驾驶学员档案一般在领到驾驶证后并入驾驶人档案内，但如遇到下列情形之一者，应予销毁：

1. 在学习期间死亡或伤残，已不符合机动车驾驶人身体条件的。

2. 在学习期间因触犯刑律，被判处有期或无期徒刑或拘役的。

3. 学习期超过2年的。

（二）驾驶人档案管理

驾驶人档案应包括下列材料：

1. 驾驶学员档案的所有材料。

2. 考试成绩单。

3. 申请增加准驾车型者的原机动车驾驶证。

4. 持军队、武装警察部队驾驶证员需申请地方驾驶证的，需存入军队、武装警察部队机动车驾驶证复印件，但属于复员、退伍、转业的，应当收存军队、武装警察部队机动车驾驶证和复员、退伍、转业证明复印件。

5. 持境外机动车驾驶证申请我国机动车驾驶证的，需存入境外机动车驾驶证复印件；非中文表述的，还需收存中文翻译文本。

6. 属于有效期满换证的，还需收存累积记分查询结果证明和《身体条件证明》。属于机动车驾驶人信息发生变化换证、达到规定年龄换证、自愿降低准驾车型换证的，还需收存原机动车驾驶证和身份证明复印件。

7. 属驾驶人转籍的，需存入《机动车驾驶证申请表》，打印的机动车驾驶证信息资料，身份证明复印件，原机动车驾驶证和《机动车驾驶证转入信息反馈通知书》。

8. 属于申请注销的，收存《机动车驾驶证申请表》和机动车驾驶证。

9. 属于身体条件不适合驾驶机动车的，收存医疗机构出具的有关《身体条件证明》。

10. 属于撤销驾驶许可的，收存公安交通管理撤销决定书；属于吊销驾驶证的，收存公安交通管理转递通知书。

11. 属于记分达 12 分重新学习和考试的，收存考试成绩表、《机动车驾驶人违法满分考试信息反馈通知书》。

当机动车驾驶人逾期未参加驾驶证审验或由于其他原因需要对档案进行封存时，封存的档案应与其他档案分开管理，一般保存 5 年，超过时间予以销毁。

注销、吊销机动车驾驶证的，机动车驾驶证档案资料保留 2 年后销毁，但造成交通事故后逃逸被吊销机动车驾驶证的，档案资料长期保留；撤销机动车驾驶许可的，档案资料保留 3 年后销毁。临时机动车驾驶许可档案资料保留 2 年后销毁。

销毁机动车驾驶证档案时，车辆管理所应当对需要销毁的档案登记造册，并书面报告所属直辖市或者设区的市公安机关交通管理部门，经批准后方可销毁。销毁机动车驾驶证档案应当在指定的地点，监销人和销毁人应当共同在销毁记录上签字。记载销毁档案情况的登记簿和销毁记录存档备查。

四、档案管理的其他规定

（一）档案查阅规定

人民法院、人民检察院、公安机关或者其他行政执法部门、纪检监察部门以及公证机构、仲裁机构、律师事务机构因办案需要查阅机动车驾驶证档案的，应当出具公函和经办人的工作证；

机动车驾驶人查询本人档案的，应当出具身份证明和机动车驾驶证。由档案管理人员报经业务领导批准后查阅，查阅档案应当在档案查阅室进行，档案管理人员应当在场。需要出具证明或者复印档案资料的，应当经业务领导批准。已入库的机动车驾驶证档案原则上不得出库。

（二）档案补建规定

车辆管理所因意外事件致使机动车驾驶证档案损毁、丢失的，应当书面报告省（自治区、直辖市）公安厅（局）交通管理部门，经批准后，按照计算机管理系统的信息补建机动车驾驶证档案，打印机动车驾驶证在计算机管理系统内的所有记录信息，并补充机动车驾驶证持证人照片和身份证明复印件。

机动车驾驶证档案补建完毕后，应当报省（自治区、直辖市）公安厅（局）交通管理部门审核。省（自治区、直辖市）公安厅（局）交通管理部门与计算机管理系统核对，并出具核对公函。补建的机动车驾驶证档案与原机动车驾驶证档案具有同等效力，但档案资料内无省（自治区、直辖市）公安厅（局）交通管理部门批准补建档案的文件和核对公函的除外。

实训项目

一、参观车辆管理所

目的：使学生加深对车管所工作的理解，掌握车辆与驾驶人管理的基本技能，具备办理车辆、驾驶人业务的能力。

内容：参观车管所。

条件：

1. 实训场所：市公安局交警支队车辆管理所。

2. 实训器材：笔记本。

组织：以区队为单位，在规定时间到达指定地点集队，由任课教师带入车辆管理所各窗口处参观。

作业：学生提交"对车辆与驾驶人管理工作的认识与体会"

一份。

二、机动车业务流程模拟实训

目的：使学生加深对机动车登记知识的理解，掌握机动车登记的基本技能，具备办理机动车业务的能力。

内容：模拟办理机动车业务。

条件：

1. 所需场地：教室内。

2. 仪器设备：桌子、凳子、标志牌。

3. 相关素材：业务表格。

组织：

1. 在教室内布置车辆管理所场景。

2. 每25人分为一大组，设组长一人，负责指挥本组的实训演练。

3. 每一大组分别演练机动车各项登记。分配人员设置查验岗、登记审核岗、档案管理岗等，其余人员模拟办理各项业务。

4. 每组各个组员可轮换岗位以熟悉不同业务。

作业：学生分别完成各种业务表格一套。

思考题：

1. 车辆与驾驶人管理的特点，决定了车辆管理民警应具备哪些素质？

2. 机动车驾驶证培训与考试分属于不同主管部门的意义是什么？

3. 在车辆与驾驶人管理中，为什么要全面推行保险制度？

4. 我国延长轿车使用年限的规定是否合理？为什么？

5. 公安机关车辆管理部门在机动车安全技术检验中的职责是什么？

6. 驾驶证审验与换证同时进行有何利弊？为什么？

7. 当前的驾驶人培训工作存在哪些问题？原因何在？

第四章　道路交通组织

道路交通组织，简言之就是交通的流量组织、流速组织、流向组织。道路交通组织，就是要在现有交通现代控制技术、监控技术、诱导技术、信息技术、通信技术的条件下，制定出科学的战略战术，进而使技术、业务、管理措施、警力达到高度统一，充分发挥出现代化管理的优势。

第一节　道路交通组织概述

纵观世界上的发达国家，在其经济高速发展进程中，都曾经历过交通拥堵这个阶段，这是历史发展的一个必然阶段。我国目前也正处于这个时期，北京、上海等大城市首先遇到这个问题。在这个阶段中，车辆发展的速度远远超过道路建设的速度，经济发展刺激生成的交通需求远远大于道路资源、管理资源所能提供的交通供给，交通供需矛盾日益激化，表现在交通上就是秩序乱点、交通堵点和事故黑点的数目大幅度上升，交通拥堵的成因已逐步由秩序混乱造成通行能力下降转向车多路少导致通行能力不足。要解决这一矛盾，除了新建、改建和扩建道路，完善道路网外，采用交通组织措施，最大限度地发挥现有道路网的效能，是一条现实的途径。

一、道路交通组织的概念

道路交通系统的运行效益体现在人、车、路及交通环境的动态平衡之中。交通环境中诸多因素的变化，都会引发参与交通的任何车辆的变化，交通流的运动亦呈现出较为复杂的特征，主要表现在以下几个方面。

（一）交通元素复杂

道路交通流是由车和人在道路上的运动形成的。车流是由机动车和非机动车组成的，机动车中有小客车、大客车、货车、拖拉机、摩托车等，非机动车中有三轮车、自行车、畜力车、电动自行车等。另外，作为交通参与者的人由于年龄、性别、心理因素和地区等不同，在交通活动中也表现出不同的活动特点。这些不同性能和速度的车以及各种各样的人在同一道路上参与交通活动，使得道路的交通元素相当复杂。

（二）道路交通流分布不均匀、不稳定

人们工作、学习、生活和文化娱乐的需要，产生了大量经常性的出行活动，为了满足人们生产、生活的物质供应需要，又产生了大量的货物流动。人的活动和物的流动向着不同的方向运动，使得交通流分布呈现不均匀、不稳定性。特别是在城市，交通流在高峰时段和低峰时段存在明显的差异，早高峰时，交通流从城市周围的住宅区向城市中心流动，而到下班时，又从市中心向城市周围扩散，呈现出时间和空间上的不均匀性。

（三）道路交通流之间交叉干扰严重

由于参与交通的元素复杂，各种元素的性能、速度等差异极大，当这些复杂的交通元素在同一条道路上汇集时，相互间的干扰非常严重，交通拥堵时有发生。

道路交通组织，是指道路交通管理部门根据国家有关法律、法规，综合运用交通工程规划、法规限制、行政管理等措施，对道路上运行的交通流实施疏导、指挥和控制等工作的总称。

交通组织的目的在于充分发挥现有道路网的效能，最大限度地消除交通事故的隐患，改善交通秩序，组织最优化的交通流，实现道路交通的安全与畅通。

交通组织的对象是规模庞大、结构复杂、目标多样、功能综合、因素众多的道路交通系统。合理地协调局部效益和整体效益之间的关系，最大限度地提供适宜的运行条件，实现系统总体最优，是交通组织的最终目标。

二、交通组织的分类

道路交通组织可按不同的标准进行分类。

1. 按道路交通组织的对象可分为：货运交通组织、客运交通组织、行人交通组织、非机动车交通组织。

2. 按道路系统的组成可分为：路段交通组织、交叉路口交通组织、道路网交通组织。

3. 按道路交通组织的性质和任务可分为：日常道路交通勤务的交通组织、特殊道路交通勤务的交通组织、大型活动的交通组织、交通警卫的交通组织。

三、交通组织的原则

为了达到交通组织的目的，必须贯彻"疏导为主，限制为辅"的指导方针，同时还应遵循以下几个基本原则。

（一）交通流分离原则

交通流分离，是指采用科学的交通管理手段，对不同方向、不同车种、不同特点的交通流在时间或空间上进行分离，以减少相互干扰，使道路上的各种车辆、行人各行其道，顺序行驶。通过交通分离，达到避免交通流之间发生冲突与干扰，保障交通安全，提高车辆行驶速度与道路通行能力的目的。

1. 交通流分离的意义。

（1）合理使用现有道路，均衡交通流量。

（2）弥补城市道路布局不合理的交通状况。

（3）分离疏导交通流，提高道路通行能力。

（4）缓和道路增长速度与车辆、人口增长速度不相适应的矛盾。

2. 交通流分离的方法。

（1）空间分离。空间分离，是指各种不同的交通流在不同的道路平面行驶，从而消除冲突点，如立交桥、高架路、人行过街天桥、地下通道、自行车及公共汽车专用路等。

（2）时间分离。时间分离是使各种不同的交通流在不同的时间使用同一道路空间，以减少相互干扰和交通负荷，如交叉口信号灯控制、客货运交通高峰的错时、各种带时间限制的单禁行道路等。

（3）物体分离。物体分离是通过某种工程设施对同一平面道路上的交通进行分离，分为逾越型和不可逾越型两种。前者一般是指交通标志、交通标线、道钉等路面交通设施或路口交通指示信号灯等；后者则是指一些人为设置的障碍物，它使车辆和行人不能通过或难以通过。分离带、隔离墩护栏、铁路道口的护栏甚至立体交叉等都属于后一种形式。

（4）法规分离。法规分离是通过道路交通法规对相互干扰、冲突的交通进行分离，如"支路让干道"、"转弯让直行"、"在没有划分车道的道路上，机动车在中间行驶，非机动车靠右行驶，行人须靠路边走"等。

例如，狭窄的"一块板"道路上的混合交通，机动车与非机动车都在同一道路平面内通行，这时可通过交通法规来实现分离。又如，在无任何交通管制的平面交叉路口，为了防止交通事故的发生，机动车通过时就必须按交通法规中的有关规定，实施交通流分离。这些分离措施均是在道路上没有设置任何物体的情况下而进行的分离，即通过所谓的无形分离来实现。

3. 交通流分离方法的具体应用。

（1）对不同类型的交通流实行分离。例如，在城市道路上设置人行道、过街天桥、地下通道、斑马线等设施，使行人与机动车和非机动车分离；在城市主干道上采用标线，设置水泥墩、隔离带、绿化带等分离办法，设置专门的非机动车行驶线路，使机动车与非机动车分离；在平面交叉路口可用信号灯配时方法将机动车与非机动车在时间上错开。而对不同性质的机动车，在路段上可设置快慢车道，在交叉路口可设置信号灯、环岛或采用立体交叉等不同方法使之分离。

（2）对不同方向的交通流实行分离。对不同方向的机动车，可根据不同的道路情况采用物体分离或法规分离的方法进行分离。在路段上，对具有四个车道以上宽度的主干道可设置中央隔离带；对于宽度不够且无法设置中央隔离带的城市干道或次干道，可采用中央护栏进行分离。而在一般的城市道路上，可根据具体情况及管理要求画设双黄线或单黄线进行分离；在交叉路口，根据交通流量用画线的方法设置左行、右行、直行专用车道，使不同转向的车辆分离。

（3）对不同速度的交通流实行分离。不同车速的车辆在道路上行驶时有不同的特点。要想充分发挥各种类型车辆的最大效益，避免相互干扰，防止因车辆混行造成过多的超车，使道路秩序混乱，影响道路交通安全，就需对不同性能的车辆分别加以管制。原则上，在同一车道上的车辆应该具有相同的速度，不同车速的车辆应该进行交通流分离。这种交通流分离大致有以下几种：设置快速车道和慢速车道；增设缓行车道；采用路面交通标志。

（4）对动态交通和静态交通实行分离。应严格限制在道路交通繁忙、道路狭窄的地段停放各种车辆，堆放各种物品，以保障道路的安全畅通。应根据道路使用的具体情况，合理地对动态交通和静态交通进行分离。

（二）交通流量均分原则

交通流量均分，是指充分利用现有的道路条件，控制和调节交通流量，使整个路网的流量从时间或空间上均衡分布的一种交通组织方法。

实施交通流量均分必须掌握道路交通流分布的特点，通过观察和分析，特别是我国城市道路，其交通流分布具有如下规律：

1. 明显的时间性。我国城市道路上的交通流有明显的时间性，不同的路段、不同的时间可形成不同的交通流高峰。通常存在一年内的月高峰、一周内的日高峰、一日内的小时高峰等情况。一般每日交通流的高峰，机动车出现在 7：00～9：00，16：30～18：30；非机动车出现在 7：30～8：30，17：00～18：30。但在工作日与节假日，交通流的高峰时间存在不同。节假日的高峰流量比工作日的高峰流量要少、时间要晚。一周当中交通流的分布也存在工作日的交通流量多于节假日交通流量现象。一年内交通流在每个月的分布也是不一样的，尤其在公路上比较明显。例如，春运期间交通流量就比较大。

2. 明显的方向性。例如，进城和出城的方向性、上班和下班的方向性、入场和出场的方向性等。

3. 明显的区域性。通常，市区道路比郊区道路交通流量大，主干道比一般干道交通流量大，交叉路口比路段流量集中。又如，临近货运车站、码头、仓库的道路上，货运车辆多；市中心区、商业区的道路上，客运车辆和行人多。这些都是交通流具有明显区域性的表现。

4. 分布的不均匀性。由上可见，各种交通形态的流量在时间和空间分布上是不均匀的。交通流量的这种分布特性，是造成道路交通拥挤，影响道路的安全和畅通，影响道路潜力充分发挥的一大因素。同时，这些特性也是我们实施交通流量均分的重要依据。

交通流呈现的时间性、方向性和区域性，在不同的城市和地区表现也不同，因而造成交通拥堵的原因也是复杂的。例如，有的是拥堵点的范围扩散造成的，有的是区域流量过大造成的，还有的是路网分布组织不合理造成的，等等。这些都可以通过交通流量均分的方法，对交通流进行控制与调节，使道路交通流在时间和空间上得到合理的分布，消除道路交通拥挤和阻塞现象。

道路交通流量均分的方法，主要有时间性交通流量均分和空间性交通流量均分两种。

1. 时间性交通流量均分。时间性交通流量均分，是指将出入一定区域的交通流量在时间上进行合理调配，调节该地区道路上不同时段的交通流量，均衡不同时段的交通负荷。例如，把一天24小时或一周7天内的几个交通高峰时段的交通流量降低一点，把低峰时段的交通流量提高一点，在时间上起到削峰填谷的作用。时间性交通流量均分的主要方法有以下几种：

（1）错时上下班制。错时上下班制，是指在一个城市或一个地区，不同的单位或不同的地区，规定不同的上下班时间，使交通高峰时间错开的工作制度，又称错峰上班制。它是在时间上实行削峰填谷的有效手段。

（2）弹性工作制。弹性工作制，是指只规定每天的工作总时间或工作总量，不统一规定上下班时间后工作制度，也叫弹性工作时间制度。实行弹性工作制可以避开交通高峰，避免发生交通阻塞。

（3）轮流休息制。轮流休息制，是指在一周内按地区或系统将公休日相互错开，轮流休息的制度。实行这种方法调整交通流量，可使每一周内的交通量得到均衡分布。

（4）夜间货运、限制通行等。夜间货运、限制通行，是指根据路网通行能力和城区的不同功能，对某些类型的车辆在规定的时间、路段或区域内禁止通行的一种分离方法。

2. 空间性交通流量均分。空间性交通流量均分，是指合理调整道路交通流量，使现有路网内各路段的流量相对均衡分布。它是在一定范围内，把某些道路上过分集中的交通流分散到其他交通流量较小的道路上，从某种意义上讲，它是交通压力转移的过程，即把堵塞从严重拥堵的路口或路段"搬"到相对畅通的路口和路段。空间性交通流量均分常用的方法有以下几种：

（1）利用环路、干路吸引交通流量。环路是环城道路或城市中心区以外的道路。在一些大城市和一些特大城市，旧城区的街道狭窄，人流集中，交通拥挤。为了解决交通流量的不均匀分布，在旧城中心引出放射形干道，并在外围建设环城干道，在这些放射形干道和环道上可以吸引和组织一些车辆，形成区域性或全市性的环形交通，这样可以疏导大量的过境交通流，减少城市中心区的交通压力，合理分布交通流量。例如，北京、上海、武汉、南京、成都等城市，原来的道路呈方格网式，道路狭窄，各种不同类型的交通流混合进入，使城市中心交通拥堵严重。随着城市的发展，它们在原来道路网的基础上形成了放射环式的道路网，通过合理的交通分流，利用环路吸引交通流，有效地缓解了城市中心的交通拥堵。

（2）利用旁路吸引交通流量。一般中小城市都是以一两条主要道路为依托，形成城市的中心区。在这里，商业、文化、集市贸易等活动都很集中，当大量过境交通流通过市中心时，势必造成交通拥挤、阻塞，并造成较大的交通污染。尤其是小城市，这种状况更为明显。为了改变这种状况，可利用旁路吸引部分交通流，进行交通疏导和控制，避免过境交通穿过城市中心区，减少市内交通拥堵和交通污染。

（3）设置可变车道调整交通流量。在城市道路上，对于时间性、方向性很强的交通流，可以设置可变车道调整交通流量，解决交通流量分布不均衡而引起的交通拥挤问题。

（4）禁止车辆转向。禁止车辆转向，是指在交叉路口禁止车辆转弯，包括禁止左转弯和禁止右转弯。

（5）利用可变标志诱导交通流。利用可变标志诱导交通流，是指在主要路口设置表示前方路口或路段有无交通阻滞的可变交通标志，供车辆驾驶人员选择适当的路线，以达到交通流量均分的目的。

（6）远引交叉。远引交叉，是指把路口内由于左转弯车流和对向直行车流之间存在的冲突点，通过左转弯车先直行或右转后再掉头右转或直行通过路口，完成路口左转弯，进而把路口内的交叉冲突引到路段上来解决的方式。它可以有效地减少路口内的冲突点，有利于路口、路段的负荷均分，大大提高路口的通行能力。

（7）单向交通。

（三）交通连续原则

交通连续，是指在交通流组织、管理中要保证各种交通流尽可能迅速、安全、不间断地运行，以达到最短的时间延误、最少的经济消耗、最大的经济效益目的的一种交通组织方法。这里的连续，是指交通活动中的合理联系，并非指交通的不间断。交通连续分为交通工具、交通组织、交通设施和交通运营的连续性。

1. 交通工具的连续性。交通工具的连续性，是指交通工具在交通全过程中起的作用。就交通连续而言，交通工具可分为两大类：一类是飞机、轮船、火车和公共汽车类，它们在交通的全过程中不起连续作用。一般来说，利用上述一种交通工具不能完成一次有目的的出行，而必须辅以其他交通工具或交通方式来完成交通的全过程，即属不连续的交通工具。另一类像自行车、摩托车、小汽车等门到门的交通工具，为连续性交通工具。可以通过交通组织、交通设施和交通运营来改善不连续交通工具之间的合理衔接，从而促进交通的全过程接近连续。例如，目前我国大多数城市选择了公共交通作为主要的交通工具，这是符合我国国情的。但是，公共交通作为交通工具，其时间效率并不高，舒适度也差，并且经常要换乘，非常不便。那么，在交通组织的过程中，我们就可运用交通连续这一原则来尽量克服这一不足。公交出行的时间由步行时间、等车时间、行驶时间、换乘时间、走到目的地时间五部分组成，其中换乘主要涉及两个环节：一是从家到公交车站，一般是步行换乘和骑自行车的停车换乘，今后还可能出现私人汽车换乘。因此，在公交站点的设置上，可经过仔细调查，使公交站点尽量布置在居民小区及大型商场等人流较集中的地方，方便居民乘车。二是公交线路之间的换乘。可将公交车站集中设置，这样可方便群众较容易实现就地换乘，节省换乘的时间。同时，还可通过发车时间调度、设置公交专用车道等措施来缩短等车时间和车辆运行时间，使公共交通的运行尽量连续、快捷。

2. 交通组织的连续性。交通组织的连续性，是指利用现有的交通网络进行合理的交通组织，使交通组织方案符合交通连续原则，保证大多数人在交通活动中，在时间、空间、交通方式上不产生间断。例如，在交通渠化方面，路段上的行车道要对应路口直行导向车道，以保证直行车流不变换方向；路口进口导向车道要对应出口直行导向车道，以保证车流通过路口连续；信号灯实现绿波带，以保证车流通过整条道路时间上连续；公交站与地铁站建在一起，以保证换乘连续等。交通组织的连续性可以减少行人流量，车流行驶可以有序，这是搞好秩序管理的基本保证。

3. 交通设施的连续性。交通设施的连续性，是指交通设施的设置要使驾驶人及其他交通参与者在其观念上有时空连续性，要符合交通连续的原则。交通设施的设置必须保证交通全过程的连续性。一般来说，交通设施是交通全过程中的连续点和转换点，是交通全过程中的一个重要组成部分。例如，公共交通站点的设置，应以减少乘车人的步行距离与换乘时间为原则；停车场的设置要考虑到附近交通源的距离不要超过无阻抗步行距离；交通标志的设置距离或密度，应考虑驾驶人员记忆的连续性等。一般驾驶人对城市的交通标志设置有一个从不熟悉到熟悉的转变过程，形成相对稳定的观念。若交通标志的设置地点突然变化，则驾驶人对交通标志所具有时空上的连续性观念就会中断，将造成驾驶人心理紧张，发生辨认错误。所以，设置交通标志及交通设施时，应充分考虑驾驶人及其他交通参与者的心理和生理特点。例如，在实行单向交通时，必须为禁行方向的交通流找到一条可通行的道路，并在进入禁行路段前用标志、标线等事先告知交通参与者。在设置指路标志时，应在前方适当的位置设置必要的预告标志。

4. 交通运营的连续性。交通运营的连续性，是指在交通过程中，使交通营运的各项计划和安排符合交通连续的原则。为了保证交通全过程的连续性，在交通运营上必须采用交通连续原理。例如，采用通用的乘车月票制度，持有月票的乘客可以换乘全市公共汽车、电车、地铁、轮渡等交通工具，使各种交通工具的交通营运时刻的安排相互衔接。国外一些城市的各种交通运营团体，对公共汽车、有轨电车、火车及通勤火车的运营组织，采用统一的经营机构、统一的车票和统一的运行时刻表，以保证交通的连续性，这些都体现了交通运营的连续性。

（四）交通总量控制原则

交通总量控制是充分、合理和科学地使用现有道路的重要原则，也是制定交通政策的主要依据。所谓交通总量，是指交通参与者和他们占用道路的时间和占用道路的面积之乘积的总和，用公式表达是：

$$Q = \sum_{i=0}^{n} N_i S_i T_i$$

其中：Q——交通总量　[辆（人）·平方米·小时]

　　　　N——某种交通实体的数量　（辆、人、个）

　　　　S——某种交通实体的单位面积　（平方米）

　　　　T——某种交通实体的运行时间　（小时）

使用上述公式进行计算时应注意以下几个方面：

1. 定义中的交通参与者，是指道路上独立运行的交通实体。一个人行走在道路上是一个交通实体；一辆运行在道路上的载有几十人的客车也是一个交通实体；一辆运行在道路上能装载几十千克货物的板车是一个交通实体；一辆运行在道路上，能装载几十吨货物的集装箱大货车也是一个交通实体。

2. 交通总量不同于车辆拥有量，它是一个动态的概念。不但要考虑交通参与者的数量，还要考虑时间和空间的因素。例如，一辆轿车与一辆人力客运三轮车在静态时所占用的道路面积几乎一样，人力客运三轮车也许比轿车占用的道路面积还小，但在运行中却不一样。人力客运三轮车比小轿车的速度慢，大约为12千米/小时，而轿车速度在城市道路上平均大约为40千米/小时，有时可达60千米/小时、80千米/小时，以每秒所占用的道路面积来说，一辆人力客运三轮车相当于3.4倍的轿车，这样，一辆人力客运三轮车对道路交通带来的影响也相当于3.4倍的轿车的影响。

交通总量控制，就是在现有的道路条件和保证交通参与者合法交通权的前提下，采取各种措施最大限度地减少交通参与者的数量，或缩短交通参与者在道路上运行的时间，减少交通参与者的占路面积。

实现交通总量控制的手段可以是社会工程的、法规的、交通管理的和经济的四种，主要包括以下方法和内容：

1. 交通源点控制。交通源点控制是对交通源点的数量和分布进行宏观控制，其目的是控制交通量的生成。主要有以下具体方法：

（1）区域布局合理化，就近出行。区域布局合理化主要反映在：交通方便，出行时间短，满足生产与生活的配套需要，又不产生过多的交通量，往返和迂回运输较少。

（2）客流、物流系统结构调整。其可以采取就近修建住宅、掉换住房、掉换工作单位等方法调整客流出行的距离和数量，以方便人们的出行活动，控制交通量的增长。要改革物资流通体制，理顺供需关系，尽量减少物资流通的中间环节，还要协调流通环节，包括对装卸、运输、保管、加工、销售等环节进行合理调节和组织，尽量缩短流通过程。

（3）信息交流取代出行。例如，电话将面对面的业务联系变成通信联系，购物可以通过电视、电话、计算机网络来实现。

2. 优化交通结构。

（1）优化客运交通结构。根据我国国情，城市客运交通运输适宜建立以节省运力为中心的节约型综合体系，因此对摩托车、私人小汽车等交通方式应采用经济、法规等措施限制其发展，选择公交车和自行车为客运交通的主要方式。但要改变目前公交车与自行车比例严重失调的现象，需要大力发展公共交通。从交通管理方面看，可采取以下措施优先发展公共交通：设置公共汽车专用线或专用道、设置公交车优先信号、在单行路上允许公共汽车双向通行、设置公共汽车优先通行的标志等。通过提高公交服务水平，增大采用公交车出行的比例，形成自行车、公共交通及步行为主导地位的有序、合理的城市客运交通结构。

（2）优化货运交通结构。货物运输系统按社会化程度分为专业性和非专业性两种。非专业性货物运输一般服务于部门、企事业单位本身，管理分散，运输效率低；专业性货物运输可避免非专业货物运输的各种弊端，还可采用集装箱运输和组织联运。因此，应大力发展专业性货物运输事业，压缩单位自备车辆，提高运输效率，减少交通流量。

3. 控制车辆交通范围。控制车辆交通范围可采用行政性限制措施从时间上、地域上、方向上、车种上规定车辆行驶和停放限制范围，采用经济性措施对交通拥挤的路段、交通设施或高等级道路的使用收取相应的费用，避免车辆和个人出行过于集中，从而减少交通流量。

交通总量控制的主要目的，就是从交通需求上对交通总量加以控制，以达到交通供求平衡。同时，达到安全、畅通、环保、低能耗的目的。

（五）优先通行原则

优先通行，是指在道路上或在某条车道上，对某一种或某一

153

类交通给予特殊待遇，使它在该道路或车道，比其他交通在时间上或次序上有优先权利。包括车种优先和流向优先，如执行任务的特种车辆（公安、消防、急救、工程救险等）优先；公共交通专用车道、直行车流优先；主路（或环岛内）车辆优先等。

四、交通组织的基本措施

道路交通组织的措施很多，只要能够实现交通流的控制和调节，解决道路交通系统交通流的分布、流量和流向问题的方法和手段，都可作为道路交通组织的措施。在道路交通组织中运用较多的措施主要有以下三种：

（一）组织规划措施

组织规划措施，是指在道路交通组织中，对道路系统的规划、车道的规划、路口的规划、交通流的分布规划、流向的规划等。它在道路交通组织中起到重要的作用。其核心是针对特定区域内交通流的特性及其变化趋势，采用交通基础设施的协调布置、路幅综合布置、路段及交叉口几何参数的调整等方法，充分利用现有道路空间，组织最优化的交通流，充分发挥整个路网的潜力。例如，"畅通工程"中的交通规划和交通管理规划，就属于规划措施。

（二）交通工程措施

合理设计和运用交通工程措施是道路交通组织的重要手段。交通设施包括交通安全设施、交通管理设施和交通功能设施。交通安全设施是为了防止交通事故，在道路上设置的交通设施，包括照明设备、护栏、交通岛、人行过街天桥、人行地下通道、道路反光镜、视线诱导标等；交通管理设施是以限制、警告和诱导交通为目的而设置的交通设施，包括交通标志、交通标线、交通信号、交通情报系统；交通功能设施是为了有效地发挥车辆的运输效率和道路的功能，保障交通安全所设置的交通设施，包括汽车站、停车场、加油站等。交通设施的设置具体体现出道路交通管理的意图，它通过静态的形式，传递有关道路的信息，约束交通参与者的行为，从而达到对道路交通实施调节和控制的目的。

（三）行政措施

利用行政措施进行交通组织的最常用方式是交通管制。交通管制，是指交通管理部门根据交通管理法规，对车辆和行人在道路上的通行以及其他与交通有关的活动，所制定的带有禁止、限制或指示性质的具体规定。

这三种措施虽然从各自的角度进行道路交通组织，但在具体实施中往往又是相互结合、相互补充的。例如，在进行交叉路口通行管制时，可能涉及交叉路口的入口车道重新设置、交叉路口渠化、信号灯设置、标志和标线设置等，需要将组织规划措施、交通设施措施和行政措施有机地结合在一起，才能达到对交叉路口合理组织的目的。

五、交通组织规划方法

城市路网是由很多路段和交叉口构成的，各条路段的等级、宽度、横断面类型、交通设施、通行能力等方面大都不同，各个交叉口的形式、几何尺寸也不相同，使得路网结构极为复杂。因而在路网中进行交通组织并不是一件容易的事。不仅要考虑各路段和交叉口的情况，还要考虑到城市内车辆、居民和货物的出行状况。因此，必须遵循一定的程序和科学的方法进行规划。针对一个城市路网的交通组织要经过现状分析、方案制定、交通流分配、效果评价等步骤，且要经过规划—评价—再规划—再评价的迭代过程。下面分别对这几个步骤予以介绍。

（一）交通现状分析

把握城市的交通现状，是分析对策和制定交通组织方案的重要前提。通过交通调查，反映出城市道路网中可能存在两种交通问题：一种是城市的大部分区域都存在交通拥挤，道路和交叉口的负荷都较大，车辆延误是普遍存在的；另一种是只有一个（如

155

中心商业区）或局部区域拥堵，而其他区域交通状况良好。对于第一种情况，交通问题是严重的，解决这样的问题，往往涉及大的策略和宏观措施，如规划建设新的道路、拓宽道路、平交改立交、交通需求管理等。在采取技术措施提高道路通行能力的同时，配合管理措施，利用新的交通组织与管理手段，使设施充分发挥功能。对于第二种情况，常常采用管理手段，重新进行交通组织，充分挖掘路网潜力，把拥挤路段和交叉口的车流调整到其他未充分利用的路段和交叉口上，使交通流分布合理。

（二）方案制定

交通组织方案的制定是一个较为复杂的过程。人的知识水平和经验在方案形成中具有重要作用。制定方案应遵循以下基本原则：

1. 熟悉各种交通组织措施的特点、作用和适用范围。每一项交通组织措施都有其各自的用途，针对局部范围存在的交通问题，选择适当的交通组织措施是非常重要的。

2. 从大局入手，建立网的概念。交通组织涉及不同的地域和不同的措施，因此，规划应从整个路网出发，而不能拘泥于各种措施的设置条件。例如，设单行道不一定总是寻找平行成对、相距较近的狭窄道路，而应该考虑相关区域中的双向交通流量比，配备两个方向的单行道数量，使所设置的单行道形成单行网络。

3. 专用道在先，其次单行道，交叉口禁左右在后。由于专用道影响范围较大，因此，不妨先注重组织专用道路系统。根据道路的宽度与功能以及土地利用与开发情况，形成机动车、客车、货车、公交车、非机动车等专用道网络系统。在专用道系统规划完成，彻底分离不同车种、车流后，再考虑制定单行道系统。交叉口禁左右涉及的范围一般较小，可以在规划完专用道和单行道之后，根据评价结果，再选择一些拥堵严重的交叉口考虑禁左右措施。

4. 逐步规划、修改和完善。交通组织方案不可能一次就规划得很完美，每一次方案形成之后，需要对其可能产生的后果予以评价，然后根据评价结果进一步修改原来的方案，经过多次修改、完善，逐渐达到最优。

（三）交通流分配

交通组织方案的实施，就是要将道路网内的交通流进行重新分配。其主要包括数据准备和交通量分配两个步骤。

1. 数据准备。数据准备包括路段和交叉口的几何尺寸、通行能力、车道设置情况、信号交叉口的信号配时、交通流运行速度、各种出行方式和类型的 OD（起讫点）调查数据等。

2. 交通量分配。交通量分配就是把 OD 交通量分配到路网上。分配原则是假设出行者从起点到终点出行都倾向于选择时间（或费用、距离、综合费用）最短的路线。分配方法有：

（1）全有全无分配法。只考虑出行的最短路径，不考虑路段的容量，路段的运行时间是固定不变的。结果可能是有些路段分配到的交通流量超出了通行能力。

（2）容量限制分配法。容量限制分配法又称为平衡分配法，是在全有全无分配法的基础上考虑了道路通行能力的限制作用。其实质是一种自适应循环分配法。

（3）多路径概率分配法。多路径概率分配法又称随机分配法，即认为不论多么没有吸引力的道路，总会有出行者选择。这与实际情况吻合。

（四）效果评价

交通流分配后，可以根据评价指标，对交通组织方案的优劣进行评价。主要评价指标如下：

1. 交通总量。把各交通组织方案可能产生的交通总量与现有交通总量作比较，根据预测的削减交通总量评价方案的实施效果。

2. 服务水平。将各道路和交叉口的实际服务水平与设计服务水平相比较，看哪些路段和交叉口达不到设计服务水平，哪些还未被充分利用，进而形成一个或几个总体性指标，以反映交通组织方案对路网充分利用情况。

3. 运行时间。城市道路上运行时间主要由交叉口控制，把方案产生的运行时间与原来的运行时间相比较，可以看出改进效果。

4. 其他指标。例如，公交线路长度、车辆绕行距离、公交乘客步行距离等。

对方案的评价要综合考虑各项指标的情况，考察其总体效果。对不满意的方案需要进一步修改、完善，直至达到总体最佳，才能作为最终交通组织规划方案。

第二节　城市道路网交通组织

城市道路网交通组织的目的是使整个路网各处的交通负荷趋于一致，即交通负荷均衡。下面介绍几种常用的方法。

一、单向交通

单向交通也称单行线，是指道路上的车辆只能按一个方向行驶的交通。单向交通是在城市道路交通系统中，解决城市交通拥挤，充分利用现有城市道路网容量的一种经济、有效的交通管制措施。国内外的实践证明，合理实施单向交通对解决城市交通问题有很大帮助。

（一）单向交通的种类

1. 固定式单向交通。对道路上的车辆在全部时间内都实行单向交通的，称为固定式单向交通。常用于一般辅助性的道路上，如立体交叉桥上的匝道交通多是固定式单向交通。

2. 定时式单向交通。对道路上的车辆在部分时间实行单向交通的，称为定时式单向交通。例如，城市道路交通在高峰时间内，规定道路上的车辆只能按重交通流方向单向行驶，而在非高峰时间内，则恢复双向运行。所谓重交通流方向，是指方向分布系数大于2/3的车流方向。必须注意实行定时式单向交通时，应给非重交通流方向的车流安排出路，否则会带来交通混乱。

3. 可逆性单向交通。可逆性单向交通，是指道路上的车辆在一部分时间内按一个方向行驶，而在另一部分时间内按相反方向行驶的交通。这种可逆性单向交通常用于车流流向具有明显不均匀性的道路上。其实施时间应依据全天的车流量及方向分布系数确定，一般当方向分布系数大于3/4时，即可实行可逆性单向交通。同时，应注意给非重交通流方向的车流安排出路。

4. 车种性单向交通。车种性单向交通，是指仅对某一类型的车辆实行单向交通的交通。这种单向交通常用于具有明显方向性以及对社会秩序、人民生活影响不大的车种，如货车。实行这种交通的同时，对公共汽车和自行车仍可维持双向交通，目的是充分利用现有的道路的通行能力。例如，机动车单向通行，而非机动车双向通行；小汽车或货车单向通行，而公交车、自行车双向通行。

以上四种类型的单向交通，各自都有其明显的优点及明确的实施条件，在运用中，应紧密结合城市交通的实际情况加以合理选择。

（二）单向交通的优缺点

单向交通在路段上减少了与对向行车的可能冲突，在交叉口上大量减少了冲突点，故单向交通在改善交通方面具有以下较为突出的优点：

1. 提高道路通行能力。由于单向交通减少了对向行车的可能冲突及削弱了快慢车之间的干扰，故道路通行能力将会有明显的提高。据有关统计资料表明，国外单行道可提高道路通行能力在20%～80%之间，国内一般在15%～50%之间。据美国资料，宽为12米的街道，在禁止路旁停车的情况下，双向交通的通行能力为 2800 辆/小时，单向交通的通行能力可达 3400 辆/小时，提高了 20% 以上。

2. 减少交叉路口的冲突点。例如，两条双向车道的交叉路口，实行单向通行后冲突点从 16 个降到 4 个，仅为双向时的 25%。

3. 增加车辆行驶安全性。冲突点可被看成是交通事故可能发生的地点。由于单向交通能起到大量减少冲突点数目的作用，即一些交通事故的可能发生点将不存在，自然地，行车的安全性将会有明显的提高，如前苏联实行单向交通的城市，事故平均减少了 20%～30%，有的减少了 50% 以上。单向交通所发生的事故多为撞尾事故，形态较为单一，后果不会十分严重，故恶性事故率也将下降。此外，双向交通改成单向交通后，可消除对向来车的眩光影响，行人过街只需注意一个方向，事故率也会有所下降。

4. 提高车辆的运行速度，降低延误。实行单向交通可使行车速度得以提高、行程时间得以缩短，这些都已被实践所证明。例如，英国伦敦的一些街道实行单向交通后，平均行驶速度从 13～16 公里/小时提高到了 26～32 公里/小时；前苏联 20 个城市的单向交通调查资料表明，实施单向交通后，促使交通条件明显改善，车速提高了 10%～20%；美国实行单向交通的城市，其车速也提高了 20%～100%。

5. 有利于解决停车问题。窄路上的双向交通如遇停车，就会引起交通阻塞；若能允许路旁停车，而将余下的道路改为单向交通，则能有效地解决窄路上停车困难及交通阻塞的问题。据美国的有关资料表明，12 米宽的街道单向通行能力为 1600 辆/小时，双向交通为 1250 辆/小时。为减轻复杂交叉口的交通拥挤与混乱，若将进口道改为单向交通，则可减少交叉口的停车次数，且汽车排气对空气的污染也会有所改善。

6. 有利于信号灯配置和管理。单向交通采用线控具有优越条件，其绿灯利用率比双向交通可提高 50%。

此外，单向交通可充分利用狭窄的街巷，弱化主干道上的交通负荷，在一定程度上避免了旧城道路的改建，能带来较大的经济效益。

但是，单向交通也有不利的一面，主要表现在以下几个方面：

1. 增加了部分车辆的绕行距离和经过交叉路口的次数，从而增加了运行时间。由于绕行，增加了路网的交通流量。

2. 可能产生运行混乱，特别是外地驾驶人，不熟悉路况，容易迷路。

3. 给公共交通车辆和乘客带来不便，增加了步行距离。

4. 给道路两侧商业活动带来影响。由于实行单向交通，取消了对向车流，使人们不便到单行道两侧进行商业活动，从而影响商家的经济效益。

5. 单向交通的末端常常使交通组织复杂化，产生拥挤，路口间的节点容易发生堵塞现象。

综上所述，实行单向交通，既有有利的一面，也有不利的一面，应扬长避短。根据实际的道路和交通状况，通过科学的规划和合理有效的运用，充分发挥单向交通的正面效应，减少其负面影响。

（三）单向交通的实施条件

总的来说，单向交通对于改善交通条件，其优点多于缺点。但并非所有道路条件与交通条件，都可以实施单向交通。根据国内外实行单向交通的经验表明，实行单向交通一般应具备以下条件：

1. 路网应有足够的密度。平行方向道路的间距不宜超过300～500米，并且道路的起点、终点大体相同，道路条件大致相当。在城市中心区的路网密度大且均匀的方格状道路系统中，堵头路和断头路少，并有密集的支路连接平行道路，这样组织的单行线才会好用，最适合实行单向交通。

2. 单向交通组织对于路宽要求不高，窄路只要能通过汽车就可考虑单行。两条平行道路的联络通道密度大，则平行主干道也可组织单向交通，一对平行单行主干道的通行能力远比两条平行双行主干道的通行能力大得多。

3. 车种应单一。车流中如有非机动车，也应随机动车一道实行单行。否则，非机动车双行时，路口内的冲突情况并未改善，冲突延误并未减少，路口信号仍需按双向进行配对，通行能力不会比双向交通提高多少。

4. 公交车和特种车辆也应单行。如果仅是社会车辆单行，公交车和特种车辆不单行，在路段上还要按双行保留车道，在路口还要按双行进行组织，则冲突点没有减少，通行能力没有提高，反而浪费了许多路面，实质上是降低了道路面积的使用率，造成其他道路的拥堵。因此，公交车和特种车辆也应单行。

5. 具有明显潮汐交通特性的街道，其宽度不足三车道的可实行可逆性单向交通；复杂的多路交叉口，某些方向的交通另有出口的，才可将相应的进口道改为单向交通。

6. 当各条平行的横向街道的间距不大，车行道狭窄又不能拓宽，而交通流量很大造成严重交通阻塞时；当车行道的条数为奇数时；在复杂地形条件下或对向交通在陡坡上产生很大危险性等情况下，实施单向交通能取得很好的效果。

应当认识到，当现有的道路系统出现负荷过大，但尚未到达超负荷之前，就应根据条件着手考虑组织实施单向交通，规划出完善、合理并设置易于识别的交通标志的单向交通系统。例如，在单向交通与双向交通的过渡段，提前设置预告标志、夜间照明及反光标志等。同时应该认识到，位于街道中心的有轨电车道是组织单向交通的严重障碍。

（四）单向交通的设置方法与管理

在设置单向交通时应注意以下几个方面：

1. 确定车流方向。除考虑与主流量的流向尽可能吻合外，还应考虑尽量减少与周围双向行车道上车流的交叉。

2. 起点、终点处理。单向交通街道的起点、终点是单向和双向交通的转换处，应适当加宽渠化，根据行车要求设置足够的标志、标线来引导交通，使驾驶人能一目了然并正确理解。

3. 公交线路的设置。在单向交通街道上行驶的公交车辆，原则上不安排逆向行车线路，在机动车道不宽或交通流量大的街道上，应设置港湾式停靠站。

4. 非机动车的处理。在机动车与非机动车混行的道路上，一般允许非机动车双向通行，但对进入路口的非机动车要进行左转弯限制，如街道宽度不大，则禁止非机动车驶入。而当非机动车逆向行驶时，两个方向应严格隔离，并在交叉路口用信号灯、渠化设施控制非机动车左转弯。

5. 主要路口的管理。实施单向交通时，交通流特性将会发生变化，有的路口交通流可能增加，对此应加强管理控制和指挥疏导。

6. 道路障碍与行车秩序管理。按各行其道的原则进行管理。对于多车道的单向交通，应画好交通标线，按车种或车速分道行驶。对于占用道路的情况应加强流动执勤进行处理，以保证单向行驶的畅通。

单向交通固然好，但每个城市都有自己独特的道路条件。目前进行单向交通组织的城市较多，青岛、大连市组织得相当成功，不仅道路通行能力大幅提高，而且信号控制系统绿波带的作用发挥得也很好，绿波带至少比双行时宽了一倍，信号控制区内的停车次数明显减少。但一个城市是否适合搞单行，还要看当地的路网密度和道路的通达性是否适合单向交通的条件。如果不切实际地进行单向交通组织，其结果只能是适得其反。

此外，还要注意的是，单向交通的实行对较大范围内的单位和居民都有直接影响。由于各路口流量、流向发生变化，驾驶人可能不了解或不习惯单向交通的特点，所以在实施单向交通之

163

初，一方面要加强宣传教育，并加派交警现场指挥与管理；另一方面对于逆向行驶、闯红灯等违反交通安全的行为必须严肃认真处理。

二、变向交通

变向交通，也称为可变车道，是指在不同的时间内变换某些车道上行车的方向或行车的种类的交通。变向交通又称"潮汐交通"。变向交通按其作用可分为以下两类。

（一）方向性变向交通

方向性变向交通，是指在不同的时间内变换某些车道上行车方向的交通。这类变向交通可以使车流量方向分布不均匀现象得到缓解，从而提高道路的利用率。

方向性变向交通的实施条件：一是道路上机动车车道数为双向三车道以上；二是交通流量重交通方向分布系数大于2/3；三是重交通方向在使用变向车道后，通行能力应得到满足；轻交通方向在去掉变向车道后，剩余的通行能力应能满足交通流量的需求。

（二）非方向性变向交通

非方向性变向交通，是指在不同的时间内变换某些车道上行车种类的交通。它可以分为车辆和行人、机动车与非机动车之间相互变换使用的变向车道。

非方向性变向交通对缓和各类型的交通在时间分布上不均衡性的矛盾有较好的效果。例如，在早晨自行车高峰时间，变换机动车外侧车道为自行车道，到了机动车高峰时间，则变换非机动车道为机动车道。另外，在中心商业区变换车行道为人行道及设置定时步行街等，这些都是非方向性的变向交通。

非方向性变向交通的实施条件：一是自行车借用机动车道，仅适用于一块板、两块板的道路，借用后机动车剩余车道的通行能力应能满足机动车交通量的需求；二是机动车借用自行车道后，剩余车道应能保证自行车通行的安全；三是行人借用车行道适用于中心商业区，除定时步行街外，要对机动车流进行分流疏导和控制。

变向交通的优点是合理使用道路，充分提高道路的利用率，提高了道路的通行能力，这对解决交通流方向和各种类型的交通在时间分布上不均匀性的矛盾都有较好的效果。例如，在下班时间，通往城内的方向出现自行车交通高峰，其交通流的状况则与上班时间相反，这样可采取与此相对应的变向交通。有的入城道路，也可根据交通流的时间性和方向性，设置可变车道，通过增加或减少机动车道数，使道路适应交通流变化的需要。同样，城市中的集会和大型文化、体育等活动，由于交通流的时间和方向变化十分明显，也可以采取临时借用车道的办法改变车道的方向和功能，进行交通流的控制和调节。

变向交通的缺点是增加了交通管制的工作量和相应设施，且要求驾驶人有较好的素质，集中注意力，特别是在过渡地段。

在采取这一分离措施时，应通过一定的方法告知交通参与者，如在可变车道的前方设置醒目的标志或用交通诱导设施等告知交通参与者，以免发生交通混乱。

三、通行限制

（一）车种性通行限制

车种性通行限制，是指为了减少特定区域的交通负荷（如市中心区），在规定的时间内，限制某些车辆在一些道路及相关区域内通行。在实施时，可根据交通状况和所实施措施的内容，具体规定限制通行权的车辆种类、行驶区域和时间。车种性通行限制包括车辆种类限制和行驶区域限制。

1. 车辆种类限制。通常限制通行权的车辆有载客人数少的车辆、单位使用的客运车辆、货运机动车、过境车辆和特殊用途车辆等，如大城市对摩托车的限制。

2. 行驶区域限制。市中心、居民住宅区、商业区、娱乐场所、重大集会场所、游行路线及其附近的街道、道路施工、事故多发地点等特殊路段属于行驶区域限制的范围，如限制外地车辆白天进入市区；限制货运车辆进入全市交通干道等。

（二）交叉口转弯限制

交叉口转弯限制包括禁止左转、禁止右转和同时禁止左右转。该项措施主要用于以下情况：

1. 交叉口内左转弯车流对直行车流的干扰较大并且左转弯流量不大时，或左转弯流量较大，但可通过绕行来完成左转弯时，都可禁止左转弯。

2. 当右转弯车流与同向直行的自行车流及过街的行人冲突较严重时，可在绿灯期间禁止右转，改在红灯期间完成右转。

3. 交叉口的某条入口道为单向通行道路，则需禁止包括左、右转弯在内的所有车流逆向驶入该条道路。

禁止转弯可以是全天连续有效的，也可以只在一天的若干小时内有效，这要视具体情况而定。后者对驾驶人的限制以及带来的不便较小，而前者有利于驾驶人养成遵守交通管制规定的习惯。

在一个交叉口禁止转弯，只是简化了本路口的车流冲突，将问题转移到了其他地方，同时也会增加行驶距离。因此，在选用时，应全面分析，权衡利弊，尽可能不给车辆造成太大的不便。

（三）专用车道

规划专用车道（或专用道路系统）是缓解城市交通问题的途径之一。专用车道包括公共车辆专用道和专用街以及自行车专用道。

1. 公共车辆专用道和专用街。公共车辆，是指公共汽车、电车、轻型有轨车辆、地铁列车及城市铁路列车等。此外，出租小汽车也属于公共车辆。

在多车道的道路上，可画出一条车道作为公共汽车专用车道，在专用车道内禁止其他车辆行驶。这样可以提高公共汽车的运行速度，缩短出行时间，避免公共车辆与其他车辆的相互干扰。在单向通行的多车道道路上，若车道宽裕时，可画出一条靠边车道，专供对向公共车辆行驶，即公共车辆可双向通行。目前，我国许多城市较多采用这种措施。

公共车辆专用街，是只允许公共车辆和行人通行的街道。对于较宽的街道，也可允许自行车通行。在道路狭窄的街道，当乘车人较多时，可将这些街道辟为公共车辆专用街，作为公共汽车、电车的专用街。城市的中心商业区或只有两条车道但又必须通行公共车辆的窄街道，特别适宜设置为公共车辆专用街。

公共车辆专用车道设置的条件：一是道路单向有两条以上的机动车道；二是公共车辆流量大于 100 辆/时；三是专用车道的设置不致严重影响道路的通行能力。

2. 自行车专用道。可在自行车交通的高峰期，将某些自行车和公共交通流量大的路段开辟为仅供公共车辆和自行车通行的专用道路，还可将某些狭窄的街巷开辟为自行车专用道。

第三节　大型活动的交通组织

一、大型活动的交通组织概述

大型活动，是指有众多人员和车辆参与，占用一定道路和停车场地，涉及社会公共秩序和公共安全的活动。例如，重大节日的群众性庆祝或纪念活动、重要会议、迎送国宾、大型体育比赛、大型展览和演出活动等。这些活动对国家政治、经济、文化、体育、外交事业有重要影响，对交通的要求高，是交通管理部门一项重要任务，也是一项专门工作。

在大型活动中交通管理部门的主要任务是：保证参与车辆、

人员按时顺利地集结和疏散，防止因发生交通堵塞或秩序混乱而引发事故，确保参加活动的首长、外宾及群众的行车安全，从而保障活动的顺利进行。由于每次活动的性质不同、形式不同，对交通管理的具体要求也不完全一样。因此，要求交通管理部门对每一次活动都要精心组织，周密部署，确保安全，万无一失。

二、大型活动的道路交通组织程序

（一）道路交通现状分析

大型活动一般属于临时性活动，活动地点、参加人员、活动形式及规模都不相同。因此，在活动之前，公安机关交通管理部门应对活动地点周围的交通状况展开调查、分析。首先，要搞清楚活动场所的名称、位置、规模、组织结构、人员等情况。其次，要对活动场地附近的交通环境进行调查，掌握道路质量、桥梁、涵洞、交叉路口、交通设施等基本情况，了解活动地点周围的道路走向和通行能力、车辆及行人流量、高低峰的交通特点和规律、易发生交通事故路段的位置、周围停车场的容量和分布、大型建筑和商场的分布以及季节、气候变化对道路的影响等情况。

（二）道路交通组织方案的制定

大型活动的交通特点是人流或车流分散来集中走或集中来分散走，所以散场时的交通疏散最容易出问题。针对这一特点，道路交通组织方案的内容主要包括以下几个方面：

1. 制定方案的背景及情况分析。其主要包括任务的来源、活动时间、活动方式、活动对交通管理方面的要求等。

2. 任务范围、工作要求和指导思想。应根据每次大型活动的具体形式确定工作范围，明确工作要求和指导思想。

3. 组织领导体制、领导原则和各部门的分工。根据活动的性质和规模，成立由相当级别的领导任组长，有关部门的负责人组成的临时领导机构，负责整个活动的领导和组织协调工作。同时，大型活动涉及的单位较多，应明确参加活动的有关部门的职责和分工。

4. 对活动场所及附近路段具体的交通组织措施。这部分是道路交通组织方案的重点，主要应注意以下几点：

（1）因时、因地制宜地实行交通管制。对于大型活动场地，应提前进行清场控制。对需要进行限制的区域和道路，提前通告社会，并设立相应的交通管制标志。对控制区域内的社会车辆，需在活动期间临时进出的，通告其办理临时通行证，只能进出控制区，不得在控制区域内的停车场及活动场所停车。交通管制对群众的正常生活影响较大，因此，管制时间不宜太长，对持续时间较长的活动，应精确计算，分时、分段地实施管制，尽可能缩小管制范围和时间。

（2）合理安排原来在活动线路上行驶的车辆。有些大型活动要占用道路，原来在道路上行驶的车辆就必须停驶、绕行，这些措施都必须提前做好方案并提前通告社会。若占用道路时间太长，可精心计算在活动队伍到达前的 5～10 分钟，适时分段封闭活动所占用的道路，队伍过后及时放开，尽量减少对社会交通的影响。要加强对外围车辆的调度，方便群众通行，并保证在活动结束时有足够的运力及时疏散参加活动的群众。

（3）安排、控制活动用车及参加活动人员的行驶路线、集结地点。大型活动由于参加人员众多，因此应事先安排好人员和车辆的进场和退场路线，指定参加活动人员的集结地点，必要时活动区域内的居民、单位可提前放假，以避免与活动发生冲突。活动区域内禁止与活动无关的车辆通行。按要求活动场所应设置保护区、控制区、缓冲区。保护区内除特勤车辆准许进入外，其余车辆一律不准进入；控制区内有通行证的车辆准许进出，无通行证的车辆许出不许进，直至活动结束才许进入；缓冲区内劝阻无通行证的车辆绕行，避免其堵住有通行证的车辆。对参加活动的有关车辆要严格规定行驶路线和停放场地，保证活动地点的交通秩序。

（4）停车场地的安排。大型活动往往是车辆的集散地，由于散场时间相对集中，人流、车流同时朝外涌，因此在交通处理时应实行空间上相对分散的方法，即停车场设置不要过于集中，应在活动区的外围设置不同方向的停车场，按回程方向沿道路两侧排开，尽量避免车辆掉头，以便驾驶人在最短的时间内驶离现场。

（5）确保首长和来宾车辆的行驶畅通和停车安全。对参加活动的首长和来宾，要保证其车辆行驶线路的畅通，准时到达现场。同时也应安排好停车场，加强控制，以保证其停车安全，进出方便。

（6）对于足球比赛，特别要防止散场后球迷闹事。散场时应将球员先转移走，再放观众的车走，避免球迷围攻球员。对于庆典游行、阅兵式、游行彩车和武器装备的集结应避开社会出行高峰。

5. 警力部署、岗位配置。根据活动规模、参加活动的人数及活动场所的具体情况，确定该次活动所需警力，并根据活动场所的交通状况及活动要求确定执勤岗位和每个岗位的执勤人数，明确每个民警的职责。

6. 各警种间的协同。为了防止意外情况的发生，要制定一个切实可行的各警种协同方案。例如，出现骚乱时各警种应如何分工控制和疏散人群，如何使警力快速到达并进入现场，如何使群众快速撤离，等等。

（三）大型活动交通组织的准备

1. 加强领导，成立专门的领导机构。一个高效、团结、富有经验的领导班子是大型活动顺利完成的根本保证。领导机构应由相关部门的负责人组成，以便对参加活动有关单位的协调和组织。

2. 加强民警的思想政治工作。要让每一个执勤的民警了解整个活动的基本情况，包括活动的性质、规模、日程安排、具体时间、参加人员数、车辆数等，以及整个大型活动在道路交通组织方面要达到的目的，明确每一个民警的工作岗位和职责。

3. 模拟演习，修正方案。模拟演习应在尽可能真实的环境下进行，并可多次演练。有条件的还可利用计算机对大型活动的交通流进行仿真模拟，以检验交通组织方案的完整性和协调性，发现问题并对方案进行及时修正。

4. 物资保障。物资保障主要包括巡逻车、武器、警械、防护装备、移动通信设备、现场勘查设备、抢险救护装备、清障设备、各种作业标志等装备的准备工作。

（四）大型活动交通组织的实施

大型活动交通组织的实施是交通组织准备工作转入实战的标志，是完成整个大型活动交通组织的关键一环。在这个阶段，大型活动交通组织的领导机构必须随时了解活动进展情况，对于多变的交通情况能迅速作出反应，要检查方案的落实情况，及时掌握变化，协调各方面的关系，对突发事件给予及时、果断的处理，同时对民警提出的问题及时答复。而对执勤的每一个民警来说，要用积极、认真、负责的态度，按交通组织方案中的要求完成本职工作，遇到紧急情况要及时报告。

（五）大型活动交通组织的效果评价

大型活动交通组织效果评价的目的，就是分析大型活动交通组织的现状，检验大型活动交通组织的管理水平，从中发现问题，以便有针对性地提出改进措施，为今后的大型活动积累经验，提高大型活动交通组织的组织和管理水平。

大型活动交通组织的评价主要从定性和定量两个方面进行。定性评价，主要是指对该次大型活动的计划完成情况、交通组织方案的实施效果、民警的表现等作出评价。定量评价，就是为事先设定的评价指标打分，它有利于进行科学、准确、合理的评价。指标的设定要能客观地评价大型活动的组织、管理状况，又能与不同时间、不同地点所举办的类似活动相比较，因此指标要具有可比性。另外，指标的设定还要有可操作性。总之，在指标的运用上，要根据不同的评价目的，选取不同的指标。

三、大型活动交通组织实例

（一）日本长野冬奥会的交通组织与管理

20 世纪的最后一次冬奥会，第十八届冬奥会于 1998 年 2 月 7 日至 22 日在日本长野举行。预计有大量的观众观看比赛，交通量将大大增加。如何保障交通的安全与畅通，对于冬奥会的成功举办至关重要。为此，日本警察总署实施了交通总量控制与特殊的交通规则，以及智能交通（ITS）技术，对冬奥会的顺利进行起到了关键的作用。

长野市是位于日本中部的一个山城，是日本的第四大城市。由于冬奥会的各项比赛均在该城市进行，因此预计私人轿车将是主要的交通工具。由于地理和季节的原因，长野市有以下问题需要解决：一是道路基础设施不足；二是市区经常发生交通阻塞；三是积雪会导致交通混乱；四是大量的滑雪爱好者会在此集中；五是有六个比赛场地和奥运村分布在市区，观众和运动员要在各地之间频繁流动。如不采取适当的措施，交通将陷入混乱。

为此，日本警察总署与长野及有关地区的警察部门共同制定了交通管制措施，要求市民对实施的交通总量控制措施予以合作，以避免交通混乱，保证交通的畅通；同时在比赛场地附近区域制定特殊的交通规则，并引入智能交通技术，实施智能交通管理系统（UTMS）。

1. 交通总量控制措施。冬奥会的比赛项目分布在市区的六个地点及市郊的五个地点进行。预计观众的数量达到每天 120 万人次（实际数量为 144 万人次，超过了原有的估计），高峰时间可达 10 万人，而且私人轿车将占有很大的比例，交通量估计将大幅度增长。为此需要采取适当的措施，并在实施之前要对各项措施进行模拟分析。

根据模拟分析结果，如果冬奥会期间交通量达到平时的水平，估计在所有交叉口上的总排队长度将达到 50～70 千米。若将普通交通量削减 30% 的话，预计总排队长度将缩短至 10 千米甚至更少。经过调查，在各周日的平均日交通量为 55 万辆，休息日减少 30%，为 40 万辆。因此，与各周日相比，休息日的交通要通畅得多，这与模拟分析结果一致。这样，交通总量控制措施被采纳作为冬奥会期间缓解交通拥堵的一项主要措施，其目标是将平日的交通总量削减 30%。通过与各公司协调和对住户要求，采取自觉遵守的方式，控制比赛场地周边区域的私家车和商用车的出行数量。

2. 特殊交通规则。为保证冬奥会期间的交通畅通，对运动员和官员乘坐的车辆采取了不同的交通规则。针对各比赛地点和比赛场地日程表，制定了环线规则、路线规则和区域规则。

（1）环线规则。用于奥运村和比赛周围的环路，包括与比赛无关车辆的禁行区，与比赛有关车辆的专用道等。

（2）路线规则。对无关车辆，禁止使用市区进入环线的道路，以及市郊连接比赛场地的道路。

（3）区域规则。在比赛场地周边设置与比赛无关车辆的禁行区。

在采取这些临时性措施的同时，结合路线诱导和交通信息提供对外宣传。

3. ITS 技术的应用。在长野冬奥会期间，引入了先进的智能交通系统技术，建立了长野智能交通管理系统（NUTMS），为比赛用车提供路线诱导和运行管理服务。

NUTMS 由五部分构成：集成交通控制系统（ITCS）、公共交通优先系统（PTPS）、先进的移动信息系统（AMIS）、动态路线诱导系统（DRGS）以及移动运行控制系统（MOCS）。

为启动 NUTMS，在长野市区 130 个交叉口的 309 个地点安装了红外信标，共计 414 个；在 2370 辆比赛用车上安装了车载装置，用于实现车辆和信息中心之间的通信，从而确保比赛用车运行畅通，普通车辆则通过信号控制及信息发布获得交通信息服务。

4. 交通组织与管理措施的效果。通过对 7 个主要交叉口的调查，冬奥会期间，交通组织措施的实施使交通总量压缩到平时的 54%～84%，平均为 75%。小汽车交通量为平时的 72%，基本达到预期目标。另外，由于特殊交通规则和智能交通系统技术的引入，交通堵塞也减少到平时的 54%，使比赛用车延误较短，可以说为冬奥会的成功举办起到了重要的作用。

（二）2001 年上海 APEC 会议的交通组织与管理

2001 年 10 月在上海召开的 APEC 会议，从 10 月 15 日的高级会议、17 日的双部长会议、18 日到 20 日的工商领导人峰会、18 日到 21 日的工商咨询理事会议到 20 日、21 日的第九次领导人非正式会议，有包括 20 个国家和地区的首脑、总理和首相，以及数百位政府高官参加。这是新中国成立以来规模最大、层次最高的一次国际会议。为此，上海市公安局对交通安全保卫工作进行了精心准备和安排。

APEC 会议安全保卫指挥中心设在陆家嘴大厦内，20 台电视机和两个大屏幕投影电视不断切换着数十条重要道路和十多处宾馆和会场的监控画面。实时图像监控系统在有关重要场馆和道路设置了几十个监控摄像点，使与会领导人从下飞机一直到宾馆的过程尽收眼底。GPS 车辆卫星定位系统用于开道车，它能随时接收车队的位置信息，通过计算机处理，在电子地图上显示出来，每两秒钟就刷新一次，位置误差不到 10 米。例如，10 月 20 日、21 日有三次重要活动，必须确保 20 位国家领导人从各自下榻的 10 余家宾馆出发，按礼宾顺序每间隔一分钟分别到达会场。"每隔一分钟"，这在历届 APEC 会议中还是首创。为了这"一分钟"，交巡警总队先后制定主体方案 15 套，辅助方案 70 余套，并多次修订。对所涉及的线路一一实地测量，利用夜间实地演练，以确定合适车速。线路图输入计算机控制系统，120 辆开道车都装置了卫星定位仪，配上最新通信工具。指挥中心根据 20 个车队的情况，随时指挥开道车加快或减慢速度，以确保一分钟间隔，每次车队都按时准点到达。会议期间，上海交巡警共完成交通警卫任务 2100 余批次，开道里程 3.3 万千米，直接参战警力 16.5 万人次，平均每天为会议开道 320 次，次次安全准时。

为了确保 APEC 会议期间道路交通安全、畅通和有序，上海警方采取了一系列交通总量控制措施。这些措施所涉及的主要范围可概括为三个区域：一是以外环为基础的外圈控制区域，主要禁止外地来沪车辆进入；二是以内环为基础的中圈控制区域，包括浦东部分道路，禁止本市货运车辆及外地车辆进入；三是以黄浦、卢湾、静安区部分道路及浦东陆家嘴、世纪广场地区为中心的内圈控制区，禁止各类货运车、大客车和持有外省来沪"临时专用通行证"的外省市小客车进入。上海警方在充分考虑最大限度地保证市民正常生活的同时，希望市民对暂时的不便给予充分谅解、支持和配合，尽量减少出行，若出行，希望市民选择公交、出租车和地铁等交通工具，以减轻道路交通压力。为配合 APEC 会议，方便市民出行，交通管理部门对途经市区的相关道路、延安路隧道、陆家嘴地区、世纪广场区域及有关宾馆周边地区的公交线路采取停驶、缩线、绕道、分段行驶等调度措施。上海市公安局为此在上海市主要报纸发表通告，向市民详细公布了实行交通管制的区域、时间以及公交配合方案。

会议期间，上海的道路交通畅通、安全、有序、科学、周密、高效。上海交巡警在广大市民的支持下，以高超的管理艺术，圆满地完成了交通警卫工作。

思考题：

1. 道路交通组织的具体方法有哪些？

2. 道路交通总量控制的措施有哪些?

3. 道路交通分离的具体方法有哪些?

4. 时间性道路交通流量均分的方法有哪些?

5. 空间性道路交通流量均分的方法有哪些?

6. 大型活动的交通组织与管理应注意哪些问题?

7. 对你熟悉的某具体路段,重新进行交通组织。

8. 对一个你所了解的大型活动交通组织实例进行分析。

第五章　道路交通管理设施

第一节　概　　述

　　道路交通管理设施是随着道路交通的不断发展而产生和发展起来的，是道路交通管理系统不可缺少的重要内容，是保障道路交通安全秩序，减少、减轻道路交通事故的重要手段和方式。以前，为方便分析研究，多将道路交通管理设施从微观上分为道路交通管理设施和道路交通安全设施两大部分内容。其实这只是道路交通管理设施的不同表现形式和手段而已，它们的目的、功能、作用都是基本相同的。因此，从另外的角度或者宏观的角度来分析，也不一定或不必分得这么细致。

　　实际上，如道路交通安全设施中的隔离栏、隔离墩、绿化隔离带等，就相当于道路交通管理设施中交通标线的延伸和增大，其所要达到的目的基本是相同的，仅是表现形式不一样，无非前者有更直观、更立体、更强化的效果。又如，道路交通安全设施中的附属设备视线诱导标、路栏、锥形路标等，与道路交通管理设施交通标志中的指引、警告、禁令等标志在功能作用上没有太大区别，大同小异，也仅是设施本身的形式、状态、内容有一些细微的区别而已。

　　所以，本章在这里主要从宏观的角度来分析研究，就不具体细化而把它们统称为道路交通管理设施。

第二节　道路交通管理设施

一、道路交通管理设施的概念及作用

(一) 道路交通管理设施的概念

道路交通管理设施是为保障道路交通的安全和畅通而设置的管制和引导交通的设备，是道路交通系统不可缺少的重要组成部分。功能齐全、完备的道路交通管理设施是保证交通畅通，行车安全，减少和减轻道路交通事故的重要保障。这是宏观和广义的定义。随着社会的发展、科技的进步，功能完备的道路交通设施对道路交通的管制和引导的作用越来越重要，已成为现代道路交通管理的重要标志之一。

道路交通管理设施，是指公安机关交通管理部门，为了保证道路交通的安全和畅通，根据道路条件、交通流参数（交通流量、交通流速、交通密度）、交通冲突点的分布频率等因素，依据道路交通安全法律规范和有关国家标准，直接将特定的线条、图案和文字敷设在道路路面，或设置在道路能见点的专用设备上，用以对道路交通实施管理和控制的设施。这可以理解为微观的、狭义的定义。

(二) 道路交通管理设施的内容和性质

道路交通管理设施包括交通标志、交通标线、交通信号灯和隔离设施、照明设施、附属设施等管制和引导交通的其他设施。道路交通管理设施的性质，根据实践又包括以下几层含义：

1. 针对所有道路交通活动，它们就是随时随地、无处不在的道路交通管理法规，是道路交通管理活动静态的、客观的"事"的具体体现。

2. 针对所有的道路交通活动参与人来说，它们就是随时随地、无处不在、无声的交通警察，是道路交通管理活动静态和动态相结合"物"的具体体现。

3. 它们就是默默无闻地扮演着随时、实时对道路交通活动构成的诸要素，特别是人的各种道路交通行为实施组织、规范、协调、控制的道路交通管理替代主体的角色。

4. 它们是道路交通管理法规的重要组成部分，是确保道路交通安全、有序、畅通不可代替、不可或缺的静态管理主体之一。

5. 它们是现代道路交通管理的重要主体之一。

（三）道路交通管理设施的作用

1. 道路交通管理设施是道路交通安全畅通的物质基础。道路交通设施投资少，收益大，是合理和科学地使用现有道路必不可少的，是保障道路交通安全与畅通的物质基础。有道路就应该设置道路交通管理设施，它们是道路不可分割的重要组成部分。车多路少，是我国道路交通的一对十分突出的矛盾。但是，与国外相比更加突出的是我国道路交通设施太少，因而大大影响了现有道路效率的发挥和交通的安全与畅通。

2. 道路交通管理设施是交通管理的有力手段和工具。公安机关交通管理部门所进行的交通规划、交通组织、交通控制，实质上就是对道路的使用权、通行权的分配。其分配的规则主要是通过设置在道路上的交通管理设施传达给驾驶人和行人，交通警察在路面上所要做的绝大部分工作都需要通过道路交通设施表现出来。因此，道路交通管理设施是交通管理的有力手段和工具。道路交通管理设施的科学规范与完善是道路交通管理现代化的重要标志。

3. 道路交通管理设施是依法管理交通的依据。道路交通管理设施在道路交通管理中的法律地位，是由道路交通管理法律规范所确定的。道路交通管理设施具有特定的法律含义，道路交通管理法律规范体现在路面上的内容，以及对道路交通参与者的行为要求，很多都是通过道路交通管理设施反映出来的。因此，它是执法守法、依法管理交通的依据。

二、道路交通设管理施的设置和保护

（一）道路交通管理设施的设置

道路交通管理设施的设置应当符合道路交通安全畅通及其功能上的需要。此外，道路交通管理设施还应当符合国家标准，保持清晰、醒目、准确、完好。根据通行需要及时增设掉换更新道路交通设施，并提前向社会公告，广泛宣传。

（二）道路交通管理设施的保护

任何单位和个人不得擅自设置、移动、占用和损毁道路交通设施，种植植物、设置广告牌和管线等应当与道路交通管理设施保持必要的距离，不得遮挡路灯、信号灯等道路交通设施，不得妨碍安全视距影响通行。

第三节　道路交通标志

一、道路交通标志的概念

道路交通标志是道路交通管理控制设施之一，因其具有特定控制功能，所以被广泛应用于道路交通管理系统。

在道路交通管理实践中，道路交通标志是以国家标准GB5768-2009《道路交通标志和标线》为实施依据的，既是国家的技术性标准，又是道路交通管理法规的内容。

（一）道路交通标志的含义

道路交通标志是用颜色、图形、符号和字符来传递特定交通信息，用以管理交通，进而实施相应控制的设施。其几何形状、图形、颜色等要素，国家都应制定统一标准。

交通标志分为主标志和辅助标志两大类。

主标志按照其功能又可分为警告标志、禁令标志、指示标志、指路标志、旅游区标志、作业区标志、告示标志七类。

　　各类道路交通标志的含义如下：

　　1. 警告标志。警告标志是警告车辆、行人注意道路交通的标志。设置于平面交叉路口，弯道、陡坡、道路变窄和车道减少，沿途道路的村庄、学校，铁路与道路的平交口，以及施工等地点。

　　2. 禁令标志。禁令标志是禁止或限制车辆、行人交通行为的标志。此类标志具有法律强制效力。

　　3. 指示标志。指示标志是车辆、行人应遵循的标志。指示车辆、行人按所示方向或地点行进或实施某种行为，如指示方向、鸣喇叭等标志。此类标志具有法律强制效力。

　　4. 指路标志。指路标志是传递道路方向、地点、距离信息的标志，表示道路信息的指引，为驾驶者提供去往目的地所经过的道路、沿途相关城镇、重要公共设施、服务设施、地点、距离和行车方向等信息。

　　5. 旅游区标志。旅游区标志是提供旅游景点方向、距离的标志，是为吸引和指引人们从高速公路或其他道路上前往邻近的旅游区，在通往旅游景点的路口设置的标志，使旅游者能方便地识别通往旅游区的方向和距离，了解旅游项目的类别。旅游区标志分为指引标志和旅游符号标志两大类。

　　6. 作业区标志。作业区标志是告知道路作业区通行的标志。用以通告道路交通阻断、绕行等情况，设在道路施工、养护等路段前适当位置。用于作业区的标志为警告标志、禁令标志、指示标志及指路标志，其中警告标志为橙底黑图形，指路标志为在已有的指路标志上增加橙色绕行箭头或橙底黑图形。

　　7. 告示标志。告示标志是告知路外设施、安全行驶信息以及其他信息的标志，用以解释、指引道路设施、路外设施，或者告示告示有关道路交通安全法和道路交通安全法实施条例的内容。

告示标志的设置有助于道路设施、路外设施的使用和指引，取消其设置不影响现有标志的设置和使用。

辅助标志附设在主标志下，对其进行辅助说明的标志。

近年来还出现了一些道路交通标志的派生标志。例如：

1. 可变信息标志。可变信息标志是一种因交通、道路、气候等状况的变化而改变显示内容的标志，是一种把交通、道路、气候、环境等交通活动状况的变化及相关的道路交通管理信息通过相应的手段，及时传输到固定或车载的信息显示标志板上进行显示的一种较新颖的道路交通标志。一般可用作速度控制、车道控制、道路状况、气象状况及其他内容的显示。可变信息标志不宜显示与交通无关的信息。它的内容由计算机控制，可以组成各种文字、符号、和图案，显示内容丰富，视认性好，可固定或机动设置，灵活可靠。

一般对发生交通事故、交通堵塞、道路施工、路面损坏、积雪、结冰、大雾、临时交通管制等需要限制车辆行驶速度、道路控制、禁止通行、绕道行驶的情况时，应设置道路交通可变信息标志。可变信息标志显示的警告、禁令、指示等标志的图形、字符、形状等应符合 GB5768 - 2009《道路交通标志和标线》的规定，显示文字的字体、字高、间距等按照清晰、易辨、安全的原则确定。

可变信息标志通常多设置于城市主要干道、快速路、一级公路和高等级公路。通过及时对各种道路交通活动信息的显示与对车辆速度、车道使用等方面的控制与调整，从而实现道路交通安全、畅通的目的。

2. 模拟人物标志。现在，在很多高等级或高速公路上一些特定的路段出现了以真人为模型的交通警察标志，尽管标准、法规里没有明确规定过，但仍不失为一种很新颖的尝试。此举意在提醒或警示交通参与人，行经这些路段时，应注意遵章守法、不要违法、注意安全行车、实施正确的交通安全行为等，应该说还是具有一定的效果。这也是道路交通标志发展与时俱进，适应道路交通活动的发展变化而采取的举措。

辅助标志是附设在主标志下，对主标志起辅助说明等作用的标志，用于表示车辆种类，表示时间范围，表示区域或距离，表示限制的理由四种作用。辅助标志一般不能单独设立，其形状为矩形，颜色为白底、黑字、黑边框。

（二）道路交通标志控制的作用

道路交通标志对于道路交通流体系统运行起着重要的控制作用。其主要表现如下：

1. 组织道路交通。在道路交通组织管理中，广泛采用道路交通标志控制予以有效配合。

没有道路交通标志参与控制，就难以实施道路交通组织管理活动。

2. 控制道路交通。交通行为规范往往依赖道路交通标志在时间、空间和条件上的具体显现，正确地指导人们的交通行为。在交通信号控制中，往往需要相应道路交通标志控制，使得道路交通控制更为有效。道路交通标志控制，可以通过提供道路交通信息，提示人们注意危险，提前采取防范措施。

3. 指路导向。道路交通标志控制，往往通过道路通达的方向、地点、距离的信息传递，正确地指引车辆、行人顺利前进，减少交通延误。

4. 执法依据。道路交通标志控制，具有法律效力。根据道路交通标志所表达的特定内容与含义，进行交通违法肇事的分析、判断和处理，以便道路交通管理规范化。

二、道路交通标志控制要素

道路交通标志有颜色、形状、图案、字符四大构成要素。它决定着道路交通标志的视认性。根据有关研究成果和国内外制定的标准，现将道路交通标志控制道路交通的要素作一介绍。

1. 颜色。道路交通标志采用的颜色属于安全色标之一。我国制定的安全色标准中，规定红、黄、蓝、绿四种颜色作为安全色；黑、白两种颜色作为对比色。安全色是表达安全信息含义的颜色，表达禁止、警告、指令、提示等；对比色是安全色的反衬颜色，使之更醒目。黑色用于安全标志的文字、图形符号和警告标志的几何图形；白色既可用于安全标志中红、蓝、绿色的背景色，又可用于安全标志的文字和图形符号。安全色属于彩色类，不同的颜色则有不同的光学特性。同时，不同的颜色还会使人们产生不同的联想，出现不同的心理感觉。因此，利用颜色的不同特性，可制成不同内容与含义的道路交通标志。

一般情况下交通标志颜色的基本含义如下：

（1）红色：表示禁止、停止、危险，用于禁令标志的边框、底色、斜杠，也用于叉形符号和斜杠符号、警告性线性诱导标的底色等。红色光波传播距离最远，非常引人注目，又是前进色，所以，视认性很好，红色会使人们联想火和血的危险情景，在心理上产生强烈的刺激，引起人们紧张或兴奋。因此，红色用来表示禁止、停止、紧急、危险等含义。

（2）黄色或荧光黄色：表示警告，用于警告标志的底色。黄色是前进色，能对人们视觉产生比红色更高的明度。黄色能使人们感觉危险而强烈程度次于红色，即只产生警惕的心理反应，可引起人们的注意力。因此，黄色用来表示警告、注意等含义。

（3）蓝色：表示指令、遵循，用于指示标志的底色；表示地名、路线、方向等的行车信息，用于一般道路指路标志的底色。蓝色是后退色，其注目性和视认性均属一般。当蓝色与白色搭配使用时，则对比明显，效果好。淡蓝色会使人们产生活泼的心理感觉，而深蓝色会使人们产生庄重的心理感觉。在太阳光的直射下，蓝色比红色和黄色更加醒目。因此，蓝色适合用来表示指示、指令等含义。

（4）绿色：表示地名、路线、方向等的行车信息，用于高速公路和城市快速路指路标志的底色。绿色为后退色，视认性不很高，然而能使人们联想自然界的一片翠绿，产生恬静、舒适、安全的心理感觉。因此，绿色用来表示安全、通行的含义。

（5）白色：用于标志的底色、文字和图形符号以及部分标志的边框。白色的明度最高，反射率也最高，给人们一种明亮、清洁的心理感觉。白色对比性最强，因此，白色通常用作标志的底色。

（6）黑色：用于标志的文字、图形符号和部分标志的边框。黑色的明度最低，可使人们产生深沉、凝重的心理感觉，但是，它和其他颜色相配时，却显得美观、清楚。在应用中黑色多作为图形的颜色。

（7）棕色：表示旅游区及景点项目的指示，用于旅游区标志的底色。

（8）橙色或荧光橙色：用于道路作业区的警告、指路标志。

（9）荧光黄绿色：表示警告，用于注意行人、注意儿童警告标志。

2. 形状。道路交通标志的视认性与其几何形状有着密切关系。选择道路交通标志适宜的几何形状，可使之更加突出和醒目。

（1）几何形状的选择。科学研究成果表明，同等面积的物体，其视认性随着几何形状的变化而变化。通常，物体外形有锐角者，比较容易辨认。在等同面积、相同距离、同样照明条件的情形下，容易辨认的物体外形顺序为正三角形、正方形、长方形、正六边形、圆形、正八边形等。

（2）常用几何形状。在道路交通标志中，通常选用的几何形状有三种：一是三角形。正三角形物体最引人注目，即使在光照条件较差的情况下，仍比其他几何形状容易发现。因此，国际上就把正三角形作为"警告"标志的几何形状。二是圆形。在等同面积和易于辨别的各种几何形状中，圆形内所画的图案显得比其他几何形状内所画的图案大，视认清楚。因此，国际上把圆形作为"指令"标志的几何形状。通常，圆形内画有"＼"符号，即为"禁止"标志。三是长方形。长方形给人一种安稳感。同时，它具有的面积可充分用来书写文字说明和画图形。通常，把长方形用作"提示"标志。根据需要，既可采用横长方形，又可采用竖长方形。

交通标志形状的一般使用规则如下：

（1）正等边三角形：用于警告标志。

（2）圆形：用于禁令和指示标志。

（3）倒等边三角形：用于"减速让行"禁令标志。

（4）八角形：用于"停车让行"禁令标志。

（5）叉形：用于"铁路平交道口叉形符号"警告标志。

（6）方形：用于指路标志，部分警告、禁令和指示标志，旅游区标志，辅助标志，告示标志等。

3. 图形。道路交通标志所传递的管理信息，仅依靠颜色和几何形状两个要素，只能表达抽象的、大体的概念。道路交通标志的具体含义，取决于所规定的具体内容，这就要由图形要素来表达。图形，包括图案、符号、文字三个部分。

（1）图案。采用图案表示道路交通标志的信息内容，含义直观、形象、易懂，可达到识别道路交通标志不受人们文化程度的限制目的。这就要求图案应该设计得简单、明了，尽可能与客观事物相似，使之最大程度地反映客观事物的特点。同时，表示不同客观事物的图案应该有明显区别，便于驾驶人在行车速度快、辨认时间短的情况下，能够迅速而准确地识别。

投影图案具有图形简单、清晰、逼真的特点，从远处观察，视认性较好。因此，一般的道路交通标志内图案都采用投影图案。道路交通标志中采用的图案应该具有国际性和易认性。道路交通标志所要表达的同样含义，采用图案比运用文字更使人一目了然，准确辨认，而且，距离较远也能看清楚。因此，世界上绝大多数国家和地区的道路交通标志，除了地名标志必须运用文字表达外，基本上都采用图案表达，而不是用文字表达。

（2）符号。道路交通标志所采用的符号必须具有简单、易辨认、含义明确以及不受文化程度局限等特点。在设计符号所代表的含义时要注意：一是要把握其直观性、单义性，决不可出现某一符号有几种不同解释；二是要符合人们在日常生活中的一般习惯和思维方式，使人们容易理解；三是必须考虑符号和图案、文字之间的相互配合，使之不制约图案或文字的视认性；四是充分照顾到标志的牌面清晰，不影响图案、文字意义的表达。

（3）文字（数字）。科学研究成果表明，在同样视觉条件下，采用图案、符号传递信息要以比相同大小的文字来传递信息更为准确、迅速，而且，更易于为人们所理解和识别。对比符号、图案两者传递信息的识别效果，前者要比后者更好。因此，在道路交通标志中应尽量采用图案和符号。值得指出的是，图案和符号所表达的信息毕竟是事物的抽象反映，往往难以达到可靠和准确，而文字表达的意义就更为可靠、准确。同时，有些内容难以采用图案和符号来表达。因此，某些道路交通标志的内容就必须运用文字（或数字）来表达。当道路交通标志采用文字时，应该尽可能简明扼要，通常一个字、两个字就应清楚地表达含义。使用计量单位应执行国际制定的有关技术规范，符合国际惯例。道路交通标志所采用的图案、符号、文字（数字）的大小以及线条的粗细，都应依据相应标志牌面的尺寸来确定合适的比例，以最容易辨认作为标准。图案设计制作应该符合本国人民的习惯；符号应该尽可能使用国际通用符号；文字的字体应该饱满、清楚，通常应该使用等线体字形，而不要使用美术字体和草体字字形以及其他非常规的字体。

三、道路交通标志的应用

（一）道路交通标志的适用范围

1. 区域系统道路交通标志控制。其可分为以下三个方面：

（1）交通流体系统交通标志控制。这是指运用交通标志功能，对交通流体系统整体实行系统结构调整、运行机制改善，使之高效、协调地运行。在城市和地区中，交通流体系统的组成、运行状态和特征，存在多元性、瞬变性，往往制约着其整体效能的充分发挥。通常，开展道路交通组织管理活动，必然应用道路交通标志控制来予以配合，从而达到预期管理效果。

（2）道路系统道路交通标志控制。这是指运用道路交通标志传递道路网络系统的各种信息，用以控制道路交通。通过设置相应道路交通标志，传递道路组成、道路功能和道路特征等道路系统信息，实施道路交通控制，以保障交通安全与畅通。

（3）环境系统道路交通标志控制。这是指运用道路交通标志传递环境系统的相关信息，用以控制道路交通。无论是城市道路交通，还是公路交通，都受到环境因素制约。其主要表现有：地域地理状况、交通条件、社会经济与生活要求以及季节、气候等交通环境因素。因此，应该运用道路交通标志，表达环境系统的相关信息，用以限制和指导道路交通的有效进行。

2. 平面交叉路口道路交通标志控制。其可分为以下几个方面：

（1）多路停车控制。多路停车控制，又称全向停车控制。通常，在应该采用信号控制而尚未实施之前，一年中发生一定起数的直角碰撞事故、左转弯碰撞事故、交通流量或交通流速超过某一最小数值时，在这三种情况下均可设置多路停车状态，实行全向停车控制。

（2）二路停车控制。二路停车控制，又称单向停车控制。通常，在平面交叉路口的次干道与主干道两者的交通流量的比数达到一定数值，或者因路口转角处有障碍物而使得视距不足的情况下，需设置二路停车标志，实行单向停车控制。这种控制在于当次干道上驶近路口的车辆停止下来，待主干道上车流有空隙时再穿过，以保障主干道上车辆运行畅通。

（3）让路控制。让路控制，是指次要道路上的运行车辆接近路口时的速度为一定数值的安全速度的情况下，可设置让路标志，实行让路控制。这种控制在于次要道路上的运行车辆进入路口时，通过观察交通情况，作出能够安全通过的判断之后，随之车辆通过交叉路口。

（二）道路交通标志的设置

1. 道路交通标志的设置原则。设置道路交通标志应该遵循以下原则：

（1）反映信息特征。道路交通标志的功能就在于全面、准确地传递管理信息，因此，设置道路交通标志就应反映信息特征，以便有效控制道路交通。管理信息的特征有如下几个方面：一是社会性。道路交通标志所传递的信息反映管理状况和特点。因此，道路交通标志的组成、内容及含义应该规范化、标准化，使之为社会成员所共同理解。二是有效性。道路交通标志所传递的管理信息，效用就在于有效进行管理活动。有用信息能帮助人们采取正确决策和有力控制措施，从而产生积极控制效果。无用信息其价值等于零。因此，道路交通标志设置得实效性越强，于管理越有利。三是连续性和流动性。管理系统始终处于运动之中，因而，管理信息的产生和流通是源源不断的。这就要求设置道路交通标志，必须反映管理信息的连续性和流动性。同时，随着道路交通管理的发展变化，及时进行道路交通标志更新。四是与信息载体不可分性。任何信息都是由信息实体和信息载体所构成。改善信息内容和处理手段，不断提高信息载体技术，加速道路交通标志技术现代化，以便全面、准确和及时地传递信息，充分为管理服务。

（2）合理布局。根据区域道路交通管理的客观需要，统筹规划，合理布局，以满足需要为前提，尽量避免重复或矛盾。按科学排列顺序设置，在同一地点可以设置两种以上标志，而最多不能超过四种。它们可安装在同一标志柱上，按照警告、禁令、指示标志的顺序，实行先上后下、先左后右的排列方式。其中会车和限速等标志以单独设置为宜。

（3）方位适宜。设置道路交通标志的方位应适宜，以充分发挥其信息效能。首先，道路交通标志设置的地方应明显突出。道路交通标志应设置在车辆前进方向最显眼的地方，通常可设置在道路的右侧、中央分隔带或车行道上方。其次，道路交通标志设置应适当安装角度及照明。一般标志牌面应与道路中线垂直或成一定角度安装，尽量减少眩光。并且，应有适当照明，保证视认必要照度。最后，道路交通标志设置应满足视认距离。人的动视力与运动速度有密切关系。运动速度高低，制约着人们对物体的识别距离。因此，设置道路交通标志应依据车辆行驶速度与人的动视力变化，确定标志设置相应位置，以满足视认距离的要求。

警告标志前置距离一般根据道路的设计速度选取。禁令、指示标志应设置在禁止、限制或遵循路段开始的位置。部分禁令、指示标志开始路段的路口前适当位置应设置相应的指路标志提示，使被限制车辆能够提前绕道行驶。指路标志设置位置应符合每一指路标志的具体规定。

2. 道路交通标志的设置形式。设置道路交通标志的主要形式有以下四种：

（1）立柱式。立柱式道路交通标志的设置形式，可分为单柱式和双柱式两种。标志牌面下缘到路肩表面的高度为1.8～2.5米。

（2）悬臂式。悬臂式道路交通标志的设置形式，标志牌面下缘到车行道路面或路肩表面的高度为4.5～5米。

（3）架空式（或门式）。架空式道路交通标志的设置形式，标志牌面下缘到路面的高度为4.5~5米。

（4）附着式。附着式道路交通标志的设置形式，即将道路交通标志设置在道路的附属物或建筑物上，净高为1.8~2.5米或4.5~5米。

（三）辅助标志的设置

辅助标志，颜色为白底、黑字（图形）、黑边框、白色衬边，图形为矩形。辅助标志的尺寸由字高、字数确定。

凡主标志无法完整表达或指示其规定时，为维护行车安全与交通畅通的需求，应设置辅助标志。

设置辅助标志是为了对主标志的作用对象、时间、空间等作特殊说明。辅助标志安装在主标志下面，紧靠主标志下缘。

1. 表示时间的辅助标志的设置。表示时间的辅助标志可设在禁令、指示等标志下，对这些标志的时效作特殊规定。

2. 表示车辆种类的辅助标志的设置。表示车辆的辅助标志可设在禁令、指示等标志下，对这些表达的车种作特殊规定。

3. 表示区域或距离的辅助标志的设置。表示区域或距离的辅助标志可设在禁令、警告等标志下，对这些标志的作用范围作特殊规定。

4. 表示警告、禁令理由的辅助标志的设置。表示警告、禁令理由的辅助标志可设在禁令、警告、指示等标志下，对这些标志的效用说明其理由。

5. 组合辅助标志的设置。当需要说明的内容较多时，可采用组合辅助标志同时说明车辆种类、作用时间、空间等特殊规定，但组合的内容不宜多于三种。

（四）道路交通标志照明和定向反光

1. 道路交通标志的照明。道路交通标志的照明可分为内部照明式和外部照明式两种。

（1）内部照明式。标志牌面采用异丙烯树脂板等透明材料制成，内部安装照明装置，包括荧光灯管、镇流器等，采用半透明材料制作面板，有单面显示或双面显示两种。采用自动开关装置时，可在 30 勒克斯时开亮，在 70 勒克斯时关闭。内部照明标志可根据标志大小，承受的风力进行结构设计。确保标志面照度均匀，在夜间具有 150 米的视认距离。灯箱结构合理，金属构件经防腐处理，防雨防尘，并应有良好的安全接地装置，电器元件耐久可靠，检修方便。

（2）外部照明式。标志牌外部照明式，除了自然光、路灯光提供照明外，就是将专门照明装置安装在标志牌的上侧、下侧或两侧，提供外部光源照明，照度为 500 勒克斯。外部照明标志的光源应进行专门设计。照明灯具及其阴影不能影响标志认读。外部光源在标志面上的照度应均匀，均匀度（最大照度/最小照度）须在 4 以下，确保在夜间具有 150 米的视认距离。外部照明光源不能造成眩目。支撑灯具的构件应进行防锈处理，并应有良好的安全接地装置，照明器件耐久可靠，防雨防尘，性能优良，检修方便。

2. 道路交通标志的反光。在夜间行驶车辆较多的道路上，应该采用反光道路交通标志，以获得良好的易见性。反光标志必须使用反光材料，主要有反光片、粘涂玻璃珠式两种。

（1）反光片。在光滑的反光膜上涂敷透明塑料，而在塑料中封入玻璃珠。当塑料表面受到光照时，玻璃珠产生折射和反射，导致标志表面发光，因其涂料影响，反射光带有涂料本身的颜色。

（2）粘涂玻璃珠式。玻璃珠直接洒在反射率大的带有颜色的衬垫上，同时，用透明的涂料粘牢，也可把玻璃珠拌在透明涂料中直接涂敷在垫层上。

反光材料的应用与选择应按下列要求进行：

（1）制作标志面的反光材料应采用反光膜。反光膜按其不同的逆反射性能，可分为五个等级。反光膜（包括丝网印刷后的反光膜）的各种颜色的色品坐标和亮度因素以及各个等级的反光膜逆反射系数值均应符合 JT/T279 的有关规定；

（2）城市快速干道及城市主干道的交通标志应采用一至三级反光膜；一般城市道路的交通标志应采用四级以上的反光膜。四、五级反光膜可用于交通量很小的其他道路；

（3）城市快速干道上的曲线段标志及城市地区的多路交叉口，可采用一、二级反光膜；

（4）设置在城市快速干道门架和悬臂上的标志，可选用比路侧式标志所用反光膜等级更高的反光材料，在有条件的重要路段，可采用照明标志。

第四节　道路交通标线

一、道路交通标线的概念

道路交通标线是道路交通控制设施之一。因其具有特定控制功能，所以，广泛应用于道路交通管理系统。

同道路交通标志一样，在道路交通管理实践中，道路交通标线也是以国家标准 GB5768 - 2009《道路交通标志和标线》为实施依据的，既是国家的技术性标准，又是道路交通管理法规的内容。

我国一些大城市根据当地的交通和道路情况还增设了公交专用车道线及路面标记，有的还进行了专用道彩色路面的尝试，在实践中使用效果显著。

（一）道路交通标线的含义

道路交通标线，是指以各种路面线条、箭头、文字、立面标记、突起路标道和道路边线轮廓标或其他导向装置等构成的交通安全设施。画设于路面或其他设施上，传递特定交通信息，进而实施相应的交通控制。国家制定了道路交通标线技术标准，我国现行的道路交通标线按其功能可分为：指示标线、禁止标线和警告标线三类。各类道路交通标线的含义如下：

1. 指示标线。指示标线，是指示车行道、行车方向、路面边缘、人行道、停车位、停靠站及减速丘等的标线。指示标线分为三类：一是纵向标线，包括双向两车道路面中心线、车行道分界线、车行道边缘线；二是横向标线，包括人行横道线、距离确认线；三是其他标线，包括高速公路出入口标线、停车位标线、港湾或停靠站标线、收费岛标线、导向箭头、路面文字标记。

2. 禁止标线。禁止标线，是指告示道路交通的遵行、禁止、限制等特殊规定的标线。禁止标线分为三类：一是纵向禁止标线，包括禁止超车线、禁止变换车道线、禁止路边停放线；二是横向禁止标线，包括停止线、停车让行线、减速让行线；三是其他禁止标线，包括非机动车禁驶区标线、导流线、网状线、专用车道线、禁止掉头线。

3. 警告标线。警告标线，是指促使道路使用者了解道路上的特殊情况，提高警觉准备防范应变措施的标线。警告标线分为三类：一是纵向标线，包括车行道宽度渐变段标线、路面障碍物标线、近铁路平交道口标线；二是横向标线，包括减速标线、减速车道线；三是其他标线，有立面标线。

（二）道路交通标线的作用

道路交通标线控制，对于道路交通流体系统运行起着重要的控制作用。其主要表现如下：

1. 实行分道行驶。采用道路交通标线，可实行交通流分离，即实行人、车分离，机动车、非机动车分离，快车、慢车分离等，使之各行其道，分道行驶，从而可提高道路通行能力，合理高效地利用道路资源，减少交通冲突点，防止交通事故发生。

2. 渠化平交路口交通。采用道路交通标线，可以在平面交叉路口组织渠化交通，引导车辆及行人按照标线所示的含义，有秩序、迅速地通过平交路口，以保障交通安全与畅通。

3. 告示交通控制指令。采用道路交通标线，传递道路交通的遵行、禁止、限制等交通控制指令，告示车辆驾驶人及行人务必遵照交通控制指令来进行道路交通活动，以保障交通安全与畅通。

4. 预告道路状况。通过道路交通标线，可将前方道路状况和特点，明显、突出地反映出来，提示车辆驾驶人及行人提高警觉，准备防范应变措施，以保障交通安全与畅通。

5. 执法依据。道路交通标线是交通行为规范的具体化、形象化。它既方便了人们的道路交通活动，又可以为纠正交通违法与处理交通事故提供明确的法律依据。

二、道路交通标线控制要素

道路交通标线控制，具有颜色、形状和图案（包括文字）三个要素。

（一）道路交通标线的颜色

研究成果表明，驾驶人在驾车行驶途中，注视点倾向于路面标线要比倾向于路侧标志更为突出。在其行驶过程中的大部分时间，眼睛活动集中于沿着行车路面进行扫视，并形成行车的导向系统。即使路旁不时出现零散景物，也不至于干扰驾驶人对行车前方路面标线的注意力，甚至在黄昏、夜间以及阴雨或有雾等不良气候条件下，而不得不放慢行车速度作缓行，仍不能完全辨别道路状况和有关参照物的情形，还可以依据路面标线，控制其行驶车辆的横向间距，避免与对向行驶车辆发生碰撞。

道路交通标线颜色要素与其视认性密切相关，而且，控制功能具有持续性。这就决定了道路交通标线应该采用鲜明、跳跃、对比度高、引人注目的颜色，以便在足够远的地方就能引起车辆驾驶人及行人的注意。通常，道路是沥青敷设的黑色路面，也有少数为其他材料敷设的暗色路面。根据路面颜色和人的视认要求，道路交通标线便采用了白色、黄色两种颜色。

从明度比来讲，路面标线与路面光亮程度的对比较大，其视认度更好，因此，在黑色路面上采用白色标线就比较清楚。从光渗现象来说，在黑色的底面上，涂划白色，而白色显得更白。因此，在黑色路面上采用白色标线，其效果为最好。据美国实验证明，白色标线平均亮度是黄色标线的1.6倍。在有雾的情况下，黄色标线的视认性比白色标线要差1/5左右。

在道路交通标线颜色信息系统中，黄色具有明亮和警戒的感觉，用来作为"注意危险"等警告信息，使其具有禁令性质。当路面出现黄色标线时，驾驶人心理感觉到此处可能有潜在的危险，于是，往往产生紧张情绪，小心谨慎地驾驶车辆，希望尽快离开这个危险路段。因此，在路面标线的颜色上，不可随意采用黄色。通常，采用黄色标线作为道路中心线来分离上行车道与下行车道，具有较好的作用。有时，黄色标线也可用于"前方区域禁止入内"的场合，发挥警戒线的控制功能。

（二）道路交通标线的形状

1. 路面标记形状与视认。人们对单纯、有规则、对称而又反复出现的路面标记形状，感觉为易见性好。同样面积的路面标记，双线比单线的视认性要好。等面积的形体的视认性则以长方形标记为最好，依次是三角形、圆形和正方形。长宽比例采用"黄金分割法"而组成的长方形易见性好。文字与符号的形体大小、笔画多少、间隔宽窄的不同，其视认性也不同。

2. 利用错视现象。人的视觉有共同的错视倾向，可称为错视。错视现象是人类带有普遍性的一种生理和心理现象。研究错视现象，对其加以克服和利用，使之涂画路面标记更为合理。于是，道路交通标线控制更为有效。

首先，利用错视现象。同样长度的竹竿，当水平放置时，从其侧面望去，就会感到短而细；从其顶端纵向望去，就会感到长，同时，距离眼睛近的一端感到粗些，而距离眼睛远的一端就会感到细些。同一物体，从远处看和从近处看，其形状也不一样。在确定标线的虚线时，其长度和间隔之比为 2∶3 较好。在施划人行横道线时，不是画成与道路垂直的线，而是画成与道路平行的线。这样，可以提高道路交通标线的视认性，驾驶人在远处就能察觉和辨认，做好减速和制动准备，保障行人过街安全。

其次，克服错视现象。在路面上的正方形符号或文字，当视线与其平面垂直时，可以看出是正方形；当视线与其平面夹角小于 90 度时，正方形符号或文字就会纵向缩短而变成长方形。人距离正方形符号或文字越远，眼睛的高度不变，视线与其平面夹角就越小，则这种错视现象就越明显。因此，画在路面上的正方形符号（或文字）其长宽比例应适当。例如，宽 45 厘米的字，在距该字 5 米处，眼的高度为 1.2 米处看字，若看成正方形，则字的长度应为宽度的 4.8 倍。一般认为从经济性和视认性来看，标线视认界限长均应比较合适。在比较近的距离内若清楚地看到标线，视认距离在 5 米之内，长度应为宽度的 4~6 倍；视认距离在 10 米之内，长度应为宽度的 8~10 倍。

3. 视认标线与动视力。动视力影响道路标线视认性。驾驶人的动视力比静视力低，车辆行驶速度越高而动视力就越低。例如，行车速度为 20 千米/小时，视认距离为 50 米，衰退率为 11%；行车速度为 40 千米/小时，视认距离为 34 米，衰退率为 34% 左右。

（三）道路交通标线的图案

1. 纵向标线宽度。根据国外研究表明，纵向标线的宽度对交通状况、驾驶人心理指标并无影响。过宽的纵向标线，既增加资金的耗费，又增加行车打滑的危险。世界各国对纵向道路交通标线的宽度所采用尺寸大小不尽一致。其范围：最小值为 7.5 厘米，最大值为 20 厘米。多数国家采用 10~15 厘米。根据我国的实际情况，纵向标线的宽度则采用 10~15 厘米；需要强调的路段，其纵向标线宽度才采用上限值。

2. 横向标线宽度。试验表明，横向标线宽度因其受驾驶人视角条件的限制，必须比纵向标线成倍地予以加宽，才能适应视角要求。因此，我国道路交通标线的横向标线宽度指标为 20～40 厘米。

3. 虚线标线的组成。在道路交通标线中，特别是在纵向标线中，有些标线是"虚线"的形式。因此，需要有一个实线段长度与间隔段长度的比例尺寸的技术规范。根据研究表明，虚线中实线段与间隔段的比例尺寸，对道路上的行车速度有一定影响。绝大部分驾驶人驾车行驶在规定的速度下，虚线中实线段与间隔段相续出现的次数，即闪现率以不超过 3 次/秒为宜。在公路上的闪现率不超过 4 次/秒、在城市道路上不超过 8 次/秒，均认为可以接受。试验证明，实线段短，间隔段小的虚线，适用于较低的车速；反之，适用于较高的车速。闪现率过频，会对驾驶人产生过分刺激；闪现率过低，则导致驾驶人获得的信息太少，标线不能起到应有的作用。

三、道路交通标线的设置原则

（一）道路系统标线设置原则

1. 按道路等级设置标线。在各类道路系统中，高速公路、一级公路、二级公路和城市快速道路及主干道路，均应按现行道路交通标线标准规范，设置齐全的交通标线。其他道路可根据需要设置交通标线。

2. 按各行其道设置标线。按照各类车辆及行人各行其道、分道行驶的基本要求，优先解决混合交通的分离问题。在一般道路上，尽可能先设置机动车道和非机动车道的分界线。

（二）平交路口标线设置原则

道路与道路平交路口的标线包括：人行横道线、停止线、车行道中心线、车道分界线、导向箭头等。在设置平面交叉路口标线时，应根据交叉路口形式、交通流量、车行道宽度、转弯车辆的比率、非机动车的混入率等因素，综合予以确定。同时，应遵循下列具体原则：

1. 增设驶入段机动车道。平交路口驶入段的机动车车道数，不能少于与其相连路段上的车道。驶入段的车道宽度可以小于相连路段的车道宽度，然而，其宽度不得小于 3 米。

2. 开辟附加车道。在平交路口内，应积极开辟附加车道，特别是左转弯车道。左转弯附加车道可利用削去中央分隔带的方法，也可利用缩窄车道宽度和偏移车行道中心线的方法，积极地开辟附加车道。

3. 设置导向车道。平交路口驶入段的导向车道线与停止线连接，其最小长度为 30 米。导向车道线画白色或黄色单实线，表示不准车辆变更车道。

4. 应用导向箭头。平交路口驶入段的车道内，应用导向箭头标明各车道的行驶方向。导向箭头重复设置的次数和距离，应根据平交路口驶入段的具体情况确定。

（三）铁路道口标线设置原则

1. 大流量铁路道口标线设置。有人看守的铁路道口，应画中心实线、实线边缘线和停止线。从铁路道口的停止线起，至少应画 60 米长的中心实线。停止线设置在距栏门或栏杆 1.5～3 米处。

2. 一般铁路道口标线设置。无人看守的铁路道口，只设置停止线，应设置在距铁路轨道外侧 5 米处。

四、道路交通标线的设置要求

1. 应根据道路设计、交通特性、交通组织、其他交通设施等情况，合理地利用道路有效面积，设置标线。

2. 应确保线形流畅、规则，符合车辆行驶轨迹要求，路段和路口标线的衔接应科学、合理。

3. 标线的颜色为白色、黄色、蓝色或橙色。路面图形标记中可出现红色或黑色的图案或文字。

4. 连续设置的实线类标线，应每隔 15 米左右设置排水缝，宽度为 3 ~ 5 厘米。

第五节　道路交通信号

　　道路交通信号，是指在道路交通中，由交通警察或特定装置发出的，用以引导、提示、禁止车辆和行人通行，以及为他们提供交通信息的信号。根据《道路交通安全法》第 25 条第 1、2 款的规定，全国实行统一的道路交通信号。道路交通信号包括交通信号灯、交通标志、交通标线和交通警察的指挥。

一、交通信号灯

　　交通信号灯，是指交通管理部门采用特定的信息载体，向交通流体系统发出运行程序的管理信息，实行时间分离，减少其冲突点和交织点，以保障交通安全与畅通。交通信号灯，是道路交通微观控制的一个方面，属于道路交通动态控制，是道路交通控制设施之一。因其具有特定控制功能，所以，广泛应用于道路交通管理系统。

　　交通信号灯由绿、黄、红三种颜色的信号灯组成，主要通过信号灯颜色的变化来实现对交叉口车辆、行人通行的控制。利用信号灯来指挥交通形象直观，指挥效果好，不易产生误解，可以有效地减少交通冲突和交通延误，降低交通事故的发生率。道路交通管理设施中的交通信号灯主要具有灯色明快、光源较强、信号清晰、醒目、视认性好的特点，是人们在道路交通活动中，使用最广的必须遵守的道路交通管理法规内容的体现，是世界各国普遍采用的交通指挥信号。它有利于减轻执勤人员的劳动强度和实现指挥自动化。

（一）交通信号灯的作用

　　交通信号灯的总体作用，就在于可以减少和消除平面交叉路口内的交通流体系统运行所产生的冲突点和交织点的数量。具体来说，交通信号灯的作用，主要有以下三个方面：

1. 有利于保障交通安全。交通信号控制可以使处在相互矛盾的交通环境中的车辆和行人，得到合理的通行权。保障车流和人流系统按控制目标有规则地运行，减少和消除交通危险点，防止交通事故的发生。

2. 有利于提高道路通行能力。交通信号控制可以使道路上的车流和人流得到有秩序的疏导，尽可能避免相互干扰，减少交通拥挤、阻塞。它可以充分发挥现有道路的交通功能，提高道路的通行能力。

3. 有利于及时处理交通问题。交通信号控制可以使交通管理人员得到法律依据。运用控制功能的含义，正确处理交通违章肇事。遇有交通警卫和各种特殊交通情况，需要临时实施交通管制，交通管理人员可以及时发出相关交通控制信号，指示车辆、行人作改道行驶或者停止。交通管理人员可以利用控制信号示意运行中的车辆停止，进行安全检查。

（二）交通信号灯信号要素

1. 交通信号灯信号颜色。交通信号灯信号采用红、黄、绿三种颜色，其特性有以下几个方面：

（1）颜色的对比特性。在颜色的色度图中，相邻区域的不同颜色的相互影响，就称为颜色的对比特性。不同色彩的对比效果，差异性不相同。绿色纸片放到灰色纸片上，对比效果差，而且妨碍视认；如果绿色纸片放到红色纸片上，对比效果就好，绿色和红色各自显得更绿、更红。颜色对比特性还表现为前进色和后退色的特性，如红色和青色两者位于等距离处，则红色比青色感到近些。总而言之，红色、黄色称为前进色，绿色、青色则称为后退色。

（2）颜色的视认性。在彩色可见光中，各种颜色的易见性和不易见性是不同的。这是指在同样距离内能看清楚各种颜色所需的光照度不同。光波波长越长，在传播中透射能力越强；波长越短，透射能力就越弱。因此，可以光波波长作为顺序，波长长者就易见性强，反之，易见性差，即各种颜色按易见性强弱的排列为红、橙、黄、绿等。红光的可见距离最远。无论是夜间，还是白天，在同样距离内能看清楚的光照度，红色要比绿色小一倍。

（3）颜色的适应性。颜色不同会使人产生不同的感知、思维、联想等一系列的心理活动。当人们观察到红色时，会联想到"火"和"血"的情景，引进危险感觉，因而，常选用红色作为"禁止"信号的颜色。当人们观察到黄色时，也会感到危险，但没有红色强烈，所以，把黄色用作"注意"、"警惕"的信号颜色。当人们观察到绿色时，会联想起"树木"、"水面"的情景，给予宁静、安全的感觉，因而，选定绿色作为"允许"通行的信号颜色。

2. 交通信号灯信号颜色排列。设置交通信号灯信号控制，其目的就在于确保交通安全，在此基础上保障交通畅通。因此，首要控制环节是停止通行，必须使应该停止通行的车辆和行人能及时停止行驶。这就决定了信号灯信号颜色的排列次序为红灯、黄灯和绿灯，把红灯排列在最能引起人们注意的位置上。以红灯、黄灯和绿灯为序的排列原则，决定了交通信号灯有两种装置形式。第一，水平式装置。就是按水平方向将三种颜色信号灯进行装置，按通行方向，左边是红灯，中间是黄灯，右边为绿灯。第二，垂直式装置。就是按垂直路面方向将三种颜色信号灯进行装置，上面为红灯，中间是黄灯，下面为绿灯。

3. 对信号灯的要求。交通信号灯的使用要求有：应具有足够亮度，车辆驾驶人在距信号灯 150 米以外的地点能辨清信号。信号灯光线对于所控制的路面方向上应有 45°以上的散射角。信号灯应无假显示现象，在有阳光和其他光线影响时，也能清楚地辨认信号灯光的准确颜色。根据实践证明，信号灯光亮度有最低参照数值。透镜直径为 25 厘米的信号灯，红色信号灯需有 340 烛光，绿色信号灯需有 390 烛光。为了补偿光度损耗和考虑到车辆在行进时驾驶人的视觉情况，通常取值应高于上述参照值。

4. 安装设置信号灯的要求。根据公路工程技术标准规定，信号灯最低处距地面：高速公路和一、二级公路为 5 米；三、四级公路为 4.5 米。因此，在公路和城市道路上，信号灯的安装设置高度都应保持 4.5~5 米为宜。信号灯安装角度应与车行道 150 米处相对，较宽道路上，它应与中心线有夹角 r 至 3°为宜。非机动车道信号灯和人行横道信号灯，其最低安装设置高度均以 2.5 米为宜。

（三）交通信号灯的分类与含义

交通信号灯分为：机动车信号灯和非机动车信号灯、人行横道信号灯、车道信号灯、方向指示信号灯、闪光警告信号灯、道路与铁路平面交叉道口信号灯。

1. 机动车信号灯和非机动车信号灯。机动车信号灯和非机动车信号灯均采用绿、黄、红三种光色作为信号。绿灯是通行信号。绿灯亮时，准许车辆和行人通行，但转弯车辆不准妨碍直行的车辆和被放行的行人。黄灯是警告信号，起到预告停车的作用。黄灯亮时，已越过停车线的车辆和行人可继续通行。红灯是禁止信号。红灯亮时，禁止车辆和行人通行。车辆必须在停止线以外、行人应在人行横道线以外不影响放行车辆行驶的地方等候通行，但在不妨碍被放行的车辆和行人通行的情况下，右转弯车辆和 T 形路口右边无横道的直行车辆可以通行。

2. 人行横道信号灯。人行横道信号灯设在人流量较大的重要交叉口的人行横道两端，面向行人和车行道，与道路中心线垂直。绿灯亮时，准许行人通过人行横道；红灯亮时，禁止行人进入人行横道，但是已经进入人行横道的，可以继续通过或在道路中心线处停留等候。

3. 车道信号灯。车道信号灯设在需单独指挥的车道上方。当绿色箭头灯亮时，准许面对箭头灯的车辆进入绿色箭头所指的车道内运行。当红色叉形灯亮时，不准面对红色叉形灯下方的车道车辆通行。

4. 方向指示信号灯。方向指示信号灯的箭头方向向左、向上、向右分别表示左转、直行、右转。

5. 闪光警告信号灯。闪光警告信号灯为持续闪烁的黄灯，常用于夜间或危险处。提示车辆、行人通行时注意瞭望，确认安全后通过，起警告作用。

6. 道路与铁路平面交叉道口信号灯。道路与铁路平面交叉道口信号灯有两个红灯，红灯交替闪烁或一个红灯亮时，表示禁止车辆、行人通行；红灯熄灭时，表示允许车辆、行人通行。

二、交通警察的指挥

交通警察的指挥，是指交通警察动作化、形象化的指挥语言，是我国目前应用最广泛的一种指挥方式。交通警察的指挥信号可分为交通指挥棒信号和手势信号。

（一）交通指挥棒信号

交通指挥棒以轻质木材、有机玻璃或塑料制成。我国现行的交通指挥棒长度为51厘米，顶端直径为32毫米，下端直径为25毫米，并用红、白漆涂成三段（三等份），中间为红色，两头为白色。交通指挥棒信号分为直行信号、左转信号和右转信号，现仅在部分地区继续使用，用于指挥机动车辆通行。

1. 直行信号。右手持棒举臂向右平伸，然后向左曲臂放下，准许左右两方直行车辆通行；各方右转弯车辆在不妨碍被放行车辆通行的情况下，可以通行。

2. 左转信号。右手持棒举臂向右平伸，准许左方的左转弯车辆和直行的车辆通行；左臂同时向右前方摆动时，准许车辆左向转弯；各方右转弯的车辆和"T"形路口右边无出入口的直行车辆，在不妨碍被放行车辆通行的情况下，可以通行。

3. 停止信号。右手持棒曲臂向上伸直，不准车辆通行，但已越过停车线的车辆可以继续通行。

（二）手势信号

手势信号是交通警察动作化、形象化的指挥语言，是各种交通指挥信号中产生最早的一种，它经历了一个由简单到详细、由自由到规范的过程。手势信号不仅适用于交叉路口，还广泛应用于各种现场及比较复杂的活动现场的交通指挥。交通警察指挥手势信号分为：停止信号、直行信号、左转弯信号、左转弯待转信号、右转弯信号、变道信号、减速慢行信号、示意车辆靠边停车信号。

1. 停止信号。左臂向前上方直伸，掌心向前，不准前方车辆通行。

2. 直行信号。左臂向左平伸，掌心向前；右臂向右平伸，掌心向前，向左摆动，准许右方直行的车辆通行。

3. 左转弯信号。右臂向前平伸，掌心向前；左臂与手掌平直向右前方摆动，掌心向右，准许车辆左转弯，在不妨碍被放行车辆通行的情况下可以掉头。

4. 左转弯待转信号。左臂向左下方平伸，掌心向下；左臂与手掌平直向下方摆动，准许左方左转弯的车辆进入路口，沿左转弯行驶方向靠近路口中心，等候左转弯信号。

5. 右转弯信号。左臂向前平伸，掌心向前；右臂与手掌平直向左前方摆动，手掌向左，准许右方的车辆右转弯。

6. 变道信号。右臂向前平伸，掌心向左；右臂向左水平摆动，车辆应当腾空指定的车道，减速慢行。

7. 减速慢行信号。右臂向右前方平伸，掌心向下；右臂与手掌平直向下方摆动，车辆应当减速慢行。

8. 示意车辆靠边停车信号。左臂向前上方平伸，掌心向前；右臂向前下方平伸，掌心向左；右臂向左水平摆动，车辆应当靠边停车。

交通警察在夜间没有路灯、照明不良或者遇有雨、雪、雾、沙尘、冰雹等低能见度天气条件下执勤时，可以用右手持指挥棒，按照上述手势信号指挥。

交通执勤警察在用手势指挥车辆时，一般在距离车辆 30～50 米处发出指挥信号。当交通警察持"立正"姿势时，表示发出信号或信号延续，持"稍息"姿势时，表示信号解除；当信号延续时间较长时，交通警察可将手臂放下保持立正姿势，即表明信号继续有效，当手臂放下并做"稍息"或"转体"动作时，即表明信号终止或变换。交通警察的"面向"表示交通禁止方向，"目光"指向指挥的对象。

交通手势信号是交通警察迅速、果断处理各种交通情况的指挥意志的体现，在使用手势信号指挥交通时，要求仪表端正、精神饱满、严肃认真、注意力集中、反应迅速。手势动作应准确、果断、有力，以反映出交通警察指挥的严肃性与权威性，这样，才能使驾驶人对手势信号明白无误，安全顺利地通过。

三、交通信号灯控制参数

交通信号控制的基本参数有周期、相位和绿信比三种。

（一）周期与相位

周期，是指交通信号灯的红黄绿三色灯信号变换一周的时间，其数值等于红灯、黄灯、绿灯各显示一次的时间之和，以秒为单位表示。交通信号相位简称相。它表示交叉路口交通信号按规定对交通流进行时间分离的控制程序。相位可分为二相位、三相位、四相位以及多相位。

1. 二相位。二相位控制信号的时间分离程序有：在相位 A 上，允许 A 道上的直行、左转、右转的车辆通行，允许 B 道上的右转车辆通行，禁止 B 道上的直行、左转弯的车辆通行；在相位 B 上，允许 B 道上的直行、左转、右转的车辆通行，允许 A 道上的右转车辆通行，禁止 A 道上的直行、左转的车辆通行。黄灯是作为相位过渡的信号灯色，它表示某相位上的绿灯信号结束，而红灯信号将要开始。在各种相位制中，二相位制是最常用的控制方式，它可有效增大流量疏导，减少延误时间。

2. 四相位。四相位控制信号的时间分离程序有：在 A 相位上，允许 A 道上的直行、右转车辆通行，允许 D 道上的右转车辆通行，禁止 A 道上的左转车辆和 B 道上的直行、左转车辆通行；在相位 B 上，允许 A 道上的左转、右转和 B 道上的右转车辆通行，禁止 A 道上的直行及 B 道上的直行、左转车辆通行；在相位 C 上，把 A 道改为 B 道后，其信号时间分离程序类同相位 A；在相位 D 上，把 A 道改为 B 道后，其信号时间分离程序类同相位 B。通常，在四车道或多车道上，采用四相位制，它可减少冲突点，有效防止交通事故发生。

3. 多相位。一般将四相位以上的相位称为多相位。中国许多城市曾采用过六相位制，其信号时间分离程序有：在相位 A 上，允许 A 道上的直行、右转车辆通行，允许 B 道上的右转车辆通行，禁止 A 道上的左转和 B 道上的直行：左转车辆通行；在 B 相位上，允许 A 道上 A_1 方向朝着 A_2 方向直行、右转、左转、掉头和 B 道上的右转车辆通行，禁止 B 道上的直行、左转和 A 道上 A_2 方向朝着 A_1 方向直行、左转弯车辆通行；在相位 C 上，把 A 道上 A_1 方向与 A_2 方向相互对换后，其信号时间分离程序类同相位 B。仿照相位 A、相位 B、相位 C 的时间分离程序，便不难得出相位 D、相位 E、相位 F 的时间分离程序。

（二）最佳周期和绿信比

绿信比，是指一个周期内绿灯的时间长度对周期长度之比值，用百分比表示。最佳周期和绿信比都同饱和度及信号控制损失时间密切相关。

1. 饱和度。饱和度是衡量交叉路口通行能力的重要指标和参数。它决定于饱和流率和正规化交通量。饱和流率，是指按每个车道规定的绿信号时间内的最大流率，通常采用"辆/有效绿一小时"作为单位来表示。在不允许转弯通行的条件下，饱和流率定为 18m 辆/有效绿一小时；在允许左转、右转通行的条件下，饱和流率定为 1200 辆/有效绿一小时。如果车道增加或者干扰较大，饱和流率则要降低。正规化交通量，同停车线的个数密切相关。全停车线的正规化交通量，是指各停车线的设计交通量以各饱和流率除得的商值。当一个相位向两个以上的停车线发出绿信号时，则这些停车线的正规化交通量的最大值，称为相位饱和度。交叉路口饱和度，是指一个信号的全部相位饱和度的合计值。

2. 信号控制的损失时间。停车线以外的待行车队，越过停车线，通过交叉路口的数量，并非有效地利用了绿信号时间，即信号控制有损失时间。其损失时间的决定因素，主要有以下两点：首先，当每个相位因绿灯开始亮时车辆行驶速度不快而产生的起步损失时间。对一般平坦的交叉路口而言，每个相位起步损失时间，通常可定为 2 秒。其次，当最后进入交叉路口的车辆，行驶到不会与下一相位的车辆冲突的地点，即从一个绿灯结束，接续下一相位的绿灯开始之间有一个间隙损失时间。间隙时间损失多少，依据交叉路口的类型和大小而定。一般十字形交叉路口的间隙损失时间都较少。其一个相位间隙损失时间，一般可定为 3 秒。显而易见，一个周期内的各个相位的损失时间累计起来，就是一个周期的损失时间。如果采用二相位制，因其每一相位的起步损失时间为 2 秒，间隙损失时间为 3 秒，所以，一个周期内的损失时间则为 10 秒。

四、交通信号灯自动控制

(一) 交通信号灯自动控制的概念

交通信号灯自动控制，是指采用电子技术设备，通过特定的控制参数和控制程序，带动交通信号灯进行交通控制，即对交通流体系统运行实行迅速和准确的时间分离，减少其冲突点和交织点。按照控制范围，交通信号灯自动控制可分为点控制、线控制和区域控制3种基本类型。点控制，是指对孤立交叉路口的交通信号灯实行自动控制。线控制，是指对主干道路两个以上相邻交叉路口的交通信号灯实行协调自动控制。区域控制，又称为面控制，是指将城市某区域所有交叉路口的交通信号灯有机联系起来，应用电子计算机实行集中协调的自动控制。

交通信号灯自动控制，对于现代道路交通管理具有重要作用。

第一，保障交通安全与畅通。交通信号灯自动控制，通过对交通流体系统运行所实行的迅速和准确的时间分离，有效地保障交通安全与畅通。首先，减少交通流体系统相互冲突和交织，增加了交通安全因素，必然降低交通事故的发生率。其次，交通流体系统按合理程序运行，加快运行节律，从而可减少交通体受阻，缩短运行时间，有利于提高交通流量。特别是道路交通状况复杂的交叉路口，实行交通信号灯自动控制，对于保障交通安全与畅通的效果更为突出。

第二，改善交通秩序管理实施。交通秩序管理实施，依赖于交通勤务活动。实行交通信号灯自动控制，必然采用交通检测、参量化和程序化等专业技术手段，驱动交通信号系统自动运行，替代以往人工观察、传统经验、手工操作等经验型控制方式，因而，有利于提高交通秩序管理的实施水平和管理成效。实行交通信号灯自动控制，交通勤务的内容、方法和组织管理等方面，就要作出相应的调整，以适应交通秩序管理的整体要求。因此，随着交通信号自动控制的逐步发展，交通秩序管理的实施应该实行有效变革。

第三，促进交通管理现代化建设。交通信号灯控制自动化建设，是道路交通管理现代化建设的一个组成部分。经验证明，在道路交通管理诸种手段中，交通控制自动化是最经济、最奏效和效果最显著的重要手段。实行交通自动控制可以为道路交通管理各方面和各环节现代化建设提供一定的技术条件，又要求其各方面和各环节的现代化建设予以协调配合。因此，大力开展交通控制自动化建设势在必行，并以此推进道路交通管理现代化建设的稳步发展。

（二）点控制

点控制可分为定周期式交通信号灯控制和感应式交通信号灯控制。

1. 定周期式交通信号灯控制。定周期式交通信号灯控制可分为单段式和多段式两种。单段式是全天的控制时间里只有一个信号周期；多段式是把全天的控制时间分成若干控制时段，每个时段具有对应的信号周期，如三段式、五段式等。多段式定周期信号控制可用于交通流量变化比较有规律的交叉路口。根据交通流量的变化规律，将全天的控制时间分为不同长短的时段。例如，早、中、晚三个机动车低峰时段和上、下午两个机动车高峰时段。多时段的任何一个时段信号控制如同单段式信号控制一样，有其各自的最佳周期和绿信比等交通控制参数。根据各个时段的交通流量，计算出对应的最佳周期、绿信比，并把计算结果，即各时段的信号周期和绿信比时间分别预置于自动信号机内，使自动信号机能在被控制的交叉路口依照时段次序自动切换运转，达到预期的控制目的。

2. 感应式交通信号灯控制。感应式交通信号灯控制是采用车辆检测器检测交叉路口的到来车辆，通过感应式自动信号机对单个交叉路口交通信号灯实行的一种控制方式。所谓车辆检测器，是探测车辆的存在、速度和密度的技术器材。在交通控制系统中，它用来收集和传递交通信息。感应式交通信号控制系统由车辆检测器和感应式自动信号机组成。感应式自动信号机有电动机械式、全电子式和微型计算机式。感应式交通信号控制适用于各个方向交通流不均衡的交叉路口。感应式交通信号控制可分为全感应、容量密度感应等。

（三）线控制

交通信号灯的线控制是在点控制基础上建立和发展起来的。在城市主干道上，许多相邻交叉路口相距几百米，甚至只有一二百米，如果采取点控制，因其控制作用是分散的、局部的和不协调的，车辆途经各交叉路口也势必带有一定的随机性，可能遇到绿灯信号，也可能遇到红灯信号，通行能力受到局限。为此，把主干道上的各交叉路口相互联系和协调起来，使自在的交通状态平滑化、规则化并形成"绿波"。在指导思想上，线控制是使每个交叉路口在主干道方向放绿灯的时间延迟于相邻的交叉路口，以便车辆通过前一个交叉路口之后，在这个交叉路口仍遇绿灯。所以，在线控制的各交叉路口使用的信号周期是相同的，绿信比不一定相同。除了周期和绿信比两个控制参数之外，还需要有绿灯信号相位差。相位差即所谓延迟，它反映相邻交叉路口在主干道方向上绿灯开启时间的相互联系，由车辆在交叉路口之间的运行时间所确定。通过周期、绿信比、相位差三个控制参数的合理选择，建立线控制，达到主干道上交通畅通，减少停车次数，缩短运行时间，形成车流绿波带。

（四）面控制

城市中心区的交叉路口比较集中，交通流密度比较大，车辆行驶速度降低，高峰时经常出现交通堵塞。对此，点控制和线控制往往不能有效地进行协调，所以，面控制是将城市某一个区域的所有交叉路口有机地联系起来，实行集中控制。在被控制区域中，通过设置在交叉路口进入部的车辆检测器探取交通情报，并根据这些情报处理而形成周期、绿信比及偏移等控制参数，实行有效控制，以达到在单位时间内的车辆等待数量最少，通行最顺利。

由于使用电子计算机，面控制系统具有比较全面的机能，控制效果显著。它的机能包括控制机能、诱导机能、监视机能和情报收集、分析、处理机能。这些机能不仅是面控制系统所必需的，而且可以有效地肩负起城市道路交通的全面的一元化管理任务。整个系统主要包括情报收集系统、信息处理系统、交通信号控制系统、交通指示控制系统，以及可变标志、可变显示、广播、电视等。从对交通情报进行综合收集开始，直至分析、处理，作出有效的交通信号的集中控制。同时，对时段变化的交通状况进行适当的、及时的处理，并且发出一定的交通指令和各种宣传报道。这样，整个控制系统通过多方面的有机配合进行工作，有效地引导交通流，达到交通安全与畅通的目的，从而实现一元化的城市道路交通管理。可见，交通信号的面控制是城市道路交通管理现代化的方向和重要基础。

第六节　其他道路交通管理设施

这里所讨论的"其他"道路交通管理设施，是把以前所谓的"道路交通安全设施"的内容归类为现在的道路交通管理设施的一部分内容来进行研究，以便形成良好的统一性和系统性。其实从理论和实践上来看，它们之间没有太大区别。

一、分隔设施

分隔设施，顾名思义，就是把事物分离开来的意思。这里所说的道路交通管理分隔设施，是指道路交通管理部门根据道路交通管理的实际，为达到保障车辆和行人交通安全、有序、畅通的目的，在道路上设置的一种分隔各种交通流的设施。尽管它的性质、作用类似于道路交通标线，但从形态上、效果上更具强制性的鲜明特点，从而达到引导、控制各种交通流的目的。通常在道路上设置主要常见的分隔设施有隔离栏、隔离墩、绿化隔离带等。

（一）隔离栏

隔离栏一般设置在道路中央、路肩外侧、人行道等处。路中央的隔离栏除具有中心实线的功能外，主要是起防止车辆冲向对向车道，造成交通事故的作用。其他类型隔离栏也是为了防止车辆冲出路外或对向车道，可以减轻碰撞后果，较好地保护驾驶人与乘客的安全；隔离栏还可以起到指引驾驶人视线、提高注意力；限制行人横穿，保护行人安全的作用。一般常见的路旁隔离栏、行人隔离栏、中央隔离栏多用金属材料制作，也有用其他材料制作的。

（二）隔离墩

隔离墩常见的主要是用钢筋混凝土制作，也有铸铁制造的，表面刷涂红白相间油漆，近年来多在油漆中添加萤光粉加强夜间反光作用。隔离墩的高度一般为 0.5～1 米，间距为 2～4 米，中间用钢管或铁链连接。近年来，这种形式的隔离墩在有些城市用得不多了，而多用紧密排列的水泥隔离墩。

隔离墩多用在城市道路中，常见的就是设置在道路中心线上和机动车与非机动车道之间，用以隔离对向机动车，避免或减少对向机动车之间碰撞的交通事故；避免机动车与非机动车之间相互干扰和影响。隔离墩制造简便、移动方便、安装容易的特点，使其被大量应用于道路交通管理工作中，确是一种简易实用、效果明显的道路交通管理设施。

（三）绿化隔离带

绿化隔离带也是一种最常见的、大量广泛应用的道路交通管理设施。常设置于各种道路（城市道路、高等级或高速公路）中央和道路边缘（城市道路多用），以隔离对向机动车道之间、同向机动车与非机动车道之间的各种交通流。一般用混凝土围砌成一定宽度的空间，置入一定的土壤，上面种植花草树木。绿化隔离带用来作为道路上的中心隔离带和机动车与非机动车之间的隔离带，既能保证道路交通的正常、有序和安全，又能起到美化城

213

市环境、美化道路环境的作用。实为一种不可取代的道路交通管理设施。

绿化隔离带也有一定的缺点，占用了不少的道路面积，其上花木如过高，行人从中穿行隐患较大；如过低，夜间行车的灯光容易影响对向车辆的安全行驶，特别在高等级或高速公路上更甚。这两点如不加重视，容易造成交通事故。

二、照明设施

道路交通中设置照明设施的目的主要是确保夜间交通出行的各种人员能清楚地掌握道路交通环境状况。因为夜间视线不良非常容易引发交通事故，这是有许多教训可吸取的。

我国各地社会经济发展不平衡，在道路交通照明设施的设置中，经济发达的地区，对城市道路和主要的公路，都是设置全线连续照明。经济不发达的地区，多采用对道路的局部照明。理论上，夜间交通量大的城市主干道、快速干道均应全线连续照明；一般道路的重要地点如交叉路口、人行横道、桥梁、隧道、铁路道口、事故多发地点等可局部照明。

目前，在我国的城市道路中，主干道、快速路、部分次干道及居民小区等基本上都设置了照明设施，但绝大多数公路均无照明设施。

三、其他附属设施

下面介绍几种常见常用的附属设施。

(一) 视线诱导标

视线诱导标，是指沿道路或车道两侧来设置的，是为保证在夜间行车特别是夜间行车时使驾驶人能很好地看清楚前方道路的情况，确保畅通、安全行驶，用以指示道路方向、车行道边界及危险路段位置设置的设施总称。一般分为轮廓标、分流或合流诱导标、线形诱导标三种。轮廓标用以指示道路的方向、车行道的边界。高速公路、一级公路的主线，以及互通立交、服务区、停车场的进出匝道或连接道，应连续设置轮廓标。

在一些国道、省道、县道特别是县乡道路的两侧，常有人工种植或修建道路时形成的行道树，多在树干上涂白色反光漆，夜间行车在车灯照射下起诱导视线作用。

高等级和高速公路一般无行道树，应设置由反射器、立柱和各种连接件、基础等组成的反光性视线诱导标，这样才能确保高速行车安全。

（二）道路反光装置

道路反光装置，是指在道路的一些特殊部位应用光学反射原理，安装确保道路行车安全的一些提示、指引性的道路交通安全设施。根据使用条件和功能作用的不同一般分为道路反光镜、反光道钉和反光几何体。

1. 道路反光镜常设置于道路视距不足的小半径弯道或无控制装置的小型平交路口、铁路道口等处，使驾驶人和行人通过反光镜能了解前方道路交通情况，以便提前采取措施，预防交通事故的发生。

道路反光镜由反光镜和立柱组成，分为圆形、方形和椭圆形，其中圆形最为常用、最普遍，有单面和双面之分。反光镜采用凸透镜，常用的直径为90厘米，镜面中心离地面高度约为 1.5 米，支柱用警示色——黄色涂刷。

2. 反光道钉俗称反光路钮或猫眼道钉，常用铝合金铸成，从结构上分为直柄式、宽体式和黏附式。

反光道钉多用在等级较高的道路上，如城市快速道路、主干道、高速公路等，常设于城市道路中心线、分道线、道路建筑物、交通环岛四周、立交桥上、道路转弯处；在高速公路上多设于进出口匝道的转弯处和桥梁、隧道内；有的道路上设置连续的反光道钉。

3. 反光几何体是用有色或无色的透明塑料制成，也是一种与道钉功能相同的反光体。常用于夜间显示道路形状轮廓，多用在路缘栅栏上或中央护栏栅上，现在立交桥上用得比较多，有的也用在道路中心的实线中间。反光几何体安装比较方便，经济实用。

（三）减速垄

减速垄（有的也称减速带）多由橡胶、金属材料、水泥混凝土制成，常设于停车场的出入口处、一些路段的下坡开始处、一些无控制设施的交叉路口、一些需要限制车速的城市主干道路、快速路路段、高等级公路的出入口处。

减速垄主要就是通过其凸起部分使车辆通行不畅，达到强制减速，确保安全的目的。

（四）其他设施

1. 路栏。路栏，是指通常设在有道路施工作业、落石、塌方等危险路段的两端或周围，以警示车辆、行人注意道路通行安全的设施。

2. 阻车器和路障。阻车器是由生铁或其他金属材料制成的，设于停车场内的停车泊位一端，可阻止停放车辆溜车或限制车辆倒车。路障是为应付突发事件或公安机关执行紧急任务，需要在道路上设置的一种强制车辆停止行驶的障碍设施。一般为便携伸缩式，可长可短，钉齿朝上，能有效地封锁道路，阻止车辆行驶。

3. 锥形路标。锥形路标指常用于临时交通管制，设在指引车辆按指示方向通行或绕过障碍物路段的一种常见的道路交通设施，是最常见的一种道路交通渠化装置。锥形路标一般由橡胶材料制成，其上着红白相间颜色，夜间具有很好的反光性能。

4. 水马。采用进口高强度环保线性聚乙烯加进口颜料及独特添加剂配方制成，中空灌水，具有缓冲弹性，能有效吸收强大撞击力，降低交通事故发生率。可以装置警告黄闪灯或附加其他设施，如广告牌、指示牌或围网等，起不同的作用和效果。适合在任何道路、分叉口、收费站等地方使用。

思考题:
1. 简述道路交通管理设施的概念。
2. 为什么道路交通管理要应用道路交通管理设施?
3. 简述道路交通标志、标线、信号灯的含义和内容。
4. 比较几种道路交通管理设施的异同。
5. 试展望道路交通管理设施的前景。

第六章　道路交通秩序管理

　　道路交通秩序管理，是道路交通管理的重要组成部分，是对日常交通活动最直接、最具体的管理工作。交通秩序的好坏将直接影响人民群众的生活，对国民经济的发展起着至关重要的作用。道路交通秩序管理是公安交通管理部门一项重要的专门业务工作，是交通民警的重要职责之一。

第一节　道路交通秩序管理概述

一、道路交通秩序管理概念

　　道路交通秩序，是指道路交通参与者在道路上所呈现的一种有条理的状况，也是人们为维护交通安全与畅通所必须遵守的行为规范。道路交通秩序管理是公安交通管理部门为了取得最佳的道路交通效能，依据交通管理法律、法规，运用宣传教育、现代管理科学、现代科学技术等方法，对交通系统（包括人、车辆、道路、交通环境）实施控制管理的工作。从这个概念出发，道路交通秩序管理包括以下含义：

　　（一）道路交通秩序管理的主体

　　道路交通秩序管理的主体为各级公安交通管理机关，也可以延伸到执行交通管理勤务的公安民警。

　　（二）道路交通秩序管理的内容

　　道路交通秩序管理的内容是道路交通秩序，最主要的是动态

交通秩序和静态交通秩序，也包括道路交通组织、交通指挥信号、交通标志和标线、交叉口的秩序管理和交通勤务管理等方面的内容。

（三）道路交通秩序管理的依据

道路交通秩序管理的依据是道路交通法规。交通法规包括行政法规和标准、规范等科技法规，如《道路交通安全法》、《道路交通安全法实施条例》、《道路交通安全违法行为处理程序规定》、《机动车驾驶证申领和使用规定》、《机动车运行安全技术条件》等。

（四）道路交通秩序管理的对象

道路交通秩序管理的对象是交通系统，交通系统的构成要素是人、车辆、道路、交通环境。人、车辆、道路是交通系统中最基本的要素，而交通环境直接影响着对人、车辆、道路的管理效果。

（五）道路交通秩序管理的方法

道路交通秩序管理的方法主要有法律、行政、经济、宣传教育、现代管理科学、现代科学技术应用等方法。

（六）道路交通秩序管理的目的

道路交通秩序管理的目的就是保障道路交通安全与通畅，维护交通秩序，降低交通公害，节约能源消耗。具体目标是：各行其道，车不越线，人不乱穿，路无障碍，秩序井然。

二、道路交通秩序管理的任务

道路交通秩序管理的基本任务是根据道路交通秩序的基本特征和发展规律，依照交通法规和有关的法律、通告、规范，应用现代化的管理科学和管理技术，对道路交通进行科学、全面的控制管理，组织指挥交通，维护交通秩序，保障交通安全与畅通，为社会主义经济建设和人民群众服务。其具体包括以下任务：

（一）交通组织与渠化

交通组织与渠化，对于增加道路的通行能力、提高行车速度、缓解交通拥堵、减少交通事故等方面都具有明显的效果，特别是应用于平面交叉口时，效果更加明显，是目前在道路交通管理工作中普遍采用的管理措施。

（二）交通指挥与控制

交通指挥与控制，是指对运行在道路上的车辆和行人进行的指挥和疏导。它包括交通指挥信号控制和交通标志与标线控制。其目的是对各个方向的交通流进行时间或空间分离，以充分利用道路空间，提高道路通行能力。

（三）动态交通管理

动态交通管理，即通行秩序管理，包括机动车行驶秩序管理、非机动车行驶秩序管理、车辆装载管理和行人、乘车人管理等。

（四）静态交通管理

静态交通管理，即车辆停放秩序管理，一般分为机动车停车管理、非机动车停车管理和非交通性障碍管理等。

（五）查处与纠正交通违法

道路交通安全违法行为，是道路交通中的一种常见现象，它不仅影响车辆和行人的通行，降低道路通行能力，而且是绝大多数交通事故的诱因。因此，查处与纠正交通违法，对维护交通秩序，保障交通安全与畅通，都有着重大的意义。

（六）交通勤务管理

交通勤务承担着指挥疏导、具体执法等工作，警察的执法形象、工作水平和服务水平的高低，都是通过道路交通勤务体现出来的。因此，对道路交通勤务的管理必须严格要求，规范勤务考核的标准，逐步提高管理效益。

（七）交通安全宣传教育

交通安全宣传教育是由交通安全宣传和交通安全教育构成。交通安全宣传是对整个社会面的交通法律、法规、安全常识的宣传，交通安全教育只针对驾驶人、交通违法者和各有关培训班（校）人员，一般需进行考试或考核。

（八）道路治安管理

交通民警在道路上执勤时，除了维护正常的交通秩序外，还必须对道路上发生的一些治安事件、治安案件、刑事案件等有关治安秩序的问题，依照《道路交通安全法》及时处置，维护好治安秩序，做到一警多能。

三、道路交通秩序管理的基本原则

（一）依法严格管理原则

道路交通管理法律、法规是公安交通管理机关履行交通管理职能的法律依据，是我国道路交通管理中具有强制性、规范性的文件，它既是交通道德的基本规范，也是道路交通客观规律的基本总结。依法严格管理，就是要求交通民警使用法律所赋予的权力，依据交通法规所确定的内容进行道路交通管理，为经济发展和人民生活创造良好的交通环境。只有坚持依法严格管理的原则，才能正确解决道路交通中所产生的矛盾，保护人民群众的合法权益，提高交通秩序管理工作的效率，实现公安交通管理工作的目的。

（二）安全与畅通原则

道路交通秩序管理的根本目的是保障交通安全、保持道路畅通。安全与畅通的原则反映了道路交通管理服务于社会经济发展、服务于广大人民的宗旨，符合社会政治经济发展的要求。近年来，我国的国民经济一直以较高速度发展，交通量增长迅猛，而道路建设却远远跟不上交通需求的增长，交通需求与供给的矛盾日益突出，道路拥堵现象和交通事故逐年增多，摆在公安交通管理机关面前的形势日益严峻。因此，公安交通管理机关必须遵循安全与畅通的原则，采取各种有效的管理手段，积极维护道路交通秩序，有效地实现交通安全和畅通的辩证统一，以保证社会主义经济建设的顺利进行。

（三）科学管理原则

所谓科学管理，是从道路交通的客观规律和实际情况出发，运用现代管理科学理论和技术手段进行现代化的道路交通秩序管理。目前，我国大多数地区管理水平低、效率不高，交通警察劳动强度大，改变这种落后局面的唯一出路在于科学管理。科学管理应具有现代管理理论、先进的技术装备、高效能的管理体制和高素质的管理人才，并从我国的国情出发，结合改革开放和新的经济形势下道路交通的特点，吸收国外交通管理方面的先进经验，合理使用人力、物力和财力，最大限度地发挥道路交通效能，逐步形成具有中国特色的交通管理模式。近几年，全国公安交通管理机关运用先进的科技手段，强化城市交通管理，大大加强了管理科学化、现代化的建设步伐。目前，全国大、中城市主要路口基本实现了交通信号自动控制，多个城市建立了道路交通电视监控系统，地、市一级的无线电通信网已经投入使用。不少大、中城市还建立了交通指挥控制中心，提高了道路交通管理的指挥控制能力。交通工程技术已广泛应用于道路交通管理实践，在科学组织交通流、渠化道路和交叉路口、解决混合交通和提高现有道路的通行能力方面正发挥着越来越重要的作用。各地普遍加强了交警队伍的现代化装备建设，为交通警察配置了交通工具、无线电对讲机、雷达测速仪和酒精检测仪等，大大提高了交通民警的工作效率和工作质量。很多城市和地区已采用计算机进行机动车辆管理、驾驶人管理、驾驶人违法管理、交通事故管理、人事管理、财务管理、文书管理等日常工作，使交通管理进入科学化、现代化、信息化的新阶段。

但就总体而言，我国的交通管理水平与发达国家相差甚远。如何运用高新技术成果实现道路交通的现代化管理，以提高运输效率、保障交通安全、改善环境质量、提高能源利用率是当前公安交通管理机关科学管理工作的重点。

（四）"以人为本"管理原则

道路交通管理工作的宗旨是满足人民群众的交通需求，为社会主义物质文明和精神文明建设创造良好的交通环境。在交通管理工作中，要牢固树立为城市经济建设和交通参与者服务的思想，不断改革和加强城市交通管理工作。随着形势的发展，道路交通管理工作中原有的一些手段和方法已不适应新形势的需要，交通管理部门要不断解放思想，更新观念，坚持以有利于解放和发展生产力，有利于保证交通安全与畅通为出发点，紧密结合实际情况，充分发挥自己的职能作用，发挥自己的聪明才智，采取更有效的措施解决交通问题，积极探索、改革和加强道路交通管理工作的新思路、新方法，树立全心全意为人民服务的思想，在工作中要热心为群众服务，耐心解答群众的问题，虚心听取群众对交通管理的意见和要求，工作中要认真负责，礼貌待人，严于律己，不能以管人者自居，不能有高人一等的思想。在管理的各个环节，必须突出对人的管理，必须把对人的意识和行为的管理放在管理工作的首位。

（五）综合治理原则

道路交通是一个规模庞大、结构复杂、动态开放的社会系统，涉及人、车、路、道路环境及社会的方方面面，如果单靠公安交通管理部门孤军奋战是远远不够的。综合治理，就是在各级政府的统一领导下，联合社会各部门的力量，对道路交通实行统一管理。只有将道路交通工作纳入社会综合治理范畴，依靠全社会的力量齐抓共管，才能搞好交通管理工作。

公安交通管理机关应充分发挥自己的管理职能，采用适合本地区交通特点的措施治理交通，同时注意提高队伍的素质，当好政府的参谋。各级政府要把道路交通管理纳入议事日程，.尽量达到提高道路通行能力，减少交通拥堵，降低交通公害的目的。

近年来，我国的国民经济一直保持着较高的发展势头，人民生活水平不断提高，城镇各种车辆增幅较大，但道路交通设施相

223

对发展迟缓，同时由于混合交通严重、公众自觉遵守交通法规和交通安全的意识较差，交通拥堵、事故率上升、交通延误增加等现象在各地普遍存在。面对这些问题，公安交通管理机关应通过交通调查，充分了解和掌握本地区道路交通的特点和道路基础设施的总体情况，掌握车辆的构成、出行和增长情况，合理地规划和组织交通流量，最大限度地提高道路的利用率，充分发挥道路的交通功能。

第二节　机动车行驶秩序管理

机动车行驶，是指机动车在道路上所进行的位移过程。机动车行驶秩序，则是指道路发展到一定程度时，由国家有关部门根据需要确定的、合乎机动车发展，保持交通物体稳定移动的通行规则。交通运输是国民经济发展的命脉，与社会生产、人民生活息息相关。道路交通运输是主要的交通运输方式之一，而机动车又是道路交通运输的主要承担者，因此，良好的机动车行驶秩序可以保障客、货运输任务的顺利进行，促进社会经济的发展。机动车在道路行驶过程中，速度快，冲击力强，是道路交通的强者，对其他交通参与者的威胁最大。加强机动车行驶秩序的管理，也就是抓住了路段行驶秩序管理中的主要矛盾，其他次要矛盾（如非机动车行驶秩序管理、行人交通秩序管理等）就较易解决。近年来，我国机动车交通事故呈上升趋势，对社会发展的危害极大。加强机动车行驶秩序的管理，可以预防、减少交通事故，减少财产损失和人身伤亡，既是发展经济、维护社会安定的需要，也是道路交通秩序管理的重要目标。

一、机动车行驶秩序管理的概念

机动车行驶秩序管理，是指公安交通管理部门及其管理人员依法对道路上行驶或暂停的机动车辆进行指挥、引导、限制等活动的总称。机动车行驶秩序管理应使机动车在允许的交通条件下，按合理的车速低事故、高效率地运行。它是道路交通秩序管理的重要组成部分，是公安机关交通管理部门的主要任务之一。

二、机动车行驶秩序管理原则

（一）右侧通行原则

右侧通行，是指机动车在行驶过程中，以道路几何中心线或施划的中心线为界，以行驶方向定左右，一律靠道路右侧通行。目前，世界上大多数国家和地区都规定车辆靠右行驶，而少数岛国如英国、日本和我国香港地区等实行左行制。规定机动车靠左或靠右行驶，与各国的传统和汽车方向盘位置有关，为了方便驾驶，使驾驶人视线开阔，准确掌握交会车的横向间距，当实行右侧交通时，方向盘须左置，实行左侧交通时，方向盘须右置。我国《道路交通安全法》第35条的规定："机动车、非机动车实行右侧通行。"根据该规定，机动车在我国境内（除港、澳、台地区外）行驶的要求是：机动车在画有道路中心线的路段相对行驶时，除有特殊规定的车辆外，一律在中心线右侧通行；在机动车朝同一方向行驶时，路上有标明路线的按标明路线行驶；无标明路线的，则按低速车置右原则行驶。

（二）各行其道原则

各行其道，是指非机动车、行人以及不同行驶方向、不同速度及不同类型的机动车按划分的车道顺序行驶。长期以来，我国的道路交通主要以混合交通为主，机动车、非机动车、行人在一条道路上行驶，相互干扰严重。另外，在道路上行驶的各类机动车因其车型、运行方向和速度各不相同，行驶过程中相互易产生影响，安全性降低。实施各行其道原则是解决这些问题的有效措施。各行其道原则主要包括以下具体内容：

1. 根据道路条件和通行需要，将道路划分为机动车道、非机动车道和人行道，机动车、非机动车、行人实行分道通行。

2. 没有划分机动车道、非机动车道和人行道的，机动车在道路中间通行，非机动车和行人在道路两侧通行。

3. 道路划设专用车道的，在专用车道内，只准许规定的车辆通行，其他车辆不得进入专用车道内行驶。

4. 在道路同方向画有 2 条以上机动车道的，左侧为快速车道，右侧为慢速车道。在快速车道行驶的机动车应当按照快速车道规定的速度行驶，未达到快速车道规定的行驶速度的，应当在慢速车道行驶。摩托车应当在最右侧车道行驶。慢速车道内的机动车超越前车时，可以借用快速车道行驶。

5. 在道路同方向画有 2 条以上机动车道的，变更车道的机动车不得影响相关车道内行驶的机动车的正常行驶。

各行其道是通过交通标线和隔离设施来实现的，其最终目的是安全、畅通，提高道路通行能力。

（三）保持安全行车间距原则

同车道行驶的机动车，后车应当与前车保持足以采取紧急制动措施的安全距离，该距离称为安全行车间距，其值大小与车速、驾驶人的反应时间、车辆性能和道路条件有关。车速越高，安全行车间距应越大。驾驶人在行车过程中，必须根据安全行车间距影响因素的变化情况，随时调整车辆行驶速度，保持必要的行车间距，确保行驶安全。

（四）优先通行原则

优先通行，是指根据机动车性质和行驶目的的不同而采取的对某些机动车赋予优先使用道路通行权的原则。其基本内容是给予特种车辆和公交车辆优先通行权。

特种车辆，是指警车及其护卫的车队、消防车、工程救险车、救护车等，这些车辆执行紧急任务时，在确保安全的原则下，不受行驶速度、行驶路线、行驶方向和信号灯的限制，其他车辆和行人应当让行，不准穿插或超越。

公交车辆优先通行是优化城市交通结构的重要措施。实行公交优先，可以提高公共交通的服务质量和运行效率，充分发挥其交通功能，吸引更多的人选择乘坐公交车辆出行，从而削减交通总量、减少能源消耗和环境污染。

三、机动车行驶规则管理

（一）会车规则

会车行驶，是指相对方向行驶的机动车在同一地点、同一时间通过的交通现象。在双向通行的道路上，机动车交会是极其频繁的现象。由于会车现象孕育着正面碰撞、侧面碰撞等危险，尤其是在路面较窄的路段危险性更大。因此，机动车在会车过程中，除了要求交通参与者具有较强的交通安全意识外，还应按照道路交通法规的有关规定会车。

在没有中心隔离设施或者没有中心线的道路上，机动车遇相对方向来车时应当遵守下列规定：

1. 减速靠右行驶，并与其他车辆、行人保持必要的安全距离。

2. 在有障碍的路段，无障碍的一方先行；但有障碍的一方已驶入障碍路段而无障碍的一方未驶入时，有障碍的一方先行。

3. 在狭窄的坡路，上坡的一方先行；但下坡的一方已行至中途而上坡的一方未上坡时，下坡的一方先行。

4. 在狭窄的山路，不靠山体的一方先行。

5. 夜间会车应当在距相对方向来车 150 米以外改用近光灯，在窄路、窄桥与非机动车会车时应当使用近光灯。

（二）让车规则

让车规则，是指机动车在通过平面交叉路口时，驾驶人应遵循的行驶规则。

机动车在通过有交通信号灯控制的交叉路口，应当按照下列规定通行：

1. 在画有导向车道的路口，按所需行进方向驶入导向车道。

2. 准备进入环形路口的让已在路口内的机动车先行。

3. 向左转弯时，靠路口中心点左侧转弯。转弯时开启转向灯，夜间行驶开启近光灯。

4. 遇放行信号时，依次通过。

5. 遇停止信号时，依次停在停止线以外。没有停止线的，停在路口以外。

6. 向右转弯遇有同车道前车正在等候放行信号时，依次停车等候。

7. 在没有方向指示信号灯的交叉路口，转弯的机动车让直行的车辆、行人先行。相对方向行驶的右转弯机动车让左转弯车辆先行。

机动车在通过没有交通信号灯控制也没有交通警察指挥的交叉路口，应当遵守下列规定：

1. 准备进入环形路口的让已在路口内的机动车先行。

2. 向左转弯时，靠路口中心点左侧转弯。转弯时开启转向灯，夜间行驶开启近光灯。

3. 有交通标志、标线控制的，让优先通行的一方先行。

4. 没有交通标志、标线控制的，在进入路口前停车瞭望，让右方道路的来车先行。

5. 转弯的机动车让直行的车辆先行。

6. 相对方向行驶的右转弯的机动车让左转弯的车辆先行。

（三）超车规则

超车，是指同一车道内行驶的机动车，后车超越前车的交通现象。超车现象越多，交通流中的冲突点就越多，发生碰撞的可能性就越大。为了保证机动车在道路上的超车安全，《道路交通安全法》和《道路交通安全法实施条例》作出了明确规定。

1. 机动车超车时，应当提前开启左转向灯，变换使用远、近光灯或者鸣喇叭。

2. 在没有道路中心线或者同方向只有 1 条机动车道的道路上，前车遇后车发出超车信号时，在条件许可的情况下，应当降低速度、靠右让路。

3. 后车应当在确认有充足的安全距离后，从前车的左侧超越，在与被超车辆拉开必要的安全距离后，开启右转向灯，驶回原车道。

4. 有下列情形之一的，不得超车：

（1）前车正在左转弯、掉头、超车的。

（2）与对面来车有会车可能的。

（3）前车为执行紧急任务的警车、消防车、救护车、工程救险车的。

（4）行经铁路道口、交叉路口、窄桥、弯道、陡坡、隧道、人行横道、市区交通流量大的路段等没有超车条件的。

（四）掉头和倒车规则

1. 掉头规则。机动车在有禁止掉头或者禁止左转弯标志、标线的地点以及在铁路道口、人行横道、桥梁、急弯、陡坡、隧道或者容易发生危险的路段，不得掉头。机动车在没有禁止掉头或者没有禁止左转弯标志、标线的地点可以掉头，但不得妨碍正常行驶的其他车辆和行人的通行。

2. 倒车规则。机动车倒车时，应当察明车后情况，确认安全后倒车。不得在铁路道口、交叉路口、单行路、桥梁、急弯、陡坡或者隧道中倒车。

（五）其他规定

1. 机动车通过铁路道口和渡口的规定。机动车通过铁路道口时，应当按照交通信号或者管理人员的指挥通行；没有交通信号或者管理人员的，应当减速或者停车，在确认安全后通过。机动车载运超限物品行经铁路道口的，应当按照当地铁路部门指定的铁路道口、时间通过。

机动车行经渡口，应当服从渡口管理人员指挥，按照指定地点依次待渡。机动车上下渡船时，应当低速慢行。

2. 机动车遇行人横穿道路时的规定。机动车行经人行横道时，应当减速行驶；遇行人正在通过人行横道，应当停车让行。机动车行经没有交通信号的道路时，遇行人横过道路，应当避让。

3. 对特种车辆行驶的规定。警车、消防车、救护车、工程救险车执行紧急任务时，可以使用警报器、标志灯具；在确保安全的前提下，不受行驶路线、行驶方向、行驶速度和信号灯的限制，其他车辆和行人应当让行。警车、消防车、救护车、工程救险车非执行紧急任务时，不得使用警报器、标志灯具，不享有前款规定的道路优先通行权。

警车、消防车、救护车、工程救险车在执行紧急任务遇交通受阻时，可以断续使用警报器，并遵守下列规定：

（1）不得在禁止使用警报器的区域或者路段使用警报器。

（2）夜间在市区不得使用警报器。

（3）列队行驶时，前车已经使用警报器的，后车不再使用警报器。

4. 机动车牵引故障车辆的规定。

（1）被牵引的机动车除驾驶人外不得载人，不得拖带挂车。

（2）被牵引的机动车宽度不得大于牵引机动车的宽度。

（3）使用软连接牵引装置时，牵引车与被牵引车之间的距离应当大于4米小于10米。

（4）对制动失效的被牵引车，应当使用硬连接牵引装置牵引。

（5）牵引车和被牵引车均应当开启危险报警闪光灯。

汽车吊车和轮式专用机械车不得牵引车辆。摩托车不得牵引车辆或者被其他车辆牵引。转向或者照明、信号装置失效的故障机动车，应当使用专用清障车拖曳。

5. 机动车灯光使用规定。机动车灯光不只用于夜间照明，它也是机动车驾驶人表达各种信息的载体。

（1）转向灯。机动车向左转弯、向左变更车道、准备超车、驶离停车地点或者掉头时，应当提前开启左转向灯；向右转弯、向右变更车道、超车完毕驶回原车道、靠路边停车时，应当提前开启右转向灯。

（2）危险报警闪光灯。机动车在道路上发生故障，需要停车排除故障时，驾驶人应当立即开启危险报警闪光灯，将机动车移至不妨碍交通的地方停放；机动车在道路上发生故障或者发生交通事故，妨碍交通又难以移动的，应当按照规定持续开启危险报警闪光灯，并在车后 50～100 米处设置警告标志，夜间还应当同时开启示廓灯和后位灯。必要时迅速报警。

（3）其他灯光。机动车在夜间没有路灯、照明不良或者遇有雾、雨、雪、沙尘、冰雹等低能见度情况下行驶时，应当开启前照灯、示廓灯和后位灯，但同方向行驶的后车与前车近距离行驶时，不得使用远光灯。机动车在夜间通过急弯、坡路、拱桥、人行横道或者没有交通信号灯控制的路口时，应当交替使用远近光灯示意。机动车雾天行驶应当开启雾灯和危险报警闪光灯。

6. 对机动车驾驶人安全驾驶机动车的规定。驾驶机动车不得有下列行为：

（1）在车门、车厢没有关好时行车。

（2）在机动车驾驶室的前后窗范围内悬挂、放置妨碍驾驶人视线的物品。

（3）拨打接听手持电话、观看电视等妨碍安全驾驶的行为。

（4）下陡坡时熄火或者空挡滑行。

（5）向道路上抛撒物品。

（6）驾驶摩托车手离车把或者在车把上悬挂物品。

（7）连续驾驶机动车超过 4 小时未停车休息或者停车休息时间少于 20 分钟。

（8）在禁止鸣喇叭的区域或者路段鸣喇叭。

四、机动车行驶速度管理

行驶速度又称运行速度，是指车辆行驶路程与有效行车时间（不包括停车时间与损失时间）之比。行驶速度是评价道路交通秩序和道路交通管理水平的主要参数之一，与道路交通安全畅通的关系极为重要，也是公安交通管理工作的重点之一。在推荐和限制速度时，应考虑的参数有：交通安全、运输成本、道路通行能力、燃油消耗、乘客和货物的在途时间、道路与交通条件、排气污染程度和噪声水平等。从速度管理实践来看，推荐和限制速度所考虑的因素是以保证交通安全和道路通行能力为主的。

（一）影响行驶速度的主要因素

1. 驾驶人的因素。汽车行驶速度与驾驶人的驾驶技能和生理特性有关。驾驶技能，是指驾驶操作技术的熟练程度、处理各种交通情况的应变能力，以及对所驾驶车辆技术性能、结构原理掌握的程度，具有良好驾驶技能的驾驶人即使车辆行驶速度较高，仍可保障交通安全。

生理特性，是指驾驶人的反应特性、视觉机能、饮酒与药物的作用、精神状态以及疲劳程度等方面的影响。在驾驶过程中，驾驶人通过感知、思维、判断、动作这一系列环节，使车辆在道路上按其意志运行，如果其中任一环节出现错误，就有可能导致交通事故的发生。驾驶人的生理特性对车辆行驶速度有着明显的影响，因此，在确定行驶速度时，应考虑驾驶人的因素。

2. 车辆技术性能。车辆技术性能的好坏，不仅对行驶速度有很大的影响，而且对行车安全起着重要的作用。车辆的动力性能、转向性能、制动性能、传动系统以及照明装置、喇叭、雨刷器等附属装置的技术状况，都直接影响着车辆的行驶速度。另外，车辆受使用和保修条件的影响，随着时间的推移，其技术性能也逐渐变差，所以车辆的技术性能也是确定行驶速度时应考虑的因素。

3. 道路条件。道路是车辆行驶的基础，道路条件从根本上限制了车辆的行驶速度。确定机动车行驶速度，应依据道路的车行道宽度、路面平整度、最小平曲线半径、最大纵坡度、行车视距、道路安全设施、路面附着系数等多方面因素。我国目前道路条件较差，低等级公路所占比例较大，因此，应将道路条件作为确定行驶速度的主要因素之一。

4. 交通环境。交通环境，是指交通元素的构成、道路条件、交通设施以及交通管理水平等要素所形成的综合环境。交通环境对行驶速度影响的表现，主要是看速度波动的大小，速度波动越小，说明交通环境越好。交通环境不同的构成要素，影响着行驶速度和交通秩序，因此在确定行驶速度时应考虑交通环境这一影响因素。

（二）机动车行驶速度的确定

根据影响机动车行驶速度的因素，结合我国道路交通的实际情况，《道路交通安全法》及其配套法规明确规定了在不同情况下各种机动车最高行驶速度。

1. 一般条件下的速度限制。机动车在道路上行驶不得超过限速标志、标线标明的速度。在没有限速标志、标线的道路上，机动车不得超过下列最高行驶速度：

（1）没有道路中心线的道路，城市道路为每小时 30 千米，公路为每小时 40 千米。

（2）同方向只有 1 条机动车道的道路，城市道路为每小时 50 千米，公路为每小时 70 千米。

（3）其他道路，应当保持安全车速。

2. 特殊条件下的速度限制。机动车行驶中遇有下列情形之一的，最高行驶速度不得超过每小时 30 千米，其中拖拉机、电瓶车、轮式专用机械车不得超过每小时 15 千米。

（1）进出非机动车道，通过铁路道口、急弯路、窄路、窄桥时。其中，急弯路，是指平曲线半径小于 50 米或有急弯路标志的路段；窄路、窄桥，是指路面、桥面宽度在 4 米以下的路段和桥梁。

（2）掉头、转弯、下陡坡时。其中，陡坡，是指等于或大于 7% 坡度的路段或有陡坡标志的路段。

（3）遇雾、雨、雪、沙尘、冰雹，能见度在 50 米以内时。

（4）在冰雪、泥泞的道路上行驶时。冰雪、泥泞的道路，是指积雪、冰凌和烂泥覆盖的道路。

（5）牵引发生故障的机动车时。

在单位院内、居民居住区内，机动车应当低速行驶，避让行人；有限速标志的，按照限速标志行驶。

五、机动车装载管理

机动车装载管理，是指公安交通管理部门依照道路交通管理法律、法规，对行驶中的机动车载物、载人及超载行为所进行的组织、指挥、限制、查处等活动的总称，它是机动车行驶秩序管理的重要组成部分。

（一）机动车载物管理

1. 载物质量管理。机动车载质量是根据车辆发动机、牵引力、底盘（钢板、大梁、悬架结构、前后桥）、轮胎负荷四者中最弱部分来核定的，并在行驶证上签注。如果车辆装载超过核定的质量，会引起以下后果：车辆使用寿命缩短；轮胎负荷过大变形严重，发生爆胎现象；车辆钢板弹簧负荷过大而断裂；车辆转向沉重，转弯时离心力增大操纵困难；车辆制动效能降低；发动机负荷增大产生过热现象；车辆耗油量增加，并使离合器片由此烧坏而不能行车；车架变形，铆钉松动、折断甚至有可能改变一些总成的相对位置，影响车辆的正常工作。因此，应严格按规定进行机动车载物质量管理，保证车辆的合理使用和行驶安全。机动车载物应当符合核定的载质量，严禁超载；装载须均衡平稳，捆扎牢固；装载容易散落、飞扬、流漏的物品，须封盖严密，不得遗撒、飘散载运物。

2. 载物几何尺寸管理。机动车载物尺寸关系到行驶稳定性、道路的安全净空、行车道的宽度以及转弯时所占路面宽度等。机动车载物应当遵守下列规定：

（1）重型、中型载货汽车，半挂车载物，高度从地面起不得超过 4 米，载运集装箱的车辆不得超过 4.2 米。

（2）其他载货的机动车载物，高度从地面起不得超过 2.5 米。

（3）摩托车载物，高度从地面起不得超过 1.5 米，长度不得超出车身 0.2 米。两轮摩托车载物宽度左右各不得超出车把 0.15 米；三轮摩托车载物宽度不得超过车身。

载客汽车除车身外部的行李架和内置的行李箱外，不得载货。载客汽车行李架载货，从车顶起高度不得超过 0.5 米，从地面起高度不得超过 4 米。

3. 载运特殊货物管理。特殊货物，是指体积超过装载规定，又不能解体的物品，如锅炉、大型机床、成套设备等。所谓"不能解体的物品"，是指长、宽、高超过了装载规定，而物体本身又不可能被分解、分别运输的物品。这类货物的载运，须经公安机关批准后，按指定路线、时间、速度行驶，并悬挂明显标志。在公路上运载超限的不可解体的物品，还须经县级以上交通主管部门批准。机动车载运超限物品行经铁路道口的，应当按照当地铁路部门指定的铁路道口、时间通过。

4. 载运危险品管理。危险品，是指爆炸品（雷管、炸药、鞭炮等）、易燃品（汽油、酒精、丙酮等）、腐蚀品（酸、碱）、毒品、压缩气体以及放射性物质等。机动车载运爆炸物品、易燃易爆化学物品以及剧毒、放射性等危险物品，应当向当地公安机关提出申请、备案，经公安机关批准后，按指定的时间、路线、速度行驶，悬挂警示标志并采取必要的安全措施。

危险品载运时，应做到：

（1）驾驶人要责任心强、技术熟练，熟悉载运路线和道路情况，了解载运物品及载运常识，配备专职押运人员，不准搭乘其他人员。

（2）危险品要包装严密、捆扎牢固，不得与其他货物混装，货物上要有专门标记，车辆前部要悬挂"危险"标志。

（3）载运车辆的技术状况要保持良好，车上备有必要的救护器具，载运易燃品应接好地线，禁止用拖拉机挂车、两轮摩托车等易倾覆的车辆载运。

（4）行驶中尽量保持匀速和跟车距离，不得急加、减速，不得在车内或接近车辆的地方吸烟，更不准驶近火源地带。

（5）不准穿越城市的中心区或人口稠密的街道。不准随意停车、超车。

（6）尽量选择在白天运行，避免在雷雨天气、浓雾天气和冰雪道路上行车。

（7）停车时应远离居民区、繁华闹市区、重要建筑物、桥梁、涵洞、学校、医院、水源保护区等，中途停车，车上必须留有押运看守人员。

（二）机动车载人管理

机动车载人包括客车载人和货车载人两种情况。机动车载人不得超过核定的人数，客运机动车不得违反规定载货；禁止货运机动车载客；货运机动车需要附载作业人员的，应当设置保护作业人员的安全措施。

机动车载人应当遵守下列规定：

（1）公路载客汽车不得超过核定的载客人数，但按照规定免票的儿童除外，在载客人数已满的情况下，按照规定免票的儿童不得超过核定载客人数的10%。

（2）载货汽车车厢不得载客。在城市道路上，货运机动车在留有安全位置的情况下，车厢内可以附载临时作业人员1~5人；载物高度超过车厢栏板时，货物上不得载人。

（3）摩托车后座不得乘坐未满 12 周岁的未成年人，轻便摩托车不得载人。

机动车行驶时，驾驶人、乘坐人员应当按规定使用安全带，摩托车驾驶人及乘坐人员应当按规定戴安全头盔。

六、拖拉机行驶和装载管理

高速公路、大中城市中心城区内的道路，禁止拖拉机通行。其他禁止拖拉机通行的道路，由省、自治区、直辖市人民政府根据当地实际情况规定。在允许拖拉机通行的道路上，拖拉机可以从事货运，但是不得用于载人。

第三节　非机动车和行人交通秩序管理

一、非机动车交通秩序管理

非机动车交通秩序管理，是指公安机关交通管理部门运用教育、经济、法律等手段，对非机动车及其驾驶人进行约束、限制、禁止和诱导，以实现交通流有序运行，提高道路通行效率，维护交通秩序的管理过程。

（一）非机动车的范围和地位

根据《道路交通安全法》第 119 条第 4 项的规定，非机动车，是指以人力或者畜力驱动，上道路行驶的交通工具，以及虽有动力装置驱动但设计最高时速、空车质量、外形尺寸符合有关国家标准的残疾人机动轮椅车、电动自行车等交通工具。

目前，非机动车在我国道路交通中占有重要地位，尤其是自行车，由于它经济实用、方便省力、机动灵活、节约能源，无论是在城市还是在农村，都是人们不可缺少的交通工具。自行车方便生活和有利生活方面的作用，是我国现阶段其他交通方式无法替代的。在我国人口众多、土地资源宝贵的情况下，自行车将会在很长时间内有着较强的生命力。随着经济的发展，人们的物质文化水平不断提高，道路条件、管理水平也将逐步改善和提高，非机动车除自行车外的增长速度将呈下降趋势，所以对非机动车的管理，应将重点放在对自行车交通的管理上。

（二）自行车行驶秩序管理

1. 自行车交通管理中存在的问题。与其他交通方式相比，自行车交通具有：可以实现直达；灵活方便；驾驶技术要求低；车型小重量轻，占地面积小；无污染、节能源；适合大众需要的特点。由于自行车数量多、范围广、流动性较大，给管理工作带来一定难度，自行车交通管理中主要存在着以下问题：

（1）静态管理中的问题。自行车管理法规和规章制度不健全，实际工作中注重对机动车的管理而忽视对自行车的管理，宣传教育和违法处罚力度不够，执法不严，社会公众的自觉守法意识、交通安全意识不强。无牌证及安全设备不全现象严重，对不办证照、不纳自行车税者无切实管理措施，对安全设备是否齐全较少过问。在市区自行车流量很大的路段、繁华地区停车困难，自行车停放挤占道路问题严重。

（2）动态管理中的问题。不遵守交通信号，超越停车线、闯红灯等现象较为突出；在道路上学骑自行车，不满 12 岁少年儿童骑车、醉酒后骑车及骑车带人现象时有发生。不遵守行驶安全规则，高速骑车、抢超猛拐，扶身并行、双手撒把、单手持物、转弯不示意、不顾机动车和行人交通情况、随意进出机动车道和人行道、攀扶机动车等违法现象较为普遍。与自行车有关的交通事故率居高不下。

2. 非机动车交通秩序管理的一般规定。非机动车通过有交通信号灯控制的交叉路口，应当按照下列规定通行：

（1）转弯的非机动车让直行的车辆、行人优先通行。

（2）遇有前方路口交通阻塞时，不得进入路口。

238

（3）向左转弯时，靠路口中心点的右侧转弯。

（4）遇有停止信号时，应当依次停在路口停止线以外。没有停止线的，停在路口以外。

（5）向右转弯遇有同方向前车正在等候放行信号时，在本车道内能够转弯的，可以通行；不能转弯的，依次等候。

非机动车通过没有交通信号灯控制也没有交通警察指挥的交叉路口，除应当遵守上述第（1）项、第（2）项和第（3）项的规定外，还应当遵守下列规定：

（1）有交通标志、标线控制的，让优先通行的一方先行。

（2）没有交通标志、标线控制的，在路口外慢行或者停车瞭望，让右方道路的来车先行。

（3）相对方向行驶的右转弯的非机动车让左转弯的车辆先行。

驾驶非机动车在道路上行驶应当遵守有关交通安全的规定。非机动车应当在非机动车道内行驶；在没有非机动车道的道路上，应当靠车行道的右侧行驶。不得在道路上学习驾驶非机动车。因非机动车道被占用无法在本车道内行驶的非机动车，可以在受阻的路段借用相邻的机动车道行驶，并在驶过被占用路段后迅速驶回非机动车道。

3. 自行车交通的特别规定。在路段上横过机动车道，应当下车推行，有人行横道或者行人过街设施的，应当从人行横道或者行人过街设施通过；没有人行横道、没有行人过街设施或者不便使用行人过街设施的，在确认安全后直行通过；驾驶自行车必须年满 12 周岁；不得醉酒驾驶；转弯前应当减速慢行，伸手示意，不得突然猛拐，超越前车时不得妨碍被超越的车辆行驶；不得牵引、攀扶车辆或者被其他车辆牵引，不得双手离把或者手中持物；不得扶身并行、互相追逐或者曲折竞驶；不得在道路上骑独轮自行车或者两人以上骑行的自行车；不得加装动力装置。

239

（三）其他非机动车行驶交通秩序管理

1. 电动自行车、三轮车交通的特别规定。在路段上横过机动车道，应当下车推行，有人行横道或者行人过街设施的，应当从人行横道或者行人过街设施通过；没有人行横道、没有行人过街设施或者不便使用行人过街设施的，在确认安全后直行通过；驾驶三轮车必须年满 12 周岁，驾驶电动自行车必须年满 16 周岁；不得醉酒驾驶；转弯前应当减速慢行，伸手示意，不得突然猛拐，超越前车时不得妨碍被超越的车辆行驶；不得牵引、攀扶车辆或者被其他车辆牵引，不得双手离把或者手中持物；不得扶身并行、互相追逐或者曲折竞驶；三轮车不得加装动力装置。电动自行车在非机动车道内行驶时，最高时速不得超过 15 千米。

2. 残疾人机动轮椅车交通的特别规定。驾驶残疾人机动轮椅车必须年满 16 周岁；不得醉酒驾驶；转弯前应当减速慢行，伸手示意，不得突然猛拐，超越前车时不得妨碍被超越的车辆行驶；不得牵引、攀扶车辆或者被其他车辆牵引，不得双手离把或者手中持物；不得扶身并行、互相追逐或者曲折竞驶；非下肢残疾的人不得驾驶残疾人机动轮椅车。残疾人机动轮椅车在非机动车道内行驶时，最高时速不得超过 15 千米。

3. 驾驭畜力车交通的特别规定。驾驭畜力车，应当使用驯服的牲畜；驾驭畜力车应当年满 16 周岁；不得醉酒驾驭；不得并行，驾驭人不得离开车辆；行经繁华路段、交叉路口、铁路道口、人行横道、急弯路、宽度不足 4 米的窄路或者窄桥、陡坡、隧道或者容易发生危险的路段，不得超车，驾驭两轮畜力车应当下车牵引牲畜；不得使用未经驯服的牲畜驾车，随车幼畜须拴系；停放车辆应当拉紧车闸，拴系牲畜。

（四）非机动车装载管理

非机动车载物，应当遵守下列规定：

1. 自行车、电动自行车、残疾人机动轮椅车载物，高度从地面起不得超过1.5 米，宽度左右各不得超出车把0.15 米，长度前端不得超出车轮，后端不得超出车身 0.3 米。

2. 三轮车、人力车载物，高度从地面起不得超过 2 米，宽度左右各不得超出车身 0.2 米，长度不得超出车身 1 米。

3. 畜力车载物，高度从地面起不得超过 2.5 米，宽度左右各不得超出车身 0.2 米，长度前端不得超出车辕，后端不得超出车身 1 米。

自行车载人的规定，由省、自治区、直辖市人民政府根据当地实际情况制定。

二、行人交通秩序管理

行人交通秩序管理，是指公安机关交通管理部门依据交通管理法律、法规的规定，对行人实施规范、制约、调整或违法处罚的过程。步行交通是人类生活中不可缺少的、重要的交通活动。每一个正常的人，每天都要从事工作、学习、购物等社会活动，行人能否自觉遵守交通法规，文明行走，礼貌相让，令行禁止，既是交通有序状态的具体体现，也反映了道路交通秩序的管理水平。加强行人交通秩序的管理，既可以减少交通事故，又是精神文明建设和法制建设的需要，同时也是社会文明程度的具体体现。

（一）行人行走秩序管理的基本要求

1. 单人行走要求。行人应当在人行道内行走，没有人行道的靠路边行走。行人通过路口或者横过道路，应当走人行横道或者过街设施；通过有交通信号灯的人行横道，应当按照交通信号灯指示通行；通过没有交通信号灯、人行横道的路口，或者在没有过街设施的路段横过道路，应当在确认安全后通过。行人横过机动车道，应当从行人过街设施通过；没有行人过街设施的，应当从人行横道通过；没有人行横道的，应当观察来往车辆的情况，确认安全后直行通过，不得在车辆临近时突然加速横穿或者中途倒退、折返。行人通过铁路道口时，应当按照交通信号或者管理人员的指挥通行；没有交通信号和管理人员的，应当在确认无火车驶临后，迅速通过。

2. 列队行走要求。行人列队在道路上通行，每横列不得超过2人，但在已经实行交通管制的路段不受限制。

3. 其他要求。行人不得在道路上使用滑板、旱冰鞋等滑行工具；不得在车行道内坐卧、停留、嬉闹；不得跨越、倚坐道路隔离设施，不得追车、抛物击车、扒车、强行拦车或者实施妨碍道路交通安全的其他行为。学龄前儿童以及不能辨认或者不能控制自己行为的精神疾病患者、智力障碍者在道路上通行，应当由其监护人、监护人委托的人或者对其负有管理、保护职责的人带领。盲人在道路上通行，应当使用盲杖或者采取其他导盲手段，车辆应当避让盲人。

（二）行人交通秩序管理基本方法

1. 加强交通法规和交通安全常识的宣传教育

宣传教育是道路交通管理的基本方法之一。行人在参与道路交通活动中，往往是道路交通事故的受害者。行人违法的事故，大多是行人不遵守交通规则或不懂交通安全常识而乱穿马路引起的。因此，要通过各种形式的宣传教育，使交通法规的内容深入人心，家喻户晓，从而提高广大行人的守法意识，自觉遵守各项规范，实现行人交通秩序的有序状态。

2. 严格实行交通分离。通过各种交通分离措施，便行人与机动车、非机动车隔离开，确保行人交通安全。要改善步行环境，使人行道平整卫生、宽敞，无违法占道现象，绿化条件好；要开辟行人专用道或步行街，科学规划和修建人行天桥或地下通道，提高人行横道的服务质量，尽可能使人行横道与车行道成直角，并靠近交叉口，使人行横道与行人的自由交通流一致，减少不必要的迂回。

3. 加强对学生和儿童的保护。在学校和幼儿园出入口或学生、儿童经常过街的地方，限制车速，设置黄灯闪烁信号，安排交通民警或专兼职安全员负责护送学生，儿童过街；加强对学生和儿童的交通安全教育。配合文教部门，编写幼儿、中小学生的交通安全知识教材，上好交通安全课，坚持小学生上、下学戴"小黄帽"，坚持放学列队行走等安全制度。

三、乘、候车交通秩序管理

乘车人，是指在城市道路上或公路上，以乘坐机动车车辆代替步行的人员。候车人，是指在指定地点或约定地区等候乘车的人员。目前，我国候车人的主要群体为公共交通候车人。乘、候车秩序管理，是指依照交通法律、法规的规定，对乘车人、候车人实施规范制约、调整或违法处罚的过程。在现实交通中，一个以乘坐车辆完成出行的交通参与者，通常是乘车人、候车人、行人之间角色的相互转换。乘车人在到达乘车地点之前可能是行人，到达车站或乘车地点等候乘车时为候车人，上车后为乘车人，下车后又可能成为行人。

（一）我国目前乘、候车秩序的现状

1. 车少人多。

2. 在候车时不排队。

3. 不按先下后上的原则乘车。

4. 上车后抢座、占座现象严重。

5. 乘、候车时不讲文明。

6. 不法分子在车上行窃，搞迷信活动，贩卖内容不健康的读物等。

7. 无票乘车者渐多。

8. 挂车和扒车现象常见。

9. 行车中乘客常将身体某些部位伸出窗外。

10. 携带易燃易爆物品乘车。

对乘、候车交通秩序的管理，重点是对公共交通、公路客运交通、单位的通勤车辆和出租交通的管理。其中，最主要的是对公共交通的乘、候车的管理。

（二）对乘车人的基本要求

1. 不得携带易燃易爆等危险物品。

2. 不得向车外抛洒物品。

3. 不得有影响驾驶人安全驾驶的行为。

4. 不得在机动车道上拦乘机动车。

5. 在机动车道上不得从机动车左侧上下车。

6. 开关车门不得妨碍其他车辆和行人通行。

7. 机动车行驶中，不得干扰驾驶，不得将身体任何部分伸出车外，不得跳车。

8. 乘坐两轮摩托车应当正向骑坐。

9. 机动车行驶时，驾驶人、乘坐人员应当按规定使用安全带，摩托车驾驶人及乘坐人员应当按规定戴安全头盔。

（三）候车交通秩序管理

规定候车人只能在指定候车站点或人行道上依次排队候车，一般情况下，禁止候车人站在车行道上候车。车辆靠站后，候车人应等乘客下车后，再依次上车。上、下车时，不得硬挤、扒车或采取其他手段阻碍车辆的正常停靠或运行。

乘、候车交通秩序管理的目的，是建立良好的候车站点的秩序，上、下车秩序和乘车秩序，保障乘、候车人员的安全，使停靠站点的延误时间最少。因此，我们要在乘、候车秩序方面加强管理，如在主要公交站点适当设置纠察人员，督促候车人排队候车或上车，并严格执行先下后上和适量载客的原则，才能保证良好的乘、候车交通秩序，减少出行延误。

第四节 车辆停放秩序管理

停车场，是指各种机动车和非机动车停放的露天或室内场所。停车秩序管理，就是公安交通管理部门为规范停车行为，依法对车辆的停放、停车相关设施及停车相关活动实施管理的过程。它是交通秩序管理的重要组成部分，在保障交通安全与畅通方面起着重要作用。

一、机动车停车秩序管理

车辆运行与车辆停放，是道路交通中的两个方面，有"行"必有"停"。当前，随着我国机动车保有量的迅速增长，"停车难"这一问题已引起了交通管理部门和社会各界的高度重视。停车秩序管理包括路上停车管理和路外停车管理。路上停车管理主要是实施对停车时间的限制和停车地点的控制，以及路上非法停放车辆的管理；路外停车管理主要是对公共停车场使用管理以及引导车辆就近停车。

（一）车辆停车的分类

1. 道路上的临时停车。其包括停车上、下客和装卸货物。临时停车的主要特点是驾驶人不离开停车现场，当需要时能及时移动车辆。

2. 车辆停放。车辆停放的特点是驾驶人离开现场，当车辆需要移动时，不能及时移动。其停放场所有三种，即单位内部停放、公共停车场停放及路上停车点停放。通常车辆停放时间比临时停车时间要长。

（二）车辆停放存在的问题

随着经济建设的发展、人均收入的提高、机动车拥有量的迅速增长，全国各地停车难问题日益严重。目前停车场及停车管理

方面存在着以下问题:

1. 停车场和停车车位严重缺乏,造成车辆乱停乱放,影响停车秩序,降低了道路通行能力,造成再生性交通堵塞和交通事故。

2. 管理体制不顺,规章不健全,收费不合理,缺乏严格的停车管理的详细规章和收费办法,影响停车位的周转使用。

3. 现有停车场分布不合理,在市区繁华地带由于用地紧张、地皮昂贵及历史原因,很难建设专用停车场。大型公共建筑的配建停车场,未按定额配足或配建后又改作他用,使得停车需求最大的地区停车泊位相对极少。

4. 对停车场建设的重视不够,不少部门和主管人员,对停车场建设的重要性、必要性认识不足,致使停车场建设缓慢,难以满足停车需求的增长。

(三)机动车停车场的分类

1. 按车辆类型分类,可分为机动车停车场和非机动车停车场。

2. 按服务对象分类,可分为:

(1)社会停车场,也称为公用停车场。其是指为各种社会车辆提供停放服务的停车场。

(2)配建停车场。其是指大型公用设施或建筑配套建设的停车场。

(3)专用停车场。其是指仅供有关单位内部自有车辆停放的停车场。

3. 按场地位置分类,可分为:

(1)路上停车场。其是指施划于行车道上的停车泊位。路上停车场对动态交通的干扰较大。

(2)路边停车场。其是指位于行车道路缘外侧的停车场地,包括在路肩、机动车道与非机动车道(或人行道)之间的隔离带上、立交桥下的空间等处的停车场所。路边停车场对动态交通的干扰较小，但对行人交通不利。

（3）路外停车场。其是指位于道路系统（道路红线）之外的专门停车场，包括停车库、停车楼等。

4. 按建筑类型分类。

（1）地面停车场，即广场式的停车场。

（2）地下停车场。其建筑成本高于地面停车场，优点是节约用地。

（3）地上停车库。其是指专门用来停放车辆的固定建筑，车位利用率低。

（4）多用停车库。其是指除主要用于停车外，还有相当一部分建筑面积用于商业、娱乐、办公等。车位利用率较高。

（5）机械式停车库。其为半固定的钢结构多层停车库，采用电梯或升降机自动将需停放的车辆作上下或水平运行，从而运送到相应的泊位上。其优点是节约用地，建筑费用较低。

5. 按管理方式分类，可分为：

（1）免费停车场。

（2）限时停车场，即只在每天的固定时段作为停车场使用，其他时段禁止停车。

（3）限时免费停车场，即停车时间在规定范围内免收停车费用，超时者将支付停车费。

（4）收费停车场。其分为计时收费和不计时收费（计次）两种。

（5）指定停车场。其是指通过标志或地面标示指明专供某种人或某种性质车辆停放的停车场所，如大型活动中分区域、分类别布置的停车场。

车辆停放方式有平行式、垂直式和斜放式三种。当车辆是随来随走，车辆停放、驶离时间不等时，宜采用垂直式；当车辆是分散来集中走时，可考虑平行式停放。

（四）机动车停车秩序管理

1. 车辆停放和临时停车应遵循的规定。机动车应当在规定地点停放。禁止在人行道上停放机动车；但是，依法施划的停车泊位除外。

在道路上临时停车的，不得妨碍其他车辆和行人通行。机动车在道路上临时停车，应当遵守下列规定：

（1）在设有禁停标志、标线的路段，在机动车道与非机动车道、人行道之间设有隔离设施的路段以及人行横道、施工地段，不得停车。

（2）交叉路口、铁路道口、急弯路、宽度不足 4 米的窄路、桥梁、陡坡、隧道以及距离上述地点 50 米以内的路段，不得停车。

（3）公共汽车站、急救站、加油站、消火栓或者消防队（站）门前以及距离上述地点 30 米以内的路段，除使用上述设施的以外，不得停车。

（4）车辆停稳前不得开车门和上下人员，开关车门不得妨碍其他车辆和行人通行。

（5）路边停车应当紧靠道路右侧，机动车驾驶人不得离车，上下人员或者装卸物品后，立即驶离。

（6）城市公共汽车不得在站点以外的路段停车上下乘客。

2. 路上停车管理。机动车占用道路停车，易形成交通障碍，影响机动车、非机动车的正常运行，同时带来了事故隐患，因此要加强对路上停车的有效管理。具体措施有：

（1）对于禁止停车的路段和地点，设立禁止停车标志，同时交通民警加强巡查，严厉处罚违法者。

（2）在不影响交通秩序的前提下，充分利用道路空间开辟路上停车场。

（3）在路边停车较多的地段，可根据实际情况，开辟路边单侧停车带，但在交通主干道的行车道上，应该禁止路侧停车。

（4）充分利用胡同、各类集散广场或街心花园、建筑物门前空地、高架路或立交桥下的空间施划停车泊位。

（5）在不影响非机动车、行人通行的情况下，开辟部分非机动车道和人行道停放车辆。

（6）在住宅区、事务办公中心、商业区等大量缺少停车条件的地区，以及在非交通干道上，尽可能提供路边停车的空间，但必须保证路上车辆的正常行驶。

（7）在市中心区，可对停车点车辆存放时间加以限制，以提高停车位的使用周转率。

3. 公共停车场的管理。对公共停车场（库），应加强其组织管理工作，使之能够得到充分利用。停车场的组织管理有以下几个方面的内容：

（1）将停车场信息及时、准确地传递给使用者。可通过设置预告性标志、无线电广播、路边诱导显示牌等方式，将停车场的位置及利用情况传送给有停车需求的车辆驾驶人。

（2）妥善处理停车场出入口交通。机动车停车场的出入口应有良好的视野，距离人行过街天桥、地下通道和桥梁、隧道引道、交叉口须大于 50 米。此外，停车场的出入口最好布置在次要道路上，避免出入停车场的车流影响干道交通流。停车场的出入口应分开。

（3）停车场内诱导车辆停车。对大型停车场（库），可张贴场内停车位置和交通路线图，并提供停车泊位的利用情报和可以停放车辆的泊位情报，以提高停车效率和场内交通安全。

（4）停车场组织管理的自动化。停车场出入口业务的自动化（如采用 IC 卡收费等方式），不仅可以节省人力，还可避免管理人员违法收费的现象。

（5）停车场其他交通组织原则。停车场内设单向行驶路线，大车和小车分区停放，出入口和通道应有明显的标志、标线。停车高峰期加倍征收停车费以提高停车周转率等。

（五）路边乘车、装卸货物停车管理

路边乘车、装卸货物，是指公共交通车辆、出租车因乘客上、下车停车或货运车辆装卸货物停车。

1. 公共交通停车站管理。公共交通车辆停车占用道路较多，尤其是在一块板道路上，公交车辆进出车站时与自行车相互干扰严重。

解决公交车辆影响交通的方法主要有以下几种：

（1）加宽道路或修建三块板道路。

（2）修建港湾式停车站。

（3）开设公共交通专用车道。

（4）调整停车站台的位置。

（5）采用隔离方式，将公共交通停靠与自行车交通分离等。

2. 出租车停车的管理。出租车是城市客运交通中不可缺少的交通方式，具有机动灵活、快速方便等特点，深受广大乘客的欢迎。但由于出租车无固定行驶路线、无固定停车位置，根据需要随时停车上、下乘客，在行驶过程中造成诸多的临时性交通障碍，影响了正常的交通秩序。对出租车停车地点的管理主要有以下几种方法：

（1）在乘客较集中的地区，建立出租汽车公用站点，并组织工作人员负责维持秩序。

（2）在公共停车场内画出出租车辆固定的停车位置，供出租车辆停靠、载客。

（3）在交通干道设出租汽车停车站，只准出租车在停车站上、下乘客。

（4）限制出租车辆在路边的停车时间。

3. 路旁装卸货物的管理。货运车辆沿街停靠装卸货物，可根据实际情况予以管理。

（1）规定装卸货物的车辆在交通平峰或低峰时运行和停靠。

（2）有些货运可以安排在夜间进行。

（3）根据条件，开辟院内装卸货物的地点。

（六）公安交通管理部门在停车场管理中的职能

公安交通管理部门是停车场使用管理的主管机关，其主要职能是：

1. 审批停车场设置资格，审查项目。包括停车场位置、出入口位置、基本交通安全设施、外围交通组织等内容。

2. 审批、设置、开辟占路停车位，依法查处擅自设置、开辟占路停车位的行为。

3. 监督、检查公共停车设施使用性质，依法查处擅自改变停车场使用性质的违法行为。

4. 配合规划部门依法审核大、中型公共建筑，居住小区规划配建停车场（库）的交通组织和停车位指标。

5. 配合有关部门对新、改、扩建的停车场进行验收。

6. 对可提供停车场地证明的停车场进行登记备案，管理停车场停车泊位的使用情况。

7. 特殊情况下对停车场的管理、使用。如交通警卫勤务需要，或出现交通拥堵时对占路停车场的处置。

二、自行车停车秩序管理

根据《道路交通安全法》第 59 条的规定，非机动车应当在规定地点停放。未设停放地点的，非机动车停放不得妨碍其他车辆和行人通行。

（一）自行车停车场的种类

1. 固定专用停车场。固定专用停车场，是指在大型公共场所、繁华街区、居民小区以及机关、企事业单位内部等，在道路红线以外修建的专供自行车等非机动车停放的停车场所。

2. 临时停车场。临时停车场，是指为参与人员众多、活动范围高度集中、短时间内集结疏散的大型娱乐活动、大型集会、体育比赛等开辟的临时停车场所。

3. 街道边停车场。街道边停车场，是指在街道两侧，公共交通设施、站点附近等，施划于道路红线以内的供非机动车短时间停放的停车场所。

（二）路旁停车管理

自行车是门到门的交通工具，它灵活、轻便，可随意停放，因此自行车乱停乱放现象随处可见，易使道路交通受阻，并有碍市容市貌。解决自行车路旁停车问题主要有以下几项措施：

1. 尽可能将道路红线内的停车场（点），迁至红线外，利用胡同、里巷和有条件的机关、单位大院存放。

2. 不得不在人行道停放时，应选择行人流量小、人行道宽的地点存放，以减少由于停放对正常交通秩序的影响。

3. 对换乘公交的自行车应该统一管理，利用转换的公交站点周围的空地设置停车场。

4. 停车场在城市应分散多处设置，尽量不占或少占人行道或车行道。

（三）停车场停放管理

1. 精心组织停放。在组织自行车停放时，应充分注意停车对象特点，做到既不妨碍交通，又要方便群众。商店、医院、公园等公共场所的自行车停放，其聚集过程和疏散过程均是分散的，因此在组织自行车停放时，以单行排列为宜；影剧院、体育馆、展览馆等文化娱乐场所，其停车对象大多是来参加娱乐活动的，自行车停放的聚散过程是密集的，因此场地的通道宜短，出入口宜宽，否则将会发生堵塞。

2. 加强停放管理。加强停放管理要配备相当的管理力量，规定好停车场地，对乱停、乱放者进行批评教育；各单位要负责管理好自己门前自行车的停放秩序；各厂矿企业、机关、学校及住宅区都应设立自行车停放场所并设专人负责；持车人停放自行车时要按照管理人员指定的地点停车，将车锁好，取走车上所带物品。

第五节　非交通性障碍秩序管理

一、非交通性障碍的概念与分类

非交通性障碍，是指不以交通为行为目的，临时占用道路从事施工、摆摊、设点等影响原道路正常通行活动的人或物。

非交通性障碍主要有以下分类：

（一）工程性障碍

工程性障碍，是指占用道路施工作业等非交通性活动。例如，在道路下铺设给、排水管道、煤气管道、电信电缆等工程，这些工程在施工作业时会妨碍车辆和行人的通行。

（二）占路性障碍

占路性障碍，是指不破坏道路的完整性，占用道路一定空间，从事的非交通性活动。例如，在道路上摆摊设点、堆放物品、停放车辆、搭棚盖房、进行集市贸易、打场、晒粮等非交通性活动。占路性障碍会不同程度地影响交通活动。

（三）流动性障碍

流动性障碍，是指不固定占用道路某一地点，在道路上从事的非交通性活动。例如，流动摊贩、清扫作业等。有周期性和非周期性的情况。

二、非交通性障碍秩序管理的方法

非交通性障碍秩序管理，是指依法对临时占用道路的非交通性行为，实施约束、限制、禁止以及对违法占用道路的行为进行处罚的管理活动。

（一）工程性障碍的管理

1. 因工程建设需要占用、挖掘道路，或者跨越、穿越道路架设、增设管线设施，应当事先征得道路主管部门的同意；影响交通安全的，还应当征得公安机关交通管理部门的同意。

2. 道路养护施工单位在道路上进行养护、维修时，应当按照规定设置规范的安全警示标志和安全防护设施。

3. 道路养护施工作业车辆、机械应当安装示警灯，喷涂明显的标志图案，作业时应当开启示警灯和危险报警闪光灯。

4. 对未中断交通的施工作业道路，公安机关交通管理部门应当加强交通安全监督检查。发生交通堵塞时，及时做好分流、疏导，维护交通秩序。

5. 道路施工需要车辆绕行的，施工单位应当在绕行处设置标志；不能绕行的，应当修建临时通道，保证车辆和行人通行。

6. 需要封闭道路中断交通的，除紧急情况外，应当提前5日向社会公告。

（二）占路性障碍的管理

1. 未经许可，任何单位和个人不得占用道路从事非交通活动。

2. 加大交通法规的宣传力度。通过广泛宣传交通法规关于非交通性障碍管理的规定，使广大交通参与者自觉遵守道路交通管理的规定，维护道路的畅通，确保道路使用完好。

3. 联合其他职能部门齐抓共管。为加强对非交通性障碍的管理，公安交通管理部门应与工商、税务、城管、交通等部门联合起来，拆除未经批准的违法建筑，对虽经批准但影响交通的各种占路，应逐步清理或调整，还可以运用罚款、吊销营业执照等手段对占路商业行为进行处罚，达到道路还家、综合治理的目的。

（三）流动性障碍的管理

1. 联合其他部门，坚决取缔占用道路兜售商品的商贩，依法惩处在道路上散发广告的人员及其雇佣单位。

2. 严格规定从事道路清扫、绿化作业的车辆和人员的上路时间，尽量避开交通流量高峰时段，主要道路规定只能在夜间作业。

三、公安机关在非交通性障碍秩序管理中的职责

（一）对非交通活动原因临时占有道路的审查

公安机关交通管理部门须对书面申请进行审查，在《临时占用道路申请表》上审批并签署意见，核发《临时占用道路许可证》或《道路施工许可证》。

（二）对获准的临时占用道路的过程实施监督检查

对未中断交通的施工作业道路，公安机关交通管理部门应当加强交通安全监督检查，维护道路交通秩序。施工作业完毕，应当迅速清除道路上的障碍物，消除安全隐患，经道路主管部门和公安机关交通管理部门验收合格，符合通行要求后，方可恢复通行。

（三）对各种违法占用道路的依法管理

对影响道路交通安全活动的各种违法占用道路行为，公安机关交通管理部门可以责令停止违法行为，迅速恢复交通。

第六节　高速公路交通秩序管理

高速公路，是指国家公路主管部门验收认定，符合高速公路工程技术标准，并设置完善的交通安全设施、管理设施和服务设施、专供机动车高速行驶的公路。

一、高速公路的功能与特点

（一）高速公路的功能

1. 实行交通限制，规定汽车专用。交通限制主要是指对车辆和车速加以限制。高速公路规定，凡非机动车和由于车速有限可能形成危险和妨碍交通的车辆，均不得使用高速公路。为了减少

车速相差过大，减少超车次数，在高速公路上还对最高车速和最低车速加以限制。

2. 实行分隔行驶。分隔行驶包括两个方面：一方面是在对向车道间设中间带，实行分离，从而杜绝对向碰撞。另一方面是对于同一方向的车辆，至少设两个以上的车道，并用画线的办法，划分车道，使快、慢车分开，以减少超车和同向车车速差造成的干扰。同时还在一些特殊地点设置爬坡车道，加、减速车道，避险车道，辅助车道，使一些车辆在局部路段分离。

3. 严格控制出入。控制出入，是指对进出高速公路的车辆严格控制，以消除侧向干扰，保证高速行车。控制车辆出入主要采用立体交叉，即规定车辆只能从指定的互通式立交匝道进入。对于不准车辆进入的路口，则设置分离式立交加以隔绝。立体交叉既起到消除平交处侧向车辆干扰的作用，又控制了车辆出入。对人、畜的控制，主要采用高路堤、护栏、高架桥等措施，使高速公路"封闭"起来，使之"隔绝"，以形成稳定、快速的车流。

4. 采用较高的线形标准和设置完善的交通安全与服务设施，从行车条件和技术上为安全、快速行车提供可靠的保证。

（二）高速公路的特点

由于高速公路采用了限制出入、分隔行驶、全部立交、汽车专用，以及采用较高的线形标准和完善的交通设施，使高速公路发生了质的变化，成为一种新型的交通手段。高速公路具有车速高、通行能力大、行车安全、节省运输费用等四大优点。

1. 车速高。高速公路排除了混合车流的内部干扰，实行交通限制，规定汽车专用，从而提高了行车速度。据调查，美国高速公路平均时速为97km/h；日本高速公路的平均时速较一般公路高62%~70%。在我国，一般公路平均时速为40~50km/h，而高速公路平均时速可达80km/h，约为前者的2倍。

2. 通行能力大。通行能力反映出公路允许通过汽车数量的多少。高速公路双向最少为四车道，且平均时速高，大大提高了车辆周转率和通行能力。根据有关规定，四车道高速公路应能适应年平均日交通量25000～55000辆标准小客车；六车道高速公路应能适应年平均日交通量45000～80000辆标准小客车；八车道高速公路应能适应年平均日交通量60000～100000辆标准小客车。而一般二级公路日适应交通量折合中型载重汽车6000～8000辆，而四车道高速公路日适应交通量折合中型载重汽车20000～30000辆，是一般二级公路的3～4倍。

3. 行车安全。由于高速公路各种交通标志、标线齐全，通信和监控手段先进，以及采用较高的线形标准和完善的交通设施，从而为高速公路的安全行驶提供了保障，行车事故大大减少。据统计，各国高速公路的交通事故率和死亡率分别只有一般公路的1/3和1/2。

4. 运输费用降低。高速公路缩短了运行时间，节省燃料，减轻轮胎和机械零件的磨损，运输成本大大降低。日本各种高速公路运输成本较一般公路低17%，仅此一项7年可回收全部投资费用。德国高速公路每百公里的行驶时间为50分钟，比一般国道节省时间47%，节省燃料93%。

二、高速公路交通控制方式

根据我国国情及道路所在地区、重要程度决定的高速公路交通控制方式，一般有主线控制、进口和出口控制、交通走廊（交通带）控制等几种。

（一）主线控制

主线控制的目的主要是保证最佳的车流速度，防止撞车事故，提高道路的通行能力。可利用可变情报板、可变标志、路侧通信广播等信息指导车辆正常、安全行驶。主要方法有以下几种：

1. 限制车道使用。根据道路路面情况，气候条件等适时关闭一条或几条车道，禁止车辆驶入，提高行车安全性及使用效率。

2. 在交通量大，车辆堵塞排队时，可关闭主线的某一部分。但同时需要开辟疏散通道。

3. 在单向交通量特别大时，使用可逆车道。

（二）进口和出口控制

进口和出口控制是高速公路控制出入的两种最主要的形式。进口控制是将可能引起主线阻塞的车流封闭在入口之前；出口控制是利用出口迅速疏导已发生的阻塞。因出口控制安全性较进口控制差，大多采用进口控制方法。

1. 完全封闭入口。在高速公路入口处设置信号灯或可变标志或采取关闭收费处的栅栏等方法实现完全封闭入口。

2. 定周期封闭入口。在高速公路入口匝道处利用信号灯，周期性地变换信号，调节主线上的交通量不超过通行能力。

3. 感应式入口封闭。在与高速公路相连接的道路入口处，设置车辆检测器测量进入高速公路的交通量，或者测量主线上的行车速度、车道占有率等数据，由控制中心进行数据处理，决定是否封闭入口。

4. 合流控制。当高速公路主线上车流出现可穿插空当时，入口处信号灯显示绿灯信号，此时，匝道车辆可以驶入高速公路，达到对合流车辆的规则控制。

（三）交通走廊（交通带）控制

这种控制方法不仅是封闭高速公路，还要通过车辆检测器检测到的车速和交通量数据，对高速公路与疏散道路、街道实行总和控制，利用各种信号提供设施诱导车流方向，提供优化路线。其目的在于使交通走廊的通行能力与交通需要之间达到最优平衡。此方法在美国、意大利的那不勒斯、日本东京等城市普遍采用。

三、高速公路通行管理

（一）禁止驶入规定

行人、非机动车、拖拉机、轮式专用机械车、铰接式客车、全挂拖斗车以及其他设计最高时速低于 70 千米的机动车，不得进入高速公路。高速公路限速标志标明的最高时速不得超过 120 千米。

（二）行驶速度规定

1. 高速公路应当标明车道的行驶速度，最高车速不得超过每小时 120 千米，最低车速不得低于每小时 60 千米。

2. 高速公路上行驶的小型载客汽车最高车速不得超过每小时 120 千米，其他机动车不得超过每小时 100 千米，摩托车不得超过每小时 80 千米。

3. 同方向有 2 条车道的，左侧车道的最低车速为每小时 100 千米；同方向有 3 条以上车道的，最左侧车道的最低车速为每小时 110 千米，中间车道的最低车速为每小时 90 千米。

4. 道路限速标志标明的车速与上述车道行驶车速的规定不一致的，按照道路限速标志标明的车速行驶。

（三）安全行驶规定

1. 机动车在高速公路上行驶，车速超过每小时 100 千米时，应当与同车道前车保持 100 米以上的距离，车速低于每小时 100 千米时，与同车道前车距离可以适当缩短，但最小距离不得少于 50 米。

2. 机动车在高速公路上行驶，遇有雾、雨、雪、沙尘、冰雹等低能见度气象条件时，应当遵守下列规定：

（1）能见度小于 200 米时，开启雾灯、近光灯、示廓灯和前后位灯，车速不得超过每小时 60 千米，与同车道前车保持 100 米以上的距离。

（2）能见度小于 100 米时，开启雾灯、近光灯、示廓灯、前后位灯和危险报警闪光灯，车速不得超过每小时40千米，与同车道前车保持50米以上的距离。

（3）能见度小于50米时，开启雾灯、近光灯、示廓灯、前后位灯和危险报警闪光灯，车速不得超过每小时20千米，并从最近的出口尽快驶离高速公路。

3. 在高速公路上行驶的载货汽车车厢不得载人。两轮摩托车在高速公路行驶时不得载人。

4. 机动车通过施工作业路段时，应当注意警示标志，减速行驶。

（四）故障应对规定

机动车在高速公路上发生故障时，驾驶人应当立即开启危险报警闪光灯，将机动车移至不妨碍交通的地方停放；难以移动的，应当持续开启危险报警闪光灯；警告标志应当设置在故障车来车方向150米以外，车上人员应当迅速转移到右侧路肩上或者应急车道内，并且迅速报警。

机动车在高速公路上发生故障或者交通事故，无法正常行驶的，应当由救援车、清障车拖曳、牵引。

（五）其他规定

机动车从匝道驶入高速公路，应当开启左转向灯，在不妨碍已在高速公路内的机动车正常行驶的情况下驶入车道。机动车驶离高速公路时，应当开启右转向灯，驶入减速车道，降低车速后驶离。

机动车在高速公路上行驶，不得有下列行为：

1. 倒车、逆行、穿越中央分隔带掉头或者在车道内停车。

2. 在匝道、加速车道或者减速车道上超车。

3. 骑、轧车行道分界线或者在路肩上行驶。

4. 非紧急情况时在应急车道行驶或者停车。

5. 试车或者学习驾驶机动车。

四、高速公路交通应急管理

因道路交通事故、危险化学品泄漏、恶劣天气、自然灾害以及其他突然发生影响安全畅通的事件，造成高速公路交通中断和车辆滞留，各级公安机关应进行应急处置。

（一）应急准备

各级公安机关应当完善高速公路交通管理应急预案体系，根据职权制定相应级别的应急预案，在应急预案中分别对交通事故、危险化学品泄漏、恶劣天气、自然灾害等不同突发情况做出具体规定。

公安部制定一级响应应急预案，每两年组织一次演练和培训。省级公安机关制定二级和三级响应应急预案，每年组织一次演练和培训。地市级公安机关制定四级响应应急预案，每半年组织一次演练和培训。跨省（自治区、直辖市）实施交通应急管理的应急预案应由省级公安机关制定，通报相关省级公安机关，并报公安部备案。跨地市实施交通应急管理的应急预案应由地市级公安机关制定，通报相关地市级公安机关，并报省级公安机关备案。

（二）应急响应

1. 应急响应的级别。高速公路发生突发事件，必须按照轻重缓急，分级别处置。根据《高速公路交通应急管理程序规定》，根据道路交通中断造成车辆滞留的影响范围和严重程度，高速公路应急响应从高到低分为一级、二级、三级和四级应急响应级别。对道路交通中断 24 小时以上，造成车辆滞留严重影响相邻三个以上省（自治区、直辖市）高速公路通行的为一级响应。道路交通中断 24 小时以上，造成车辆滞留涉及相邻两个以上省（自治区、直辖市）高速公路通行的为二级响应。道路交通中断 24 小时以上，造成车辆滞留影响省（自治区、直辖市）内相邻三个以上地市辖区高速公路通行的为三级响应。道路交通中断 12

小时以上，造成车辆滞留影响两个以上地市辖区内高速公路通行的为四级响应。

2. 应急响应的实施。一级响应时，公安部启动一级响应应急预案，宣布进入一级应急状态，成立高速公路交通应急管理指挥部，指导、协调所涉及地区公安机关开展交通应急管理工作，必要时派员赴现场指导工作，相关省级公安机关成立相应领导机构，指导或指挥省（自治区、直辖市）内各级公安机关开展各项交通应急管理工作。二级响应时，由发生地省级公安机关联合被影响地省级公安机关启动二级响应应急预案，宣布进入二级应急状态，以发生地省级公安机关为主成立高速公路交通应急管理指挥部，协调被影响地省级公安机关开展交通应急管理工作。必要时由公安部协调开展工作。三级响应时，省级公安机关启动三级响应应急预案，宣布进入三级应急状态，成立高速公路交通应急管理指挥部，指挥本省（自治区、直辖市）内各级公安机关开展交通应急管理工作。四级响应时，由发生地地市级公安机关联合被影响地公安机关启动四级响应应急预案，宣布进入四级应急状态，以发生地地市级公安机关为主成立高速公路交通应急管理指挥部，指挥本地公安机关，协调被影响地公安机关开展交通应急管理工作。

发生地和被影响地难以区分时，上级公安机关可以指令下级公安机关牵头成立临时领导机构，指挥、协调高速公路交通应急管理工作。响应级别需要提高的，应当在初步确定后 30 分钟内，宣布提高响应级别或报请上级公安机关提高响应级别，启动相应级别的应急预案。

（三）应急处置

1. 封闭高速公路。一级响应，需要采取封闭高速公路交通管理措施的，由公安部作出决定；二级以下响应，需要采取封闭高速公路交通管理措施的，应当由省级公安机关作出决定，封闭高速公路 24 小时以上的应报公安部备案；情况特别紧急，如不采取封闭高速公路交通管理措施，可能造成群死群伤重特大交通事故等情形的，可先行封闭高速公路，再按规定逐级上报批准或备案。

2. 关闭高速公路省际入口。高速公路实施交通应急管理时，非紧急情况不得关闭省际入口。一级、二级响应时，本省（自治区、直辖市）范围内不能疏导交通，确需关闭高速公路省际入口的，应当事先征求相邻省级公安机关意见；一级响应时，需要关闭高速公路省际入口的，应当报公安部批准后实施。二级响应时，关闭高速公路省际入口可能在 24 小时以上的，由省级公安机关批准后实施，同时应当向公安部上报道路基本情况、处置措施、关闭高速公路省际入口后采取的应对措施以及征求相邻省级公安机关意见情况；24 小时以内的，由省级公安机关批准后实施。

具体实施关闭高速公路省际入口措施的公安机关，应当每小时向相邻省（自治区、直辖市）协助实施交通管理的公安机关通报一次处置突发事件工作进展情况；应急处置完毕，应当立即解除高速公路省际入口关闭措施，并通知相邻省级公安机关协助疏导交通，关闭高速公路省际入口 24 小时以上的，还应当同时上报公安部。

3. 组织车辆绕道相邻省（自治区、直辖市）公路通行。高速公路实施交通应急管理一级、二级响应时，实施远端分流，跨省（自治区、直辖市）组织实施车辆绕道通行的，应当报省级公安机关同意，并与相邻省级公安机关就通行线路、通行组织等有关情况协商一致后报公安部批准；同时，组织车辆绕道通行应当采取现场指挥、引导通行等措施确保安全，并按照有关规定发布车辆绕道通行和路况等信息。

应急处置完毕，应当迅速取消交通应急管理等措施，尽快恢复交通，待道路交通畅通后撤离现场，并及时向社会发布取消交通应急管理措施和恢复交通的信息。

（四）现场处置措施

1. 重特大交通事故交通应急管理现场处置措施。

（1）启动高速公路交通应急管理协作机制，立即联系医疗急救机构，组织抢救受伤人员，上报事故现场基本情况，保护事故现场，维护现场秩序。

（2）划定警戒区，并在警戒区外按照"远疏近密"的要求，从距来车方向500米以外开始设置警告标志。白天要指定交通警察负责警戒并指挥过往车辆减速、变更车道。夜间或者雨、雪、雾等天气情况造成能见度低于500米时，需从距来车方向1000米以外开始设置警告标志，并停放警车，打开警灯或电子显示屏示警。

（3）控制交通肇事人，疏散无关人员，视情采取临时性交通管制措施及其他控制措施，防止引发次生交通事故。

（4）在医疗急救机构人员到达现场之前，组织抢救受伤人员，对因抢救伤员需要移动车辆、物品的，应当先标明原始位置。

（5）确保应急车道畅通，引导医疗、施救等车辆、人员顺利出入事故现场，做好辅助性工作；救护车辆不足时，启用警车或征用过往车辆协助运送伤员到医疗急救机构。

2. 危险化学品运输车辆交通事故交通应急管理现场处置措施。

（1）启动高速公路交通应急管理协作机制，及时向驾驶人、押运人员及其他有关人员了解运载的物品种类及可能导致的后果，迅速上报危险化学品种类、危害程度、是否泄漏、死伤人员及周边河流、村庄受害等情况。

（2）划定警戒区域，设置警戒线，清理、疏散无关车辆、人员，安排事故未受伤人员至现场上风口地带；在医疗急救机构人员到达现场之前，组织抢救受伤人员。控制、保护肇事者和当事人，防止逃逸和其他意外的发生。

（3）确保应急车道畅通，引导医疗、救援等车辆、人员顺利出入事故现场，做好辅助性工作；救护车辆不足时，启用警车或征用过往车辆协助运送伤员到医疗急救机构。

（4）严禁在事故现场吸烟、拨打手机或使用明火等可能引起燃烧、爆炸等严重后果的行为。经环境保护、安全监管等部门及公安消防机构监测可能发生重大险情的，要立即将现场警力和人员撤至安全区域。

（5）解救因车辆撞击、侧翻、失火、落水、坠落而被困的人员，排除可能存在的隐患和险情，防止发生次生交通事故。

公安机关接到危险化学品泄漏交通事故报警后，应当立即报告当地人民政府，通知有关部门到现场协助处理。

3. 恶劣天气交通应急管理现场处置措施。

（1）迅速上报路况信息，包括雾、雨、雪、冰等恶劣天气的区域范围及变化趋势、能见度、车流量等情况。

（2）根据路况和上级要求，采取分段通行、间断放行、绕道通行、引导通行等措施。

（3）加强巡逻，及时发现和处置交通事故现场，严防发生次生交通事故。

（4）采取封闭高速公路交通管理措施时，要通过设置绕行提示标志、电子显示屏或可变情报板、交通广播等方式发布提示信息，按照交通应急管理预案进行分流。

4. 自然灾害交通应急管理现场处置措施。

（1）接到报警后，民警迅速赶往现场，了解现场具体情况。

（2）因自然灾害导致路面堵塞，及时采取封闭道路措施，对受影响路段入口实施交通管制。

（3）通过设置绕行提示标志、电子显示屏或可变情报板、交通广播等方式发布提示信息，按照交通分流预案进行分流。

（4）封闭道路分流后须立即采取带离的方式清理道路上的滞留车辆。

(5) 根据现场情况调度施救力量，及时清理现场，确保尽早恢复交通。

公安机关接报应急情况后，应当了解道路交通中断和车辆滞留的影响范围和严重程度，根据高速公路交通应急管理响应级别，启动相应的应急预案，启动高速公路交通应急管理协作机制。同时，按照规定及时上报有关信息，并会同相关职能部门，组织实施交通管理措施，及时采取分段通行、间断放行、绕道通行、引导通行等措施疏导滞留车辆。公安机关应依法及时发布交通预警、分流和诱导等交通管理信息。

（五）信息报告与发布

1. 信息报告。需采取的应急措施超出公安机关职权范围的，事发地公安机关应当向当地人民政府报告，请求协调解决，同时向上级公安机关报告。高速公路实施交通应急管理可能影响相邻省（自治区、直辖市）道路交通的，在及时处置的同时，要立即向相邻省（自治区、直辖市）的同级公安机关通报。受邻省高速公路实施交通应急管理影响，造成本省（自治区、直辖市）道路交通中断和车辆滞留的，应当立即向邻省同级公安机关通报，同时向上级公安机关和当地人民政府报告。

高速公路实施交通应急管理需启动一级响应的，应当在初步确定启动一级响应1小时内将基本信息逐级上报至公安部；需启动二级响应的，应当在初步确定启动二级响应30分钟内将基本信息逐级上报至省级公安机关；需启动三级和四级响应的，应当及时将基本信息逐级上报至省级公安机关。公安部指令要求查报的，可由当地公安机关在规定时间内直接报告。

信息上报可通过电话、传真、公安信息网传输等方式，紧急情况下，应当立即通过电话上报，遇有暂时无法查清的情况，待查清后续报。

2. 信息发布。高速公路发生突发事件，公安机关并不仅要在现场采取有关措施，还应该及时向公众发布有关情况。各级公安机关应当按照有关规定在第一时间向社会发布高速公路交通应急管理简要信息，随后发布初步核实情况、政府应对措施和公众防范措施等，并根据事件处置情况做好后续发布工作。对外发布的有关信息应当及时、准确、客观、全面。高速公路实施交通应急管理，需采取交通管制措施影响道路交通，公安机关应当采取现场接受采访、举行新闻发布会等形式通过本省（自治区、直辖市）电视、广播、报纸、网络等媒体及时公布信息。同时，协调高速公路经营管理单位在高速公路沿线电子显示屏滚动播放交通管制措施。

（六）评估总结

各级公安机关要对制定的应急预案定期组织评估，并根据演练和启动预案的情况，适时调整应急预案内容。公安部每两年组织对一级响应应急预案进行一次评估，省级公安机关每年组织对二级和三级响应应急预案进行一次评估，地市级公安机关每半年对四级响应应急预案进行一次评估。应急处置结束后，应急处置工作所涉及的公安机关应当对应急响应工作进行总结，并对应急预案进行修订完善。

实训项目

一、交通信号的认识

目的：使学生加深对交通信号知识的理解，学会识别交通信号灯、交通标志、交通标线，具备参与交通活动和从事交通管理的基本能力。

内容：对某典型路口的交通信号设置进行识别。

条件：在学校附近选择一个交通信号设置比较全面的交叉口，学生带齐记录纸和笔。

组织：本实训项目为观摩性教学。

1. 准备：以25人为一个实验单位，每区队分两次进行。指定组长，明确组长的职责，在任课教师的带领下进行。

2. 地点：交叉口及附近路段。

3. 实训步骤：

（1）在集合时由任课教师讲明本次实训的目的和任务，并强调注意安全。

（2）每5人分为一小组，设组长一人，每一小组参选择一处作为实训地点，实训地点应包括各类交通信号。

（3）各组由组长带领对实训地点的交通信号进行调查，详细列出所调查交通信号的名称、种类、含义等。

（4）每组实训地点调查完毕后轮换调查，以使所调查信号尽可能全面详细。

4. 要求：通过观察，找出各交通信号之间的关联性，并发现存在的问题及原因。

作业：学生提交"道路交通现状与交通信号设置"调查报告一份。

二、交通警察指挥手势

目的：使学生加深对交通警察指挥手势的理解，掌握用手势信号指挥道路交通的基本技能，具备熟练、正确地运用交通指挥手势指挥疏导交通的能力。

内容：交通警察指挥手势演练。

条件：

1. 所需场地：教室内分组进行。

2. 相关设施条件：多媒体设备、手势光盘。

组织：以25人为一个演练单位，每区队分两次进行。

1. 了解交通警察指挥手势的基本要求。

2. 掌握发出交通警察指挥手势前应做的准备工作和注意事项。

3. 熟练掌握8个交通警察指挥手势动作，要求指挥规范，迅速有力。

4. 具体动作要求见《交通警察手势规范》和相关录像。

主要采取：学生集体练习、学生单独练习、教师单独指导、学生相互练习和指导、一步一动和流水作业练习等方法。

思考题：

1. 机动车行驶秩序管理工作应做哪些改进？

2. 影响车辆纵向安全距离的主要因素有哪些？

3. 机动车超载有哪些具体的危害？

4. 在目前的自行车管理中，应着重抓好哪几项工作？

5. 在"打的"时，哪些行为是不允许的？

6. 你所在地对占道经营及"以路为市"采取了哪些管理措施？效果如何？

7. 你认为某条高速公路的通行管理中，还有哪些是需要完善和改进的？

第七章　道路交通违法处理

第一节　道路交通安全违法行为概述

　　道路交通安全违法行为是妨碍道路交通管理秩序、引发道路交通事故的主要因素。道路交通安全违法行为的处理，是公安交通管理工作的重要组成部分。

一、道路交通安全违法行为的概念

　　道路交通安全违法行为，是指交通参与者违反道路交通管理法律、法规的规定，扰乱道路交通秩序，妨碍道路交通安全与畅通，侵犯其他交通参与者合法权益的过错行为。道路交通安全违法行为的多少，直接体现一个城市和地区交通环境的好坏，人们交通法制观念、交通安全意识淡薄与否，也直接反映一个城市和地区道路交通安全、组织水平的高低和社会公德、精神文明建设程度的高低。

　　(一) 道路交通安全违法行为的特征

　　1. 社会危害性。道路交通安全违法行为对国家和公民的利益具有危害性。这种社会危害性是特定的，即必须是危害道路交通秩序、道路交通安全和畅通以及公民在道路交通安全上的合法权益。

　　2. 行为违法性。必须确认这一行为是否违反交通安全管理法律、法规的具体规定，实施了道路交通安全法律、法规所禁止的事项，或没有履行所规定的义务。

3. 非严重性。除构成道路交通肇事罪的行为外，道路交通安全违法行为一般不受刑事处罚。

4. 应受处罚性。道路交通安全违法行为的应受处罚性，是指行为人违反道路交通安全法律、法规，依照规定应当受到的处罚。除了情节特别轻微、行为人未达到法定责任年龄、不具有责任能力等依法可以不予处罚的以外，多数侵犯道路交通安全秩序、交通安全和畅通以及公民交通权益的行为都应受到公安机关的行政处罚。

（二）道路交通安全违法行为的构成要件

道路交通安全违法行为的构成要件，适用法理中有关违法构成的一般原理，道路交通安全违法行为的构成必须同时具备客体、客观方面、主体、主观方面四个要件，缺一不可。

1. 必须有客观存在的违反交通管理法律规范的事实。违法行为是在思想意识支配下发生的违反道路交通安全法律、法规的具体事实，即侵犯了道路交通安全法所调整、保护的那部分特定的社会关系，实施了道路交通安全法律、法规所禁止的事项，或没有履行所规定的义务。

2. 有被道路交通安全违法行为侵害的客体。违法行为侵犯的必须是交通安全法律、法规所调整保护的那部分社会关系，即通常表现为国家、法人、公民对道路交通安全应享有的权利和权益，一般分为道路交通秩序、道路交通安全、道路交通畅通、公民在道路上依法享有的通行权和先行权四个方面，违法行为侵犯的必须是其中的一个或几个。

3. 违法行为的主体是道路交通参与者。道路交通安全违法行为的主体是道路交通参与者，包括自然人和法人。自然人包括机动车驾驶人、非机动车驾驶人和行人；法人包括机关法人、事业单位法人、社会团体法人和企业法人。法人违法，其法律责任由直接责任人员承担，单位主管人员指使的，由其主管人员和直接责任人员一起承担。

4. 行为人主观上有过错。主观过错，是指违法行为人对其实施的违法行为所具有的故意或者过失的心理状态。过错有两种表现形式，即故意和过失。故意违法行为，是指行为人在明知实施某种行为是违反道路交通安全法律、法规的情况下，实施了这种行为。例如，机动车驾驶人明知饮酒后不准驾驶车辆，却在酒后驾驶车辆。过失违法行为，是指行为人应知实施某种行为是违反道路交通安全法律、法规的，但因为行为人疏忽大意或过于自信而构成的违法行为。如果行为人的行为，在客观上虽然实施了违反道路交通安全法律、法规的行为，但不是出自故意或过失，而是由于不可抗拒的原因所引起的，如紧急避险、自然灾害、意外事故等，这些都不能认为是违法行为。

二、道路交通安全违法行为的分类

道路交通安全违法行为的分类，不仅对违法行为的统计和分析工作有着十分重要的意义，而且对有关道路交通安全违法行为的定性、处罚等工作有着十分重要的意义。

（一）按道路交通安全违法行为主体进行分类

按道路交通安全违法行为主体进行分类，可分为自然人道路交通安全违法行为和法人道路交通安全违法行为两大类。

（二）按道路交通安全违法行为人的主观状态进行分类

按道路交通安全违法行为人的主观状态进行分类，可分为故意违法行为和过失违法行为两大类。

（三）按违法现象分类

按违法现象分类，可分为行驶违法、占路违法、车辆设备违法、车辆装载违法、停车违法等。

（四）按违反道路交通安全法律、法规的行为进行分类

按违反道路交通安全法律、法规的行为进行分类，可分为作为违法和不作为违法。

（五）按道路交通安全违法行为的危害程度进行分类

按道路交通安全违法行为的危害程度进行分类，可分为轻微违法、一般违法和严重违法三大类。

1. 轻微违法。轻微违法，是指违法行为人的主观过错较小，而且对交通安全和秩序的危害较轻，一般不至于导致产生交通事故和交通堵塞后果的违法行为，如不按规定打转向灯，驾车未带驾驶证和行驶证等。

2. 一般违法。一般违法，是指违法行为人的主观过错较大，而且有可能导致交通事故和交通堵塞的违法行为，如在禁止停放车辆的地点停放车辆等。

3. 严重违法。严重违法，是指严重危及交通安全的行为。严重违法是指违法行为人主观上无视交通安全法规和安全，有较大过错，并有可能直接导致交通事故和交通堵塞的违法行为，如机动车驾驶人醉酒后驾车，不按规定超车或让车，挪用、转借机动车牌证或驾驶证等。

第二节 道路交通违法行为处罚的有关规定

一、道路交通违法处罚的种类

对道路交通安全违法行为的处罚种类包括：警告、罚款、暂扣或者吊销机动车驾驶证、拘留四种。

（一）警告

警告，是指公安机关交通管理部门及其交通警察，对有道路交通安全违法行为的公民、法人或其他组织提出告诫，促使当事人认识违法行为的过错所在，并予以改正的一种行政处罚。这种处罚在交通管理处罚中属最轻的一种，也称为"申诫罚"。警告可当场作出决定。

（二）罚款

罚款，是指公安机关交通管理部门令道路交通安全违法行为者，当场或在一定期限内缴纳一定金额的行政处罚。罚款是一种"财产罚"，其特点是对违法行为人在经济上给予制裁，从而达到教育的目的。罚款不影响违法行为人的人身自由和其他活动，是目前应用最广泛的一种行政处罚。罚款不仅对公民个人适用，对法人也同样适用。罚款应开具罚款收据，全部上缴国库，不得截留挪用，罚款收据不是报销凭证，被处罚人的单位不得予以报销。

（三）暂扣或者吊销机动车驾驶证

暂扣或者吊销机动车驾驶证，是指公安机关交通管理部门，对违反道路交通管理行为的机动车驾驶人，依法实施的暂时扣留或取消原来发给的驾驶机动车的许可证明，以剥夺或暂时剥夺当事人驾驶资格的一种行政处罚。

（四）拘留

对道路交通安全违法行为人的拘留是行政拘留。拘留，是指公安机关对道路交通安全违法行为者实施短时间的、拘押于一定处所的、限制人身自由的行政处罚。拘留属于自由罚或人身罚，是行政处罚中最严厉的一种。

二、道路交通违法处罚的具体规定

（一）对行人、乘车人、非机动车驾驶人的违法处罚

行人、乘车人、非机动车驾驶人违反道路交通安全法律、法规关于道路通行规定的，处警告或者5元以上50元以下罚款。

（二）一般违法行为的处罚

1. 上道路行驶的机动车未悬挂机动车号牌，未放置检验合格标志、保险标志，或者未随车携带行驶证、驾驶证的；故意遮挡、污损或者不按规定安装机动车号牌的；机动车驾驶人违反道路交通安全法律、法规关于道路通行规定的，处警告或者20元

以上200元以下罚款。

2. 违法停车。对违反道路交通安全法律、法规关于机动车停放、临时停车规定的，可以指出违法行为，并予以口头警告，令其立即驶离。机动车驾驶人不在现场或者虽在现场但拒绝立即驶离，妨碍其他车辆、行人通行的，处20元以上200元以下罚款。

（三）严重违法行为的处罚

1. 酒后驾车。饮酒后驾驶机动车的，处暂扣一个月以上3个月以下机动车驾驶证，并处200元以上500元以下罚款；饮酒后驾驶营运机动车的，处暂扣3个月机动车驾驶证，并处500元罚款。

2. 醉酒后驾车。醉酒后驾驶机动车的，由公安机关交通管理部门约束至酒醒，处15日以下拘留和暂扣3个月以上6个月以下机动车驾驶证，并处500元以上2000元以下罚款。醉酒后驾驶营运机动车的，由公安机关交通管理部门约束至酒醒，处15日以下拘留和暂扣6个月机动车驾驶证，并处2000元罚款。

一年内有前两款规定醉酒后驾驶机动车的行为，被处罚两次以上的，吊销机动车驾驶证，5年内不得驾驶营运机动车。

3. 车辆超载。公路客运车辆载客超过额定乘员的，处200元以上500元以下罚款；超过额定成员20%或者违反规定载货的，处500元以上2000元以下罚款。

货运机动车超过核定载质量的，处200元以上500元以下罚款；超过核定载质量30%或者违反规定载客的，处500元以上2000元以下罚款。

运输单位的车辆有上述规定情形，经处罚不改的，对直接负责的主管人员处2000元以上5000元以下罚款。

4. 伪造、变造或者使用伪造、变造的机动车各种证明文件、标志。处200元以上2000元以下罚款。

5. 非法安装警报器、标志灯具。处200元以上2000元以下罚款。

6. 造成交通事故后逃逸。尚不构成犯罪的，处 200 元以上 2000 元以下罚款，并处 15 日以下拘留。造成交通事故后逃逸的，由公安机关交通管理部门吊销机动车驾驶证，且终生不得重新取得机动车驾驶证。

7. 超速行驶。机动车行驶超过规定时速 50% 的，处 200 元以上 2000 元以下罚款，并处吊销机动车驾驶证。

8. 无证驾驶。处 200 元以上 2000 元以下罚款，并处 15 日以下拘留。

9. 驾驶拼装的机动车或者已达到报废标准的机动车上道路行驶。处 200 元以上 2000 元以下罚款，并吊销机动车驾驶证。收缴该车，强制报废。

三、处罚的适用原则

（一）违法处罚与责令纠正并行原则

根据《行政处罚法》第 23 条的规定，行政机关实施行政处罚时，应当责令当事人改正或者限期改正违法行为。根据《道路交通安全法》第 87 条第 1 款的规定，公安机关交通管理部门及其交通警察对道路交通安全违法行为，应当及时纠正。该原则包含了以下三层意思：

1. 有权实施道路交通安全违法处罚的公安机关交通管理部门，同时也有权责令违法行为人纠正其违法行为。

2. 公安机关交通管理部门在实施处罚时，应当同时责令违法行为人改正其违法行为。

3. 违法处罚和责令纠正是两个并行的行为，相互不能替代，既不能"罚而不管"，也不能"管而不罚"。

（二）一事不再罚款原则

一事不再罚款原则，是行政处罚中的一项重要原则。它是指对行政相对人的同一个违反行政管理秩序的行为，不得以同一事实和同一依据，给予两次以上的行政处罚。根据《行政处罚法》

第24条的规定，对当事人的同一个违法行为，不得给予两次以上罚款的行政处罚。这是对"一事不再罚款"原则的确立。这一原则对于控制"滥罚款"、"乱罚款"和"多头罚款"现象无疑具有重要的意义。对违反道路交通管理行为的处罚，同一天中的"不同趟"不属于"同一行为"，显然不是"一事"，在处罚时因其是屡次违法，恰恰应从重处罚，而不是不再罚款。

（三）行政处罚追诉限时原则

行政处罚追诉限时，是指行政主体对行政相对人的违法行为实施行政处罚，受到时效上的限制，超过一定的时限，行政主体便不能对行政相对人实施行政处罚。确立行政处罚追诉限时原则，有助于要求实施行政处罚的主体提高工作效率，稳定社会秩序。根据《行政处罚法》第29条的规定，违法行为在2年内未被发现的，不再给予行政处罚。法律另有规定的除外。前款规定的期限，从违法行为发生之日起计算；违法行为有连续或者继续状态的，从行为终了之日起计算。这是对行政处罚限时原则的详细规定。

四、处罚幅度规定

在《公安机关办理行政案件程序规定》中，对公安机关实施行政处罚的幅度作出了详细的规定。

（一）不予处罚

不予处罚，是指对实施了违反道路交通安全行为的人，因其不具备法律责任能力，不给予处罚的情况。不予处罚主要有以下几种情况：

1. 不满14周岁的人的违法行为。

2. 违反治安管理行为在6个月内没有被公安机关发现的；其他违法行为在2年内没有被公安机关发现的。

3. 精神病人在不能辨认或者不能控制自己行为时有违法行为的。

4. 违法行为轻微并及时纠正，没有造成危害后果的。

（二）从轻或减轻处罚

从轻处罚，是指在法定的处罚幅度内，对违法行为适用较轻的处罚。减轻处罚，是指在低于法定的处罚幅度内，对违法行为的处罚。其主要有以下几种情况：

1. 已满 14 周岁不满 18 周岁的人的违法行为。

2. 尚未完全丧失辨认或者控制自己行为能力的精神病人的违法行为。

3. 主动消除或者减轻违法行为危害后果，并取得被侵害人谅解的。

4. 受他人胁迫或者诱骗的。

5. 有立功表现的。

6. 主动投案，向公安机关如实陈述自己的违法行为的。

7. 其他依法应当从轻、减轻或者不予行政处罚的。

（三）从重处罚

从重处罚，是指在法定的处罚种类和处罚幅度内，对违法行为人适用较重的处罚。从重处罚不得超过所适用处罚档次中规定的处罚最高限度。有下列情形之一者，可以从重处罚：

1. 有较严重后果的。

2. 教唆、胁迫、诱骗他人实施违法行为的。

3. 对报案人、控告人、举报人、证人等打击报复的。

4. 6 个月内曾受过治安管理处罚或者 1 年内因同类违法行为受到两次以上公安行政处罚的。

5. 刑事处罚执行完毕、劳动教养解除或者受治安管理处罚后 6 个月内，或者在缓刑期间，违反治安管理的。

（四）一人有两种以上违法行为的处罚

分别决定，合并执行，可以制作一份决定书，分别写明对每种违法行为的处理内容和合并执行的内容。

（五）一个案件有多个违法行为人的处罚

分别决定，可以制作一式多份决定书，写明给予每个人的处理决定，分别送达每一个违法行为人。

（六）法人违法的处罚

处罚直接责任人；违法行为为主管人员指使的，同时处罚该主管人员。

（七）给予行政拘留处罚但不送达拘留所执行的情形

1. 已满 14 周岁不满 16 周岁的。

2. 已满 16 周岁不满 18 周岁，初次违反治安管理或者其他公安行政管理的。

3. 70 周岁以上的。

4. 孕妇或者正在哺乳自己不满 1 周岁婴儿的妇女。

五、道路交通安全违法行为处罚的管辖

道路交通安全违法行为处罚的管辖，是指确定某个道路交通安全违法行为由哪一级交通管理部门受理和实施处罚的法律制度。根据《道路交通安全违法行为处理程序规定》的有关规定：

1. 在执勤执法中发现的，由违法行为发生地管辖。

2. 对由交通技术监控资料记录的违法行为的处罚，可以由违法行为发生地、发现地或者机动车登记地管辖。

3. 对管辖权发生争议的，报请共同的上一级公安机关交通管理部门指定管辖。

4. 对交通技术监控资料记录的违法行为事实有异议的，应当向违法行为发生地公安机关交通管理部门提出。

六、处罚的实施主体及权限划分

（一）警告、罚款、暂扣机动车驾驶证权限

根据《道路交通安全违法行为处理程序规定》第 6 条第 1 款的规定，对违法行为人处以警告、罚款或者暂扣机动车驾驶证处

罚的，由县级以上公安机关交通管理部门作出处罚决定。

1. 对情节轻微、未影响道路通行与安全的，指出并纠正违法行为，给予口头警告后放行。

2. 对个人处以 200 元以下罚款的，可由一名交警当场作出决定。

3. 处以 200 元以上罚款（含对单位罚款）的，由县级以上公安机关交通管理部门自违法行为人接受处理之时起 24 小时内作出决定。

4. 处以暂扣机动车驾驶证的，由县级以上公安机关交通管理部门，自违法行为人接受处理之时起 3 日内作出决定。

（二）吊销驾驶证权限

根据《道路交通安全违法行为处理程序规定》第 6 条第 2 款的规定，对处以吊销机动车驾驶证处罚的，由设区的市公安机关交通管理部门作出处罚决定。处以吊销机动车驾驶证的，由设区的市公安机关交通管理部门，自违法行为人接受处理或者听证程序结束之日起 7 日内作出处罚决定。

（三）行政拘留的处罚权限

根据《道路交通安全法》第 111 条的规定，对违反本法规定予以拘留的行政处罚，由县、市公安局、公安分局或者相当于县一级的公安机关裁决。

交通肇事构成犯罪的，应当在人民法院判决后及时作出处罚决定。

七、道路交通安全违法行为的认定方式和处罚方式

（一）道路交通安全违法行为的认定方式

道路交通安全违法行为的认定，是指公安机关交通管理部门及其交通警察以事实为根据，以道路交通安全法律、法规为依据，对公民、法人和其他社会组织是否具有违反道路交通安全的行为进行确认的行政执法活动。证据对于认定道路交通安全违法

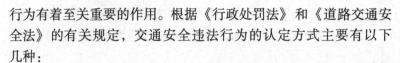

行为有着至关重要的作用。根据《行政处罚法》和《道路交通安全法》的有关规定，交通安全违法行为的认定方式主要有以下几种：

1. 现场指认。现场指认，是指交通值勤警察在道路交通安全违法行为发生的现场，对一些明显的道路交通安全违法的事实，以自己的亲眼所见为根据，当场予以确认的方式。交通值勤警察应当将指控的违法事实如实作好书面记录，并应当请当事人签名；当事人拒绝签名的，也应当做好记录。如果当事人在现场对交通值勤警察指控的违法事实没有异议，可认定行为人的违法事实成立；如果当事人在现场对交通值勤警察的指控表示有异议，交通值勤警察也应当当场确定违法事实成立，并做好记录。

2. 现场检查。现场检查，是指交通值勤警察在现场通过察看、查验，发现并确认交通安全违法事实的方法。比如，机动车驾驶人未带驾驶证驾驶机动车、机动车超额载人等。对于这类违法行为，如果当事人对交通值勤警察指控的违法事实当场无异议的，即应确认当事人的违法事实成立；如果当事人当场对交通值勤警察认定的违法事实有异议，交通值勤警察也应当根据检查的结果当场予以确认，并做好相关的取证工作。

3. 照相、录像。利用闯红灯自动监控系统、电视监控录像等技术设备，认定道路交通安全违法行为和有关当事人的违法事实，是有效地获取和证明有关当事人是否具有违法行为事实的科学、可靠的方法。根据《道路交通安全法》第114条的规定，公安机关交通管理部门根据交通技术监控记录资料，可以对违法的机动车所有人或者管理人依法予以处罚。对能够确定驾驶人的，可以依照本法的规定依法予以处罚。因此，对于利用这些技术设备获取的资料，只要是清晰可辨、没有涂改和重新制作的，都可以作为认定违法事实的证据予以采信。

(二) 道路交通安全违法行为的处罚方式

根据《道路交通安全违法行为处理程序规定》的有关规定，

对道路交通安全违法行为的处罚方式有以下两种：

1. 现场处罚。现场处罚，是指对当场发现的违法行为的处罚。

2. 非现场处罚。非现场处罚，是指事后根据交通技术监控记录资料对违法行为的处罚。

第三节　道路交通安全违法行为的处罚

一、道路交通安全违法行为处罚的程序

(一) 简易程序

简易程序，又称当场处罚程序，是指对于事实确凿并有法定依据且处罚轻微的道路交通安全违法行为，由交通警察在法律规定的处罚种类和幅度内，当场裁决处罚时所适用的行政程序。简易程序适用于以下条件：

1. 对违法行为人处以警告或者200元以下罚款的。

2. 事实清楚，证据确凿。有确凿、充分的证据证明违法事实的存在、违法行为的性质及情节，并能证明违法行为是由当事人所实施的。

3. 案情简单，因果关系明确。违法行为实施过程简单，危害性小，不用另外调查；违法行为与危害后果之间关系清晰、明了。

简易程序处罚的实施步骤为：

1. 出示证件，表明身份。

2. 查明并确定违法事实。

3. 口头告知违法事实、处罚依据和当事人的权利。值勤交警应口头告知其违法行为的基本事实，拟作出的行政处罚、依据及其依法享有的权利。

4. 听取违法行为人的陈述和申辩，并复核记录在案。听取违法行为人的陈述和申辩后，对违法行为人提出的事实、理由或者证据成立的，应当采纳。

5. 制作《公安交通管理简易程序处罚决定书》。制作《公安交通管理简易程序处罚决定书》，可以由一名交通警察实施。处罚决定书应当由被处罚人签名、交通警察签名或者盖章，并加盖公安机关交通管理部门印章；被处罚人拒绝签名的，交通警察应当在处罚决定书上注明。

6. 当场交付决定书，并告知其救济权利。处罚决定书应当当场交付被处罚人；被处罚人拒收的，由交通警察在处罚决定书上注明，即为送达。

7. 罚款缴纳。对行人、乘车人和非机动车驾驶人的罚款，当事人无异议的，可以当场予以收缴罚款。当场收缴罚款的，同时开具法定罚款收据，交付被处罚人。罚款应当开具省、自治区、直辖市财政部门统一制发的罚款收据，不出具财政部门统一制发的罚款收据的，当事人有权拒绝缴纳罚款。对于不当场收缴罚款的，则告知当事人应当自收到罚款的行政处罚决定书之日起 15 日内，到指定的银行缴纳罚款。

8. 备案。交通警察应当在 2 日内将简易程序处罚决定书（一式三联）存档联交所属公安机关交通管理部门存档备查。

（二）一般程序

根据《道路交通安全违法行为处理程序规定》第 41 条第 2 款的规定，对违法行为人处以 200 元（不含）以上罚款、暂扣或者吊销机动车驾驶证的，应当适用一般程序。

适用一般程序作出处罚决定，应当由两名以上交通警察按照下列程序实施：

1. 受理、立案。立案，是指公安机关交通管理部门和交通警察对于公民、法人或者其他组织控告、检举或例行检查交通安全管理活动中发现道路交通安全违法或重大违法嫌疑的情况，认为有调查处理必要的，决定查处的活动。它是处罚程序的开始，大多数道路交通安全违法行为处罚过程中都需要经过立案，但立案必须具备一定的条件：一是公安机关交通管理部门经过对立案材料的审查认为有违法行为发生；二是道路交通安全违法行为是应受到处罚的行为；三是公安机关交通管理部门对道路交通安全违法行为享有法律赋予的管辖权；四是道路交通安全违法行为处罚属于法律、法规规定的适用一般程序的范围。

符合立案条件的，交通警察应填写立案审批表或立案决定书。决定书应写明违法行为人的姓名、年龄、职业、住址，或者法人、组织名称、地址、法定代表人的名字等；需要调查的违法行为事实及违反的法律规定；主管领导批准立案的意见；具体承办人。

2. 对违法事实进行调查，询问当事人违法行为的基本情况，并制作笔录；当事人拒绝接受询问、签名或者盖章的，交通警察应当在询问笔录上注明。

3. 采用书面形式或者笔录形式告知当事人拟作出的行政处罚的事实、理由及依据，并告知其依法享有的权利。

4. 对当事人陈述、申辩进行复核，复核结果应当在笔录中注明。

5. 制作公安交通管理行政处罚决定书。制发道路交通安全违法行为处理通知书，可以由一名交通警察实施。

6. 行政处罚决定书应当由被处罚人签名，并加盖公安机关交通管理部门印章；被处罚人拒绝签名的，交通警察应当在处罚决定书上注明。

7. 行政处罚决定书应当当场交付被处罚人；被处罚人拒收的，由交通警察在处罚决定书上注明，即为送达；被处罚人不在场的，应当依照《公安机关办理行政案件程序规定》的有关规定送达。

公安机关交通管理部门按照一般程序作出处罚决定的，应当由两名以上交通警察实施。交通警察应当在 24 小时内将道路交通安全违法行为处理通知书（一式二联）存档联交所属公安机关交通管理部门存档备查。

对不需要采取行政强制措施的，现场交通警察应当收集、固定相关证据，并制作违法行为处理通知书。

（三）制发违法行为处理通知书的程序

1. 口头告知违法行为人违法行为的基本事实。

2. 听取违法行为人的陈述和申辩，违法行为人提出的事实、理由或者证据成立的，应当采纳。

3. 制作违法行为处理通知书，并通知当事人在 15 日内接受处理。

4. 违法行为处理通知书应当由违法行为人签名、交通警察签名或者盖章，并加盖公安机关交通管理部门印章；当事人拒绝签名的，交通警察应当在违法行为处理通知书上注明。

5. 违法行为处理通知书应当当场交付当事人；当事人拒收的，由交通警察在违法行为处理通知书上注明，即为送达。

违法行为处理通知书应当载明当事人的基本情况、车辆牌号、车辆类型、违法事实、接受处理的具体地点和时限、通知机关名称等内容。交通警察应当在 24 小时内将违法行为处理通知书报所属公安机关交通管理部门备案。

二、道路交通安全违法行为处罚的执行程序

道路交通安全违法行为处罚的执行程序，是指公安机关交通管理部门为实现已经发生法律效力的行政处罚决定而进行的执行活动。

（一）警告的执行程序

对于情节轻微，未影响道路通行的，指出违法行为，当场给予口头警告后放行。

（二）罚款的执行程序

1. 当场收缴。对行人、乘车人和非机动车驾驶人处以 200 元以下罚款，当事人无异议的，可以当场予以收缴罚款。对行人、乘车人、非机动车驾驶人处以罚款，交通警察当场收缴的，交通警察应当在简易程序处罚决定书上注明，由被处罚人签名确认。被处罚人拒绝签名的，交通警察应当在处罚决定书上注明。交通警察依法当场收缴罚款的，应当开具省、自治区、直辖市财政部门统一制发的罚款收据；不开具省、自治区、直辖市财政部门统一制发的罚款收据的，当事人有权拒绝缴纳罚款。公安机关应当自收到罚款之日起 2 日内将罚款缴付指定的银行。

2. 事后收缴。当事人应当自收到罚款的行政处罚决定书之日起 15 日内，到指定的银行缴纳罚款。当事人逾期不履行行政处罚决定的，逾期每日按罚款数额的 3% 追加罚款，加处罚款总额不得超出罚款数额。必要时，申请人民法院强制执行。逾期 3 个月不缴纳或连续 2 次不缴纳罚款的，记 12 分。被处罚人确有经济困难，经被处罚人申请和作出行政处罚决定的公安机关批准，可以暂缓或者分期缴纳。

对违法行为人决定行政拘留并处罚款的，公安机关交通管理部门应当告知违法行为人可以委托他人代缴罚款。

（三）暂扣或吊销机动车驾驶证的执行程序

暂扣或吊销机动车驾驶证，是在宣布处罚决定后当场执行的，即当场收取驾驶证，出具行政处罚决定书。

1. 公安机关交通管理部门对非本辖区机动车驾驶人给予暂扣、吊销机动车驾驶证处罚的，应当在作出处罚决定之日起 15 日内，将机动车驾驶证转至核发地公安机关交通管理部门。违法行为人申请不将暂扣的机动车驾驶证转至核发地公安机关交通管理部门的，应当准许，并在行政处罚决定书上注明。

2. 公安机关交通管理部门对机动车驾驶人，给予吊销机动车驾驶证处罚的，应当在作出处罚决定后 15 日内，将公安交通管理转递通知书和机动车驾驶证转至核发地车辆管理所。

暂扣机动车驾驶证的期限从处罚决定生效之日起计算；处罚决定生效前先予扣留机动车驾驶证的，扣留一日折抵暂扣期限一日。吊销机动车驾驶证后须满 2 年，才能重新申请领取机动车驾驶证。

道路交通违法行为人应当在 15 日内到公安机关交通管理部门接受处理。无正当理由逾期未接受处理的，吊销机动车驾驶证。

（四）拘留的执行程序

对被决定行政拘留的人，由作出决定的公安机关送达拘留所执行。对抗拒执行的，可以使用约束性警械。

三、道路交通安全违法行为处理的法律救济

（一）申请行政复议

根据《行政复议法》的有关规定，公民、法人或其他组织认为具体行政行为侵犯其合法权益的，可以自知道该具体行政行为之日起 60 日内提出行政复议申请；但是法律规定的申请期限超过 60 日的除外。因不可抗力或者其他正当理由耽误法定申请期限的，申请期限自障碍消除之日起继续计算。另外，《行政复议法》还赋予当事人口头提起行政复议的权利。

行政复议机构应在 5 日内审查决定是否受理复议申请，并在收到申请书之日起 2 个月内作出行政复议决定。行政复议机关应当对被申请人作出的具体行政行为进行审查，提出意见，经行政复议机关的负责人同意或者集体讨论通过后，按照下列规定作出行政复议决定：

1. 具体行政行为认定事实清楚、证据确凿、适用依据正确、程序合法、内容适当的，决定维持。

2. 主要事实不清、证据不足的，适用依据错误的，违反法定程序的，超越或者滥用职权的，具体行政行为明显不当的，决定

撤销、变更或者确认该具体行政行为违法；决定撤销或者确认该具体行政行为违法的，可以责令被申请人在一定期限内重新做出具体行政行为。

公民、法人或者其他组织向人民法院提起行政诉讼，人民法院已经依法受理的，不得申请行政复议。

（二）提起行政诉讼

申请人不服复议决定的，可以在收到复议决定书之日起15日内向人民法院提起诉讼。公民、法人或者其他组织直接向人民法院提起诉讼的，应当在知道作出具体行政行为之日起3个月内提出。

四、听证程序

（一）听证的概念

听证，亦称听证会，是指公安机关交通管理部门在作出有关决定之前，听取当事人的陈述、申辩、质证的行政执法活动程序。

（二）交通违法处罚中听证适用的范围

根据《公安机关办理行政案件程序规定》的有关规定，被处以吊销机动车驾驶证或对个人处以2000元以上罚款，对单位处以1万元以上罚款的，当事人有要求听证的权利。

（三）听证的有关规定

1. 听证申请应在公安机关告知后3日内提出。

2. 公安机关应在收到申请后2日内作出是否受理的决定。

3. 公安机关应自收到申请之日起10日内召开听证会。

4. 公安机关应在举行听证的7日前将听证通知书送达申请人。

5. 当事人不能按期参加听证的，可以申请延期，是否准许，由听证主持人决定。

五、执勤民警处理道路交通违法行为的步骤

第一，发现违法行为后，示意行为人停车或停止违法行为。

第二，指明违法的事实、依据和危害性。

第三，依法处理。

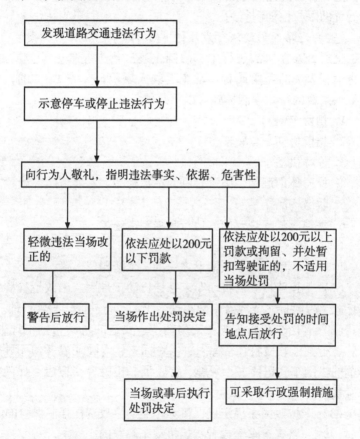

执勤民警处理道路交通违法行为步骤示意图

六、道路交通违法行为处罚中的行政强制措施

行政强制措施，是指公安机关交通管理部门为维护道路交通秩序，预防和制止违法行为的发生和存在，依照有关法律、法规的规定，针对道路交通安全违法行为人、财、物品进行临时约束或处置的限权性强制行为。

（一）道路交通违法行为处罚中的行政强制措施的种类

交通警察在执法过程中，因制止违法行为、避免危害发生、防止证据灭失的需要或者机动车驾驶人累积记分满 12 分的，可以依法采取的行政强制措施有以下几项：

1. 扣留车辆。

2. 扣留机动车驾驶证。

3. 拖移机动车。

4. 检验体内酒精、国家管制的精神药品、麻醉药品含量。

5. 收缴物品。

6. 法律、法规规定的其他行政强制措施。

（二）行政强制措施的具体运用

1. 扣留车辆。有下列情形之一的，依法扣留车辆：

（1）上道路行驶的机动车未悬挂机动车号牌，未放置检验合格标志、保险标志，或者未随车携带机动车行驶证、驾驶证的。

（2）有伪造、变造或者使用伪造、变造的机动车登记证书、号牌、行驶证、检验合格标志、保险标志、驾驶证或者使用其他车辆的机动车登记证书、号牌、行驶证、检验合格标志、保险标志嫌疑的。

（3）未按照国家规定投保机动车交通事故责任强制保险的。

（4）公路客运车辆或者货运机动车超载的。

（5）机动车有被盗抢嫌疑的。

（6）机动车有拼装或者达到报废标准嫌疑的。

（7）未申领《剧毒化学品公路运输通行证》通过公路运输剧

毒化学品的。

（8）非机动车驾驶人拒绝接受罚款处罚的。

交通警察应当在实施行政强制措施后 24 小时内，将被扣留车辆交到所属公安机关交通管理部门。公安机关交通管理部门扣留车辆的，不得扣留车辆所载货物。对车辆所载货物应当通知当事人自行处理，当事人无法自行处理或者不自行处理的，应当记录并防止灭失。对容易腐烂、灭损或者不具备保管条件的其他物品，经县级以上公安机关交通管理部门负责人批准，可以在拍照或者录像后变卖，变卖所得按有关规定处理。

公安机关交通管理部门核实的时间不得超过 10 日；需要延长的，经县级以上公安机关交通管理部门负责人批准，可以延长至 15 日。核实时间自车辆驾驶人或者所有人、管理人提供被扣留车辆合法来历证明，补办相应手续，或者接受处理之日起计算。

对由于公路客运车辆载客超过核定乘员、货运机动车超过核定载质量，被公安机关交通管理部门扣留机动车的，应当按照下列规定消除违法状态：

（1）违法行为人可以自行消除违法状态的，应当在公安机关交通管理部门的监督下，自行将超载的乘车人转运、货物卸载。

（2）违法行为人无法自行消除违法状态的，对超载的乘车人，公安机关交通管理部门应当及时通知有关部门联系转运；对超载的货物，应当在指定的场地卸载，并由违法行为人与指定场地的保管方签订卸载货物的保管合同。

消除违法状态的费用由违法行为人承担。违法状态消除后，应当立即退还被扣留的机动车。

2. 扣留机动车驾驶证。有下列情形之一的，依法扣留机动车驾驶证：

（1）饮酒后驾驶机动车的。

（2）将机动车交由未取得机动车驾驶证或者机动车驾驶证被

吊销、暂扣的人驾驶的。

（3）机动车行驶超过规定时速50%的。

（4）驾驶有拼装或者达到报废标准嫌疑的机动车上道路行驶的。

（5）在一个记分周期内累积记分达到12分的。

交通警察应当在扣留机动车驾驶证后24小时内，将被扣留机动车驾驶证交到所属公安机关交通管理部门。只对违法行为人作出罚款处罚的，缴纳罚款完毕后，应当立即发还机动车驾驶证。记分达到12分的，扣留驾驶证至考试合格之日；其他情况，扣留驾驶证至作出处罚决定之日。

3. 拖移机动车。违反机动车停放、临时停车规定，驾驶人不在现场或者虽在现场但拒绝立即驶离，妨碍其他车辆、行人通行的，公安机关交通管理部门及其交通警察可以将机动车拖移至不妨碍交通的地点或者指定的地点。拖移机动车的，现场交通警察应当通过拍照、录像等方式固定违法事实和证据。

公安机关交通管理部门应当公开拖移机动车查询电话，并通过设置拖移机动车专用标志牌明示或者以其他方式告知当事人。当事人可以通过电话查询接受处理的地点、期限和被拖移机动车的停放地点。

4. 检验体内酒精、国家管制的精神药品、麻醉药品含量。车辆驾驶人有下列情形之一的，应当对其检验体内酒精、国家管制的精神药品、麻醉药品含量：

（1）对酒精呼气测试等方法测试的酒精含量结果有异议的。

（2）涉嫌饮酒、醉酒驾驶车辆发生交通事故的。

（3）涉嫌服用国家管制的精神药品、麻醉药品后驾驶车辆的。

（4）拒绝配合酒精呼气测试等方法测试的。

对酒后行为失控或者拒绝配合检验的，可以使用约束带或者警绳等约束性警械。

5. 收缴物品。对非法安装警报器、标志灯具或者自行车、三轮车加装动力装置的，公安机关交通管理部门应当强制拆除，予以收缴，并依法予以处罚。

（三）行政强制措施的实施程序

1. 对需要采取扣留车辆、扣留机动车驾驶证、拖移机动车、收缴物品行政强制措施的，按照下列程序实施：

（1）口头告知违法行为人或者机动车所有人、管理人违法行为的基本事实，拟作出行政强制措施的种类、依据及其依法享有的权利。

（2）听取当事人的陈述和申辩，当事人提出的事实、理由或者证据成立的，应当采纳。

（3）制作行政强制措施凭证，并告知当事人在 15 日内到指定地点接受处理。

（4）行政强制措施凭证应当由当事人签名、交通警察签名或者盖章，并加盖公安机关交通管理部门印章，当事人拒绝签名的，交通警察应当在行政强制措施凭证上注明。

（5）行政强制措施凭证应当当场交付当事人；当事人拒收的，交通警察应当在行政强制措施凭证上注明，即为送达。

现场采取行政强制措施的，可以由一名交通警察实施，并在24 小时内将行政强制措施凭证报所属公安机关交通管理部门备案。

2. 检验违法行为人体内酒精、国家管制的精神药品、麻醉药品含量的，应当按照下列程序实施：

（1）由交通警察将当事人带到医疗机构进行抽血或者提取尿样。

（2）公安机关交通管理部门应当将抽取的血液或者提取的尿样及时送交有检验资格的机构进行检验，并将检验结果书面告知当事人。

检验车辆驾驶人体内酒精，国家管制的精神药品、麻醉药品含量的，应当通知其家属，但无法通知的除外。

3. 交通警察现场收缴非法装置的，应当在 24 小时内，将收缴的物品交所属公安机关交通管理部门。对收缴的物品，除作为证据保存外，经县级以上公安机关交通管理部门批准后，依法予以销毁。

七、非现场处罚中的收缴机动车、牌证和强制排除妨碍

（一）收缴机动车、牌证

公安机关交通管理部门对扣留的拼装或者已达到报废标准的机动车，经县级以上公安机关交通管理部门批准后，予以收缴，强制报废。

对伪造、变造或者使用伪造、变造的机动车登记证书、号牌、行驶证、检验合格标志、保险标志、驾驶证的，应当予以收缴，依法处罚后予以销毁。对使用其他车辆的机动车登记证书、号牌、行驶证、检验合格标志、保险标志的，应当予以收缴，依法处罚后转至机动车登记地车辆管理所。

（二）强制排除妨碍

在道路两侧及隔离带上种植树木、其他植物或者设置广告牌、管线等，遮挡路灯、交通信号灯、交通标志，妨碍安全视距的，公安机关交通管理部门应当向违法行为人送达排除妨碍通知书，告知履行期限和不履行的后果。违法行为人在规定期限内拒不履行的，依法予以处罚并强制排除妨碍。

强制排除妨碍，公安机关交通管理部门及其交通警察可以当场实施。无法当场实施的，应当按照下列程序实施：

1. 经县级以上公安机关交通管理部门负责人批准，可以委托或者组织没有利害关系的单位予以强制排除妨碍。

2. 执行强制排除妨碍时，公安机关交通管理部门应当派员到场监督。

八、涉外道路交通安全违法行为处理

涉外道路交通安全违法行为，是指违反道路交通安全行为的当事人是外国籍人员或外国籍号牌车辆的道路交通安全违法行为。

（一）涉外道路交通安全违法行为处理的法律依据

涉外道路交通安全违法行为处理涉及国家主权和外交政策，必须严肃、认真、妥善处理。同时，涉外道路交通安全违法行为处理必须依照我国的有关法律进行。主要涉及的法律、法规有：

1. 宪法。根据宪法第 32 条第 1 款的规定，中华人民共和国保护在中国境内的外国人的合法权利和利益，在中国境内的外国人必须遵守中华人民共和国的法律。

2. 《道路交通安全法》。根据《道路交通安全法》第 2 条的规定，中华人民共和国境内的车辆驾驶人、行人、乘车人以及与道路交通活动有关的单位和个人，都应当遵守本法。根据《道路交通安全法》第 122 条的规定，国家对入境的境外机动车的道路交通安全实施统一管理。

3. 《道路交通安全法实施条例》。根据《道路交通安全法实施条例》第 2 条的规定，中华人民共和国境内的车辆驾驶人、行人、乘车人以及与道路交通活动有关的单位和个人，应当遵守道路交通安全法和本条例。

4. 《中华人民共和国外交特权与豁免条例》。根据《中华人民共和国外交特权与豁免条例》的有关规定，使馆馆舍不受侵犯。中国国家工作人员进入使馆馆舍，须经使馆馆长或者其授权人员的同意。使馆的馆舍、设备及馆舍内其他财产和使馆交通工具免受搜查、征用、扣押或者强制执行。使馆人员在中国境内有行动和旅行的自由，中国政府规定禁止或者限制进入的区域除外。外交代表的人身不受侵犯，不受逮捕或者拘留。中国有关机关应当采取适当措施，防止外交代表的人身自由和尊严受到侵犯。外交代表享有刑事管辖豁免。外交代表享有民事管辖豁免和行政管辖豁免。

（二）享有外交特权和豁免权的人员范围

在涉外道路交通安全违法行为处理中，将外国人分成两类：一是享有外交特权的人员，二是享有豁免权的人员，根据《维也纳外交关系公约》和我国《中华人民共和国外交特权与豁免条例》的有关规定，不能对其进行任何方式的刑事、民事、行政处罚，而应通过外交途径解决。这些享有外交特权和豁免权的外国人包括：

1. 来华访问的国家元首、政府首脑、议长、政府部长、特使以及他们率领的代表团成员。

2. 外国驻中国使、领馆的外交人员和行政技术人员，他们的配偶及未成年子女。包括大使馆馆长、大使、领事、代办，还有外交职员，一、二、三等秘书，随员，陆海空军武官，商务参赞，新闻参赞或专员等。

3. 途经中国或者在中国境内停留的第三国的外交人员。

4. 来华参加国际会议的代表及联合国有关机构的官员。

5. 持有中国外交签证或者免予签证的外交护照的外交官员。

6. 经中国政府同意给予外交特权和豁免权的外国人士。

普通外国人，是指持有因私普通护照的外国人，按照出入境时间和居留形态的不同，又可分为常住外国人和临时外国人两类。

（三）涉外道路交通安全违法行为处理的基本原则

根据上述法律规定，结合我国道路交通安全违法行为处理的实际，涉外道路交通安全违法行为处理中应遵循以下原则：

1. 维护国家主权原则。在处理涉外道路交通安全违法行为中要不卑不亢，尊重当事人的人格，礼貌待人，依法执行公务。

2. 适用法律一律平等原则。不论外国人还是中国人；是发达国家还是发展中国家的当事人；是友好国家还是不友好国家的当事人以及不同肤色的当事人，在适用法律上一律平等对待。

3. 有理、有利、有节原则。有理就是以事实为根据，以法律为准绳的体现，对违法行为原因分析及处罚要有理有据，要事实清楚、证据确凿、结论准确、理由充分；有利就是有利于维护国家主权和外交政策，保护当事人的合法权益，使违法行为处理顺利进行；有节就是适可而止，要从两国关系的大局出发，不要穷追不舍，因小失大。

4. 区别对待原则。区别对待，是指在处理方式上一方面要有别于中国人，另一方面对不同的外国人也要有所区别。如有无外交特权的区别，对无外交特权当事人处罚轻重的区别等，这些区别均在执行我国法律的基础上，为我国的外交政策服务。

（四）涉外道路交通安全违法行为处理的方法

交通值勤警察发现涉外道路交通安全违法行为后，应按下列程序和方法处理：

1. 对悬挂外国国旗的车辆和悬挂使、领馆号牌的车辆违反道路交通安全行为的处理。交通值勤警察发现悬挂外国国旗的车辆有违反道路交通安全的行为，或者悬挂使、领馆号牌的车辆有轻微、一般违反道路交通安全的行为，一律不作停车纠正。可记录车号和违法行为时间、地点、情节，并将违法行为等基本情况记录在案，保存好有关证据，事后报送县（市、区）交警大队，经审核后报上一级公安机关交通管理部门，统一查存。

对悬挂使、领馆号牌的车辆有严重违法行为的，可作停车纠正，并查验驾驶证、行驶证，但不得扣留，指出其违法行为事实后即予放行，同时应当将其身份、证件及违法行为等基本情况记录在案，保存好有关证据，报县（市、区）交警大队，经审核后报上一级公安机关交通管理部门。如遇没有驾驶资格的人驾驶车辆或醉酒后驾车等严重违法行为，应制止违法行为人继续驾车，并迅速报告上级公安机关交通管理部门，由同级人民政府外事部门派人前往处理。

2. 对享有外交特权和豁免权的外国人违反道路交通安全行为的处理。对享有外交特权和豁免权的外国人，有轻微、一般违反道路交通安全的行为的，一律不作停车纠正。可记录车号和违法行为时间、地点、情节，报上一级公安机关交通管理部门统一查存，事后报送县（市、区）交警大队，经审核后报上一级公安机关交通管理部门。有严重违法行为的，可作停车纠正，指出其违法行为事实，并查验驾驶证、行驶证，但不得扣留，应当将其身份、证件及违法行为等基本情况记录在案，保存好有关证据，报县（市、区）交警大队，按照规定制作《公安交通管理行政处罚决定书》，经审核后报上一级公安机关交通管理部门。并函寄使、领馆，转告违法行为人接受处理。

3. 对不享有外交特权和豁免权的外国人违反道路交通安全行为的处理。对不享有外交特权和豁免权的外国人的违法行为，交通值勤警察应当及时纠正，在查验证件、指明违法行为事实的基础上，应当将其身份、证件及违法行为等基本情况记录在案，保存好有关证据，按照规定制作《公安交通管理行政处罚决定书》，并告知其在规定期限内到指定公安机关接受处理，但在处理前应报上一级公安机关交通管理部门批准。一般不在现场扣押证件、车辆或当场处罚。对居住在我国的外国侨民、留学生以及临时来华的商人、船员，一般旅行者的道路交通安全违法行为，应与我国公民同样对待，适用于交通违法行为一般程序处理，实行罚款决定与收缴罚款相分离的制度，对他们的处罚应报上级公安机关交通管理部门批准。

4. 对中国驾驶人驾驶、内乘享有外交特权和豁免权的外国人违反道路交通安全行为的处理。比照对不享有外交特权和豁免权的外国人违反道路交通安全行为的处理方法处理。

（五）涉外道路交通安全违法行为处理的注意事项

交通警察在处理涉外道路交通安全违法行为时应注意的事项主要包括以下几个方面：

1. 注意维护中国人民警察的形象。处理涉外道路交通安全违法行为的民警应注意仪表和举止，言谈要端正、大方，态度自然，语调和蔼，内容明确，用词简练。

2. 注意工作方法。尽量避免群众围观，维护好停车现场秩序，严禁敲打、抚摸车辆和国旗，不准动车内的任何物品。一般不作当场处罚和扣留证件，禁止扣留号牌，严格执行请示报告、内部通报、对外通知等各项制度。

3. 注意外交礼仪，尊重外事纪律。违法行为处理先敬礼，遇外国男人称"先生"、妇女视情况可称"夫人"、"小姐"或"女士"。和外国人接触要不卑不亢，落落大方，尊重外国人的风俗习惯和宗教礼节，不准接受外国人赠送的礼品。

第四节　道路交通执法策略

道路交通执法，泛指交通警察在道路上执行维护交通秩序、纠正和处罚交通违法行为、处理交通事故、执行交通警卫任务、接受群众求助等所有工作。

交通警察不仅要知法、懂法、守法，而且还要懂得使用策略，使交通执法能够达到预期目的。

一、现场执法中的执法策略

（一）进行有效控制

执法最怕法不责众，失控往往是由于管理不到位造成的。应当看到，虽然违法人数众多，但毕竟跑在前头的就那么几个人。如果你坚决制止跑在前头的违法人，最好是能制止住违法的苗头，就做到了"枪打出头鸟"，起到制止一个震慑一片的作用。如果此时对前几个人的违法行为不是制止而是处罚，则后面的违法人会蜂拥而过，造成法不责众的局面。

对违法人的申辩，警察要认真听取，采纳合法部分，对其他部分不要正面冲突，要依据事实，讲清道理，按照法规给予处罚，不能让违法行为钻法律的空子。

（二）减少执法纠纷

当前交通警察执法活动中，常常需要面对复杂情况。例如，许多违法人在被纠正时，或强调客观原因，或胡搅蛮缠，拒不接受警察处理，甚至恶意投诉，干扰警察执法；有的表面接受纠正，过后继续违法；此外，围观群众有时不理解和支持警察，有的甚至帮违法人辩解，给警察执法造成很大压力。遇到发生执法纠纷时，执勤交警要讲究语言艺术，要追求执法效果。因此，在发生执法纠纷时要注意说话方法，即对抗的话忍住不说；对话的话想好再说；解释的话好话好说。只有这样才能减少执法投诉，才能让群众支持我们的工作。

1. 社会感情的应用。在法律、道德、信仰、风俗等社会约束力中，社会感情对社会行为的影响是最直接的。通过调整社会感情来转化社会行为，是警察减少投诉，加强管理的最好工具。社会感情是一把双刃剑，我们利用它可以控制执法环境，对违法人造成压力，进而有利于现场执法和教育。

2. 执法工作中态度与语言的艺术。首先，要摆正管理者与被管理者的关系，牢固树立管理就是服务的思想，是加强管理减少投诉的关键。其次，做事讲究方式方法，说话讲究语言艺术。执法不能光讲良好的出发点而不讲求方式方法，这样做多半会遭到投诉或执法失败，至少也会使违法人或围观群众心存不满，不利于创造好的执法环境。在执法过程中，情理法要并用。情是基础，利用感情就可以控制局面；理是关键，讲清道理群众就会服你；法是目的，处罚一人，教育多人。以情感人，以理服人，目的是以法育人。

3. 现场执法艺术。纠正违法行为时，要做到以下几个方面：

（1）在违法人自身利益的角度执法。要以人为本，换位思维。站在违法人的角度看违法行为对违法人自身利益的侵害，才能引起违法人和周围群众的感情共鸣，才能提高执法效率，减少投诉率。

300

（2）尊重违法人。敬礼、讲法言法语、允许违法人申辩并采纳其合法合理部分，都是尊重对方的表现。

（3）站在围观群众利益上执法。把违法人的违法行为与对围观群众自身利益的侵害联系在一起，就可以造成有利于管理的舆论导向，就掌握了执法的主动权。

（4）利用感情调节情绪。不管违法人情绪怎样激动，执法者都应不温不火，有理有节，避免被违法人抓住小辫子投诉。

（5）不能压服。要让违法人心悦诚服。

（6）利用自身优势，改善自身形象。执法时进行科普宣传，可以强化法规教育的结果。特别是我们讲出的科学道理是广大群众所不知的，他自然会佩服你的学识和水平。只有别人先认可了你的人，才能认可你说的话和你做的事。

（三）合理规避执法干扰

在现场执法过程中，交通警察往往会受到来自于各方面的干扰。对此，需要我们采取妥善措施，达到执法目的。

1. 在处理违法过程中，常有驾驶人和随车人在违法现场要求交警接电话，并称是"某某领导找你"。遇到这种情况，民警在处理时，要做到依法、文明、有礼、有节。可以热情接听电话，主动汇报违法情况，征求意见，取得领导的理解和支持，或以正在执行公务为由婉拒电话。

2. 常有违法者以为什么别人违法不管，偏偏管我为由而拒绝接受处罚。遇到这种情况，民警要告知并作耐心解释，对仍拒不接受处罚的，可以采取扣留证件、扣留车辆等行政强制措施。

3. 遇有拒不出示驾驶证的，要耐心做好说服劝解工作，切忌到驾驶人的衣袋或包中去找驾驶证。经过教育，驾驶人仍拒不出示的，报领导批准后，扣留车辆，将驾车人带回队部处理。

4. 遇有纠正违法时招致群众指责、围攻时，要根据具体情况分别对待。如果确因纠违方法或言行不当等引起群众指责，甚至围攻，当事民警应及时向领导报告，同时要消除特权思想，勇于向群众道歉。如果是因驾驶人的蛮横无理，不服从管理，群众又不明真相，而招致群众指责，执勤民警要向群众出示证件，指出该违法者违法事实，让群众明白真相，争取得到群众的理解和支持。经过工作，群众情绪还较为激动时，一方面及时向领导汇报，请求支援；另一方面想方设法将违法者带离现场，缓解矛盾，避免激化。遇到这类情况，执勤民警一定要沉着冷静，牢记纪律要求，保持自身良好的形象，切不可在公开场合与违法者或群众发生争执。

5. 遇有客车超载，驾驶人、车主拒不接受处理，并鼓动乘客围攻交警时，应立即将司机、车主与乘客分离，以免其继续鼓动乘客闹事；同时向乘客讲清违法的严重性和可能导致的后果，稳定乘客情绪；及时向上级汇报，迅速联系车辆驳载或转载，确保乘客安全、及时抵达目的地；要注意收集有关证据，对驾驶人、车主妨碍公务的行为依法从严处理。

6. 对于因急病、急事等违法的，执勤民警要理解当事人的心情，避免与其发生争执。在处理时要突出一个"快"字。如是轻微违法教育后立即放行；如果无驾驶证、行驶证的，按照规定扣留相关证件车辆，并另联系车辆将病人送往医院或目的地；如果情况特别紧急，交通又拥挤，可用警车护送，确保以最快速度赶到目的地。

（四）实施"暗中执法"

交通警察的现场执法是传统的交通管理方式。其特点是：当交警在现场值勤时，绝大多数群众能够守法；而交警不在现场时，能够自觉遵守交通法规的人并不是很多，特别是行人与非机动车骑车人。这说明在我国存在明显的"遵警不遵法"的现象。按照传统现场执法管理方式，执勤交警只能管住有限的时段和路段，不可能对所有道路进行全天时、全天候、全方位的控制。失控时段与路段往往都是秩序乱点，进而引发了交通堵点与事故黑点。随着交通的快速发展，交通问题不断显现。在传统现场执法方式逐步失效的情况下，警察"暗中执法"就成了历史发展的必然。

所谓暗中执法，是指交通警察站在交通违法行为人不能直接看到的地点纠正交通违法行为。绝大多数交通事故是由交通违法行为造成的。我国交通事故多的原因是我国的交通违法行为比发达国家多的缘故。而交通违法行为多是由于在我国目前管理条件下违法成本远低于执法成本造成的。只有采取加大执法力度震慑违法行为的管理方式，才能保证正常的交通秩序，减少交通拥堵和交通事故的发生。由于警察暗中执法处罚的违法人数最少，对交通违法行为的震慑力度最大，故暗中执法是一种能够大幅度减少违法行为发生、确保人民群众生命财产安全的人性化执法方式。

在进行暗中执法时首先要选择交通设施设置完善的地点，在执法地点上游的禁令标志（暗中执法的依据）处设置提示标志，明确告知"前方交警正在执法"，通过明示暗中执法地点的方式，减少交通违法行为及执法纠纷的发生。久而久之，仅在禁令标志处设置"前方交警正在执法"的提示标志，不再设置暗中执法岗位，仍旧能够起到震慑违法行为发生的良好效果。

二、非现场执法中的执法策略

非现场执法与现场执法明显不同。非现场执法工作在现场只做调查取证，不做执法处理，故可以避免许多现场执法纠纷。现场执法和非现场执法在时间、空间上应形成互补关系，交通警察下岗后，路面秩序由非现场执法进行控制。如果非现场执法装备控制规模不足时，可在现场执法时采用规范的暗中执法方式，将机动车交通违法行为基本震慑住后再将警察撤下来，转由非现场执法进行控制。针对现场执法来说，非现场执法可以弥补失控时段、路段、路口管理力度的不足，起到"不下岗的交通警察"的作用。同时，可以利用灵活机动的战略战术，让违法者感到对违法行为的监视无处不在，"天网恢恢，疏而不漏"，加大对交通违法人的心理压力，使其不敢轻易违法。

非现场执法可以采取以下战术：

（一）舆论战术

单纯非现场执法，只有违法车辆的所有人、保管人或者驾驶人受到教育，其他群众不会从中得到教训。因此，可以采取天天公布违法监测结果，告知社会交通违法行为监控系统天天在正常高效的工作方法，同时，定期公布非现场监测到但不来接受处理的车号和逾期处理结果，加大震慑力度。

（二）宣传战术

为了得到强烈刺激效果，可以在新闻媒体上反复夸大宣传非现场执法信息采集的功能和作用，给人造成"天网恢恢，疏而不漏"的假象。

（三）游击战术

1. 向社会公布监控地点，待这些地点违法记录减少后，将监测设备移至新的秩序乱点和事故黑点处，同时告知社会在这些地点新增了违法行为监控点，请大家注意。同时，在原监控点上安装与原设备一模一样的假监控设备，通过"移兵增灶"的做法，扩大非现场执法管控面。

2. 在秩序乱点、事故黑点处多设监测机箱、移动监测机芯的做法，对社会公布监测机箱的位置，让机动车驾驶人摸不清哪儿是真监测，哪儿是假监测的位置，进而不敢轻易违法。

3. 对具体交通秩序混乱或事故高发的路口街道，采取随机抓拍交通违法行为进行非现场执法的方式。

4. 在现场抓拍交通违法行为时，要特别注意使拍摄的影像资料满足证据要求，既应反映出拍摄地点的交通法规规定，又要表现出具体的违法行为。

实训项目

交通路面勤务实训

目的：使学生加深对交通路面勤务知识的理解，明确交通秩序管理的内容与重点；掌握交通违法处理的基本技能，具备现场执法能力；具备对违反交通管理法律、法规的行为的认定能力和处罚能力；能够制作交通违法处理的法律文书。

内容：查处交通安全违法行为。

条件：酒精呼吸测试仪、测速仪、对讲机、锥形警示筒、反光背心、交通违法处罚文书等。可采取室内或室外形式进行。

组织：组织学生分别扮演不同的角色，如值勤交警、违法行人、驾驶人、骑自行车人、围观群众等，模拟在实际查处交通违法行为时可能出现的各种情况，观察值勤交警扮演者如何处置并予以点评、计分后进行角色互换。

以 10 人为一个实验单位，每区队分 5 次进行。其中：交警 2 名，各种交通方式的违法者 1~2 名，其余为围观群众。

作业：1. 完成实训中相关交通违法行为的认定、处罚依据和执法规范规定作业一份；

2. 制作并提交相关法律文书一套。

思考题：

1. 道路交通安全违法行为的构成要件有哪些？

2. 道路交通安全违法行为处罚的种类有哪些？

3. 道路交通安全违法行为处罚简易程序的实施步骤是如何规定的？

4. 道路交通安全违法行为处罚一般程序的实施步骤是如何规定的？

5. 行政强制措施的种类有哪些？实施扣留车辆、扣留机动车驾驶证、拖移机动车强制措施的情形有哪些？

6. 在由中国人驾驶的车辆中，有享有外交特权和豁免权的外国人，对此外国人的交通违法行为应如何处理？

第八章　道路交通勤务与交通警卫

第一节　道路交通勤务简述

一、概述

（一）道路交通勤务的概念

道路交通勤务，是指公安交通管理机关的执勤交通民警依法对道路交通活动和交通活动参与者进行的直接管理工作。它包括交通指挥疏导，维护交通秩序，检查来往车辆，处理道路障碍，保护事故现场，执行交通警卫和实施特殊情况下的交通管制。也可以说是一种主动的、动态的道路交通管理活动。

（二）道路交通勤务的分类

道路交通勤务可分为日常交通勤务和特殊交通勤务两大类。日常交通勤务是根据平时交通状况安排的交通勤务；特殊交通勤务则是在特定或非常情况下，专门组织安排的交通勤务。

（三）道路交通勤务的作用

道路交通勤务的作用，主要表现在：第一，道路交通勤务是交通管理的重要手段，是最直接、面对面的道路交通管理。第二，道路交通勤务是治安管理工作的重要组成部分。交通执勤民警不仅是一支道路交通管理力量，而且还是一支维护社会治安秩序，同破坏治安的违法犯罪分子作斗争的公开力量。第三，道路交通勤务是公安工作的一个门面。交通民警身着警服，代表国家执行任务，他们的一言一行、一举一动都会给群众以及外国宾客一个直接的印象，关系到国家的声誉和公安人员的形象。

（四）道路交通勤务的要求

道路交通勤务的要求有：第一，严格执法。交通民警执行勤务是依据国家赋予的职能对交通参与者的直接管理，因而，必须严格地执行法律及法规。第二，遵守纪律。执勤交通民警执行勤务往往是分散在各自岗位，单兵作战。因此，要求执勤交通民警严格遵守纪律，以保证勤务有效执行。第三，科学管理。交通民警执行勤务时，要认真履行职责，还要掌握执勤地段交通流量的变化规律、道路条件以及影响交通秩序的诸因素，以便更好地完成交通勤务任务。同时，把掌握的情况及时反馈到有关部门，为交通管理决策提供依据。

二、日常道路交通勤务

日常道路交通勤务，包括勤务内容、岗位设置和警力配备。

（一）日常道路交通勤务的内容

日常道路交通勤务的内容有四个方面：第一，交通指挥疏导。它主要是指在平面交叉路口的岗位疏导和重要路段的流动疏导。前者是执勤在交叉路口以手势、指挥棒或手控信号灯，指挥各方向的车辆和行人；后者则主要是当某些路段出现交通堵塞时，临时性地实施疏导、调度和排解，以恢复交通畅通。第二，维护交通秩序。采用宣传教育方法，引导车辆和行人安全有序地行驶；纠正和处理各种交通违法行为；保护交通事故现场，协助伤员救护和事故现场勘查。第三，检查来往车辆。随时注意过往车辆，将部分有疑问的车辆拦截下来，检查机械有无故障，装载有无问题，牌证是否相符，驾驶人是否酒后开车和驾驶证是否有效等。第四，排除道路障碍。加强道路占用管理，取缔道路违章占用，纠正违章停车，以保障道路畅通。

（二）日常道路交通勤务的岗位设置

道路交通勤务的岗位即交通民警的执勤地点和范围，可分为固定岗位和流动岗位两大类。固定岗位包括信号灯岗、徒手或指挥棒指挥的岗位和固定检查站。流动岗即以路段或路线为执勤范围的不固定的勤务岗位，主要以驾车或徒步巡逻的方式进行。交通勤务岗位设置，主要是根据城市或地区的特点、道路交通情况、交叉路口所处位置以及其他具体情况来决定和安排。这种安排不能一成不变，应根据道路交通情况变化和实际需要进行调整和增减，力求合理化、科学化。

（三）日常道路交通勤务的警力配备

日常道路交通勤务的警力配备，应根据城市或地区大小、人口与车辆的多少、道路交通及其管理的规模而编制配置。日常交通勤务的警力配备，一方面要根据岗位设置的需要，分清主次、合理安排；另一方面要根据具体条件，保持一支机动力量以应急需。同时，还要组织各岗位之间必要的相互支援，做到既能明确分工，坚守岗位，又能互相支援，协同作战。

三、特殊道路交通勤务

特殊道路交通勤务包括交通警卫和突发事件时的道路交通管制。交通警卫主要是对首长、外宾的道路交通安全进行保卫，对重大集会、大型体育比赛场进行道路交通管理和指挥疏导；突发事件时的道路交通管制，是指在空袭、爆炸、劫机、劫车、凶杀、抢劫、重大治安案件和事件、火灾、水灾、地震等突然事件发生时的道路交通管制与疏导。

鉴于特殊道路交通勤务具有一定的独立性和特殊性，将在下一节中具体讨论。

四、公路交通巡逻勤务

（一）公路交通巡逻勤务的目的与任务

1. 公路交通巡逻勤务的目的。公安部《关于组建公路巡逻民警队在公路上实施统一执法工作的通知》（公通字〔1996〕58号）决定，在市、县级公安机关建立公路巡逻民警队，对辖区内涉及公路上的治安和交通管理问题实施统一执法，除承担原有的交通管理职责外，还负责公路上刑事、治安案件的先期处置。其目的是：

（1）为适应社会治安动态管理的新形势，逐步实现一警多能、一警多用，强化社会治安管理；

（2）增强公安机关预防、制止和打击各种违法犯罪活动的威力；

（3）提高公安机关处理刑事、治安案件的快速反应能力和整体作战能力。

2. 公路交通巡逻勤务的任务。

（1）维护交通秩序，指挥、疏导交通，纠正交通违法行为，处理交通事故；

（2）维护公路治安秩序；

（3）预防和制止公路上发生的违法犯罪活动，打击车匪路霸；

（4）堵截逃犯和其他犯罪嫌疑人；

（5）依法查处乱设站卡、乱罚款、乱收费行为；

（6）接受公民报警；

（7）救助遭受意外受伤、突然患病或者遇险人员。

公路交通巡逻勤务将大量警力分布在公路的各个路段上，昼夜巡逻值勤，一旦发生各种案件，群众随时可以报警、报案，公路交通巡逻民警则可以就近赶赴发案地点并进行紧急处理。公路巡逻具有发现案件快、接受报案快、赶赴现场快、保护现场快、调查取证快、抢救伤者快、抓获犯罪嫌疑人快等特点。

（二）公路交通巡逻勤务组织及管辖范围

1. 公路交通巡逻勤务组织。公路交通巡逻民警队由市、县公安交警支队、大队改建。两块牌子，一支队伍，现任交警支队、大队领导分别兼任与巡逻民警队机构相对应的职务。

公路交通巡逻民警队在队伍管理和业务工作上仍受当地公安机关和上级交通管理部门的领导和指导。在预防、处置刑事犯罪和治安管理工作上接受同级刑侦、治安管理等部门的业务技术指导。

2. 公路交通巡逻勤务的管辖范围。公路交通巡逻勤务的管辖范围原则上是以公路征地的范围为界。国道路肩外侧 20 米范围以内、省道路肩外侧 15 米范围以内。

公路交通巡逻勤务的管辖范围为属地派出所、刑侦和治安部门原有的管辖范围，职能不变，依然行使日常刑事案件处置和治安防范工作的职责。

（三）公路交通巡逻勤务方式与值勤要求

1. 公路交通巡逻勤务方式的特点。公路交通与城市道路交通不同，因此，交通勤务也有所区别。公路交通巡逻勤务的特点就是巡逻，要根据实际情况和管理需要，确定公路交通巡逻勤务的方式：

（1）白天巡逻与夜间巡逻相结合。

（2）驱车巡逻与流动设岗相结合。

（3）公开巡逻与隐蔽巡逻相结合。

（4）常规巡逻与重点巡逻相结合。

2. 巡逻警力的调配。县（市）交警大队要确保 2/3 以上警力上路，要根据本地道路状况、交通流、事故特点和季节的变化，合理部署警力，适时调整值勤时间。每个值勤民警每天上路值勤时间不少于 6 小时，市（县）辖区内的干线公路每天必须保证有警力值勤。

3. 公路交通巡逻勤务的值勤要求。

（1）管理路段要达到秩序良好、违法减少、道路畅通、不发生一小时以上的交通拥堵。

（2）交通事故稳中求降，不发生管理责任事故。

（3）发现交通事故和拥堵，快速反应，处置得当。

（4）一般事故现场 20 分钟内勘查完毕，重大事故现场 40 分钟内勘查完毕，撤除现场迅速，妥善处置。

（5）对发生在公路上的治安事件，主动发现，妥善处置，及时报告，制伏犯罪分子，控制事件现场，积极维护好秩序。

近年来，随着经济的发展，道路交通活动的日益频繁，道路上出现的治安问题开始突出起来，特别是因交通事件（如交通事故处理、维护交通秩序、查处交通违法行为等）而引发的治安案件开始凸显。这些治安问题，具有突发性、移动性和群体性的特点，难以事先知道，也难以按派出所管理方式按图索骥。所以，交通警察必须学会预先防范，及时处置和处理各种事件，以保证案发地段尽量不影响或少影响交通秩序。

对道路上出现的群体性治安问题，一是保护好人民群众的生命财产安全和合法权益，并立即报告上级；二是宣传教育，尽可能疏散围观人员，注意发现并控制为首人员；三是另外开辟交通通道，以利于车辆绕行，防止交通堵塞；四是组织防暴力量，制止暴力性违法行为，及时处置好违法行为的蔓延和扩散。

五、道路交通勤务管理

道路交通勤务管理，是指对交通民警执行勤务的组织和领导。经过很多实践活动，已经把道路交通勤务管理的诸多内容和各种方法归纳起来形成一套规章制度。它有利于道路交通勤务的具体落实、检查考核和有效进行。

（一）岗位责任制

岗位责任制是公安交通警察勤务管理的一种最基本的规章制度。建立岗位责任制，给执勤民警规定责任范围，明确职责、任务和要求，实行包干负责制，以便于检查和考核。岗位责任制的基本点是"五定"，即定岗段、定人员、定时间、定范围、定任务。为了落实岗位责任制，要求执勤民警在调查研究的基础上，切实做到"四知"，即知岗段的交通流量和流向，知交通参与者的特点，知责任范围内单位的安全情况，知本管辖区内的管理重点。"四知"的目的在于有针对性地采取措施，加强责任区的管理。

（二）分级管理制

分级管理制，是指对公安交通民警勤务按不同层次进行管理的一种管理形式，即通常所说的"三级管理、四级查勤"的一种勤务管理制度。"三级管理"，是指交通执勤民警要接受本小队、本中队和本大队的监督和管理。特别是在参加中队或大队直接负责指挥领导的高层次勤务，则直接受中队和大队一级管理。因为不同等级的交通勤务的指挥权和领导责任是由不同层次的领导机构来承担的。"四级查勤"，是指查勤工作同时可由大队、中队、小队和班组四个层次分头进行。这种上下结合的查勤制度比较严密，有利于保持执勤民警的工作热情和责任心，也有利于各单位的考评工作。

（三）考核奖评制

考核奖评制，是指对交通民警执勤表现的检查、考核和评价的管理制度。其目的在于总结交流经验，落实奖惩制度，促进交通勤务工作。考核奖评的内容，主要是交通勤务的执行情况，包括思想作风、工作态度、业务能力和管理效果等。

第二节 道路交通警卫

一、概述

（一）道路交通警卫的概念和性质

道路交通警卫是公安部门依据国家赋予的职权，在道路上或与道路交通有关的地方，对符合警卫规格的首长和外宾，或有一定规模的群众活动，警卫其道路交通安全、畅通的工作。

道路交通警卫是对特定对象的安全保卫，是一个多系统和公安机关内部多部门、多警种密切配合、协同行动的复杂过程，往往时间短、要求高、活动范围大，它涉及首长、外宾和参加活动广大群众的人身安全，关系到国家声誉和社会影响。因此，对于道路交通警卫的组织者来说，必须精心组织、精心指挥，对于值勤交通警察来说，则应严守纪律，严格履行自己的职责。只有这样，才能完成各项交通警卫任务。交通警卫的基本任务是：确保行车安全和道路畅通；确保车辆停放安全与出入方便；确保警卫对象和群众的人身安全。

道路交通警卫工作也是道路交通管理工作中一项比较常见且十分重要的工作，它要求确保警卫对象在活动中的行车安全与便利，维护和保障好重大活动的交通秩序。这项工作也直接关系到首长和外宾的人身安全和国家的政治声誉、社会的安定团结。同时也涉及公安交通管理工作的方方面面和各种技术手段的应用，是一项政治性、业务性很强的综合性工作。

（二）道路交通警卫的要求

道路交通警卫涉及首长、外宾和参加集会群众的人身安全，关系到国际声誉和群众影响。因此，要求万无一失，切实做好。

第一，做好准备工作。首先了解首长、外宾的人数和车队规模、接待规格，了解行走路线、停驻地点和时间，并对具体路线进行检查。对大型集会和体育比赛的时间、地点、规模等进行了解和勘查。根据需要和规定，确定警卫级别、制定警卫方案，并进行必要的演习。

第二，组织实施。交通警卫分为会场勤务和路线勤务两种警卫形式。会场勤务的组织实施是以停车场为中心，按预定的出入口和行进路线将到会车辆引导到划定的位置，按先后顺序，分级别规格，按照一定的排列方式停放。散会后，按照预定方案，先后将车辆疏散到场外，并进入交通线路返回预案的实施。

第三，路线勤务是为保证首长、外宾车辆在道路上安全、顺利通行而派出的交通勤务。须按指定岗位提前到位，车队来前报信，车过后即将线路腾清；注意观察情况，防止破坏和捣乱，出现问题要果断处置，避免造成混乱。车队在行进中要有前导车开路，收尾车殿后。执勤民警要在接到命令后方能撤离。

二、分类和内容

道路交通警卫可以根据不同的标准进行不同的分类。按警卫对象的不同，可将交通警卫分为外宾交通警卫、内宾交通警卫、场馆交通警卫和线路型大型群众活动交通警卫等。按警卫规格的不同，可将交通警卫分为一级警卫、二级警卫和三级警卫。一级警卫针对党和国家重要领导人，外国国家元首、政府总理以及按此规格接待的外宾。二级警卫针对党和国家主要领导人，外国国家副总统、政府副总理以及按此规格接待的外宾。三级警卫针对党和国家领导人，外国议会议长、副议长，最高法院院长、最高检察院检察长、重要的政府部长以及按此规格接待的外宾。

（一）外宾交通警卫

外宾交通警卫，主要是指对外国政府或政党来我国进行国务或党务活动的外国宾客的道路交通警卫。

1. 外宾交通警卫的规格和特点。

外宾交通警卫的规格与接待规格都是一致的，根据外宾的身份、级别和我国对外交往的需要，国家规定了接待和警卫外宾的三种规格：

（1）一级警卫。这是对外国元首、党的领袖所采取的警卫。礼仪上和安全上要求隆重、庄重，保证绝对安全，万无一失。

（2）二级警卫。这适用于党和国家副职首脑和三军司令、国防部长、总参谋长及相当于此级别的代表团所采取的警卫。

（3）三级警卫。这适用于我国的副总理以下、部长以上，包括议长在内和相当于此级别的代表团所采取的警卫。

外宾交通警卫的特点：第一，开放程度大；第二，外宾活动队伍庞大、阵容豪华，目标清晰，乘车活动时，车队一般有几十辆，甚至上百辆；第三，警卫要求高，既要保证行车时的安全畅通，又要符合礼仪要求。

2. 外宾交通警卫的主要措施。外宾交通警卫的主要措施应根据警卫对象、时间、地点、路线等具体情况确定。

（1）外宾一级交通警卫的主要措施。仪仗车队由道检车、信号车（指挥车）、五辆大功率的两轮摩托车开道车、警卫部门的前导车和若干辆礼宾车组成的主车队及收尾车组成；警卫对象行经路线设为第一道交通警戒线，按指定岗位和任务，沿途布置较为充分的警力，提前到岗到位；在车队来前，报信车过后，实行临时交通管制，迅速将线路腾清；在警卫对象行经路线的两侧相邻道路设置第二道警戒线，其任务就是疏导车流和实行对车辆的改道或部分改道行驶的措施；加强停车场所的控制，确定车辆进出、停放方式；安排好机动警力，一旦发生问题能及时赶赴应急；为了防止原定的警卫对象行经路线突然阻塞，应确定备用路线，以便必要时警卫对象能改道行驶。

（2）外宾二级交通警卫的主要措施。在原来有交通警察值勤指挥的路口、路段或原来无交通警察值勤指挥的路口、路段适当加岗；车队前，配一辆警车开道；警卫工作主要采取疏导措施，在有条件的道路上除用信号灯予以配合外，一般不采用改道或截流的措施。对于外宾三级警卫对象，警卫线路上不加岗，只事前通知沿线值勤交通警察，在获悉车队到来时优先放行，不派开道车，由有关部门派人随团现场指挥，遇到重要情况，及时与指挥部沟通联系，视情况处理。

（二）内宾交通警卫

内宾交通警卫，是指对国家党、政、军主要领导人外出活动时所进行的道路交通警卫工作。

1. 内宾交通警卫的规格和特点。内宾交通警卫规格为：一级警卫，即对我国党、政、军、政协主席和委员长、总理所采取的交通警卫；二级以下警卫，即对党、政、军副职（含副职）以下领导人进行的警卫。内宾交通警卫工作要求很高，既要保证警卫对象的绝对安全，道路畅通，又要注意社会政治影响，不准兴师动众，不准搞前呼后拥。因此，交通警卫工作具有保密性强，准备工作紧迫，可变性大，牵涉面和规格小等特点。

2. 内宾交通警卫的主要措施。内宾交通警卫，要在行经的路线上内紧外松地布置警力，使群众没有明显增加警力的感觉；内宾行经路线一般不采取交通封锁或社会车辆改道行驶、靠边避让措施，而主要是靠疏导的方法，保证内宾车辆在车流中的正常行驶速度；由于内宾活动变化快，交通警卫必须机灵敏捷，边走边做。总之，内宾的交通警卫，指挥人员必须要有高度的政治责任心和娴熟的指挥艺术，精心组织，精心指挥。

（三）场馆交通警卫

场馆交通警卫，主要是指在体育场、体育馆、影剧院、广场、宾馆等可容纳人们进行大型活动的固定场所举行大型活动时的交通警卫工作。

1. 场馆交通警卫的特点和主要任务。场馆交通警卫工作有以下一些特点：一方面，人员流量大，车辆进出多，集散时间短，容易发生挤伤、压伤人的事故，甚至造成混乱；另一方面，场馆固定，情况熟悉，经过多次警卫工作后，能够取得一定的经验，有的已形成固定的工作模式。因此，只要认真对待，精心组织，场馆交通警卫工作就能够顺利完成。

场馆交通警卫的主要任务是：保证车辆进出场馆的安全、畅通，保障参加活动的外宾、首长的安全，防止挤、压伤人事件的发生。

2. 场馆交通警卫的主要措施。首先要控制来车总数，安排好停车场地，一般可用发通行证的办法进行调节和控制；然后确定车辆进出口及场内车流方向，减少车辆行驶交叉；活动开始入场和结束散场时，确保到达场馆的车辆行驶、进出安全、畅通，加强停车秩序管理，同时加强场馆外围的交通管理，必要时采取车辆改道、交通管制等措施；保证参加活动的首长、外宾车辆的进出、停放安全便利；活动开始，车辆就位后，值勤交通警察对停车情况进行检查和清点，目的有三：一是发现问题及时解决；二是掌握停车数量，便于会后车流疏导工作；三是积累资料，为今后工作打下基础。

（四）线路型大型群众活动交通警卫

1. 线路型大型群众活动的特点和交通警卫的任务。线路型大型群众活动交通警卫，是指对临时占据一定路面进行的体育比赛及其他大型群众性活动进行的交通警卫。这些活动都具有参加人数多、活动线路长、涉及面广等特点，因此，给交通警卫工作带来较大的困难。线路型大型群众活动交通警卫的基本任务是：维持好活动线路上或线路两侧的秩序，防止发生混乱而导致伤人、死人事故；保障活动用车进出、停放的安全、畅通，保证活动的顺利进行，确保参加活动的首长、外宾的行车安全。

2. 线路型大型群众活动交通警卫的主要措施。由于活动本身占用道路，所以，进行线路交通警卫必须因时、因地制宜地实施好道路交通管制；严格控制横穿活动线路的人和车；合理安排原来在活动线路上行驶的车辆；维护好群众观看秩序；安排、控制活动用车的行驶路线和停放地点；根据实际需要，适当使用开道车、信号车、护卫车等警卫车辆；加强首长、外宾行经路线和停车点的管理和控制。

（五）执行道路交通警卫的基本要求

道路交通警卫工作责任重大，因此，无论交通警卫的组织者，还是每一位值勤的交通警察，都必须有高度的政治责任感和高度的警惕性，严守秘密，一丝不苟地完成交通警卫任务。为了使道路交通警卫工作能有条不紊地进行并能圆满完成，必须在全面了解情况、实地勘查线路的基础上，制定严密的勤务方案，并且力求使方案全面、细致、合理。方案的具体内容主要包括：确定首长、外宾和主要的到会车辆的数量、行车路线和停放方式；确定指挥系统和通信联络的方法；确定值勤岗位，科学配备警力，明确岗位责任；确定警卫道路的应急备用线路；确定机动勤务力量；对值勤交通警察在勤务中应注意的事项，提出具体要求。

三、突发事件时的道路交通管制

（一）概念

所谓道路交通管制，是指公安机关在发生重大事故和紧急情况时，为了抢险救灾，维护社会秩序和保障公共安全，依法禁止人员和车辆出入该局部地区道路的行为。

突发事件，是指某一地区（城市、乡镇、道路上、公路上等）突然发生的影响社会安定秩序或产生社会公共安全危机诸如刑事、治安案件，道路交通事故和自然灾害等难以预料的事件。

突发事件的道路交通管制，是指在空袭、劫机、爆炸、劫车、凶杀、抢劫、重大治安事件和案件、火灾、水灾、地震等自然灾害突发事件发生时的交通管制与疏导。

根据《道路交通安全法》第39条的规定，公安机关交通管理部门根据道路和交通流量的具体情况，可以对机动车、非机动车、行人采取疏导、限制通行、禁止通行等措施。遇有大型群众性活动、大范围施工等情况，需要采取限制交通的措施，或者作出与公众的道路交通活动直接有关的决定，应当提前向社会公告。根据《道路交通安全法》第40条的规定，遇有自然灾害、恶劣气象条件或者交通事故等严重影响交通安全的情形，采取其他措施难以保证交通安全时，公安机关交通管理部门可以实行交通管制。根据《人民警察法》第15条的规定，县级以上人民政府公安机关，为预防和制止严重危害社会治安秩序的行为，可以在一定的区域和时间，限制人员、车辆的通行或者停留，必要时可以实行交通管制。法律赋予了公安机关明确的职责。所以，如果出现或面对突发事件，我们必须坚定、积极地履行起职责来。

突发事件一旦发生，往往会引起社会秩序的混乱，造成交通堵塞，有时甚至会导致交通事故和并发案件的发生。公安交通管理部门面对突发事件，必须及时实行交通管制，积极协助有关部门控制局面，维持秩序，制伏犯罪行为人，抢险救灾，保护国家利益和人民群众的生命财产安全，确保道路交通的安全与畅通。

（二）突发事件道路交通管制的要求

面对突发事件造成的局面，公安交通管理部门应实行道路交通管制，协助有关部门控制局面，维持秩序，制伏犯罪嫌疑人，保护群众，保持道路交通的安全畅通。对劫车、驾车作案和驾车逃跑的犯罪嫌疑人，要迅速布置堵截、追捕。航空线上发生劫机事件时，应迅速腾清通往有关机场的主要道路，保证反劫机部队和装备能及时赶赴机场，不受阻拦。在发生爆炸、火灾、重大车祸等治安灾害事故时，要保证消防车、警车迅速通行，并对出事地点周围实行交通管制。同时，将无关车辆和群众疏导离开，腾清通往现场的道路。当地震和火灾发生后，往往会出现大范围甚至全面的交通混乱和堵塞。因此，道路交通管理部门应火速派出紧急勤务，布置执勤民警进行疏导。分清轻重缓急，该优先的放行，该留下的坚决留下，该缓行的暂缓放行。对失去动力或笨重的妨碍交通的车辆，能推到路旁的推到路旁，搬开路上的堆积物，以使道路顺畅。其目的就在于先让车辆开动起来，由慢到快，由局部到全线，由边缘到纵深逐步化解，直到全盘皆活。在城市，为了应付突发事件，道路交通管理部门应制定交通管制预案。预先根据假设情况，制定几套应急方案，一旦事件发生，按具体情况采取相应预案，积极组织实施，做到有备无患。

（三）道路交通管制的准备工作

为了能够有效地应付突发事件，公安交通管理机关必须要预先根据假设情况，制定周密细致的应急方案，以备一旦事件发生，能够马上按具体情况采取相应预案组织实施，做到有备无患。应主要抓好以下几个方面工作：

1. 制定处置突发事件道路交通管制的应急方案。首先根据在各区执行交通勤务管理的中队或区队划定责任区，每个中队或区队负责本责任区内发生突发事件时的交通管制和疏导。根据不同类型的突发事件，拟订出相应的勤务安排方案，落实到人，以便在突发事件发生时做到定人、定岗、定任务，有条不紊地分工协作，密切配合，共同进行交通管制与疏导。

2. 对值勤交通警察进行必要的教育和训练。执行突发事件的交通管制与疏导任务，要求值勤交通警察具有较高的基本素质，要有全心全意为人民服务和自我牺牲的精神、熟练的业务素质和较强的应变能力。因此，必须对勤务人员进行必要的教育和训练。通过培训，使值勤交通警察能够具备临危不惧、镇定自若、迅速果断、随机应变的素质，能胜任突发事件的道路交通管制和疏导工作。

3. 必须要组建一支机动力量和建立一套有效的指挥系统。为应付突发事件，必须组建一支机动力量，这些力量平时在一定区域为辅助值勤，一旦有突发事件发生，马上集中赶赴现场，实施交通管制与疏导。同时，要配备完善的指挥通信系统和足够的交通工具、武器和警械装备。

（四）道路交通管制的内容和实施

道路交通管制的核心内容，就是公安交通管理机关在一定区域和时间范围内断绝正常道路交通，禁止无关车辆、人员进入；及时疏散清理管制范围内的车辆和人员。针对不同的突发事件，实施道路交通管制的方式、方法也有所不同，具体表现在以下几点：

1. 在城市里的交通干线附近发生刑事案件和治安事件时，为了确保处置人员能够及时迅速地赶到现场，保证无辜人员不再受伤害，应立即在一定范围内暂时断绝正常交通，禁止无关车辆、人员进入，及时劝阻、疏散围观车辆和人员。必要时还应设置路障和哨卡，防止犯罪分子驾车突围，并保护好现场。

2. 发生飞机紧急迫降或劫机事件时，应迅速腾清通往机场的主要道路，保证消防和救护人员或反劫机部队和装备及时赶到现场，一路畅通无阻。

3. 一旦发生爆炸，火灾，重特大交通事故等事件时，应及时对出事地点周围实行交通管制，断绝正常交通，迅速清理疏散无关的车辆和人员。腾清通往现场的道路，保证消防车、救护车、警车能够迅速通行。

4. 当发生地震、水灾等重大自然灾害后，常常会出现大范围甚至全面交通混乱和堵塞。公安交通管理机关应火速派出紧急勤务，实行交通管制，进行指挥疏导。此时交通管制的原则是分清轻重缓急，该优先放行的必须优先放行，该留下的坚决留下，该暂缓放行的暂缓放行。

5. 在发生群众非法游行示威、集会、集体上访、静坐等群体性活动时，处置必须慎重，不能简单地干涉或制止。应及时向上级领导请示汇报，根据上级指示．依法进行劝解和疏导工作，维护交通秩序等。

四、道路交通警卫和道路交通管制的目的

（一）道路交通警卫的目的

道路交通警卫所要达到的最终根本目的就是：确保警卫对象在整个活动全过程中的人身安全和全过程中任何情况下的交通畅通、安全。

（二）道路交通管制的目的

道路交通管制所要达到的最终根本目的就是：确保政府和相应的国家机关或各种国家、社会救助、救援机构，在处置各种突发事件或救助救援过程中的交通畅通和安全。

思考题：

1. 简述道路交通勤务的概念和内容。
2. 简述道路交通警卫的概念和内容。
3. 简述道路交通勤务和道路交通警卫的特征和区别。
4. 比较几种道路交通勤务模式的异同。
5. 试展望道路交通勤务管理的发展前景。

第九章　交通事故处理

第一节　交通事故概述

一、交通事故定义及要素

（一）交通事故定义

交通事故的概念有两种：一是一般意义上的交通事故。这是指完全根据现象和结果，将在道路上发生的撞车、翻车、碰撞等交通行为冲突，造成人员伤亡或财物损失、损坏的后果，无论什么原因，统称交通事故。二是法律意义上的交通事故。根据《道路交通安全法》第119条的规定，交通事故是指车辆在道路上因过错或者意外造成的人身伤亡或者财产损失的事件。

美国国家安全委员会对"交通事故"的定义是：交通事故，是在道路上所发生的意料不到的有害的或者危险的事件，这些有害的或者危险的事件妨碍着交通行动的完成，其原因常常是不安全的行动或者不安全的因素，或者是两者的结合，或者一系列不安全行动或者一系列不安全因素。所谓不安全的行动，是指精神方面的，就是我们通常所说的不注意交通安全。不安全的因素，是指客观物质基础条件。另外，在美国，"事故"、"碰撞"和"坠毁"的含义基本相同，有时交替使用。

日本对"交通事故"的定义是：由于车辆在交通中所引起的人的死伤或者物的损坏，在道路交通法中称为交通事故，但是稍微接触一下所产生的十分轻微的事故，只需当事人协商而不需要警察干预就可以解决的事端，可以不算作交通事故。

（二）交通事故的要素

从定义中可以看出，构成交通事故必须具备以下要素：

1. 车辆。车辆包括机动车和非机动车。车辆作为交通事故的主体要素，即当事人中，至少有一方使用车辆。

2. 道路。这是指交通事故必须发生在特定道路上。根据《道路交通安全法》的有关规定，将道路明确界定为，"公路、城市道路和虽在单位管辖范围但允许社会机动车通行的地方，包括广场、公共停车场等用于公众通行的场所"。其中：公路，包括公路桥梁、公路隧道和公路渡口。公路按其在公路路网中的地位分为：国道、省道、县道和乡道，并按技术等级分为：高速公路、一级公路、二级公路、三级公路和四级公路。城市道路，是指城市供车辆、行人通行的，具备一定技术条件的道路、桥梁及其附属设施。停车场，指供各种机动车和非机动车停放的露天或室内场所。

判断是否发生在道路上应以事态发生时所在的位置，而不是事态发生后车辆所在的位置来判断是否在道路上，即以事故接触点是否在道路上来判断。

3. 过错或者意外。过错指行为人的主观心理状态，当事人的主观过错包括故意和过失。这里的过失，是指行为人对事故造成的后果在主观上是过失的，而不是对交通违法行为本身是过失的，即对自己行为可能造成的后果因疏忽大意没有预见，或者已经预见，但轻信能够避免。行为人对自己交通违法行为在主观上可以是故意的，也可以是过失的。要注意的是，在道路上发生的危害后果，如果是当事人故意造成的，则分别适用《刑法》和《治安管理处罚法》去解决。在分析行为人主观心理状态时，一定要将交通违法行为的心理态度与交通违法行为造成结果的心理态度区分开。

意外事件应具备的条件是：第一，必须是不可预见的；第二，损害的发生必须是行为人以外的原因；第三，必须是偶然发生的。比如，事故是由于地震、台风、山洪、雷击等不可抗拒的自然灾害造成的。将"意外"作为交通事故的要素，使交通事故不仅是由特定的人员违反交通管理法律、法规造成的，也可以是因为车辆在道路上由于意外造成的，扩大了交通事故的范围。事故调查中，应该准确判断事件到底是由于人为还是意外造成的，这将直接影响到当事人是否承担相应的法律责任以及责任大小。

4. 有损害后果。这是指事故的发生必然造成人身伤亡或财产损失的后果，否则不能构成交通事故。

二、道路交通事故分类

（一）按损害后果的表现类型分类

1. 死亡事故。死亡事故，是指仅有人员死亡或者既有人员死亡又有人员受伤和财产损失的交通事故。

2. 伤人事故。伤人事故，是指仅有人员受伤或者既有人员受伤又有财产损失的交通事故。

3. 财产损失事故。财产损失事故，是指仅有财产损失的交通事故。

上述分类中的死亡，是指因交通事故而当场死亡和伤后 7 日内抢救无效死亡的。受伤，是指人体受伤为轻伤以上的事故。财产，是指因道路交通事故造成的车辆、财产直接损失的折款。不含因事故造成堵塞的损失、汽车维修后状况的下降、现场抢救、人身伤亡人员医疗费、丧葬费等善后处理的费用。

（二）按事故原因分类

根据事故发生的原因，可将其分为主观原因和客观原因。

1. 主观原因。主观原因，是指造成交通事故的原因是由于当事人主观过错造成的。其主要包括：违法行驶、疏忽大意、操作失误、过于自信和操作不当。

2. 客观原因。客观原因，是指由于道路条件不符合技术标准，以及环境等因素诱发的交通事故。其主要是由车辆性能、道路原因、交通秩序等方面造成的。

（三）按交通事故主要责任者进行分类

1. 机动车驾驶人事故。

2. 非机动车驾驶人事故。

3. 行人交通事故。

（四）按各方交通方式进行分类

1. 机动车之间的事故。

2. 机动车与行人的事故。

3. 机动车与非机动车的事故。

4. 车辆单独事故。

（五）按事故发生的区域或地点进行分类

1. 市区道路交通事故。

2. 公路交通事故。

3. 乡村交通事故。

三、交通事故形态

交通事故形态，是指交通事故的外部表现形式。交通事故形态分为碰撞、刮擦、碾压、翻车、坠车、失火和其他七种。

1. 碰撞，是指车辆的正面与另一物体接触的事故形态。

2. 刮擦，是指车辆的侧面部分与他方接触的事故形态。

3. 碾压，是指机动车车轮对自行车或行人推碾或滚压的事故形态。

4. 翻车，是指车辆在行驶中，因受侧向力的作用，使一部分或全部车轮悬空，车身着地的事故形态。

5. 坠车，是指车辆驶出路外，整体脱离地面，落到与路面有一定落差的地方。

6. 失火，是指车辆在行驶过程中，发生车辆燃烧的事故形态。

7. 其他，如爆炸事故等。

四、公安交通管理部门在事故处理中的职责

（一）交通事故处理的含义

交通事故处理是公安机关交通管理部门依据国家的有关法律、法规和规章，处理交通事故现场，调查交通事故证据，认定交通事故事实、原因和当事人的责任，处罚交通违法行为者，对损害赔偿进行调解，以及事故档案管理、事故统计分析等专门业务工作的总称。

（二）交通事故处理工作的特点和性质

1. 交通事故处理是由公安交通管理部门负责进行的一项专门工作。

2. 交通事故处理是依据国家的有关法律、法规和规章而进行的一项公安业务工作。

3. 交通事故处理是在法定管辖和职权范围内，按规定的程序进行的工作。

4. 交通事故处理是具有调查性质和一定侦查性质的工作。

5. 在现场勘查、查明事故事实和确定事故原因过程中，涉及专门技术。

6. 交通事故处理工作的实质是一种法的适用。

（三）交通事故处理的基本原则

1. 调查研究的原则。交通事故一般是在瞬间发生的，当事人、目击者对事故客观的反映难免出现失真的情况。另外，在事故处理过程中，当事人往往偏向自己有利的方面进行陈述。因此，办案人员只有深入细致地调查研究，全面收集证据，进行系统周密的分析，才能查明事故真实情况。

2. 实事求是的原则。实事求是的原则要求办案人员在处理交通事故中，增强责任心，尊重客观事实，一切从实际出发，反对

任何主观臆断，以事实为依据、以法律为准绳，依法公正办案。

3. 公开、公正的原则。公开原则的最大价值是建立透明政府、廉洁政府，保障当事人和公民的知情权，防止腐败。为了排除不公正因素可建立调查制度、回避制度、说明理由制度、听取意见制度，从而保证事故处理公正合理。

4. 依法处理的原则。公安机关交通管理部门在处理交通事故过程中，必须依据法定的职权和程序，严格执法，公开处理程序，做到公正、严格、文明、高效。不论交通案件事实的认定还是对案件作出的处理决定，都必须符合法律规定。

5. 便民原则、效率原则。便民原则主要体现在管辖制度、受理制度、简易制度、损害赔偿调解等制度上。效率原则，是指在处理交通事故的程序、环节上应当节约社会成本，提高效率。

（四）交通事故处理工作的主要内容

1. 交通事故现场处置。

2. 交通事故现场勘查。

3. 交通事故事实调查。

4. 交通事故认定。

5. 交通事故行政处罚。

6. 交通事故损害赔偿调解。

7. 交通事故档案管理。

8. 交通事故统计与分析。

（五）交通事故处理的法律依据

法律依据如下：

1. 国际公约和条约、国际惯例。

（1）《维也纳外交关系公约》。

（2）《维也纳领事关系公约》。

（3）《道路交通公约》。

（4）《联合国特权与豁免公约》。

（5）《联合国各专门机关特权与豁免公约》。

（6）《公路交通事故法律适用公约》（我国尚未加入）。

2．相关法律。

（1）《刑法》及《刑法修正案（六）》。

（2）《民法通则》。

（3）《民事诉讼法》。

（4）《继承法》。

（5）《婚姻法》。

（6）《行政诉讼法》、《行政处罚法》。

（7）《治安管理处罚法》。

（8）《行政复议法》。

（9）《国家赔偿法》。

（10）《道路交通安全法》。

3．行政法规。

（1）《行政复议法实施条例》。

（2）《道路交通安全法实施条例》。

4．法律、法规认可的标准。

《道路交通事故现场图形符号》、《交通事故案卷文书》、《交通事故痕迹物证勘验》、《交通事故勘验照相》、《道路交通事故受伤人员伤残评定》、《人体重伤鉴定标准》、《人体轻伤鉴定标准（试行）》等。

5．部门规章。

（1）《道路交通事故处理程序规定》。

（2）《道路交通事故处理工作规范》。

（3）《交通事故统计暂行规定》。

（4）《交通警察道路执勤执法工作规范》。

6．司法解释。

（1）最高人民法院《关于审理人身损害赔偿案件适用法律若干问题的解释》。

（2）最高人民法院《关于审理交通肇事刑事案件具体应用法

律若干问题的解释》。

（六）交通事故处理在公安交通管理中的作用和地位

交通事故处理工作在道路交通管理中处于十分重要的地位。这是由道路交通管理的目的和道路交通事故在我国社会经济、生活中的影响力所决定的。交通事故处理在公安交通管理中的作用主要有以下几个方面：

1. 维护国家利益和当事人的合法权益，维护交通安全法律的尊严。

2. 改进和完善道路交通安全管理工作，有效地预防交通事故。

3. 发现道路交通系统中的不安全因素，提高安全设计制造水平。

4. 及时解决交通事故损害赔偿纠纷，促进社会安定。

5. 提高交通参与者的交通安全意识和自觉守法意识。

第二节　交通事故处理程序

一、交通事故管辖

（一）处理交通事故的主管

1. 公安机关是处理交通事故的主管机关。根据《道路交通安全法》第5条的规定，国务院公安部门负责全国道路交通安全管理工作。县级以上地方各级人民政府公安机关交通管理部门负责本行政区域内的道路交通安全管理工作。这一条明确地规定了公安部和县级以上地方各级人民政府公安机关负责本行政区域内的道路交通安全管理工作。

2. 公安交管部门是处理交通事故的主管机构。根据《道路交通事故处理程序规定》第4条的规定，道路交通事故由发生地的县级公安机关交通管理部门管辖。未设立县级公安机关交通管理部门的，由设区市公安机关交通管理部门管辖。

3. 主管的含义。

第一层含义，明确了公安机关和其他国家机关、部门在道路交通安全管理及交通事故处理工作上的分工。

第二层含义，明确了公安机关交通管理部门和公安机关的其他部门在道路交通安全管理及交通事故处理工作上的分工。在公安机关内部，明确了交通管理部门是交通事故处理的主管机构。

第三层含义，公安机关交通管理部门处理交通事故时，基本上遵循地域管辖原则。

（二）交通事故的管辖权限

1. 管辖的概念。管辖实际上是管理权限的划分。交通事故管辖是指各级公安交通管理机关管理交通事故案件的权限划分。

2. 管辖权限。

（1）区域管辖原则。这是指任何单位、个人的车辆，发生交通事故都必须在发生地处理。

管辖不明的由最先发现案情或最先接到报案的交管部门先行抢救伤员，进行现场先期处理，管辖明确后移送有管辖权的机关处理。

对管辖权有争议的，由争议双方协商解决，协商不成的由双方的共同上级公安交管部门指定某一方处理。上级公安交管部门须在 24 小时内作出指定某一方处理的决定。

未设公安交管部门的，经地（市）公安机关批准，委托乡、镇公安派出所处理轻微事故。某一行政区域内无交管部门的，则由公安机关处理交通事故。

（2）军队、武警部队车辆、人员事故的处理。军队、武警部队车辆、人员事故和处理发生事故，应按照《道路交通事故处理程序规定》处理。不涉及地方车辆与人员的，由军车主管部门处理；涉及地方的，由当地交管部门处理；需要对现役军人给予刑事、行政处罚时，移送军队、武警部队有关部门处理。

（3）涉外事故的处理。外国人、外籍车辆发生道路交通事故的，除按照《道路交通事故处理程序规定》执行外，还应当按照办理涉外案件的有关法律、法规的规定执行。

享有外交特权与豁免的外国人发生道路交通事故时，交通警察认为应当给予暂扣或者吊销机动车驾驶证处罚的，可以扣留其机动车驾驶证。不同意检验、鉴定车辆的，记录在案，不强行检验、鉴定。需要对享有外交特权和豁免的外国人进行调查的，可以约谈，谈话时仅限于与道路交通事故有关的内容；本人不接受调查的，记录在案。拒绝接受调查或者检验、鉴定的，其损害赔偿事宜通过外交途径解决。

（4）车辆、行人在铁路道口、渡口发生的交通事故，依照国家有关规定处理。

（5）道路以外发生的事故的处理。对于道路以外发生的事故处理，根据《道路交通安全法》第77条的规定，车辆在道路以外通行时发生的事故，公安机关交通管理部门接到报案的，参照安全法有关规定办理。根据《道路交通安全法实施条例》第97条的规定，车辆在道路以外发生交通事故，公安机关交通管理部门接到报案的，参照《道路交通安全法》和《道路交通安全法实施条例》的规定进行处理。如车辆在单位内部道路或是在单位自用的停车场内发生事故本身不是交通事故，接到报警交警可以行使管辖权。判断道路以外事故的当事人的过错，可以参照《道路交通安全法》以及其他相关法律、法规制定的交通行为规范。

（三）交通事故的管辖职责

交通事故处理职责，是指在处理交通事故过程中，公安交通管理部门依法应履行的职务和责任。公安机关交通管理部门处理交通事故的法定职责包括以下几个方面：

1. 处理事故现场。
2. 调查取证。

3. 委托专门机构鉴定。

4. 道路交通事故认定。

5. 处罚交通违法者。

交通事故损害赔偿调解采取自愿原则，不再是诉讼的前置条件。《道路交通安全法》规定交通事故的当事人在发生交通事故后，可以请求公安机关交通管理部门调解，也可以直接向法院提起民事诉讼；如果当事人不申请，交警可以不予调解。

二、交通事故处理程序的概念

交通事故处理程序，是指公安机关交通管理部门依法处理交通事故的过程，由交通事故处理程序主体、步骤、顺序、时限、方式和专门制度等要素构成。

交通事故处理程序是法定的，是由道路交通安全法律、法规和规章等多种法律形式规定的。《道路交通安全法》、《道路交通安全法实施条例》、《道路交通事故处理程序规定》、《公安机关办理行政案件程序规定》和《公安机关办理刑事案件程序规定》中都有交通事故处理程序方面的规定。

三、当事人自行处理的交通事故

（一）当事人的范围

当事人包括外国人，外地人，军队、武警现役军人在内的，凡是具有民事行为能力的人，均可以自行协商处理损害赔偿事宜。

（二）当事人自行处理交通事故的范围

根据《道路交通安全法》第70条第2、3款的规定，当事人自行处理交通事故的情形有两种：第一，当发生未造成人身伤亡，当事人对事实及成因无争议的交通事故，当事人可以自行处理；第二，仅造成轻微财产损失，并且基本事实清楚的交通事故，当事人可以自行处理。

《道路交通安全法》第70条，《道路交通安全法实施条例》第86条、第87条对允许当事人自行协商处理的交通事故都作了具体规定。

（三）当事人应当撤离现场的情形

根据《道路交通安全法》第70条第3款的规定，在道路上发生交通事故，仅造成轻微财产损失，并且基本事实清楚的，当事人应当先撤离现场再进行协商处理。

根据《道路交通事故处理程序规定》第13条的规定，机动车与机动车、机动车与非机动车发生财产损失事故，当事人对事实及成因无争议的，可以自行协商处理损害赔偿事宜。车辆可以移动的，当事人应当在确保安全的原则下对现场拍照或者标画事故车辆现场位置后，立即撤离现场，将车辆移至不妨碍交通的地点，再进行协商。

非机动车与非机动车或者行人发生财产损失事故，基本事实及成因清楚的，当事人应当先撤离现场，再协商处理损害赔偿事宜。

当事人发生交通事故应当撤离的情形归纳起来有以下几个方面：

1. 机动车与机动车、机动车与非机动车发生的财产损失事故，对现场证据固定后，应当撤离现场。

2. 非机动车与非机动车或者行人发生财产损失事故，基本事实及成因清楚，应当先撤离现场，再协商处理损害赔偿事宜。

对应当自行撤离现场而未撤离的，交通警察应当责令当事人撤离现场；造成交通堵塞的，对驾驶人处以200元罚款；驾驶人有其他道路交通安全违法行为的，依法一并处罚。

（四）当事人自行撤离现场的例外规定

根据《道路交通事故处理程序规定》第8条的规定，有下列情形之一的，当事人应当立即保护现场并报警：

1. 造成人员死亡、受伤的。

2. 发生财产损失事故，当事人对事实或者成因有争议的，以及虽然对事实或者成因无争议，但协商损害赔偿未达成协议的。

3. 机动车无号牌、无检验合格标志、无保险标志的。

4. 载运爆炸物品、易燃易爆化学物品以及毒害性、放射性、腐蚀性、传染病病源体等危险物品车辆的。

5. 碰撞建筑物、公共设施或者其他设施的。

6. 驾驶人无有效机动车驾驶证的。

7. 驾驶人有饮酒、服用国家管制的精神药品或者麻醉药品嫌疑的。

8. 当事人不能自行移动车辆的。

发生没有人员伤亡，仅有财产损失的事故，并具有上述第2项至第5项情形之一，车辆可以移动的，当事人可以在报警后，在确保安全的原则下对现场拍照或者标画停车位置，将车辆移至不妨碍交通的地点等候处理。其他情形则不能移动现场，应该报警等待交警的处理。交警到达现场后，通过现场调查后，根据事故的损害后果、当事人对事故成因的理解与认同等情况，决定事故应该适用的处理程序。

四、交通警察适用简易程序处理的交通事故

交通事故处理中的简易程序，是指对未造成人身伤亡，当事人对事实及成因无争议的，或者仅造成轻微财产损失，并且基本事实清楚的交通事故，由办案人员在事故现场将事故处理完结的事故处理程序。

（一）交通警察对现场的处理

交通警察适用简易程序对现场的处理分两种情形：

1. 对当事人未自行撤离现场的交通事故的处理。发生《道路交通安全法》第70条第2款、第3款规定的交通事故，当事人不撤离现场的，交通警察应当在固定现场证据后，责令当事人撤离现场，恢复交通。拒不撤离现场的，予以强制撤离；对当事人不

能自行移动车辆的，交通警察应当将车辆移至不妨碍交通的地点。

撤离现场后，交通警察应当根据现场固定的证据和当事人、证人叙述等，认定并记录道路交通事故发生的时间、地点、天气、当事人姓名、机动车驾驶证号、联系方式、机动车种类和号牌、保险凭证号、交通事故形态、碰撞部位等，并根据当事人的行为对发生道路交通事故所起的作用以及过错的严重程度，确定当事人的责任，制作道路交通事故认定书，由当事人签名。

2. 对当事人自行撤离现场未达成协议的交通事故的处理。当事人自行撤离现场后，协商损害赔偿未达成协议报警的，应当向交通警察提供有当事人签名的交通事故文字记录材料。交通警察予以记录，由当事人签名。

（二）交通警察适用简易程序的条件

根据《道路交通事故处理程序规定》第 15 条的规定，简易程序的适用条件是：

1. 仅造成人员轻微伤的事故。交通事故造成了人员受伤，但是受伤人员认为自己伤情轻微，当事人对事实及成因无争议，但是对赔偿有争议的，也可以适用简易程序，但必须让受伤者自己写一份要求交警部门适用简易程序处理的书面申请书。

2. 具有以下情形之一的财产损失事故：

（1）发生财产损失事故，当事人对事实或者成因有争议的，以及虽然对事实或者成因无争议，但协商损害赔偿未达成协议的。

（2）机动车无号牌、无检验合格标志、无保险标志的。

（3）载运爆炸物品、易燃易爆化学物品以及毒害性、放射性、腐蚀性、传染病病源体等危险物品车辆的。

（4）碰撞建筑物、公共设施或者其他设施的。

（5）驾驶人无有效机动车驾驶证的。

（6）驾驶人有饮酒、服用国家管制的精神药品或者麻醉药品嫌疑的。

（7）当事人不能自行移动车辆的。

除了上述七种情形的财产损失事故外，如果有其他的交通违法行为，只要事故中没有造成人员伤亡，并且当事人对事实及成因无争议的，都可以适用简易程序处理。适用简易程序的，可以由一名交通警察处理。

（三）简易程序的主要工作步骤

1. 受理。当事人在现场对事实及成因有争议或者对赔偿有争议的情况下，报警要求事故处理人员处理的，交警应受理并迅速赶赴现场。

2. 现场调查。现场调查主要是确定当事人的过错及其交通违法行为，分析当事人过错与事故成因的关系。

3. 当场制作事故认定书。在调查的基础上，在事故认定书上说明事故成因，划分当事人各方的事故责任。

4. 处罚其交通违法行为。对个人处以 200 元以下罚款的，可以适用简易程序，由交通警察当场作出处罚决定，制作简易程序处罚决定书。对违法行为人按一般程序进行处罚的，制作道路交通安全违法行为处理通知书，简易程序处罚决定书和道路交通安全违法行为处理通知书应当由被处罚人和交通警察签名或者盖章、公安机关交通管理部门盖章。当事人拒绝签名的，交通警察应当在简易程序处罚决定书或道路交通安全违法行为处理通知书上注明，并当场送达被处罚人。当事人拒收的，交通警察应当注明。公安机关交通管理部门对交通违法行为的现场处罚的，可以由一名交通警察实施。

5. 现场调解。如果当事人各方要求交警现场调解的，交警可以进行现场调解。但下列情况下不能现场调解：一是当事人对道路交通事故认定有异议的；二是当事人拒绝在道路交通事故认定书上签名的；三是当事人不同意调解的。此时，交通警察可以在交通事故认定书上载明有关情况后，将交通事故认定书交付当事人；当事人的损害赔偿问题可以向人民法院提起民事诉讼。

五、适用一般程序处理的交通事故

根据《道路交通事故处理程序规定》的有关规定，一般程序的适用范围是：

1. 造成人员死亡、重伤、轻伤的事故；

2. 没有人员受伤，但是当事人对事实或者成因有争议的疑难案件。

（二）一般程序的主要工作步骤

1. 受理。交通事故受案，是指公安机关交通管理部门接受交通事故案件并予以处理。公安机关交通管理部门接到交通事故报警，应当在"受理交通事故案件登记表"上做好报警记录。受案步骤的关键是查明事件的性质、管辖和信息报告。

2. 立案。立案是交通事故案件处理的前提，只有经过立案才能开展调查工作。交通事故立案，是公安机关交通管理部门确定是否办理交通事故案件的一项工作制度，是交通事故处理的前提，只有经过立案才能开展调查、处理工作。

公安机关交通管理部门接到报警后，对接报案件的性质进行初步审查，属于交通事故案件的，填写《交通事故立案登记表》，经主管领导审批后，予以立案调查。对不属于交通事故案件的，要书面通知当事人，告知其所报案件不是交通事故，不属于公安机关交通管理部门管辖。对不属于公安机关交通管理部门管辖的案件，受案人有义务移送公安机关其他部门或告知当事人找哪一个部门或者单位去处理。

3. 调查取证。调查取证是处理交通事故的基础性工作，在处理程序中是十分重要的一个步骤。主要是通过对当事人、证人及见证人的询问笔录，以及委托相关部门的鉴定来收取证据。

4. 交通事故认定。交通事故认定书应当加盖公安机关交通管理部门交通事故处理专用章，分别送达当事人，并告知当事人申请公安机关交通管理部门调解的期限和直接向人民法院提起民事诉讼的权利。

5. 处罚。根据《道路交通安全违法行为处理程序规定》的有关规定，处罚当事人的交通违法行为。

6. 损害赔偿调解。交通事故损害赔偿权利人、义务人一致请求公安机关交通管理部门调解损害赔偿的，可以在收到交通事故认定书之日起 10 日内向公安机关交通管理部门提出书面调解申请，公安机关交通管理部门应予调解。当事人在申请中对检验、鉴定或者交通事故认定有异议的，公安机关交通管理部门应当书面通知当事人不予调解。

7. 移送案件。

第三节　交通事故现场处置

交通事故现场处置，是指公安机关交通管理部门及其交通民警在接到交通事故报案后，从迅速赶赴现场到现场清理完毕期间，有关交通事故现场处理工作的过程。从工作内容上，包括交通事故接警和处理、现场保护、现场救护、现场紧急措施和现场善后处理等部分。

一、道路交通事故接警与处理

根据《道路交通事故处理工作规范》第 10 条的规定，设区市、县级公安机关交通管理部门事故处理机构应当建立 24 小时值班备勤制度，并根据辖区道路交通事故情况，确定值班备勤人数。值班备勤民警不得少于二人。这里的二人必须是指正式在编的警察。

（一）交通事故接警登记制度

公安交通管理部门受理交通事故案件的来源有两种：一是接

受报案；二是交通警察在执勤巡逻中发现的。报警方式目前主要有电话报警、对讲机通知、口头（当面）报警和书面报警。交通事故案件的主要报案人包括当事人、当事人委托人、事故发生目击者、事故知情者以及事故现场发现人。公安机关交通管理部门对任何形式报案的交通事故案件都应予受理并登记。

交通警察执勤巡逻发现道路交通事故的，应当立即报告公安机关交通管理部门指挥中心或者值班室，并先期处置事故现场。

指挥中心接到道路交通事故报警的，应当按照《道路交通事故处理程序规定》第10条规定的内容进行询问并作记录，指派就近的执勤民警立即赶赴现场进行先期处置，并根据情况作相应的处理。

1. 接警记录内容。根据《道路交通事故处理程序规定》第10条的规定，公安机关及其交通管理部门接到道路交通事故接警，记录内容主要包括：报警方式；报警时间；报警电话的号码；报警人基本情况（报警人姓名、单位、联系电话、与事故当事人关系等）；事故基本情况（发生交通事故时间、地点、事故类型等）；事故后果（人员伤亡、车辆损坏、财物损坏等）；肇事车辆基本情况（车辆类型、车辆牌号、是否载有危险物品、危险物品的种类等）；涉嫌交通肇事逃逸的，还应当询问并记录肇事车辆的车型、颜色、特征及其逃逸方向，逃逸驾驶人的体貌特征等有关情况。

但要注意的是，报警人不报姓名的，应当记录在案。报警人不愿意公开姓名的，应当为其保密。

2. 接警登记的要求。交通事故接警登记要按照《受理交通事故案件登记表》的内容一项一项地询问并记录清楚，不能遗漏。接警登记可以作为交通事故立案依据以及查核案件的依据。

（二）现场民警的先期处理

根据《道路交通事故处理工作规范》第11条的规定，交通警察执勤巡逻发现道路交通事故的，应当立即报告公安机关交通管理部门指挥中心或者值班室，并先期处置事故现场。

（三）受理民警的先期处理

根据《道路交通事故处理工作规范》的有关规定，指挥中心接到道路交通事故报警的，应当进行详细询问并作记录，指派就近的执勤民警立即赶赴现场进行先期处置，并根据情况进行以下处理：

1. 需要适用一般程序处理的，通知事故处理岗位民警和相关单位救援人员、车辆赶赴现场，并调派足够警力赶赴现场协助救援和维持秩序。

2. 属于上报范围的，立即报告上一级公安机关交通管理部门，并通过本级公安机关报告当地人民政府。

根据《道路交通事故处理工作规范》第17条的规定，发生下列道路交通事故，公安机关交通管理部门应当立即通过本级公安机关报告当地人民政府，并逐级上报省级公安机关交通管理部门：

（1）一次死亡3人以上道路交通事故的。

（2）运载危险物品的车辆发生泄漏、爆炸、燃烧等道路交通事故的。

（3）发生外国人及港澳台人员死亡或者造成3名以上外国人及港澳台人员受伤的道路交通事故的。

（4）高速公路上发生5辆以上机动车连环相撞或者同向1公里以内发生3起以上多车相撞的道路交通事故的。

（5）公安民警因道路交通事故死亡或者公安民警交通肇事造成他人死亡的。

根据《道路交通事故处理工作规范》第18条的规定，发生下列道路交通事故，公安机关交通管理部门应当立即将道路交通事故基本情况逐级上报公安部交通管理局：

（1）一次死亡5人以上道路交通事故的。

（2）发生危险化学品泄漏、爆炸、燃烧的道路交通事故且造成严重后果的。

(3) 发生外国人及港澳台人员死亡或者造成 3 名以上外国人及港澳台人员重伤的道路交通事故的。

(4) 高速公路上发生十辆以上机动车连环相撞或者同向 1 公里以内发生 5 起多车相撞的道路交通事故的。

(5) 交通民警在工作期间因道路交通事故死亡的。

3. 需要堵截、查缉交通肇事逃逸车辆的，通知相关路段执勤民警或者通报相邻的公安机关交通管理部门布控、协查。

4. 运载爆炸物品、易燃易爆化学物品以及毒害性、放射性、腐蚀性、传染病病原体等危险物品的车辆发生事故的，立即通过本级公安机关报告当地人民政府，通报有关部门及时赶赴事故现场。

5. 营运车辆发生人员死亡事故的，通知当地人民政府有关行政管理部门。

6. 造成道路、供电、通信等设施损毁的，通报有关部门及时处理。

7. 涉及群死群伤道路交通事故、载运危险品车辆交通事故、恶劣天气条件下交通事故、自然灾害造成的交通事故和交通肇事逃逸案件等应急处置范围的，指挥中心应当立即报告公安机关交通管理部门负责人，并启动相应的应急处置机制。

(四) 事后报案的处置

1. 当事人撤离现场，未达成协议，在现场报警的，公安机关交通管理部门应当立即派交通警察赶赴现场处理。当事人虽然撤离现场，但在现场报警的，公安交通管理部门必须立即出警。尽可能在现场发现有用证据，以分析事故过程以及各方当事人在事故中的过错等，有利于下一步交通事故的处理。如果这时交通警察不去现场就是"不作为"。

2. 当事人未在现场报警的，事故现场也不存在的，根据《道路交通事故处理工作规范》第 20 条的规定，当事人未在道路交通事故现场报警，事后请求公安机关交通管理部门处理的，公安机关交通管理部门应当在 3 日内根据当事人提供的证据或案件线索，对事故发生地点的道路情况、事故车辆情况等进行核查，查找并询问事故当事人和证人。

经核查道路交通事故事实存在的，公安机关交通管理部门应当受理，并告知当事人；经核查无法证明道路交通事故事实存在的，应当制作《道路交通事故处理（不受理）通知书》，注明理由，送达当事人；经核查不属于道路交通事故但属于公安机关管辖范围的案件，应当移送公安机关相关部门，并书面告知当事人，说明理由；经核查不属于公安机关管辖的案件，应当告知当事人向相关部门报案，并通知相关部门。

（五）立即赶赴现场

1. 赶赴现场的法律、法规依据。根据《道路交通安全法》第 72 条第 1 款的规定，公安机关交通管理部门接到交通事故报警后，应当立即派交通警察赶赴现场，先组织抢救受伤人员，并采取措施，尽快恢复交通。根据《道路交通安全法实施条例》第 89 条的规定，公安机关交通管理部门或者交通警察接到交通事故报警，应当及时赶赴现场。根据《道路交通事故处理程序规定》第 11 条的规定，公安机关交通管理部门接到道路交通事故报警或者出警指令后，应当按照规定立即派交通警察赶赴现场。根据《道路交通事故处理工作规范》第 14 条的规定，交通警察接到处警指令后，白天应当在 5 分钟内出警，夜间应当在 10 分钟内出警。

2. 赶赴现场的准备要求。

（1）勘查装备。根据《道路交通事故处理工作规范》第 15 条的规定，交通警察赶赴现场处理道路交通事故，应当按照规定穿着反光背心，夜间佩戴发光或者反光器具，配备必要警用装备，携带道路交通事故现场勘查器材。最基本的现场勘查器材应包括标记用笔、皮尺、指南针、笔、尺子、印泥、摄像机、照相机、胶卷、勘查灯、镊子、收集袋等。

（2）现场保护装备。根据《道路交通事故处理工作规范》第

25 条的规定，交通警察到达现场后，应当根据现场情况，划定警戒区域，白天在距离现场来车方向 50 米至 150 米外或者路口处放置发光或者反光锥筒和警告标志，指挥过往车辆、人员绕行，必要时可以封闭道路。夜间或雨、雪、雾、冰、沙尘等特殊气象条件下，应当增加发光或反光锥筒，延长警示距离。最基本的现场保护工具包括反光或者发光锥筒、警戒带、警告标志、告示牌等安全防护器材。

（3）相关文书。以下文书是交通事故现场尤其是简易处理的交通事故最常用到的文书，必须随身携带：交通事故现场勘查笔录；交通事故现场图；询问笔录；公安交通管理行政强制措施凭证（道路交通安全违法行为处理通知书）；公安交通管理行政强制措施凭证；公安交通管理简易程序处罚决定书；道路交通事故认定书（简易程序）。

（4）急救装备。根据《道路交通事故处理工作规范》第 21 条、第 26 条的规定，交警到达现场后，发现有人员受伤的，应当立即组织抢救受伤人员。常用的且较易携带的急救用具包括三角巾、纱布、绷带、止血带等。

二、交通事故现场保护

交通事故现场保护，是指为使交通事故现场保持事故发生后的原始状态，使痕迹、物证免遭破坏，而对现场采取的一种保全措施。现场保护完整，勘查人员才有可能观察到现场的原始状态，并据此分析判断交通事故发生的情况、过程，对分析案情至关重要。现场保护完整，勘查人员才有可能发现交通事故发生后留下来的痕迹、物证，并能完整地提取。

交通事故现场均是处在通行车辆的道路上，很多情况下在勘查交通事故现场时，往往不能采取全封闭措施。来往通行的车辆，会给现场勘查人员或交通事故当事人、乘车人的安全造成威胁，极易发生二次事故。因此，做好交通事故现场的安全防护工作，不仅有利于保持事故现场的真实性，也能保护交通警察自身安全，杜绝交通警察在勘查事故现场发生意外伤亡和避免连锁事故发生，保护交通事故当事人及围观群众的安全需要，也是交通警察依法办案、依程序办案的需要，具有非常重要的意义。

（一）交通警察的现场保护义务

《道路交通事故处理程序规定》第21条对交通警察的现场保护义务作了具体规定，交通警察到达事故现场后，应当立即进行下列工作：

第一，划定警戒区域，在安全距离位置放置发光或者反光锥筒和警告标志，确定专人负责现场交通指挥和疏导，维护良好道路通行秩序。因道路交通事故导致交通中断或者现场处置、勘查需要采取封闭道路等交通管制措施的，还应当在事故现场来车方向提前组织分流，放置绕行提示标志，避免发生交通堵塞。

第二，组织抢救受伤人员。

第三，指挥勘查、救护等车辆停放在便于抢救和勘查的位置，开启警灯，夜间还应当开启危险报警闪光灯和示廓灯。

第四，查找道路交通事故当事人和证人，控制肇事嫌疑人。

（二）道路交通事故的现场保护方法

1. 设立明显的警告、引导标志和安全设施。根据《道路交通事故处理工作规范》第25条的规定，交通警察到达现场后，应当根据现场情况，划定警戒区域，白天在距离现场来车方向50米至150米外或者路口处放置发光或者反光锥筒和警告标志，指挥过往车辆、人员绕行，必要时可以封闭道路。夜间或雨、雪、雾、冰、沙尘等特殊气象条件下，应当增加发光或反光锥筒，延长警示距离。

高速公路应当停放警车示警，白天应当在距离现场来车方向200米外，夜间或雨、雪、雾、冰、沙尘等特殊气象条件下，在距离现场来车方向500米至1000米外，设置警告标志和减（限）速标志，并向事故现场方向连续放置发光或者反光锥筒。

交警必须穿着反光背心，应该指挥勘查、救护等车辆停放在便于抢救和勘查的位置，开启警灯。警用摩托车应将车横向、设有警灯警车顺向停放在现场来车方向 50 米的地方，并开启警灯、危险报警闪光灯。夜间还应当开启危险报警闪光灯和示廓灯。

2. 划定现场保护范围。交通警察首先要了解事故的大致经过，初步对现场地面的遗留物进行勘查，较为准确地划定现场保护范围。划定现场保护范围时，可用锥筒、警戒带、绳索、白灰、木块、粉笔、土块、碎石、树枝等物将事故现场包围起来，并指定专人看护，除了勘查和急救人员外，禁止无关人员进入。

3. 指挥疏导现场交通和疏散人群。在距现场来车方向 50 ~ 150 米外设置发光或者反光的交通标志，引导车辆、行人绕行；允许车辆通行的，交通警察应负责现场警戒、疏导交通，指挥其他车辆减速通过（具体布置如图 9 - 1 所示）。

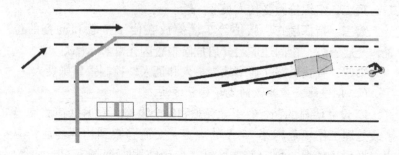

图 9 - 1　交通事故现场警戒及交通疏导示意图

在客运车辆发生事故后，车上的乘客在现场围观，后续来车有可能再次发生事故，为了避免在现场发生二次事故，应指挥驾驶人、乘客等人员在安全地带等候。

4. 加强事故现场的安全防护。要监护好现场的物品，疏散一切无关人员和车辆离开现场，以防发生连锁事故和治安事件。同时防止一些不法之徒趁事故当事人疏忽，随手偷走车内物品，或者哄抢货物和当事人物品等事情的发生。

5. 保护现场的尸体、痕迹和物品。

（1）对伤员和尸体的保护。如果因抢救伤员，或排除险情，或给执行任务的消防车、军车、抢险车、救护车放行，需要移动伤员时，用粉笔将伤员的位置、状态标记清楚，并请见证人见证。标明位置的方法是：沿伤员倒卧位置的边沿画轮廓线，要标明人体的外形和俯仰状态。有多名伤员时要进行编号，记录每名伤员的基本情况，必要时进行照相或摄像。事故勘查人员到达事故现场以后，如果伤者还在现场，不管是否确已死亡，都应该立即送往医院抢救，防止发生其他事端。当经急救，医疗人员确认死亡的，由医疗机构出具死亡证明。尸体应当存放在殡葬服务单位或者有停尸条件的医疗机构。但注意在搬动尸体前，应先标明尸体位置。对一时间无法移开，还在现场的尸体，要注意遮掩，一般要用布、席子等物遮盖尸体，如果没有较大的遮盖物，至少应该遮盖尸体头部。

（2）对痕迹和物品的保护。对需要移动车辆和物品时，要尽量避免破坏痕迹，要用粉笔将车辆、物品的位置、状态标记清楚，并请见证人见证。对车辆标明位置的方法是：车辆标明外侧轮胎轴心的投影点；车辆侧翻时，标明近地一侧前后轴外侧轮胎轴心的投影点和近地一侧车身两角的投影点；车辆仰翻时，标明车身的四个角在地面的投影点；对物品标明位置的方法是：沿外轮廓标明位置，作物证的编号，记录物品的名称、形状、大小、颜色等特征，必要时辅助照相和摄像来记录物品的原始位置。

如遇刮风、下雨、下雪等恶劣天气，应将痕迹、尸体和物品用席子、木板、帆布、塑料布等盖起来。对于容易消失的痕迹应立即勘验、拍照固定或做好标记，并请见证人见证整个过程。

6. 查控交通事故有关人员。根据《道路交通事故处理程序规定》第21条的规定，在现场交通警察要查找并确定交通事故当事人和证人，控制肇事人。

交通警察到达事故现场后，首先要注意确定交通事故当事人。特别是在同一辆车里有人死亡的情况下，更要注意在现场确定谁是车辆驾驶人，避免发生肇事驾驶人争议的情况。要查看驾驶人的驾驶证件，包括驾驶证号、驾驶证的准驾车型、驾驶证的真伪等。控制肇事人，是指对死亡交通事故的肇事者要采取控制措施，一方面是防止肇事者逃跑，另一方面是保护肇事者不受死者亲属的侵害。查找证人，是指先期到达现场的交通警察要及时查找交通事故目击证人，了解事故发生的基本情况。

勘查人员到达事故现场后，应立即确认事故当事人和寻找目击者或知情人，找到目击者或知情人以后，应立即询问并记录其姓名、单位、住址和电话号码等基本情况；了解他们与双方当事人的关系，确认其作为证人的资格。对证人的询问最好是在现场进行，因为距事故发生的时间不长，证人对事故的印象深刻，加上面对现场实况，因而提供的证言比较客观、全面。

（三）特殊交通事故现场的保护

1. 遇有载运危险物品车辆发生交通事故的，首先应当立即向当地政府、公安（县）局、消防部门、医疗急救、工程抢修和环保部门上报现场初步情况。

2. 当事故现场的车辆或物品发生火灾时，应首先通知消防部门，同时用灭火器灭火或用沙土、棉被、折叠的棚布等蒙盖。

3. 事故现场存在爆炸物的，应立即通知有关专业部门到现场处理险情。同时迅速疏散现场人员到安全区域，并切断交通。

4. 事故现场如有濒临倒塌和坠落的建筑物、电线杆、树木、车辆和其他物体时，应首先通报有关部门及时处理，疏散建筑物内人员和围观人员，然后再设法固定。

5. 对有易燃物、有毒物、腐蚀物、污染物泄漏的交通事故现场的，应尽可能查清泄漏物的种类、属性和泄漏源，并及时通知有关专业部门到场处理。

三、交通事故现场救护

现场救护就是在现场采取一系列紧急措施，挽救伤员的生命，防止伤情恶化，减轻疼痛，预防并发症，为妥善地把伤员护送到医院，使他们得到进一步治疗提供条件。现场救护既是抢救伤员的必要措施，也是系统医治创伤的基础。

（一）交通事故现场救护的意义

现场救护就是在现场采取一系列紧急措施，挽救伤员的生命，防止伤情恶化，减轻疼痛，预防并发症，为妥善地把伤员护送到医院，使他们得到进一步治疗提供条件。现场救护既是抢救伤员的必要措施，也是系统医治创伤的基础。

交通事故的现场救护可以有效地减少交通事故死亡和降低损伤程度。交通事故造成的死亡有80%以上是在事故发生的瞬间和受伤后的2小时内形成的，有15%的人在受伤后的7天左右死亡。积极地开展交通事故现场救护工作，对于挽救事故受伤人员的生命，预防并发症和残疾，以及降低交通事故死亡率等，都具有重要的意义。

（二）交通事故现场救护原则

1. 科学组织、统一指挥、分工合作。

2. 迅速判断需要紧急救护的事件及人，正确评估现场。

3. 先重后轻，先急后缓。

4. 现场抢救与救援并重。

5. 注意保护现场。

6. 在救护中要保护自己免受伤害。

7. 在救护中不应加重病人所受到的伤害。

8. 及时报告有关部门，寻求援助。

（三）特大交通事故现场救护步骤

1. 迅速报案和呼救。发生重特大交通事故或接到报案后，迅速向附近的公安机关报告，向急救、医疗单位、机关、部队、院校、工矿企业等单位发出紧急呼救和求援信息。

2. 建立临时指挥小组。重特大交通事故现场一般伤亡人员众多，已经到达现场的交通警察、医务工作者、国家干部、军人等，应主动牵头组织建立临时指挥小组，负责现场保护、现场救护的组织指挥工作。

3. 根据伤情将伤员区分为危重伤员、重伤员和轻伤员等几个类别。

4. 组织现场救护和转运伤员。组织轻伤员自救和互救，组织人力就地取材，对危重伤员立即进行现场救护。组织人员根据伤情和伤势特点，采用正确的方法进行搬运。配合专业医疗救护人员做好伤员转运工作。

四、交通事故现场紧急措施

（一）组织抢救伤员

交通警察到达现场之后，遇有事故受伤人员时，在急救、医疗部门人员、车辆到达现场之前，应立即查看伤情，进行必要的现场救护；交通警察应当按照救护操作规范，对伤情危急的伤员进行解困、止血、包扎等紧急处置。同时根据现场具体受伤情况立刻通知医疗急救部门赶赴现场，并组织现场人员抢救伤员。

在急救、医疗部门人员、车辆到达现场后，由急救、医疗人员组织抢救受伤人员，交通警察应当积极协助，做好辅助性工作，帮助搬动、运送伤员，救护车不够时，拦截过往车辆协助将伤员运送到附近的医疗、急救机构等。

（二）火灾的防止、救护

事故发生引起火灾时，应立即组织有关人员进行抢救，迅速灭火。如果发现现场上有火灾隐患，要及时妥善处置。尤其是在勘查夜间现场时，在放置和使用照明设备时，要特别注意断绝火源，严禁现场勘查人员及围观群众在附近吸烟。

（三）爆炸、污染危险物品的处理

对载运爆炸物品、易燃易爆化学物品以及毒害性、放射性、腐蚀性、传染病病原体等危险物品的车辆发生的交通事故，应当立即报告当地人民政府，通报有关部门及时处理，采取封闭道路等交通管制措施；协同有关部门划定隔离区，疏散过往车辆、人员。

如遇到运送有毒有害气体的车辆发生事故，应尽快查清有无危险品泄漏，以及泄漏物的种类。事故处理人员主要负责联系有关部门，疏散群众及其他车辆，维护现场的秩序。在专业人员未到现场前，应设法控制危险物品扩大泄漏范围和泄漏量，防止其任意流淌。但是不要贸然接触危险品，防止造成不必要的损失。

（四）落水事故的救护

当事故车辆或人员落水后，应立即在落水点和沿水流方向在入水点下游寻找和打捞落水人员或物品，打捞上岸的货物应及时排干积水，对一些需防水的货物应消除掉被水浸湿的包装物。如果有可能对环境造成污染的物品落水，应立即打捞上岸，并及时报告有关部门处理。

（五）倒塌和坠落事故的救护

事故现场如有濒临倒塌和坠落的建筑物、电线杆、树木、车辆和其他物体时，应首先疏散建筑物内人员和围观人员，然后再设法固定。对无法支撑固定的应划定警戒范围，禁止人员进入，或者予以拆除，如有公路山体滑坡应通告公路养护部门处理。

五、交通肇事逃逸案件的现场处置

根据《道路交通事故处理工作规范》第 28 条的规定，肇事车辆已逃逸且已初步确定逃逸车辆的车型、车号、车身特征或者逃逸路线、方向等信息的，交通警察应当立即报告指挥中心及时布置堵截和追缉。必要时，公安机关交通管理部门可以发布协查通报，请求有关公安机关交通管理部门协助查缉。

协查通报应当由事故发生地的县级公安机关交通管理部门向肇事车辆可能逃逸区域的同级公安机关交通管理部门发布；逃逸区域跨地（市）的，应当由设区、市级公安机关交通管理部门向请求协查的同级公安机关交通管理部门发布；逃逸区域跨省（自治区、直辖市）的，应当由省级公安机关交通管理部门发布。相邻公安机关交通管理部门建立交通肇事逃逸案件协查工作机制的，协查通报按照协查工作机制所确定的形式发布。

对于交通肇事逃逸现场，尽快通过调查访问和现场痕迹勘查，以查明车辆特征、去向。根据现场条件、案发时间和车辆线索迅速做出追缉堵截等查缉措施。对于逃逸车辆，应该尽快勘查现场痕迹，查明逃逸的方向。

六、道路交通事故现场善后清理

交通事故现场勘查完毕，交警应该尽快清点遗留物品，组织当事人和有关部门一起清理现场，尽快恢复交通。

（一）对需要保留现场的处理

对一些还需要继续勘查或者对事故有较大争议的现场，需要保留现场时，要注意现场的保护，尤其是一些现场微量物证，尽可能地指派专人在现场守候，保证现场物证的完好无损，避免发生在夜间车辆部件、货物等被偷窃的情形。

（二）对事故车辆的处理

如果需要对肇事车辆进行检验鉴定和提取物证的，公安交通管理部门可以暂扣交通事故车辆、嫌疑车辆、车辆牌证和当事人的驾驶证，并开具行政强制措施凭证。如果车辆损坏不能开动的，交警应当用救援车或清障车将事故车辆拖移至不妨碍交通的地点或开到指定的停车场存放，尽快对车辆进行定损。

因收集证据的需要，公安机关交通管理部门扣留了事故车辆，但不得扣留事故车辆所载货物。对所载货物在核实重量、体积及货物损失后，通知机动车驾驶人或者货物所有人自行处理。

无法通知当事人或者当事人不自行处理的，按照《公安机关办理行政案件程序规定》的有关规定办理。

对弃车逃逸的无主车辆，公安机关交通管理部门应当依据《道路交通安全法》第112条的规定进行公告，经公告3个月后当事人仍不来处理的，由公安机关交通管理部门依法进行处理。

（三）对散落物及死者财物的处理

现场遗留物品能够现场发还的，应当现场发还给所有人或所有人的亲属，并作记录；现场无法确定所有人或所有人及亲属不在现场的，由事故处理民警对遗留物品进行清点，填写《交通事故遗留物品清单》，《交通事故遗留物品清单》应由事故处理民警和现场的当事人、见证人签字，作为以后办理交接的依据。

因收集证据的需要，公安机关交通管理部门可以扣押与事故有关的物品，并开具扣押物品清单一式两份，一份交给被扣押物品的持有人，另一份附卷。扣押的物品应当妥善保管。扣押期限不得超过30日，案情重大、复杂的，经本级公安机关负责人或者上一级公安机关交通管理部门负责人批准可以延长30日；法律、法规另有规定的除外。

（四）对现场尸体的处理

交通事故造成人员死亡的，要由急救、医疗机构或者法医出具死亡证明。

现场勘查中需要对尸体进行现场初检，主要对尸体衣着上的痕迹和附着物进行勘验，并对尸体进行拍照，记录死者的倒卧位置、衣着特征、受伤部门等。现场勘查完毕后，公安机关交通管理部门应当将尸体送往有存放条件的殡葬机构或者医疗部门，并对尸体进行必要的法医检验，需要对尸体进行解剖检验的，必须事先征得家属的同意。

对交通事故中死者身份无法确认的，公安机关交通管理部门应当在道路交通事故发生之日起7日后在设区的市级以上报纸刊登认尸启事。登报后30日仍无人认领的，由县级以上公安机关负责人或者上一级公安机关交通管理部门负责人批准处理尸体。

（五）对被损坏的其他物体的处理

如果事故造成现场的交通安全设施、消防设施、供电、通信等设施及建筑物的损坏，要立即通报公路、市政、电力、通信等有关部门前来处理，并派人在现场守候，直到有关部门人员到达，控制了可能发生的险情，并对物品损坏情况进行评估后，交通警察才可以撤离现场。

（六）对交通事故当事人的处理

交通事故民警在事故现场要对交通事故的当事人进行现场初步询问，对于当事人是机动车驾驶人的，要查验其机动车驾驶证，必要时扣留其机动车驾驶证、机动车行驶证等。询问后，应立即将其带回公安机关交通管理部门进行详细询问，不能拖延，以免造成串供或其他情况的发生，从而保证询问笔录的真实性和全面性。

道路交通事故当事人属流动人口或者境外来华人员，在事故处理期间要求暂时离开事故发生地的，应当在事故发生地寻找担保人，由担保人出具担保书后，方准离开。境外来华人员找不到担保人的，可缴纳一定数额的保证金后，准予离开。

第四节　交通事故现场勘查

一、交通事故现场概述

（一）交通事故现场的概念

交通事故现场，是指发生道路交通事故的地点及其相关的空间范围。任何交通事故都有现场存在，交通事故现场是赖以判定事故发生过程，分析事故成因的基础。交通事故现场的基本因素包括时间、空间、人（物或畜）、车，以及和交通事故有关的痕迹和物证等。

1. 空间要素。空间要素，交通事故发生在一定的路段，与地形、地段及建筑物等要发生一定的关系。空间要素是事故现场存在的首要因素，没有造成交通事故的空间，交通事故也无从发生，现场更无从谈起。

2. 时间要素。其是指交通事故发生在一定的时间，无论白天还是夜晚，总是在一定的时间内。

3. 工具要素。其是指交通事故发生是离不开车辆的，无论机动车还是非机动车，它们都是形成交通事故现场的必要因素。在交通事故现场一定有车辆，包括意外事故。

4. 主体要素。其是指交通事故现场总有一定的当事人，当事人的交通行为必然与人、车、路、环境发生关系，造成客观的危害。一个普通的驾驶人，一辆普通的车辆，特定的交通行为、关系、后果等，加上特定的时间和空间，就构成了形形色色的交通事故现场。

（二）交通事故现场的分类

根据交通事故现场的完损程度可以分为以下几类：

1. 原始现场。原始现场，即事故发生后在现场的车辆和遗留下的一切物体、痕迹仍保持着事故发生时的原始状况，没有变动和破坏的现场。原始现场由于保持了事发后的原始状态，所以对正确认识事故后果，分析判断事故原因和事故过程具有十分重要的意义。

2. 变动现场。变动现场，即事故发生后由于自然的或人为的原因，改变了原始状态的部分或全部面貌的现场。由于自然因素和人为因素的影响，特别是在现场抢救中不可避免地会改变一些现场的原始现场。变动的常见原因主要有：一是抢救伤者。挪动了现场上车辆或有关物体的位置。二是处置险情。如扑灭事故后的火灾，及时处置易燃易爆、剧毒物品，势必会造成现场上的一些物品被移动或痕迹、物品的变动。三是自然条件的影响。交通事故现场处于露天的环境中，容易遭受风吹、日晒、雨淋、冰雪覆盖或雨雪冲刷等自然作用力的侵害，导致现场或物体上遗留下来的痕迹模糊不清或完全消失。四是保护不善。现场上的痕迹被过往的车辆、行人碾压、践踏或抚摸而模糊或消失。五是特殊情况。执行特殊任务的车辆（如消防、急救、处警任务中的车辆）或首长、重要外宾的车辆发生交通事故后，因继续执行任务的需要和为了首长、外宾的安全而使车辆离开现场，或因其他原因不宜保留的现场。六是其他原因。如车辆发生事故后，当事人没有发觉，驾车离开了现场，使事故车辆脱离了现场。

3. 破坏现场。破坏现场，即事故发生后人为故意破坏的现场。破坏现场又可分为伪造现场和逃逸现场。

伪造现场，是指肇事逃逸人为了逃避责任，毁灭证据或嫁祸于人，有意改变或布置的现场。伪造现场有在原始现场的基础上加以伪造的，也有离开原始现场在其他位置布置假现场的。伪造现场由于含有大量不是事故客观形成的人为因素，不符合客观规律，致使现场自身缺乏内在的联系性，相互矛盾，漏洞百出，勘查人员只要认真细致地观察和分析，是可以识破的。

逃逸现场，是指肇事人为了逃避责任，在明知发生交通事故的情况下，故意驾车逃逸而形成的事故现场。肇事人驾车逃逸对现场的破坏主要表现在使事故现场构成元素发生变化。

4. 再现现场。再现现场包括恢复现场和布置现场。恢复现场是根据现场勘查记录等材料，重新恢复现场，供事故分析或案件复查所用。布置现场是根据目击证人或当事人的指定，对由于种种原因，已经不存在的原发现场重新布置的现场。再现现场不具有勘查价值，不能作为证据使用。

二、现场勘查的内容和方法

现场勘查是公安机关交通管理部门的现场勘查人员依据法律规定，运用科学方法和现代技术手段对与交通事故有关的时间、地点、车辆、道路、物品、人身、尸体等进行的现场调查和实地勘验检查，包括对当事人以及有关群众进行的调查访问，并将所得的结果完整地、准确地记录下来的工作。

　　现场勘查是处理交通事故的基础。现场勘查是提取痕迹、物证，查明事故发生的全过程和事实真相的主要手段，是一项具有调查和侦查性质的公安业务工作。现场勘查对象包括时间调查、空间调查、事故车辆调查、现场道路环境调查、生理和心理调查等。现场勘查的方法主要有调查访问、实地勘查和现场实验。现场勘查的目的是为了查明事件与案件性质；发现和提取交通事故遗留的痕迹、物证；查清事故发生的全过程，查明导致事故的过错或意外原因。

　　(一) 现场勘查的内容

　　1. 实地勘验。实地勘验是以查明事故过程，发现和采集痕迹、物证为主要目的，而对交通事故现场进行实地观察、研究、勘验、检查、摄影、录像、绘图等调查活动。

　　2. 现场访问。现场访问是以查明发生事故的基本情况，开辟线索来源，特别是逃逸事故现场了解逃逸车的有关情况以便采取紧急措施的重要方式。

　　3. 现场分析。现场分析是在现场勘查基本结束以后，对现场情况和现场勘查过程中收集到的各种材料进行全面的分析研究，作出合乎实际的推理判断，揭示现场上各种现场的本质及其内在的联系，判断事件性质和案件性质，为处理事故提供线索与证据。

　　(二) 现场实地勘验的方法

　　交通事故现场实地勘验的方法一般是根据现场范围的大小，车辆、痕迹的集中情况来进行确定，通常采用以下几种方法：

　　1. 由中心向外围勘验的方法，主要对现场范围不大，事故车辆和痕迹较集中的现场所采用的勘验方法。

　　2. 从外围向中心勘验的方法，主要对现场范围大，事故车辆和痕迹较分散，为防止远处的痕迹被破坏所采用的勘验方法。

3. 分段式勘验的方法，主要对比较分散、范围特别广的现场或肇事逃逸的现场所采用的勘验方法。一般可从事故发生的起点或容易被破坏的地方作为勘验的起点。

（三）现场实地勘验的步骤

交通事故现场勘验的重点是发现、收集及提取与事故有关的痕迹、物证。可归纳为静态勘验和动态勘验两方面。

1. 静态勘验。静态勘验又称初步勘验，是指勘验人员对现场上由于交通事故造成的客体事物的变动、变化情况，就其原来的位置、状态不加变动地进行观察、固定、记录和研究的一种勘验方式。静态勘验要达到以下目的：

（1）确定现场方位。确定现场中人、车、物及与现场有关的痕迹、散落物各自的方位及其相互的联系。遇到变动现场时，查明变动物原来的位置与状态，确定其与变动后的位置关系。

（2）确定事故接触点的位置，包括物与物、物与人接触时的部位和各自在道路上的方位。

（3）确定事故车辆挡位、气压、装载、电门开关位置、照明装置等车辆的常规性能。

2. 动态勘验。现场动态勘验又称为现场详细勘验。它是在静态勘验的基础上，在可翻转移动物体的情况下所进行的一种勘验。其任务是：发现不易看见的痕迹、细小物品或细微物质，还要深入研究痕迹是怎样形成的，它们与事故有何联系。在不破坏痕迹、物品原有状态的前提下进行移动勘查。若有破坏可能则必须保全和测量记录后，在当事人或见证人参与下进行检验提取。

静态勘查是动态勘查的基础，动态勘查是静态勘查的继续，动态勘查要查清现场关键问题中的一些细节，并对重要痕迹、物证进行细目或比例照相，是对静态勘查的必要的补充勘查，要根据现场情况决定是否进行动态勘查。

三、现场勘查记录

（一）现场勘查记录的主要内容

现场勘查记录是现场勘查工作及勘查所见的记载，由现场勘查笔录、现场图、现场照片三个部分组成，三者互相补充、互相印证成为事故处理工作的重要证据，现场勘查笔录、现场图、现场照片均应按照有关标准来制作。现场勘查笔录包括：现场路段勘测记录、事故车辆停车位置及地面痕迹勘查记录、事故车辆及其他物体接触部位痕迹勘查记录、事故机动车检验记录、事故非机动车检验记录和伤、亡者人体检验记录。

（二）现场勘查笔录的制作

现场勘查笔录由首部、正文和尾部组成。

1. 首部。首部主要包括：文书名称、事故发生的地点、天气状况、现场勘查的时间、勘查人员的姓名、单位等内容。

2. 正文。正文是现场勘查的重点，应详细记载。记录的主要内容应包括：

（1）道路基本情况。道路基本情况包括道路走向、影响视线或行驶的障碍物、道路交通标志、道路隔离设施、路面性质、路表情况、照明等情况。

（2）医疗、急救和消防部门的到达情况。

（3）初步判断现场人员伤亡情况。

（4）肇事车辆情况。记录现场肇事车辆的型号及牌号、保险情况、车辆挡位、灯光、转向、是否扣留车辆及行驶证等；肇事车辆不在现场的，要尽量记录已知信息。

（5）当事人及证人情况。记录其姓名，性别，身份证件名称、号码及联系方式等。

（6）涉及危险物品情况。记录是否涉及危险物品，初步查明危险物品是什么。

（7）抽血或提取尿样情况。

（8）痕迹、物证提取情况。记录发现和提取痕迹、物证和遗留物的情况。

（9）照相或摄像情况。

（10）其他需要记录的情况。记录现场记录图中没有记录说明的痕迹、物证，如现场记录图中没有记录说明的地面痕迹、接触点情况、散落物、路面血迹、抛洒物、其他碰撞物上的附着物、现场尸体情况、尸体衣着表面痕迹及附着物情况，以及撤除时间、救援简要情况等。

3. 尾部。尾部由现场勘查人员、记录人员、当事人或见证人签名。

（三）现场图的绘制

1. 现场图的定义。交通事故现场图是根据正投影和中心透视的原理，借助于图例和线形按一定比例将现场地物地貌、道路设施、交通元素、遗留痕迹、散落物体等绘制在图纸上的平面示意图。

2. 现场图的分类。根据现场图的制作原理以及表达的内容，可以分为以下几种：

（1）现场记录图。现场记录图，是指道路交通事故现场勘查时，按标准图形符号绘制的记录道路交通事故现场情况的图形记录。现场图记录图是在事故现场实际绘制的，图中交通元素的位置关系不一定很准确，但标注的数据一定是现场测量的实际数据；现场图记录图是最原始、最主要的交通事故证据。绘制完成，由当事人或见证人签字后存入事故档案，不能作任何修改。

（2）现场平面图。现场平面图，是指按标准图形符号、比例绘制的道路交通事故现场情况的平面图形记录。现场比例图是完全按照现场记录图的内容绘制；现场比例图是根据现场记录图上所标注的数据，严格按比例折算绘制出来的。图中交通元素的位置关系和数据都是准确的，现场比例图比现场记录图更整洁、更规范化。

(3) 现场断面图。现场断面图是表示现场某一横断面或纵断面某一位置上有关车辆、物体、痕迹相互关系的剖面视图。一般分为横剖面图和纵剖面图。

(4) 现场立面图。现场立面图是表示现场某一物体侧面有关痕迹、证据所在位置的局部图。

(5) 现场分析图。现场分析图表示事故发生时，车辆、行人不同的运动轨迹和时序及冲突点位置的平面视图。

3. 现场图的内容。现场图是交通事故处理中重要的证据材料，应该反映出现场地形、现场元素的位置及必要的现场数据。

现场地形包括路面、路肩、边沟、路树、电线杆、交通标志、标线、标示，道路分隔带、信号灯、岗台、护栏，建筑物、桥梁、隧道、涵洞、纵坡、横坡、视距障碍物等。

现场元素包括车辆、人、畜、痕迹、物证。现场图要反映出这些现场元素的位置、相互间的关系，痕迹的走向、形状、长度、面积。

现场图上应包括现场元素的定位数据：道路数据，即路宽、分道情况、交通标志、指示的位置、人行横道的位置、弯道半径、弯道加宽值、超高值、坡度、路口缘石半径、错位或畸形路口的相关数据；痕迹的形状、长度、宽度、面积；机动车的轮距、轴距、接近角、离去角、全长、全宽、高、自行车的轴距，参考坐标系原点与基准点的关系；车身、人体痕迹的定位数据，等等。

现场图是一种证据材料，必须履行一定的法律手续，当事人、见证人，当事人单位负责人在场的应签名，无当事人和见证人的要记录在案。测量绘图人员必须是有事故处理资格的交通警察，同时也必须在现场图中签字。

4. 现场图的绘制要求。现场记录图是在事故现场完成的最原始的现场情况的反映，它反映了交通事故发生地点、现场地物地貌、现场中有关元素的位置及相互关系等情况，是记录和固定交通事故现场客观事实的证据材料，是分析、处理交通事故的主要证据。所以，现场记录图应全面、形象地表现交通事故现场客观情况，绘制时应注意以下要求：

（1）现场记录图以平面图为主。需要表示局部情况时，可引出局部放大图，或是单独绘制立面图或断面图。

（2）现场绘图时应根据需要选择适当的规格图纸，以近似比例较为规范地进行绘制。在绘制过程中，尽量保证各元素间的位置关系准确，不用过于追求比例关系及位置关系的精准表达。

（3）绘制的现场记录图应反映出现场全貌，现场范围较大时可使用双折线来压缩无关道路的画面。

（4）现场记录图中各物体、痕迹、标志、标线、基准点、基准线等间距，使用尺寸线、尺寸数据标注或说明，必要时使用尺寸界限。

（5）现场图绘制完毕，必须在现场进行审核。

（6）现场记录图应在交通事故现场测绘完成，并完成相应的法律手续。

（7）现场记录图一旦完成，绘图员、当事人、见证人签字后，就存入事故档案，不可修改。

5. 现场图的绘制步骤与方法。现场图是在现场边勘查边测量边绘制的图纸，因此必须与现场实地勘验工作紧密结合，互相衔接，避免产生顾此失彼、互相矛盾的现象。现场图的绘制可以分为三步：画地形地貌图；画事故元素；画痕迹，同时完成数据的标注。

6. 现场图的审核。现场图完成后要认真地进行审核，主要审核的是：第一，有无基准点、参考坐标系原点与基准点的关系，现场道路方位是否准确；第二，各种现场元素在图上有无遗漏，定位数据是否齐全，特别应注意各参考坐标系相互之间的联系有无反映在图上，这实际上是看现场元素之间的联系是否有中断；第三，固定现场元素的测点是否在两个以上；第四，必要的数据，特别是弯道、坡度，车辆基本数据是否齐全；第五，法律手续是否完备。

第五节　交通事故中的证据

一、交通事故证据的概述

（一）交通事故证据的概念

所谓证据，就是证明案件真实情况的一切事实。交通事故处理工作中的证据和一般刑事、民事诉讼活动中的证据相比较，有共同之处也有不同之处。

相同的方面是它们的基本特征。交通事故证据和一般刑事、民事诉讼证据一样，都应当具备作为证据的基本特征：客观性、关联性和法律性。

不同的方面，是指交通事故证据相对于刑事、民事诉讼证据，在证明对象和举证责任方面有所不同。

（二）交通事故处理中证据的证明对象

交通事故处理中证据的证明对象，是指凡是交通事故处理过程中需要加以证实的一切事实，都是证明的对象。交通事故处理中证据的证明对象，大多是共同和明确的，但在不同的交通事故中，也有不同的、特殊的需要证明的对象。一般情况下，交通事故中需要证据加以证明的对象，主要有以下几个方面：

1. 发生交通事故的时间、地点，各方车辆和当事人。
2. 发生交通事故时的交通环境。
3. 发生交通事故的经过情节。
4. 各方当事人在交通事故中的过错及其作用。
5. 交通事故造成的损害后果。

二、交通事故证据的分类

交通事故证据的分类，大体有以下几种分类方法：

根据证据的外形特征，可以分为言辞证据和实物证据。言辞证据又称"人证"，包括当事人陈述（申诉、辩解）、证人证言和鉴定结论。实物证据又称"物证"，是指当事人有关证件、文件、记录单据以及车辆、物体、痕迹等。

根据证据的表现形式，可以分为物证、书证、证人证言、当事人陈述和辩解、鉴定结论、勘验、检查笔录和视听资料七种。

根据证据与案件主要事实之间的证明关系，可以分为直接证据和间接证据。

根据证据与办案人员的运用关系，可以分为原始证据和传来证据。

根据证据与当事人的利害关系，可以分为有责证据和无责证据。

（一）事故处理中的直接证据和间接证据

交通事故处理中，为了更好地收集和应用证据，按照证据和案件主要事实的证明关系，把证据分为直接证据和间接证据。

1. 直接证据。直接证据，是指能够单独地、直接地证明案件主要事实的证据。

直接证据的运用规则是：

（1）严禁刑讯逼供和以威胁、引诱、欺骗以及其他非法方法收集证据。

（2）对于当事人陈述（申诉、辩解）、证人证言等言辞证据，必须查实以后才能作为交通事故认定的根据。

（3）孤证不能定案，即在只有一个直接证据，而没有间接证据印证的情况下，不能依据这一个直接证据来认定交通事故案件事实。

（4）直接证据必须得到间接证据的印证，才能认定案件事实。

2. 间接证据。间接证据,是指与交通事故案件事实有间接联系的证据。它不能单独直接证明交通事故案件主要事实,间接证据必须和案内其他证据结合起来,构成一个证据体系,才能对交通事故案件主要事实作出肯定或否定的结论。

间接证据的运用规则是:

(1)必须审查每个间接证据是否真实、可靠。

(2)必须审查间接证据与案件事实有无客观的内在联系。

(3)必须审查各间接证据之间是否互相衔接,互相协调一致,互相印证,形成了一个完整的证据链。

(4)所有的间接证据结合起来,对交通事故案件只能作出一个正确的结论。

(二)事故处理中的原始证据和传来证据

原始证据,是指直接来源于交通事故案件事实或原始出处的证据。就是从第一来源得到的证据,即我们常说的第一手材料。

传来证据就是从非第一来源获得的证据,如证人转述他人的证言,物证的复制品,事故现场照片,事故现场图,书证的抄件,文件的影印、复印件等,都是传来证据。

传来证据与原始证据相比,原始证据更为可靠,具有更强的证明力。但是,也不可忽视传来证据的作用。通过传来证据可以发现和收集到原始证据;传来证据可以用来审查原始证据的真实可靠程度;传来证据可以代替某些不能提取的原始证据的证明作用;传来证据可以代替某些无法得到的原始证据的证明作用。传来证据,是指从第二来源得到的证据,是离开了第一来源,从其他方面或以其他方式获得的证据。

正确应用传来证据应当注意以下几个方面:

1. 传来证据和待证明对象的距离越近,其证明力越强。因而切勿舍近求远。

2. 传来证据必须是真实无误的事实,有确定的来源和根据。

没有根据的社会传说不能成为证据。

3. 传来证据必须与案件事实相关联，这是指所证明的事实和案件事实有联系。

4. 传来证据必须具有证明案件事实的共性。每一个传来证据都不能单独作为定案的根据，必须和其他证据联系起来才能作为定案的根据。一切传来证据所证明的事实，都必须和案件主要事实相一致，才能发挥证明作用。

（三）事故处理中的有责证据和无责证据

有责证据是能够证明交通事故确实发生、当事人有交通违法行为或过错，其违法行为或过错与交通事故之间有直接因果关系，能够证明当事人应当承担相应责任的证据。

无责证据是证明没有发生交通事故，或虽然发生了交通事故，但当事人没有交通违法行为或过错，能够证明当事人不承担责任的证据。

有责证据和无责证据的运用规则是：

1. 有责证据和无责证据的排除原则，要根据两者相互排斥的特点，无论有责证据，还是无责证据，只有一方确实充分，达到证明的要求和标准，才能否定或排除对方。

2. 当有责证据确实、充分和可靠，没有无责证据时，就应认定当事人有责任。

3. 当有责证据不可靠，无责证据确实、充分和可靠时，应当认定当事人无责任。

4. 如果有责证据和无责证据都有，都不能排除或否定时，说明事故案件没有调查清楚，应当继续调查；如果不能收集到新证据，来证明交通事故中当事人应承担的责任，公安机关交通管理部门可以只描述现有证据证明的案件事实。

三、交通事故证据的表现形式

根据我国法律的有关规定和道路交通事故的实际情况，交通事故证据的表现形式有：物证、书证、证人证言、当事人陈述（申述、辩解）、鉴定结论、勘验、检查笔录、视听资料七种。

（一）物证

交通事故物证，是指能够证明交通事故真实情况的物质、物品和痕迹。从物证本身的表现形式看，是物质、物品和痕迹；从物证与案件的关系看，是对案件真实情况有证明作用。

在交通事故中的物证一般有：肇事的车辆、撞击后的散落物、事故中伤亡的人畜及其体表痕迹和其他在肇事时遗留的痕迹等。

（二）书证

书证，是指以文字、符号、图画等所表达的思想和记载的内容来证明交通事故真实情况的文件或其他物品。

书证的特征：

1. 书证所记载的内容和表达的含义，可供他人认识和理解。

2. 书证所记载的内容和表达的含义，必须与事故有关，可以证明事故事实。

3. 书证的物质材料和表达的形式、方法，可以多种多样。

交通事故处理中书证一般有：驾驶证、行驶证、检验合格证、保险标志和保险单等各种证件，当事人身份证件，车辆所有权证明，车辆维修、保养记录，扶养关系，货物运输单、出车记录单、加油记录或票据等。

（三）证人证言

证人证言，是指证人就自己所感知的交通事故真实情况，直接向办案人员所作的陈述。证人证言是最常见的一种证据，也是一种最普遍的证据，在交通事故处理过程中，几乎没有一个案件可以离开证人证言的。证人证言的内容包括一切与交通事故案情有关的事实。证人陈述的情况可以是亲自看到或听到的，也可以是别人看到或听到而转告的。

1. 证人资格。凡是知道案件情况的人，都有作证的义务。生理上、精神上有缺陷或者年幼，不能辨别是非、不能正确表达的人，不能做证人。规定中的三种人之所以不能做证人，关键在于他们不能辨别是非和不能正确表达，如果能够辨别是非，又能正确表达的人，即使是生理上、精神上有缺陷或者年幼的人，也可以做证人。

2. 证人证言的审查判断。证人证言是由人来提供的，难免受到主、客观因素的影响。在运用证人证言这一证据时，要对证人证言的真伪、可靠程度和证明力的大小作出正确的判断。审查证人证言时，要注意以下几点：

（1）审查证人证言与其他证据是否一致。

（2）审查证人证言的来源，即审查是证人耳闻目睹的事实，还是听别人传说的。

（3）审查证人证言有无外界影响。证人是否受到欺骗、引诱、指使、贿赂、收买、威胁等行为的干预。

（4）证人与事故处理结果有无利害关系。

（5）证人的觉悟高低、思想品质好坏等也是影响证人证言真实性的重要因素。

（6）证人所处的客观地位不同，与当事人的关系不同，使所作的证言带有特定的倾向性。

（7）审查证人证言是否受到客观方面的影响，主要从证人证言形成的证人感知、记忆和陈述三个阶段进行审查。

（四）当事人陈述（申述、辩解）

当事人陈述，是指直接当事人就交通事故发生的经过和所目睹和经历的情况，直接向办案人员所作的陈述和辩解。

交通事故当事人，是指与交通事故法律事实有直接关系的人。在不特指的情况下，交通事故当事人，主要是指与交通事故发生或者与损害赔偿有直接利害关系的人。

根据当事人陈述的特点，在审查判断时应注意以下几点：

1. 当事人的思想品质如何，有无隐瞒或虚构的可能。

2. 当事人的行为能力、理解能力、表达能力如何，当时的环境是否会对其如实陈述产生影响。

3. 当事人与证人或其他有关人员之间，有无串供的可能。

4. 陈述的内容，各个情节之间有无矛盾，各个事实之间的逻辑关系如何，与其他证据之间是否协调一致。

5. 当事人陈述、辩解有无反复，反复的原因和目的是什么。

（五）鉴定结论

鉴定结论是鉴定人运用专门知识或技能，对交通事故案件中某一专门性质的问题，进行鉴定后所作的结论。交通事故处理中常见的鉴定种类有以下几种：

1. 道路技术鉴定，交通事故现场道路有关线形、视距、平曲线半径、坡度等事项之鉴定。

2. 车辆技术鉴定，其内容大都针对事故车辆转向系统、制动系统、灯光电气系统之性能，以及各连接和承载部件的机械强度等。

3. 车速鉴定。根据现场遗留肇事车辆制动痕迹，或车辆撞击损坏情况，或人体抛出距离，以及散落物等其他情况，计算鉴定出肇事车辆在肇事瞬间的车速。

4. 法医鉴定。确定死、伤者致死、致伤原因，体表痕迹等鉴定。

5. 痕迹鉴定。在需要认定痕迹同一时，对事故中轮胎痕迹、车辆分离碎片、撞击痕迹等特殊的痕迹进行鉴定，以确认肇事车辆。

6. 理化鉴定。对事故中涉及的某些油漆、血迹、纤维、玻璃、木片、酒精等材料进行鉴定。

（六）勘验、检查笔录

交通事故证据中的勘验、检查笔录，是指交通事故办案人员对与交通事故案件有关的现场、车辆、物品、尸体、人身等进行勘验、检查，并对勘验过程、勘验方法、勘验结果所作的客观记载。勘验、检查笔录的实质，是一种固定保全证据的方法和手段，其证据作用在于它固定和保全的内容同交通事故案件事实所产生的关联性。交通事故现场勘查记录和各种检验记录，是分析、研究、处理交通事故的重要证据之一。

交通事故中勘验、检查笔录的内容包括：

1. 现场路段勘测记录。

2. 事故车辆停车位置。

3. 地面痕迹勘查。

4. 车辆接触部位及其损坏情况。

5. 其他物体接触部位及其损坏情况。

6. 事故机动车检验记录。

7. 事故非机动车检验记录。

8. 伤、亡者人体检验记录。

（七）视听资料

用录音、录像以及电子计算机储存的资料来证明交通事故真实情况的证据，称为视听资料。视听资料具有如下特点：

1. 视听资料的物质信息载体具有高度的科学技术性。这决定了视听资料的信息物质载体能够准确地记录、储存和反映有关案件的各种情况。

2. 视听资料有各种言辞证据都不具备的直感性。

3. 视听资料具有各种物证都不具备的动态连续性。

4. 视听资料作为诉讼证据出现，是科学技术发展的结果。因此，视听资料的收集和审查判断，往往需要一定的科学技术，甚至尖端的科学技术。

交通事故中常见的视听资料有当事人、证人的讲话录音；事故过程、现场情况视频录像和交通事故事实有关计算机贮存资料等。

四、对交通事故当事人的询问

询问笔录是公安机关交通管理部门在办理交通事故案件中，为了查清案件事实和当事人的违法事实，由办案人员在对当事人或证人进行询问时如实记载询问情况的文字记录。它是交通事故处理中的重要证据材料之一。

（一）询问笔录的基本内容

询问笔录一般由首部、正文及尾部三部分组成。

1. 首部包括文书名称，询问次数，询问的时间、地点，询问人的姓名及单位，记录人姓名及单位，被询问人的基本情况，并要告知被询问人应有的权利、义务。

2. 正文部分是询问笔录的重点，应采取一问一答的方式进行记录。应根据需要首先问明交通方式、驾驶人和机动车所有人、管理人的基本情况以及机动车驾驶证号、准驾车型、领取机动车驾驶证日期、驾驶经历、驾驶前活动、休息、餐饮情况，驾驶时身体状况，所驾车辆状况、保险情况，行驶路线、驾驶时间、行驶速度，交通事故发生经过，临危采取的措施及主观心态等与交通事故有关的情况。其次要对其违法行为、过错情况加以固定、印证并深追细问。提问要有逻辑性及针对性，目标要明确，不能进行暗示或诱供。

3. 尾部。询问结束时，询问笔录应当交给被询问人核对或者向其宣读。如记录有误或者遗漏，应允许被询问人更正或者补充，并捺指印。询问笔录经被询问人核对无误后，应当由其在询问笔录上逐页签名或者捺指印。并在末尾签署意见、注明日期。拒绝签名或者捺指印的，询问人员应当在询问笔录上注明。询问人员应当在询问笔录上签名。

（二）对事故当事人询问的基本要求

1. 询问当事人，可以到其住处或者单位进行。对需要传唤的，经办案部门以上负责人批准，也可以将当事人传唤到其所在市、县内的指定地点进行。

2. 询问记录应当准确全面、突出重点，并准许被询问人辩解。

3. 对当事人的询问必须由办案人员进行，询问应当个别进行，询问人员不得少于2人。

4. 询问未成年人时，应当通知其监护人或者老师到场。确实无法通知或者通知后未到场的，应当记录在案。询问未成年人可以在公安机关交通管理部门进行，也可以到其住所、学校、单位或者其他适当的地点进行。

5. 询问聋、哑人，应当有通晓聋、哑手势的人参加，并在询问笔录上注明当事人聋、哑情况以及翻译人的姓名、住址、工作单位和职业。

6. 当事人请求自行书写陈述的，应当准许。必要时，办案人员也可以要求当事人自行书写陈述，并在陈述的末页上签名或者捺指印。办案人员收到书面陈述后，应当在首页右上方写明收到日期，并签名。

五、对证人、见证人的询问

询问证人的笔录一经核实就成为交通事故案件中最常见的证据材料。对事故证人询问的基本要求是：

1. 询问的对象一般是交通事故的证人。

2. 询问时可以到证人所在单位或者住所进行。必要时，也可以通知证人到公安机关交通管理部门或者指定地点提供证言。

3. 询问证人应当个别进行，询问人员不得少于2人。

4. 询问时应告知证人有作证的义务。办案人员不得向证人泄露案情或者表示对案件的看法。

5. 了解证人与事故各方当事人的关系及证词的来源；证人与事故现场的位置关系及视角、视距情况。

6. 询问未成年的证人、受害人，应当到其住所、学校、单位或者其他适当地点进行。必要时，也可以在公安机关进行。询问时可以通知其监护人或者老师到场。

7. 询问结束后应将记录交证人核对并签署核对意见，在每页上签名及注明日期。证人如拒绝签名的不能强迫，但要将情况记录在案。

8. 对询问中涉及证人隐私的，应当为其保密。

第六节　交通事故认定

一、交通事故认定的概念及性质

（一）交通事故认定的概念

所谓交通事故认定，是指公安机关交通管理部门在对交通事故案件进行调查、侦查后，根据交通事故现场勘验、检查、调查情况和有关的检验、鉴定结论等证据的综合分析结果，对交通事故基本事实、发生原因和当事人的责任等所进行的一种专业判断。它证明了当事人发生交通事故的基本事实、交通事故形成原因和责任。而不是对案件的处理决定，其性质是证据，也是交通事故当事人保护自身合法权益的依据。

根据《道路交通安全法》第73条的规定，公安机关交通管理部门应当根据交通事故现场勘验、检查、调查情况和有关的检验、鉴定结论，及时制作交通事故认定书，作为处理交通事故的证据。交通事故认定书应当载明交通事故的基本事实、形成原因和当事人的责任，并送达当事人。

（二）交通事故认定的性质

1. 交通事故认定是对事故成因、当事人在交通事故中有责任和责任大小，单方面作出结论的行为。

2. 责任认定是技术鉴定与主观分析判断的结合体。

3. 交通事故责任不是法律责任，但与法律责任有十分密切的关系。

二、确定交通事故责任的原则及方法

"交通事故责任"，是指交通事故当事人的行为是否构成交通违法、是否有过错，以及当事人行为对交通事故的发生及损害后果是否产生作用及作用力的大小。

(一) 确定交通事故责任的原则

根据《道路交通安全法实施条例》第91条的规定，确定交通事故责任的原则是：公安机关交通管理部门应当根据交通事故当事人的行为对发生交通事故所起的作用以及过错的严重程度，确定当事人的责任。交通事故当事人没有过错或者虽有过错但不属于发生交通事故原因的，当事人无责任。具体确定事故责任要按照《道路交通事故处理程序规定》第45条的规定：

因一方当事人的过错导致交通事故的，承担全部责任；当事人逃逸，造成现场变动、证据灭失，公安机关交通管理部门无法查证交通事故事实的，逃逸的当事人承担全部责任；当事人故意破坏、伪造现场、毁灭证据的，承担全部责任；

因两方或者两方以上当事人的过错发生交通事故的，根据其行为对事故发生的作用以及过错的严重程度，分别承担主要责任、同等责任和次要责任；

各方均无导致交通事故的过错，属于交通意外事故的，各方均无责任；

一方当事人故意造成交通事故的，他方无责任。

从以上可看出，交通事故的责任分为：全部责任、主要责任、同等责任、次要责任和无责任。

(二) 确定交通事故责任的方法

确定交通事故责任主要有两个标准：一是事故当事人行为对交通事故发生所起的作用。首先是因果关系原则。事故认定原则

的本质是"因果关系"，当事人的行为与事故后果之间没有因果
关系，不能构成交通事故责任。其次是事故当事人行为对交通事
故发生所起的作用还包含了衡量当事人行为对事故形成的原因力
的作用。所谓"行为对事故形成的原因力"，主要是指在当事人
没有过错或者难以认定过错场合，确定事故损害的一个标准。在
因果关系确定以后，对当事人的责任比例的确定，主要是根据当
事人过错的严重程度来确定的。二是当事人过错的程度。首先看
有没有过错。在民法上过错有两种形式：一种是客观上的过错，
另一种是主观上的过错。所谓客观上的过错，是指当事人的行为
具有明显的违法的事实，而不管行为人的主观意识状态，只要行
为人的行为违反了法律、行政法规和地方性法规以及规章的规
定，就构成过错。而主观上的过错则主要是指当事人的操作不
当、疏忽大意等主观意识行为和状态。《道路交通安全法实施条
例》中强调"行为"在事故中的作用，而不是以"违章行为"
为前提，认定责任的前提发生了变化，也就是说，当事人没有交
通违法行为但是在事故中有其他过错，就有可能负事故责任。其
次要确定当事人过错的严重程度。确定过错的严重程度，目前缺
乏量化标准，公安机关交通管理部门在实际操作中较难把握。办
案民警素质决定了事故认定的走向。一旦进入行政诉讼程序，缺
乏量化标准的事故认定原则在法官审理案件具体运用时，公安机
关交通管理部门会处于非常被动的地位，所以事故认定的具体方
法有待于进一步的规范化。

（三）"当事人的责任"与交通事故当事人的法律责任的关系

当事人的责任，要说明的是交通事故当事人的行为对发生交
通事故所起的作用以及过错的严重程度。

交通事故当事人的法律责任，是当事人由于违反道路交通安
全法律、法规的行为而造成交通事故，依法应承担的民事责任、
行政责任和刑事责任。

1. 区别。

（1）行为主体的区别。事故责任主体无限制，不受法律责任的责任能力和责任年龄的限制；而法律责任主体有限制。

（2）事故责任无强制力，法律责任有国家强制力的保证。

（3）法律责任有故意的也有意外，事故责任都是非故意的。

2. 联系。交通事故认定书中"当事人的责任"是决定当事人是否承担交通事故法律责任的证据之一。"当事人的责任"能够成为影响当事人承担交通事故法律责任的基础关键在于这一证据是否被采信。

三、交通事故认定书

根据《道路交通安全法》第 73 条的规定，公安机关交通管理部门应当根据交通事故现场勘验、检查、调查情况和有关的检验、鉴定结论，及时制作交通事故认定书，作为处理交通事故的证据。交通事故认定书应当载明交通事故的基本事实、成因和当事人的责任，并送达当事人。这一条明确了制作交通事故认定书是公安机关交通管理部门的职责。

（一）交通事故认定书的制作

办理交通事故案件的人员自勘查现场之日起 10 日内，交通肇事逃逸案件在查获交通肇事车辆和驾驶人后 10 日内，需要检验、鉴定的，在检验、鉴定结果确定后 5 日内制作交通事故认定书，交通事故认定书应当载明下列内容：

1. 道路交通事故当事人、车辆、道路和交通环境等基本情况。

2. 道路交通事故发生经过。

3. 道路交通事故证据及事故形成原因的分析。

4. 当事人导致道路交通事故的过错及责任或者意外原因。

5. 作出道路交通事故认定的公安机关交通管理部门名称和日期。

（二）交通事故认定书的送达

送达交通事故认定书，要通知各方当事人到场，公开相关证据，说明认定的理由和依据，宣布交通事故认定结果，并将交通事故认定书分别送达各方当事人，并告知当事人向公安机关交通管理部门申请复核、调解和直接向人民法院提起民事诉讼的权利、期限。对通知后无正当理由拒不到场的当事人记录在案。

四、特殊交通事故的认定

逃逸交通事故尚未侦破，受害一方当事人要求出具道路交通事故认定书的，公安机关交通管理部门应当在接到当事人书面申请后 10 日内制作道路交通事故认定书，并送达受害一方当事人。道路交通事故认定书应当载明事故发生的时间、地点，受害人情况及调查得到的事实，有证据证明受害人有过错的，确定受害人的责任；无证据证明受害人有过错的，确定受害人无责任。

对无法查证交通事故事实的，公安机关交通管理部门应当出具道路交通事故证明，载明道路交通事故发生的时间、地点，当事人情况及调查得到的事实，分别送达当事人。

五、交通事故认定的复核

《道路交通安全法》颁布施行后，取消了原来交通事故责任重新认定的规定。交通事故当事人对公安交通管理部门作出的交通事故认定存在异议的，没有规定相应的救济渠道。为保证依法公正处理道路交通事故，维护当事人的合法权利，当事人如果对交通事故认定不服的，可以向上一级公安机关交通管理部门提出复核。

（一）事故认定复核的依据

根据《道路交通事故处理程序规定》的有关规定，当事人对道路交通事故认定有异议的，可以自道路交通事故认定书送达之日起 3 日内，向上一级公安机关交通管理部门提出书面复核申请。上一级公安机关交通管理部门收到当事人书面复核申请后5日内，应当作出是否受理决定，公安机关交通管理部门受理复核申请的，应当书面通知各方当事人。上一级公安机关交通管理部门自受理复核申请之日起30日内，对复核内容进行审查，并作出复核结论。

有下列情形之一的，复核申请不予受理，并书面通知当事人：

1. 任何一方当事人向人民法院提起诉讼并经法院受理的；
2. 人民检察院对交通肇事犯罪嫌疑人批准逮捕的；
3. 适用简易程序处理的道路交通事故；
4. 车辆在道路以外通行时发生的事故。

根据《道路交通事故处理程序规定》第56条的规定，上一级公安机关交通管理部门作出责令重新认定的复核结论后，原办案单位应当在10日内依照本规定重新调查，重新制作道路交通事故认定书，撤销原道路交通事故认定书；对需要重新调查需要检验、鉴定的，原办案单位应当在检验、鉴定结论确定之日起5日内，重新制作道路交通事故认定书，撤销原道路交通事故认定书；对要求重新制作道路交通事故认定书的，原办案单位应当送达各方当事人，并书面报上一级公安机关交通管理部门备案。

（二）事故认定复核的主体资格

根据《道路交通事故处理工作规范》第66条的规定，省级和设区市公安机关交通管理部门应当组织具有道路交通事故处理中级以上资格的交通警察负责道路交通事故认定的复核工作。对道路交通事故认定进行复核时，交通警察不得少于2人。

第七节 交通事故法律责任

一、交通事故法律责任概述

交通事故法律责任，是指由于发生交通事故而产生的相应的民事责任、行政责任和刑事责任。

当事人的民事责任应当在查明交通事故基本事实和事故原因的基础上，根据当事人的过错与交通事故之间的联系确定当事人的民事责任。肇事者是否承担刑事责任一方面要看肇事者是否有交通安全管理违法行为及其在事故中所起作用的大小；另一方面要看事故损害后果的大小。具体要依据刑法有关规定来确定。交通事故当事人的行政责任，是指当事人因交通安全管理违法行为应受到的行政处罚。具体来说，应依据《道路交通安全法》及其实施条例等道路交通安全管理法规来确定当事人的行政违法责任。

二、交通事故民事责任

（一）民事责任的含义

1. 民事责任是民事主体违反了民事义务所应承担的法律后果，它主要是一种民事救济手段，旨在使受害人被侵犯的权益得以恢复，民事责任主要是财产责任。

2. 民事责任的种类。民事责任按产生原因可分为违反合同的民事责任和侵权的民事责任。交通事故中的民事责任，一般是指侵权的民事责任。

3. 民事责任的方式。其包括：停止侵害；排除妨碍；消除危险；返还财产；恢复原状；修理、重作、更换；赔偿损失；支付违约金；消除影响、恢复名誉；赔礼道歉。

（二）交通事故民事责任

交通事故民事责任，是指交通事故民事责任主体由于发生了交通事故，侵害公共财产或者他人财产及人身时，应当向被侵害人承担的民事责任，属于侵权的民事责任。

交通事故中的民事侵权行为的特点是：

1. 由于过错侵害公共财产或他人财产的行为。

2. 由于过错侵害他人人身的行为。

3. 虽没有过错，但法律规定应当承担民事责任的行为。

交通事故中的民事责任主体的过错，是行为人没有合理地、谨慎地行使自己的权利。过错可以从两个方面理解：一方面，过错可以是实施当事人违反了道路交通安全法律、法规的行为；另一方面，过错指当事人没有尽到合理的、谨慎的注意义务，以及采取的相应措施不当。

（三）交通事故民事责任的归责原则

交通事故民事责任的归责原则，解决的是按照什么标准来确定当事人是否承担交通事故民事责任的问题。交通事故中民事责任的归责原则有以下三种：

1. 过错责任原则。适用于机动车之间、非机动车与非机动车之间、非机动车与行人之间发生的交通事故。

适用过错责任原则应满足以下条件：

（1）当事人有交通违法行为。

（2）有交通事故的损害后果。

（3）当事人的违法行为与事故的损害后果之间存在因果关系。

（4）当事人实施违法行为时主观上要有过错。

2. 无过错责任原则。无过错责任原则也称为严格责任原则。适用于机动车与非机动车驾驶人、行人发生的交通事故，也就是目前所说的机动车损害赔偿的归责原则。受害人无须证明行为人有过错，行为人也不得以自己无过错作为免责或者减轻责任的抗辩事由。但是，如果受害人有过失，其过失造成的损害部分与全部损害相比，可以予以抵消。《道路交通安全法》第76条第1款第2项对无过错责任原则有具体的说明："机动车与非机动车驾驶人、行人之间发生交通事故，非机动车驾驶人、行人没有过错的，由机动车一方承担赔偿责任；有证据证明非机动车驾驶人、行人有过错的，根据过错程度适当减轻机动车一方的赔偿责任；机动车一方没有过错的，承担不超过百分之十的赔偿责任。"

3. 公平责任原则。对于交通事故损害后果的发生，各方当事人都没有过错，而且不能够适用无过错责任原则，可以是受害人遭受的损失如果不予以补偿显然不公平的情况下，由人民法院根据具体情况，要求各方当事人分担损失的原则。交通事故中的意外情形在很多情况下都适用公平责任原则。

三、交通事故刑事责任

（一）交通事故刑事责任的含义

依照我国《刑法》第133条的规定，交通事故的刑事责任，是指当事人因其交通违法行为导致了交通事故，并且损害后果达到了刑法规定的标准，符合交通肇事罪的犯罪构成，依法应当承担的交通肇事的刑事责任。

（二）交通肇事罪的犯罪构成

1. 犯罪客体。交通肇事罪的犯罪客体是违反了交通运输的安全和正常秩序。

2. 犯罪客观方面。交通肇事罪的犯罪客观方面是行为人违反交通法律、法规，发生重大事故，致人重伤、死亡或者使公私财产遭受重大损失。

3. 犯罪主体。从宏观上分析，犯罪主体必须具备如下条件：一是犯罪主体必须是自然人；二是犯罪主体必须是达到刑事责任年龄的人；三是犯罪主体必须是具有刑事责任能力的人。

从微观上分析，犯罪主体必须具备如下条件：一是机动车驾驶人；二是非机动车驾驶人；三是与交通事故有关的人员；四是强迫他人违反交通法律、法规造成事故的人员，此类人员属于负连带责任的主体。

4. 犯罪的主观方面。交通肇事罪的行为人必须是出于疏忽大意过失或自信过失的心理态度。

（三）交通肇事罪的侦查

1. 侦查的含义。根据《刑事诉讼法》第82条的规定，侦查，是指公安机关、人民检察院在办理案件过程中，依照法律进行的专门调查工作和有关的强制性措施。

2. 侦查阶段公安交通管理部门主要职责是发现并收集证据；查明交通肇事案件的事实，确定和缉获交通肇事后逃逸的犯罪嫌疑人。

3. 交通肇事案件的侦查终结。公安交通管理部门侦查终结的案件，应当写出起诉意见书或免予起诉意见书，连同案卷材料、证据，一并以所属的县级公安机关的名义移送同级人民检察院。不构成交通肇事罪的应撤销立案，构成交通肇事罪的应当由人民检察院提起公诉，依法追究其交通肇事的刑事责任。

（四）交通肇事罪刑事责任的承担

1. 《刑法》规定。根据《刑法》第133条的规定，构成交通肇事罪处拘役或者3年以下有期徒刑；肇事后逃逸或有其他特别恶劣情节的处3年以上7年以下有期徒刑；逃逸致死的，处7年以上有期徒刑。

根据最高人民法院《关于审理交通肇事刑事案件具体应用法律若干问题的解释》的有关规定，交通肇事罪的量刑为：第一个量刑档次是致人重伤、死亡或者使公私财产遭受重大损失的，处3年以下有期徒刑或者拘役。第二个量刑档次是肇事后逃逸或者有其他特别恶劣情节的，处3年以上7年以下有期徒刑。第三个量刑档次是因逃逸致人死亡的，处7年以上有期徒刑。

2. 交通肇事罪的特别规定。

（1）交通肇事后，单位主管人员，机动车辆所有人、承包人或者乘车人指使肇事人逃逸，致使被害人因得不到救助而死亡的，以交通肇事罪的共犯论处。

（2）单位主管人员、机动车辆所有人或者机动车辆承包人指使、强令他人违法驾驶造成重大交通事故，以交通肇事定罪处罚。

第八节　交通事故损害赔偿

一、交通事故损害赔偿及其性质

（一）交通事故损害赔偿

交通事故损害赔偿，是指交通事故中一方当事人由于自己的民事侵权行为给他人造成损害，而由损害赔偿主体承担的民事赔偿责任。根据《道路交通安全法》的有关规定，交通事故损害赔偿与调解是公安机关交通管理部门的法定职责之一。对于交通事故损害赔偿与调解重要的是要明确法律性质和法律依据，明确交通事故损害赔偿调解的范围和标准，损害赔偿的主体，损害赔偿调解的参加人，损害赔偿调解的原则、程序及当事人进行交通事故损害赔偿民事诉讼程序等。

（二）交通事故损害赔偿的法律性质

从法律责任的角度来看，交通事故损害赔偿是平等主体之间的民事责任，它是交通事故损害的一方当事人向另一方当事人承担的赔偿自己给对方造成的损害的补偿性责任。

（三）交通事故损害赔偿的主要法律依据

1. 《民法通则》。

2. 《道路交通安全法》。

3. 最高人民法院《关于贯彻执行〈中华人民共和国民法通则〉若干问题的意见（试行）》。

4. 《道路交通事故处理程序规定》。

5. 最高人民法院关于交通事故损害赔偿相关的司法解释。

6. 各地关于交通事故损害赔偿标准的规定。

二、交通事故的赔偿责任

交通事故的赔偿责任，实质就是交通事故当事人承担的民事侵权赔偿责任，属于民事法调整的范畴。根据《道路交通安全法》第76条的规定，机动车发生交通事故造成人身伤亡、财产损失的，由保险公司在机动车第三者责任强制保险责任限额范围内予以赔偿；不足的部分，按照下列规定承担赔偿责任：

1. 机动车之间发生交通事故的，由有过错的一方承担赔偿责任；双方都有过错的，按照各自过错的比例分担责任。

2. 机动车与非机动车驾驶人、行人之间发生交通事故，非机动车驾驶人、行人没有过错的，由机动车一方承担赔偿责任；有证据证明非机动车驾驶人、行人有过错的，根据过错程度适当减轻机动车一方的赔偿责任；机动车一方没有过错的，承担不超过10%的赔偿责任。

交通事故的损失是由非机动车驾驶人、行人故意碰撞机动车造成的，机动车一方不承担赔偿责任。

三、损害赔偿的项目及标准

损害赔偿费用的具体标准依照最高人民法院《关于审理人身损害赔偿案件适用法律若干问题的解释》和最高人民法院《关于确定民事侵权精神损害赔偿责任若干问题的解释》规定的赔偿范围和标准处理。交通事故人身损害赔偿项目包括：医疗费、误工费、护理费、交通费、住宿费、住院伙食补助费、必要的营养费、残疾赔偿金、残疾辅助器具费、丧葬费、被扶养人生活费、死亡赔偿金。

（一）损害赔偿的项目的计算方法

1. 医疗费。根据医疗机构出具的医药费、住院费等收款凭证，结合病历和诊断证明等相关证据确定计算。经鉴定必然发生的后续治疗费，可以与已经发生的医疗费一并确定计算。

2. 误工费。误工费，是指结案前交通事故伤残者和死者生前治疗期间以及参加事故处理期间因误工减少的收入。误工费根据受害人的误工时间和收入状况确定，误工时间根据受害人接受治疗的医疗机构出具的证明确定。受害人因伤致残持续误工的，误工时间可以计算至定残日前一天。

（1）受害人有固定收入的，误工费按照实际减少的收入计算。

（2）受害人无固定收入的，按照其最近三年的平均收入计算；受害人不能举证其最近三年的平均收入情况的，可以参照交通事故发生地相同或者相近行业上一年度职工的平均工资计算。

3. 护理费。根据护理人员的收入状况和护理人数、护理期限确定计算。护理人员原则上为一人，但医疗机构或者鉴定机构有明确意见的，可以参照确定护理人员人数。护理期限应计算至受害人恢复生活自理能力时止。因残疾不能恢复生活自理能力的，计算护理期限最长不超过20年。

（1）护理人员有收入的，参照误工费的规定计算。

（2）护理人员没有收入或者雇用护工的，参照当地护工从事同等级别护理的劳务报酬标准计算。

4. 交通费。根据受害人及其必要的陪护人员因就医或者转院治疗实际发生的费用计算，交通费要以正式发票凭据计算。交通费的计算以事故发生地国家工作人员最低交通费为标准。

5. 住院伙食补助费。参照当地国家机关一般工作人员的出差伙食补助标准予以确定计算。受害人确有必要到外地治疗，因客观原因不能住院，受害人本人及其陪护人员实际发生的住宿费和伙食费，其合理部分应计算。

6. 住院伙食补助费。参照当地国家机关一般工作人员的出差伙食补助标准。在外地就医的合理的伙食费应予赔偿。

7. 必要的营养费。根据受害人伤残情况参照医疗机构的意见确定。

8. 残疾赔偿金。根据受害人丧失劳动能力程度或者伤残等级，按照交通事故发生地上一年度城镇居民人均可支配收入或者农村居民人均纯收入标准，自定残之日起按 20 年计算。但 60 周岁以上的，年龄每增加一岁减少一年；75 周岁以上的，按 5 年计算。

残疾，是指交通事故造成的人体后遗障碍，因而丧失了部分或全部工作和生活能力。伤残等级分为 10 个等级，1 级伤残的伤残系数为 100%，其他各级的伤残系数按 10%（0.1）的档次递减。

9. 残疾辅助器具费。按照普通适用器具的合理费用标准计算。伤情有特殊需要的，可以参照辅助器具配制机构的意见确定相应的合理费用标准。辅助器具的更换周期和赔偿期限参照配制机构的意见确定计算。

10. 丧葬费。按照交通事故发生地上一年度职工月平均工资标准，以 6 个月总额计算。

11. 被扶养人生活费。根据扶养人丧失劳动能力程度，按照交通事故发生地上一年度城镇居民人均消费性支出和农村居民人均年生活消费支出标准计算。

（1）被扶养人为未成年人的，计算至 18 周岁。

（2）被扶养人无劳动能力又无其他生活来源的，计算 20 年，但 60 周岁以上的，年龄每增加一岁减少一年；75 周岁以上的，按 5 年计算。

被扶养人，是指受害人依法应当承担扶养义务的未成年人或者丧失劳动能力又无其他生活来源的成年近亲属。被扶养人还有其他扶养人的，赔偿义务人只赔偿受害人依法应当负担的部分。

被扶养人有数人的，年赔偿总额累计不超过上一年度城镇居民人均消费性支出额或者农村居民人均年生活消费支出额。

12. 死亡赔偿金。死亡赔偿金，是指因交通事故死亡对死亡家属的抚慰金以及死者家庭遭受损失的补偿。按照交通事故发生地上一年度城镇居民人均可支配收入或者农村居民人均纯收入标准，按 20 年计算。但 60 周岁以上的，年龄每增加一岁减少一年；75 周岁以上的，按 5 年计算。

（二）致残赔偿项目

1. 受害人因伤致残的，赔偿上述因就医治疗支出的各项费用以及因误工减少的收入。

2. 其因增加生活上需要所支出的必要费用以及因丧失劳动能力导致的收入损失，包括残疾赔偿金、残疾辅助器具费、被扶养人生活费，以及因康复护理、继续治疗实际发生的必要的康复费、护理费、后续治疗费，赔偿义务人也应当予以赔偿。

（三）死亡赔偿项目

1. 赔偿义务人应当根据抢救治疗情况赔偿因就医治疗支出的各项费用以及因误工减少的收入规定的相关费用。

2. 丧葬费、被扶养人生活费、死亡补偿费以及受害人亲属办理丧葬事宜支出的交通费、住宿费和误工损失等其他合理费用。

（四）遭受精神损害赔偿项目

1. 赔偿权利人（受害人或者死者近亲属）向人民法院请求赔偿精神损害抚慰金的，适用最高人民法院《关于确定民事侵权精神损害赔偿责任若干问题的解释》予以确定。

2. 精神损害抚慰金的请求权，不得让与或者继承。但赔偿义务人已经以书面方式承诺给予金钱赔偿，或者赔偿权利人已经向人民法院起诉的除外。

四、交通事故损害赔偿调解

交通事故损害赔偿调解，是指公安交通管理部门在查清事故原因后，依据当事人的申请，由公安交通管理部门主持交通事故各方当事人就其各自承担的民事责任及承担方式进行的协商活动。

交通事故损害赔偿的性质，从调解的主体来讲，属于行政调解；从调解的效力来讲，属于民事居间的调解。

（一）损害赔偿调解的前提

道路交通事故各方当事人一致请求公安机关交通管理部门调解的，公安机关交通管理部门应当在收到各方当事人的《道路交通事故损害赔偿调解申请书》后，审核申请人是否具有道路交通事故损害赔偿权利人、义务人主体资格；申请书是否在收到道路交通事故认定书或者上一级公安机关交通管理部门维持原道路交通事故认定的复核结论之日起 10 日内提出，对于符合要求的，公安机关交通管理部门应当予以受理，并指派具有相应事故处理资格的交通警察进行调解。有下列情形之一的，公安机关交通管理部门应当终止调解，并记录在案：

1. 在调解期间有一方当事人向人民法院提起民事诉讼的。

2. 一方当事人无正当理由不参加调解的。

3. 一方当事人在调解过程中退出调解的。

公安机关交通管理部门调解损害赔偿的前提条件是交通事故损害赔偿义务人、权利人都同意由公安机关交通管理部门调解，这是指各方，而不是所有损害赔偿当事人。

（二）调解的期限

公安机关交通管理部门调解交通事故损害赔偿的期限为 10 日。

1. 对造成人员死亡的交通事故，调解从规定的办理丧葬事宜结束之日起开始。

2. 对造成人员受伤的交通事故，调解从治疗终结之日起开始。

3. 对受伤人员因伤致残的交通事故，调解从定残之日起开始。

4. 对造成财产损失的交通事故，从确定损失之日起开始。

（三）调解参加人

交通事故调解参加人包括：

1. 交通事故当事人及其代理人。

2. 交通事故车辆所有人或者管理人。

3. 公安机关交通管理部门认为有必要参加的其他人员。

委托代理人应当出具由委托人签名或者盖章的授权委托书。授权委托书应当载明委托事项和权限。参加调解时当事一方不得超过3人。

公安机关交通管理部门在调解前要对调解参加人进行以下资格审核：

1. 是否属于道路交通事故当事人或其代理人，委托代理人提供的授权委托书是否载明委托事项和委托权限，当事人、法定代理人或其遗产继承人是否在授权委托书上签名或盖章，必要时可以要求对授权委托书进行公证。

2. 是否是道路交通事故车辆所有人或者管理人。

3. 是否是经公安机关交通管理部门同意的其他人员。

对不具备资格的，交通警察应当告知其更换调解参加人或者退出调解。经审核，调解参加人资格和人数符合规定的，进行调解。

（四）调解的程序

公安机关交通管理部门要按照规定，在10天调解期限内只调解一次。调解采取公开方式进行，调解时间应当提前公布，调解时允许旁听，但是当事人要求不予公开的除外。调解时必须由两名交通警察按照下列程序主持调解：

1. 告知道路交通事故各方当事人的权利、义务。

2. 听取各方当事人的请求。

3. 根据道路交通事故认定书认定的事实以及《道路交通安全

法》第 76 条的规定，确定当事人承担的损害赔偿责任。

4. 计算损害赔偿的数额，确定各方当事人各自承担的比例，人身损害赔偿的标准按照最高人民法院《关于审理人身损害赔偿案件适用法律若干问题的解释》规定执行，财产损失的修复费用、折价赔偿费用按照实际价值或者评估机构的评估结论计算。

5. 确定赔偿履行方式及期限。

（五）损害赔偿调解书的制作

交通事故的损害赔偿争议，经公安机关交通管理部门调解达成协议的，公安机关交通管理部门应当当场制作道路交通事故损害赔偿调解书，由各方当事人签字，分别送达各方当事人。

调解书应当载明以下内容：

1. 调解依据。

2. 道路交通事故认定书认定的基本事实和损失情况。

3. 损害赔偿的项目和数额。

4. 各方的损害赔偿责任及比例。

5. 赔偿履行方式和期限。

6. 调解日期。

经调解各方当事人未达成协议的，公安机关交通管理部门应当终止调解，制作《道路交通事故损害赔偿调解终结书》送达各方当事人。

（六）调解终结

交通事故的损害赔偿争议，公安机关交通管理部门应当制作《道路交通事故损害赔偿调解终结书》，由主持调解的交通警察签名或盖章，并加盖公安机关交通管理部门交通事故处理专用章后，分别送达各方当事人。经调解未达成协议的，交通警察应当告知当事人可以向人民法院提起民事诉讼解决道路交通事故损害赔偿纠纷。

具有下列情形之一的，公安机关交通管理部门应当终止调解，并记录在案。

1. 在调解期间有一方当事人向人民法院提起民事诉讼的。

2. 一方当事人无正当理由不参加调解的。

3. 一方当事人在调解过程中退出调解的。

《道路交通事故损害赔偿调解终结书》具有法律效力的民事合同。《道路交通事故损害赔偿调解终结书》是公安机关交通管理部门履行法定职责的凭证。

第九节　交通派生事故简介

一、交通派生事故的定义

如果按直意理解，交通派生事故可以定义为交通二次事故，交通事故的次生事故等。而按其性质理解，应该定义为因一次交通事故而引发的危害社会公共安全的二次以上的危机事故，且已不属于交通事故的范畴。它的成因和特点与交通事故相比，既有相同的地方，又有很明显的不同之处。

二、交通派生事故的成因及特点

交通派生事故与一般交通事故，相比来说有一个显著不同的特点，就是涉及的基本都是运输危险物品的车辆，发生事故后必然要派生出一次以上的连锁事故，且派生出来的事故与单独的交通事故相比，已有明显的本质区别，即危害的形成，损害的后果和严重程度，涉及的影响面，涉及的救援成本等因素，已远非一般的交通事故可相比，甚至可以这样说，一起道路交通派生事故，可以等于成百上千起道路交通事故的后果和损害。

从成因上分析，交通派生事故又与一般的交通事故的特征基本相同，即都是由于运输危险物品的车辆的交通违法行为或意外，如均是由超速、超载、疲劳驾驶等诸多因素所致的。例如，

2005 年 6 月 24 日 3 时 50 分左右，一辆运输危险化学物品丙烯腈液体的槽罐车在京沪高速淮安境内因驾驶人疲劳驾驶和超速侧翻下公路，尽管这一交通事故只造成一死一伤，但随后泄漏的丙烯腈液体发生燃烧爆炸，虽然没有造成人员伤亡，但车体周围 200 米内的物品植物等均被烧毁，并致使附近六个村庄的 1 万多名村民紧急疏散，造成财物的重大损失和极大的社会恐慌危机事件。又如 2005 年 3 月 17 日 4 时许江西梨温高速公路上，一辆从深圳开来的客车追尾一辆湖南运输烟花爆竹材料的货车，引起客、货车均爆炸，死亡 29 人，伤多人；2005 年 3 月 30 日 1 时 10 分许，浙江温岭市闹市区一辆停放的载运鞋用胶水（化学品）的货车发生燃烧爆炸，幸无人员伤亡，但周围民房已严重损坏；2005 年 9 月 12 日晚 11 时 20 分，云南弥勒县新东村一辆停放在村内的载有 20 吨硝铵的货车发生爆炸，死 12 人，失踪 2 人，43 人受伤，附近村庄基本被夷为平地，涉及近 320 名村民无家可归；2005 年 7 月 1 日一天内昆明城郊发生了一起运输硫酸，一起运输盐酸车辆共两起的泄漏事故，均由交通事故引起，尽管未造成大的危害，但已严重地影响和威胁到了周边环境和社会公共安全，且救援成本极大。

从上述例子不难看出，交通派生事故的主要因素之一，就是对运输危险物品车辆的监管不力和他们的违法行为（包括危险物品运输管理和道路交通安全两方面），以及被动的交通事故所引发的。

三、交通派生事故的危害警示及应急现状

从上述的案例可以警示我们：

（一）认识不足或不到位

社会或相关部门，目前可能大都把这类事故看成是单纯的交通事故或是单纯的公共安全危机的突发事故，而没有把二者的"前因后果"联系起来，故而就起不到预警的作用。

（二）无监控管理

目前，国家只有 2002 年国务院颁发、2011 修订的《危险化学品安全管理条例》对危险化学品运输作出了相关规定，即便是最新、效力等级最高的《道路交通安全法》也只有粗线条的原则规定，上述规定实际存在着多头执法、多头管理的问题，则变成了谁都在管，又谁都没管的现状。再具体一点说，以前，《危险化学品安全管理条例》规定危险化学品的公路运输通行证由公安部门办理，但实际上公安机关是由其治安管理部门办理，而不是由负有道路交通安全责任的公安交通管理部门办理，因此，危险化学品运输就只有运输源头的入门管理。即便现在危险品的公路运输通行证已改由公安交通管理部门办理，但由于各方面操作的原因，运输中及结果的动态管理可以说仍旧处于失控状态，使这些危险物品运输车辆变成了无序的、流动的"汽车炸弹"，一旦引发交通事故或意外后就极可能要派生出新的重大危机和危害事故。"3·19"大案就是因为交通事故后驾驶人逃逸，先期抵达的各类救援人员根本不知道运输和泄漏的危险物品是氯气，从而延误了救援时机，造成了巨大的危害。

（三）应急现状

目前对交通派生事故基本上还是以传统的交通事故或突发事故的应急机制来对应的，而绝大多数第一时间都是以交通事故报警的，当交通警察或 120 急救人员到达现场，发现有爆炸、燃烧或泄漏情况时，才会转接到 119，然后再报告政府或应急领导机构，这样的现状和应急效率，往往失去最佳救援时机，酿成大祸。在目前还没有形成对危险物品运输进行严密监控的体系或机制之前，这种现状恐怕还是改变不了的。

四、交通派生事故的防控问题及建议

（一）问题

1. 只有正确认识交通派生事故的真正含义及性质，才可能构

393

建正确的防控和应急体系。在安全减灾的理论中，交通派生事故是属于人为和技术灾害的组合，只有控制好人为因素、防治好技术因素，才可能减少或避免此类事故的发生。

2. 加强事故源头的防控，关键是危险物品运输的科学管理目前的法制和机制都已不适应，达不到众多安全减灾类型应急的要求，必须从战略高度上来认识和改变这种现状。

3. 向科技要安全，只有充分有效地运用好当代的各种科学技术，如运输危险物品的车辆安装全球卫星定位系统（即 GPS 技术），才可能有效地对这类复合型的事故进行防控和减灾应急。

4. 加大对道路交通安全管理的投入力度，因为，可以说防控好正常的道路交通事故发生率，特别是重特大交通事故发生率，既减少了威胁社会公共安全的正常因素，又能较好地防控派生事故发生的特殊因素，能起到"一石二鸟"的效果，这是政府和相关部门应优先考虑的问题之一。

（二）建议

鉴于目前从中央到地方都高度重视建立公共安全危机应急和保障体系，以及体系建立后的运作机制，特建议如下：

1. 健全体制。国家和各地的社会公共安全危机应急保障体系中，应把交通派生事故作为一个特殊的潜在危机因素纳入其中，并在机构设置、科研、规划、人才培养方面予以充分重视。

2. 完善法制。尽快修改、完善、细化和重新制定对危险物品、危险化学品管理，特别是运输管理方面的法律、法规，使之适应新形势的要求，为科学管理及防控提供及时有力的法律保障。

3. 机制构建。鉴于交通派生事故的源头是危险物品运输和交通事故，且在各地的应急体系中，公安机关都是主力军。因此，建议在有法律依据的前提下，研究整合公安机关内治安和交通管理两个职能部门的职责、权限、范围等内容，形成权威、高效、科学的管理和防控机制。

4. 经费保障。建议中央和地方政府各级财政，在对正常的危险物品管理和交通安全管理的投入时，考虑到交通派生事故这一因素，额外加大投入，以加强对这一因素的管理和防控力度。也可以这样说，即用准备用于被动应急的资金提前投入到主动地监管和防控中去，这必将极大地减少应急救援这类事故的投入和损失，并可起到"投一减十"的效果。

实训项目

一、道路交通事故接报警

目的

本实训项目通过接报警训练，使学生加深对接报警要求、步骤和内容的理解，掌握接报警处置的基本技能，学会制作《受理交通事故案件登记表》等相关文书。

内容

1. 接报警的一般程序和技巧；

2. 接报警的规范语言要求；

3. 不同案件、不同情况下应当向报案人问明的问题；

4. 如何制作、填写接报案笔录；

5. 如何填写《受理交通事故案件登记表》。

条件

1. 所需场地：教室或模拟交警队办公室。

2. 所需材料：音像资料、多媒体教学设备、空白《受理交通事故案件登记表》、报案笔录纸、记录笔、印泥。

3. 相关条件：根据需要设计不同报案的情形，需要辅助教师进行分组指导练习和考核。

组织

主要运用演示法、讨论法、模拟演练和作业训练相结合的方法，引导学生通过语言表述说明操作程序和要点，在模拟演练过程中制作完成相关文书。

（一）教学方法

主要运用演示法、讨论法、模拟演练和作业训练相结合的方法。

（二）教学手段

1. 课堂上播放一段交通事故处理民警接警过程的录像或者通过教师角色扮演来演示接警过程，让学员了解交通事故接警的程序。

2. 让学生自己设计一种交通事故报案情形，由教师组织学生分组进行模拟演练，在模拟演练过程中制作完成相关文书。

（三）教学过程

1. 通过课堂上的理论教学，如流程图、视频、角色扮演等方式让学生了解交通事故接警过程。

2. 让学生分组讨论，各小组设计一种交通事故报案情形，并写出这种报案情形的接警流程。

3. 设计的方案由教师审核，通过审核后由教师组织学生分组进行模拟演练。

4. 分组进行考核。

作业

学生提交相应的接报警笔录、《受理交通事故案件登记表》。

二、交通事故现场紧急情况处置训练

目的

本实训项目通过训练，使学生能够掌握交通事故现场紧急情况处置的程序和要求，了解现场中有哪些紧急情况，并熟悉不同紧急情况的一般特征，能够根据提供的相关资料准确判定有无紧急情况、何种紧急情况及如何处置等。

内容

1. 交通事故现场有易爆危险物品的处置方法和处置要领；

2. 群死群伤交通事故现场的处置方法和处置要领；

3. 肇事逃逸交通事故现场的临场处置方法和处置要领；

4. 撞坏交通管理设施的交通事故现场的处置方法和处置要领；

5. 失火交通事故现场的处置方法和处置要领；

6. 落水交通事故现场的处置方法和处置要领。

条件

1. 所需场地：教室、模拟交通事故现场。

2. 所需材料：录像资料、多媒体教学设备。

组织

（一）教学方法

主要运用演示法、讨论法、模拟演练和作业训练相结合的方法。

（二）教学手段

1. 运用音像资料进行演示性训练，说明现场中常见的紧急情况、各种紧急情况的判定、一般处置的程序和要求；

2. 通过课堂讨论的方式，引导学生通过语言表述说明现场中存在哪些紧急情况、应当如何处置，以锻炼学生的临场应变能力；

3. 设计相关现场紧急情况，进行模拟处置演练，使其真正熟悉和掌握处置紧急情况中应有的思维方法和处置技能。

（三）教学过程

1. 播放一段现场勘查中，交通警察处置紧急情况的录像。

2. 学生课堂讨论，教师指导学生归纳总结，说明现场中存在哪些紧急情况？不同的情况应当如何处置？

3. 让学生分组讨论，各小组设计一种交通事故现场的紧急情况，并写出这种紧急情形的处置方案。

4. 设计的方案由教师审核，通过审核后由教师组织学生分组进行模拟训练。

作业

1. 学生提交相应的现场紧急情况处置方案和实训小结。

三、绘制交通事故现场记录图

目的

本实训项目通过对模拟交通事故现场记录图的绘制，熟悉交通事故现场图形符号，会使用交通事故现场图纸进行规范的绘图，要求掌握现场定位、现场丈量等现场绘图的主要内容。能够在规定的时间内按要求完成交通事故现场记录图的绘制。

内容

1. 事故现场范围的确定；

2. 事故现场痕迹的发现；

3. 现场元素的绘制；

4. 现场定位；

5. 丈量、数据标注；

6. 履行法律手续。

条件

1. 所需场地：室外道路。

2. 所需材料：模拟用具：人体模型，实验用机动车、非机动车各一辆，玻璃碎片几块或其他散落物，红色涂料。绘图用具：文件夹、绘图笔、绘图尺、交通事故现场绘图纸多份、圆规、指南针、粉笔、皮尺、三角尺、直尺、放大镜、图例模板。其他用具：锥筒数个、警戒带两个、反光背心、每名学生佩戴腰带和白色警帽、对讲机、摄像机、数码照相机、黑色碳素笔。

组织

主要运用案例教学、绘图软件演示、模拟演练和作业训练相结合的方法，让学生通过对模拟交通事故现场进行勘测、丈量，完成现场记录图的绘制。

（一）交通事故模拟现场勘查的方案设计

模拟方案的设计应包括以下内容：

1. 案件性质；

2. 简要案情设计；

3. 准备工作；

4. 人员分工；

5. 突发事件处置预案；

6. 考核方式。

（二）实训的准备工作

1. 场所准备；

2. 实训器材物品的准备；

3. 现场设计；

4. 训练内容准备。

（三）实训的实施过程

1. 分组实施，锻炼学生操作能力；

2. 教师、教员实时指导；

3. 现场记录；

4. 综合讲评。

（四）实训考核

（五）实训案例

2009 年 12 月 10 日 13 时 20 分，我队事故处值班民警接到 110 指挥中心的指令，称：在云南警官学院东院教学楼门前路段，一辆桑塔纳轿车与一名青年男子相撞，造成该男子倒地受伤的交通事故，请速派员处理。

接到指令后，事故处理民警迅速赶赴现场，现场位于云南警官学院东院教学楼门前路段，受伤者家属在事故现场与当事人发生了争执，现场有很多群众围观，造成了事故现场道路的堵塞。受伤者因为伤情较重，用粉笔标记了伤者的倒地位置后，被送往医院救治。民警在事故现场周围进行现场走访，寻找目击者。在现场发现，肇事车辆前部轻微受损，地面有伤者倒地后的血迹、玻璃的碎片、轿车制动拖印等痕迹、物证，民警随即对事故现场进行勘查取证。

（六）注意事项

1. 要摄录学员操作的过程，如现场定位的过程、拉皮尺丈量的过程、提取玻璃碎片的过程等。

2. 限定每组绘图时间为 30 至 40 分钟。

作业

1. 按照交通事故现场绘图的要求，利用现场手工绘制的方法制作交通事故现场记录图一份。

思考题：

1. 交通事故处理工作的作用是什么？

2. 交通事故处理工作的内容。

3. 采取紧急措施包括哪几个方面的工作？

4. 交通事故现场如何进行现场保护？

5. 交通事故证据中如何区分书证、物证和鉴定结论？

6. 确定当事人责任的方法和规则。

7. 为什么交通事故当事人可能同时承担三种法律责任？

8. 交通肇事罪一般构成要件。

9. 如何认识交通事故认定与交通事故损害赔偿之间的关系？

10. 如何正确确定交通事故损害赔偿的范围？

11. 如何理解交通事故民事责任？

12. 根据我国目前道路交通安全现状，应当如何确立交通事故损害赔偿的归责原则？

13. 公安机关交通管理部门怎么才能达到调解的最佳效果？

第十章　公安交通管理信息系统

第一节　概　　述

一、管理信息系统（MIS）

管理信息系统（Management Information System，简称 MIS）是一个由人和计算机等组成的能进行信息收集、传输、储存、加工、维护和使用的系统。它能实测企业的各种运行情况，利用过去的数据预测未来，从全局出发辅助企业决策，利用信息控制企业行为，帮助企业实现规划目标。

管理信息系统辅助计算机管理人员完成信息搜集、加工等管理工作的系统软件。它的作用在于加快信息的采集、传送及处理速度，实验数据的共享，及时地为各级管理人员提供所需的信息，辅助他们决策，从而改善部门的运行效率及效果。通常 MIS 的实施需要三大要素：系统观点、数学的方法、计算机的支持。

一个完整的信息管理系统应包括：辅助决策系统（DSS）、工业控制系统（IPC）、办公自动化系统（OA）以及数据库、模型库、方法库、知识库和与上级机关及外界交换信息的接口等。随着技术的进步，管理信息系统正向着集成化、自然化和用户参与的方向发展。

二、我国的公安交通管理信息系统

（一）公安交通管理信息系统的特点

1. 技术要求。计算机技术、网络通信技术。

2. 依托。公安计算机骨干网络。

3. 功能。公安交通管理基本信息的收集、传输、加工、储存、更新和维护。

4. 目的。提高交通管理效率，为机动车、驾驶人、交通事故、交通违法管理等工作提供信息化支持。

（二）公安交通管理信息系统的基本功能

1. 通过全国公安信息网络通道，实现对交通管理基本信息的计算机网络管理。

2. 建立标准化的交通管理基本信息数据库，实现网上交换数据的标准化。

3. 实现全国交通管理信息查询、统计和分析。

4. 实现路面值勤民警对可疑车辆、牌证和可疑驾驶人证件的快速网上信息查询，实现交通违法信息的网上传递。

5. 借助于进口机动车计算机核查系统，防止走私车、无合法进口证明及非法拼（组）装机动车入户。

6. 实现公安交通管理信息系统与其他公安网络的联网互查。

第二节　公安交通管理信息系统的建设与应用

一、全国公安交通管理信息系统的建设

全国公安交通管理信息系统网络，是在全国公安计算机网络内，建立由公安部交通管理局、省公安厅交警总队、地市公安局交警支队、县公安局交警大队四个区域网构成的三级网络。并在

此基础上，建立部级、省级、市级和县级交通管理信息系统，其中县级系统是市级系统的一个子系统，各信息系统包括一个中心数据库及其系统应用软件。

目前，我国的公安交通管理应用系统主要由以下几个系统组成（如图10-1所示）：

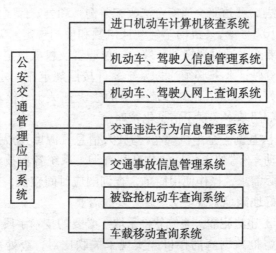

图10-1 公安交通管理应用系统

二、机动车、驾驶人信息管理系统

2003年12月，公安部"金盾工程"领导小组决定将"全国机动车/驾驶人信息资源数据库"列为全国"金盾工程"八大基础性信息资源库。到现在为止，该系统已经作了多次升级，并且在全国各个地市车管所运行应用以来，建成了全国机动车和驾驶人信息资源库，实现了地市支队到省厅、省厅到公安部的36小时数据更新，确保了资源库数据的鲜活、准确、完整。系统的成功推广应用，提高了交通管理手段的现代化、科学化、信息化水平，提高了执法水平和数据质量，强化了机动车登记和驾驶证管理的岗位监督机制，监督并规范了车管民警的执法行为，为公安窗口和路面一线民警提供了判别牌证真伪的科技手段，充分显示了"信息系统"在公安交通管理工作中的地位和作用。

全国机动车/驾驶人信息管理系统软件包含了全部法定的机动车和驾驶证业务，软件设计的业务流程和岗位设定符合《道路交通安全法》、《道路交通安全法实施条例》和公安部《机动车登记规定》102 号令、《机动车驾驶证申领和使用规定》91 号令的业务工作要求，通过严格、有效的岗位职责及权限设定，保证了机动车、驾驶证业务必须通过系统软件按照规定流程才能办理，各岗位很好地实现了在办理流程中的逐级把关、审核和监督作用，车管部门基本实现了信息化管理。

1. 执法查询。全国机动车/驾驶人信息资源库建成后，实现了全国机动车/驾驶人信息的共享和查询，系统各项技术性能均能满足实际需求，操作使用简单，查询响应时间较快，查询内容详细，很好地满足了公安交通管理实战需要。

2. 打击违法犯罪。系统软件采取了必要的技术手段，提供了与机动车盗抢数据库的接口并实现了关联比对，查处被盗抢车辆，有效地实现了对嫌疑车辆的把关处理。协助其他警种办案，有效地打击了违法犯罪活动。

3. 对其他公安交通管理系统的影响。系统软件为"交通违法信息管理系统"、"进口机动车核查系统"、"异地驾驶证核查系统"、"交通事故处理系统"、"驾驶人科目一、二、三考试"、"机动车检测线系统"、"车管业务收费系统"等其他公安交通管理信息系统提供了统一的数据接口，可以实现与各系统的信息共享和数据交换。其他公安交通管理系统也可以通过数据接口实现与系统软件的无缝衔接。

三、交通违法行为管理信息系统

（一）道路交通违法业务处理系统

根据公安部的要求，异地道路交通违法信息必须实现 24 小时全国范围内的传递。系统是"全国道路交通违法信息异地交换系统"的基础和延伸，系统实现了省内各支队之间异地交通违法信息的交换，同时实现了与全国交通违法交换系统之间的数据传递和接收，取得巨大的社会效益。

1. 主要功能。

（1）简易程序信息录入。

（2）一般程序信息录入与处理。

（3）文书打印。

（4）监控信息管理。

（5）凭证管理、物品管理。

（6）银行对账。

（7）系统维护。

（8）统计分析。

2. 系统特点。

（1）符合《道路交通安全法》、《道路交通安全法实施条例》、《道路交通安全违法行为处理程序规定》等最新的法律、法规，符合《道路交通违法业务处理系统建设指导意见》等公安部文件要求。

（2）符合《道路交通违法管理信息数据库规范》、《道路交通违法管理信息代码》等数据规范。

（3）能与机动车/驾驶人管理系统信息共享，实现无缝衔接和集成运行。

（4）能与"全国道路交通违法信息异地交换系统"有效衔接。

（二）机动车驾驶人交通违法信息异地交换系统

"机动车驾驶人交通违法信息异地交换系统"的建设及应用，实现了省际交通违法信息的网上交换，使公安交管部门能及时掌握驾驶人、机动车在异地的交通违法情况，加大了对异地交通违法的管理力度，对加强道路交通安全管理，提高公安交通管理部门综合执法能力和工作效率，规范执法程序，加强执法监督起到了积极作用。同时，避免了资源浪费，节约了警力和财力，有效强化了公安交通管理工作的动、静态管理。

四、交通事故管理信息系统

（一）道路交通事故处理系统

1. 系统组成。系统由以下七个子系统构成：

（1）民警办案系统。本系统涵盖了办理交通事故案件（简易程序、普通程序）所涉及的所有文书及表格，系统内部联系的模式为由报案登记表衍生立案表，再录入信息采集表内的信息内容为平台，衍生出全案所需的所有表格内容，其特点是汉字录入量较少，全案所需的大部分表格自动生成，和手工书写相比较节约工作时间50%。

（2）绘图系统。以往民警用手工绘图现场记录图或比例图时，常存在着不规范、比例失真以及在绘图过程中有涂改的情况，使用绘图系统制作出来的现场记录图及现场比例图具有较高的真实、规范性，这对于正确地分析事故成因有很大的客观、真实性，其特点是涉及交通事故有关的道路、车辆、人等因素的图形符号均已按国标制作出来，按需要选取即可。

（3）领导批示系统。道路交通事故处理程序规定，交通事故的办理必须逐级审批，民警在办案中所需领导审批的表格较多，且在审批时须将全案送到领导处，待领导审核后一一批示，使用本系统后，领导（中队、大队、支队级）及审案人在此系统中逐一进行批示，对领导需要批示的，针对每个表格的内容，进行了模块式处理，只需选择相对应的内容即可，不需要汉字录入。其特点为利用计算机网络的传输功能进行无纸化传输，提高了审批的效率，消除了事故案卷文书的传递过程，并且还可以通过此系统对民警办理案件过程进行实时监控，杜绝了办人情案、私自清案情况的发生，对办案民警起到了保护、监督的作用，同时能实时掌握案件办理的进度，对经办案件民警在办案过程中出现的偏差进行及时的纠正，实现了案件办理的透明化。

（4）内勤系统。本系统具有强大的附各种条件的统计功能，并能及时对各种路况、路段、路口、地域辖区违法类型的交通事故案件进行归纳分析，从而附图表把交通事故发生的成因明确化、具体化，对交通管理工作决策提供基础、科学、准确的原始数据，并实现了与公安部要求上报数据的对接，即全国信息系统接口。

（5）肇事车辆检测系统。本系统由事故现场勘查民警在事故现场获悉与事故发生有关的相应肇事车辆的基本数据，通过网络系统就能及时发送到检测、鉴定部门，相关工程技术人员则对肇事车辆本身及所获数据在第一时间内制作出检验、鉴定的结论，办案民警则又能通过办案系统及时地掌握肇事车辆的检验鉴定结论，对涉案的违法情节的证据进行及时的收集，并进行深追细问。其特点为快速、高效、及时，对在第一时间内收集相关定案的证据赢得了时间，为真实再现事故形成过程提供物证的帮助。并能与刑侦部门的盗抢数据库进行对比，以确定是否属于盗抢车辆，为侦破刑事案件提供线索。

（6）法医鉴定系统。本系统针对有人员死、伤交通事故案件发生后，对伤情、伤残评定、后期医疗费评估及尸检结论而制作，通过此系统的运用，经办案件民警可在最短时间内获悉所作鉴定的结论，从而为确定事故级别，适用程序，而进行先期的准备及开展调查工作，并针对伤情为预付医疗费、收取事故处理保证金提供依据。

（7）支队审案系统。本系统针对各大队需要上报支队审批的案件进行审核、把关，通过此系统大队民警填写审批表，大队领导审批完成后，自动上报到支队审案系统，由支队审案民警进行审核把关，并从中发现问题，减少了民警往返于支队和大队的时间，并提高了办公效率。该系统还对报送法院、检察院的起诉、报捕等案件提供了先期的预审工作，把住了案件质量的最后一关。

2. 系统的优点。系统的运用具有如下优点：

（1）减少事故处理民警的重复劳动，赢得更多的时间去收集证据，提高交通事故案件质量。

（2）大力提高基层事故处理民警经办案件的速度和效率，与手工写相比，能提高一倍的工作效率。

（3）使事故处理过程进一步走向规范化、科学化，提高了办案的透明度。

（4）可以快速、方便地把完整的案件资料录入到计算机中，实现了案卷资料的快速调阅、永久保持。

（5）实现了无纸化公文传递、批阅，进一步提高办案效率。

（6）各级领导可时时由计算机上了解事故处理的进度情况，更好地发挥监督制约机制，并杜绝遗案、私自销案情况的发生。

（7）可实现联网办公，降低办公费用。

（8）由于提高了办案效率，并提供规范、详细的文书，减少了事故当事各方往返于交警大队的次数，避免了许多群众对公安机关的误解，公安交警在人民群众中的形象得到了进一步的提高。

（二）道路交通事故案卷文书管理系统

本系统是为道路交通事故办案过程和文档的生成及管理提供自动化办公工具，实现办案过程中各个环节的信息共享，同时自动生成所需要的数据。符合公安部《道路交通事故处理工作规范》和《交通事故案卷文书》的标准。

1．主要功能。

（1）122 接警。

（2）事故现场处理。

（3）事故责任认定。

（4）事故调解处理。

（5）事故处罚。

（6）事故审批。

（7）事故移交签收。

（8）事故结案。

（9）事故统计分析。

（10）事故信息查询。

（11）档案文档管理。

（12）系统维护。

2．系统特点。

（1）实现事故文档的电子化、规范化管理。

（2）实现领导对事故处理工作的实时监督。

（3）实现面向办案的流程控制，"由下而上"。

（4）采用模块化设计技术，灵活性高。

（5）能与全国道路交通事故统计分析系统集成使用。

（三）道路交通事故死亡 24 小时快报系统

"道路交通事故死亡 24 小时快报系统"建立了省级集中的道路交通死亡事故数据库，充分利用"交通管理信息系统"网络技术软硬件平台，实现了道路交通死亡事故 24 小时快速上报到总队及公安部，确保公安部死亡事故数据的准确性和及时性，保证了数据的实时分析及研判效果，便于各级交通管理机关领导及时掌握各地的死亡事故情况，为正确决策提供科学依据和指导，有效地预防和减少交通事故。

五、交通管理信息短信发布平台系统

（一）主要功能

1. 信息处理模块。对接收的查询短信进行处理，生成回复短信，并交给回复模块。或者定时生成发布信息，批量交给回复模块。信息处理包括自动处理和手工处理两种。

2. 信息交换模块。通过物理隔离网闸，实现公安网络与外网的数据交换。信息交换模块实现了交通管理部门与 SP 之间的数据交换。

（二）系统特点

1. 通过短信定制、包月、批量发布等方式实现了短信的查询，可限时、限区域、限准驾车型等进行短信发布。

2. 可同时实现与联通、移动、电信等多家公司的信息发布。

（三）发布内容

1. 公共类。例如，交通管制信息、交通违法/事故情况通报、法规公告、天气变化提请、办公时间变更等。

2. 个性定制类。例如，驾驶人期满/提交体检报告/满分学习、机动车检验/报废/交通违法等信息通知、驾驶人考试预约等。

第三节　GPS 与 ITS

一、智能化交通运输系统 ITS

智能化交通运输系统（Intelligent Transportation Systems，简称 ITS）是在较完善的交通基础设施的条件下，将先进的信息技术、数据通信传输技术、电子传感技术、电子控制技术以及计算机处理技术和系统综合技术有效的集成并应用于整个运输系统，以解决交通安全性、运输效率、能源和环境问题，从而建立起大范围内发挥作用、适时、准确、高效的综合运输和管理系统。在公路运输领域，该系统将汽车、驾驶人、道路及其相关的服务部门相互联系起来，并使汽车在道路上的运行功能智能化。从而使公路能够高效地使用公路交通设施和能源。系统将采集到的各种道路交通及服务信息经交通管理中心集中处理后，传输到公路运输系统的各个用户（驾驶人、居民、警察局、停车场、运输公司、医院、救护排障等部门），出行者可实时选择交通方式和交通路线；交通管理部门可自动进行合理的交通疏导、控制和事故处理；运输部门可随时掌握车辆的运行情况，进行合理调度。从而，使路网上的交通流运行处于最佳状态，改善交通拥挤和堵塞，最大限度地提高路网的通行能力，提高整个公路运输系统的机动性、安全性和生产效率。

智能交通运输系统 ITS 将产生的效果主要体现在以下几个方面：

1. 提高公路交通的安全性。采用 ITS，在 20 年内可降低 8% 的交通灾难，每年交通事故的死亡人数可减少 30% ~ 70%。减少交通拥挤和堵塞，从而提高公路交通的机动性。据预测，到 2012 年，ITS 技术可使交通堵塞减少 20%。

2. 降低能源消耗，减少汽车运输对环境的影响。

3. 提高公路网络的通行能力。据估计，ITS 可使现有高速公路的通行能力至少增长一倍。

4. 提高汽车运输生产率和经济效益，并对社会经济发展的各方面都将产生积极的影响。

5. 通过系统的研究、开发和普及，创造出新的市场。

二、GPS 技术简介

GPS 又称全球定位系统（Global Positioning System，简称GPS）是美国从 20 世纪 70 年代开始研制，历时 20 年耗资 200 亿美元，于 1994 年 3 月完成的，其整体部署实现其全天候、高精度和全球的覆盖能力。现在 GPS 与现代通信技术相结合，使得测定地球表面三维坐标的方法从静态发展到动态，从数据后处理发展到实时的定位与导航，极大地扩展了应用的广度和深度。载波相位差分法 GPS 技术可以极大提高相对定位精度，在小范围内可以达到厘米级精度。

（一）GPS 系统的组成

GPS 系统包括三大部分：空间部分——GPS 卫星星座；地面控制部分——地面监控系统；用户设备部分——GPS 信号接收机。

1. GPS 卫星星座。由 21 颗工作卫星和 3 颗在轨备用卫星组成，GPS 卫星星座记作（21 + 3）GPS 星座。24 颗卫星均匀分布在 6 个轨道平面内，轨道倾角为 55°，各个轨道平面之间相距 60°，即轨道的升交点赤经各相差 60°。每个轨道平面内各颗卫星之间的升交角距相差 90°——轨道平面上的卫星比西边相邻轨道平面上的相应卫星超前 30°。

在两万公里高空的 GPS 卫星，当地球对恒星来说自转一周时它们绕地球运行二周即绕地球一周的时间为 12 恒星时。这样对于地面观测者来说每天将提前 4 分钟见到同一颗 GPS 卫星。位于地平线以上的卫星颗数随着时间和地点的不同而不同，最少可见到 4 颗，最多可见到 11 颗。在用 GPS 信号导航定位时，为了结算测站的三维坐标必须观测 4 颗 GPS 卫星，称为定位星座。这 4 颗卫星在观测过程中的几何位置分布对定位精度有一定的影响。对于某地某时甚至不能测得精确的点位坐标这种时间段叫做"间隙段"。但这种时间间隙段是很短暂的，并不影响全球绝大多数地方的全天候、高精度、连续实时的导航定位测量。

2. 地面监控系统。对于导航定位来说，GPS 卫星是一动态已知点。星的位置是依据卫星发射的星历——描述卫星运动及其轨道的参数算得的。每颗 GPS 卫星所播发的星历是由地面监控系统提供的。卫星上的各种设备是否正常工作以及卫星是否一直沿着预定轨道运行，都要由地面设备进行监测和控制。地面监控系统的另一重要作用是保持各颗卫星处于同一时间标准。这就需要地面站监测各颗卫星的时间求出钟差。然后由地面注入站发给卫星，再由导航电文发给用户设备。GPS 工作卫星的地面监控系统包括一个主控站、三个注入站和五个监测站。

3. GPS 信号接收机。GPS 信号接收机的任务是：能够捕获到按一定卫星高度截止角所选择的待测卫星的信号，并跟踪这些卫星的运行对所接收到的 GPS 信号进行变换、放大和处理，以便测量出 GPS 信号从卫星到接收机天线的传播时间，解译出 GPS 卫星所发送的导航电文，实时地计算出测站的三维位置甚至三维速度和时间。

GPS 卫星发送的导航定位信号是一种可供无数用户共享的信息资源。对于陆地、海洋和空间的广大用户，只要用户拥有能够接收、跟踪、变换和测量 GPS 信号的接收设备即 GPS 信号接收机，就可以在任何时候用 GPS 信号进行导航定位测量。

（二）GPS 的定位原理

GPS 的基本定位原理是：卫星不间断地发送自身的星历参数和时间信息，用户接收到这些信息后经过计算求出接收机的三维位置、三维方向以及运动速度和时间信息。

（三）GPS 系统的特点

GPS 系统的主要特点是：定位精度高、观测时间短、测站间无须通视、可提供三维坐标功能、操作简便、全天候作业等。

1. 定位精度高。应用实践已经证明 GPS 相对定位精度在 50km 以内可达 10～6，100～500km 可达 10～7，1000km 可达 10～9。

2. 观测时间短。随着 GPS 系统的不断完善，软件的不断更新，目前 20km 以内相对静态定位仅需 15～20 分钟；快速静态相对定位测量时，当每个流动站与基准站相距在 15km 以内时，流动站观测时间只需 1～2 分钟，可随时定位，每站观测只需几秒钟。

3. 测站间无须通视。GPS 测量不要求测站之间互相通视，只需测站上空开阔，因此可节省大量的造标费用。由于无须点间通视，点位位置根据需要可稀可密，使选点工作甚为灵活。

4. 可提供三维坐标。经典大地测量将平面与高程采用不同方法分别施测。GPS 可同时精确测定测站点的三维坐标。

5. 操作简便。随着 GPS 接收机不断改进，自动化程度越来越高，有的已达"傻瓜化"的程度。接收机的体积越来越小，重量越来越轻，极大地减轻测量工作者的工作紧张程度和劳动强度，使野外工作变得轻松愉快。

6. 全天候作业。目前 GPS 观测可在一天 24 小时内的任何时间进行，不受阴天黑夜、起雾刮风、下雨下雪等气候的影响，功能多、应用广。

三、GPS 在智能交通系统发展中的应用分析

（一）GPS 全球卫星定位系统在智能交通中的应用

GPS 在 ITS 中主要应用于车辆定位、导航和交通管理。GPS 与电子地图、无线通信网及计算机车辆管理信息系统相结合，可得到车辆在三维空间中的运动轨迹，即所谓四维航迹，不但可准确获得车辆的准确位置，还可得到车辆的速度、运动方向等数据，为交通运输管理提供了动态检测和导航的工具，是 ITS 的重要组成部分。

GPS 技术在 ITS 中的研究应用在国外早已开始，并已取得了一定的成果：加拿大卡尔加里大学设计了一种动态定位系统，该系统包括一台捷联式惯性系统，两台 GPS 接收机和一台计算机，可测定已有道路的线形参数，为道路管理系统服务。美国研制了应用于城市的道路交通管理系统，该系统利用 GPS 和 GIS 建立道路数据库，在数据库中包含有各种现时的数据资料，如道路的准确位置、路面状况、沿路设施等，该系统于 1995 年正式运行，

为城市道路交通管理起到重要作用。近年来，国外研制了各种用于车辆诱导的系统，其中车辆位置的实时确定以往主要依据惯性测量系统以及车轮传感器，随着 GPS 的发展和所显示出的优越性，有取代前两种方法的趋势。用于城市车辆诱导的 GPS 定位一般是在城市中设立一个基准站，车载 GPS 实时接收基准站发射的信息，经过差分处理便可计算出实时位置，把目前所处位置与所要到达的目标在道路网中进行优化计算，便可在道路电子地图上显示出到达目标的最优化路线，为公安、消防、抢修、急救等车辆服务。经对近年多篇国内外报道的总结，GPS 在 ITS 中主要实现以下服务功能：

1. 车辆定位、跟踪。为了有效提高定位精度和定位连续性，国际上广泛采用集成的差分 GPS（DGPS）定位和惯性导航（INS）定位方法。GPS 车辆定位、跟踪系统在智能交通系统的应用如图 10-2所示［摘自：中国安防产品信息. 2004（3）. -20-25 GPS 技术在智能交通系统中的应用］：控制中心通过广域网与 GSM、GPRS 或 CDMA 网络相连，以实时显示出车辆的实际位置，还可实现多车辆、多屏幕同时跟踪，车辆上安装有 GPS 接收机与接收天线。另外，一旦车辆发出遇劫、被盗等警情时，控制中心也可将车辆位置信息及警情信息通过广域网送 110 指挥中心，由公安部门出警。

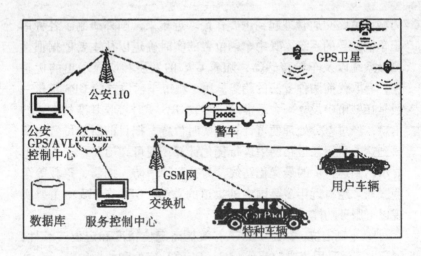

图 10 – 2　车辆定位系统在智能交通系统中的应用示意图

2. 出行路线规划、导航。提供出行路线规划是汽车导航系统的一项重要辅助功能，包括自动线路规划和人工线路设计。自动线路规划是由驾驶人确定起点和目的地，由计算机软件按要求自动设计最佳行驶路线，包括最快的路线、最简单的路线、通过高速公路路段次数最少的路线等的计算。人工线路设计是由驾驶人根据自己的目的地设计起点、终点和途经点等，自动建立线路库。线路规划完毕后，显示器能够在电子地图上显示设计线路，并同时显示汽车运行路径和运行方法。

3. 信息查询。为用户提供主要物标，如旅游景点、宾馆、医院等数据库，用户能够在电子地图上根据需要进行查询。查询资料可以文字、语言及图像的形式显示，并在电子地图上显示其位置。同时，控制中心可以对区域内的任意目标所在位置进行查询，车辆信息将以数字形式在控制中心的电子地图上显示出来。

4. 智能调度。控制中心可以监测区域内车辆运行状况并随时与被跟踪目标通话，对车辆进行合理调度。

5. 紧急援助。通过 GPS 定位和监控管理系统可以对遇有险情或发生事故的车辆进行紧急援助。控制中心的电子地图显示求助信息和报警目标，规划最优援助方案，并以报警声光提醒值班人员进行应急处理。

6. 交通流量监测。为了对交通态势进行多方面分析，利用GPS 采集到的实时道路信息综合其他交通数据，对道路交通状况进行分析，提供某路段的实时流量，也提供由多条路段形成的道路交通状态。

7. 交通设施信息的实时采集标注。交通设施信息是智能交通管理数据的重要组成部分之一。作为交通运输的详细信息，如交通中的红绿灯控制、步行街、单行道、禁止左转等信息，公路交通中的路况、车道数、限速等有关交通运输专用信息在实际中经常发生变化，随时掌握交通设施的位置及变化，对交通管理，规划出行路线等至关重要，可用 GPS 准确采集，及时补充。

8. 行车安全管理。通过对 GPS 位置信息的显示分析，能对道路上一些不安全的行为进行记录，以便事后及时处理与纠正，如超速行驶，在单行线上逆行，不按规定拐弯，不按交通限制行驶，有些路段某段时间限制某些车辆通行等情况。

9. 交通事故分析。运用系统中保存 GPS 信息，可将发生的交通事故重现出来，管理人员可根据当时车辆的行驶路线、方向、速度等得出事故发生的原因，加快事故的确认和处理，使受阻的路段尽快恢复通行，提高道路交通运营能力。

（二）GPS 在 ITS 中的应用策略分析

GPS 是一种真正实现了全球、全天候、连续、实时的定位系统技术。由于其应用成本越来越低，定位准确度也有较好保障，的确是 ITS 非常需要的一种支撑技术，应该予以充分应用。而且随着 GPS 技术的进一步发展，将在定位精度、快速定位能力、抗遮蔽能力上有进一步的提高。

ITS 中的车辆的管理系统、出行信息服务系统、商用车辆运营管理系统、应急管理系统中的车辆监控派遣与安全救援服务、导航服务等需要 GPS 这样有效的工具。甚至在一些自动收费的场合，在道路、桥梁的勘测建设规划中 GPS 也是一个有效的工具。因而在利用时应该进行合理规划、合理投资，避免造成 GPS 设备的重复应用。

由于行政区域的划分，企业利益的不同，各地、各企业在发展 GPS 在 ITS 中的应用时，可能会产生各个地方、各个企业的系统与产品无法兼容的情况，这将不利于系统在全国的统一应用、不利于产品的优胜劣汰。因而，需要由国家相关管理机构来制定统一的标准，并颁布实施，以规范 GPS 应用产业的发展。

GPS 在 ITS 中的突出作用。GPS 作为具有开创意义的高新技术，在 ITS 的众多子系统中有着广泛的应用基础，是 ITS 系统建设的有效工具。不论是在国外发达国家，还是在中国这样的发展中国家，均已得到了广泛的应用。随着我国经济的发展，以及高等级公路的快速修建和 GPS 技术应用研究的逐步深入，其作用将会更加突出。

第四节　地理信息系统

地理信息系统（Geographic Information System，简称 GIS）是一项以计算机为基础的新兴技术。围绕着这项技术的研究、开发和应用形成了一门交叉性、边缘性的学科，是管理和研究空间数据的技术系统。在计算机软硬件支持下，它可以对空间数据按地理坐标或空间位置进行各种处理、对数据的有效管理、研究各种空间实体及相互关系。通过对多因素的综合分析，它可以迅速地获取满足应用需要的信息，并能以地图、图形或数据的形式表示处理的结果。

一、地理信息系统在国内外研究应用

尽管现存的地理信息系统软件很多，但对于它的研究应用，归纳概括起来有两种情况。一是利用 GIS 系统来处理用户的数据；二是在 GIS 的基础上，利用它的开发函数库二次开发出用户专用的地理信息系统软件。目前已成功地应用到了包括资源管理、自动制图、设施管理、城市和区域的规划、人口和商业管理、交通运输、石油和天然气、教育、军事等九大类别的一百多个领域。在美国等发达国家，地理信息系统的应用遍及环境保护、资源保护、灾害预测、投资评价、城市规划建设、政府管理等众多领域。近年来，随着我国经济建设的迅速发展，加速了地理信息系统应用的进程，在城市规划管理、交通运输、测绘、环保、农业、制图等领域发挥了重要的作用，取得了良好的经济效益和社会效益。

二、交通地理信息系统 GIS－T

在交通领域，GIS 与传统的交通信息分析和处理技术紧密结合，延伸出了交通地理信息系统（Geographic Information System for Transportation，简称 GIS－T）。GIS－T 是收集、整理、存储、管理、综合分析和处理空间信息和交通信息的计算机软硬件系统，是 GIS 技术在交通领域的延伸，是 GIS 与多种交通信息分析和处理技术的集成。GIS－T 具有强大的交通信息服务和管理功能，它可以应用在交通管理的各个环节。

（一）交通地理信息技术的功能

GIS－T 的基本功能包括编辑、制图和显示及测量图层等功能，主要用于对空间和属性数据的输入、存储、编辑，以及制图和空间分析等。编辑功能使用户可以添加和删除点、线、面或改变它们的属性；制图和显示功能可以制作和显示地图，分层输出专题地图，如交通规划图、国道图等，显示地理要素、技术数据，并可放大缩小以显示不同的细节层次。测量功能用于测定地图上线段的长度或指定区域的面积。GIS－T 的其他功能包括叠加、动态分段、地形分析、栅格显示和路径优化等。在 CIS－T 的上述功能中，空间分析功能是地理信息系统软件的核心，叠加分析、地形分析和最短路径优化分析等功能是为空间分析服务的。交通设计部门可以利用 GIS－T 的等高线、坡度坡向、断面图的数字地形模型的分析功能进行公路测设。

（二）交通地理信息技术的应用

GIS－T 通过地理信息系统与多种交通信息分析和处理技术的集成，可以为交通规划、交通控制、交通基础设施管理、物流管理、货物运输管理提供操作平台。例如，运输企业可以借助路径选择功能，对营运线路进行优化选择，并根据专用地图的统计分析功能，分析客货流量变化情况，制定行车计划。运输管理部门可以利用它对危险品等特种货物运输进行路线选择和实时监控。下面从几个方面介绍 GIS－T 在交通管理方面的具体应用。

1. 交通规划设计中的应用。在交通规划设计中，首先建立一个地理数据库，然后用 GIS－T 进行路网规划、选址、分析最佳路径。由于 GIS－T 具有计算机辅助设计的功能，能为工程师提供道路、桥梁等的设计工具，为路网的优化设计提供方便，大大提高了交通规划的工作效率，使规划研究人员从繁重的设计工作中解脱出来，将主要精力投入到路线方案的综合比选分析当中，并为规划设计进入三维可视及动画模拟境界提供了方便。

2. 公路管理中的应用。利用 GIS－T 的信息可视化技术，能集数据管理、数据分析、图形管理、图形编辑、彩色图形输出等功能于一体，可方便、有效、快速地存储、更新、操作、统计、分析和显示所有交通网络信息，能为公路的主管部门提供及时、准确、全面的有关公路的信息，实现数据与图形、图像的综合处理，解决沿线定位和空间定位的互换，能提供一套较完整的系统建设与维修的技术文档资料，将对公路交通的管理起到积极的作用。

3. 交通设施管理中的应用。GIS – T 是在计算机技术和空间技术高度发展的基础上建立起来的，它使我们可以采用地图、数字数据、照片、文本、录像、声音等数据记录手段，记录信息的空间位置、时间分布和属性特征等，然后根据用户的需要，输出各种信息。

4. 运营管理中的应用。由于 GIS – T 具有地理、地形等数据的查询、分析统计功能，所以在运输企业的运营管理中，可以利用建立 GIS – T 数据库，为管理部门或用户提供各种查询和分析方法。例如，浏览，区段、路局、站点、车次等的查询。

第五节　智能交通管理信息服务系统

一、智能交通管理信息服务系统概述

随着智能交通领域的研究逐步深入，人们将更多的关注集中在能否真正给用户（包括交通管理者、交通出行者以及其他政府相关部门）带来便利与快捷。智能交通管理信息服务系统主要建设目标是：初步建成具有紧急事件快速反应、城市道路交通诱导、停车诱导、交通管理辅助决策支持、交通事务管理功能的智能化交通管理系统。具体可划分为如下几个功能子系统。

1. 交通管理综合信息平台系统。城市交通管理系统是一个由实现各种不同功能的应用系统有效集成的复杂系统，而各应用系统间的互连、互通和有效集成是发挥各系统效能的重要前提条件。城市交通管理综合信息平台正是一个集成底层各个相关功能子系统，整合各种交通数据信息，提供查询、统计、分析功能的复杂系统。把交通管理信息资源充分共享利用，是建立城市交通管理综合信息平台的根本目的，是为实现各相关子系统间的数据

共享、实现深层次的信息融合和知识发现而提供的交通管理综合信息平台。

该平台能够接收、存储和处理多源、异构数据，具有数据融合、数据挖掘的功能，并能够为各种应用子系统和公众提供完善的信息服务。它解决了智能交通系统各部门和系统间的信息共享和交互，实现了交通信息的综合和深层次的集成利用，为科学决策提供辅助支持，并可以提供准确、多样化的交通信息服务。

2. 交通事务管理系统。交通事务管理系统对于提高公安交通管理部门的工作效率起到十分重要的作用。新系统的建设，不仅实现了执行支队内部的日常事务处理、常规信息处理、办公自动化等任务，真正达到无纸化办公目标，提高办公的自动化程度和工作效率，节约经费，实现办公系统的自动化、高效化和标准化；而且可以实现文档（包括图文）上报、下传指令、领导批示等相关公安交通管理信息的规范化，并在很大程度上提高了相关业务文档的辅助生成功能，是交通管理部门办公现代化的重要体现，更是建设高效、廉洁的交通事务管理的重要途径。

不仅如此，交通事务管理系统可以使得具有权限的领导，实时掌握各个警员的工作状况，进行动态的工作量统计，并最终根据相应的评价系统，对所有警员实现全方位的工作质量评价，为进一步改进管理体制提供可靠的客观依据。

3. 交通管理辅助决策支持系统。随着人工智能技术、专家系统以及相关理论的逐步成熟，交通管理辅助决策支持功能的实现，也成为新一代交通管理信息服务系统开发的重要目标之一，为交通管理者提供交通管理信息处理、交通管理方案的形成与评价的辅助决策支持功能，以利于真正实现快速、科学、高效的指挥调度系统。根据城市的具体交通状况实际需求，建立交通管理辅助决策支持系统，可以实现针对特殊交通事件的辅助决策、动态诱导信息的辅助生成、路口渠化设计方案的辅助设计、动态交通组织的辅助优化与评价。交通管理辅助决策支持系统的建成，将不仅为城市交通管理提供科学有力的工具，而且对解决大城市日益严重的交通问题和智能交通的建设起着积极的示范作用。

4. 紧急交通事件的快速反应系统。紧急交通事件快速反应系统的目标是提高对突发交通事件的发现、反应速度及能力，改善紧急交通事件快速反应的资源配置，提高城市紧急交通事件反应处理能力。一般来说，主要集中在对交通事故的快速处理、特勤、突发性交通拥堵、恶劣天气、大型活动、主干线施工等特殊交通事件的处理上。

二、交通诱导系统

交通诱导成为数字化城市的重要组成部分，数字化城市是提升一个城市现代化、国际化的重要举措。减少城市环境污染，通过有效的交通诱导，减少车辆在路上停留的时间，可以大大减轻城市因为汽车尾气所产生的污染。在城市重大活动或集会中，交通诱导的作用是临时封路和重要消息发布。

城市交通管理的目标是能保证交通畅顺，最佳利用交通空间避免不必要的交通浪费。通过集成来自各交通系统的信息，将其汇集到一个中央处理平台信息经过处理、分析，以无线的方式及互联网方式传送到接收终端设备，配合内置的 GIS 地理地图、智能导航软件系统、语音识别和提示系统、GPS 系统、GSM/CDMA 通信系统等，根据城市实际的交通状况，在充分考虑驾驶安全的基础上，进行名副其实的智能导航。可采用如下介质对城市交通信息实时发布：交通诱导屏、CDMA 手机、车载导航终端 PDA 电台、系统处理平台、移动终端、台式终端、手持设备等。

（一）系统技术

系统技术包括：城市交通信息整合平台、接收终端、传输方式等。系统是对分散的城市交通信息进行整合、处理，利用无线方式、有线方式，进行发布，结合具有 GIS 地理导航地图的接收终端设备，实时发布城市交通信息。信息包括实时城市道路拥堵信息、视频图像、交通事故报道、交通规则变化信息、城市资信、公交信息等,辅以人工的呼叫中心向公众提供服务,不仅可以对驾驶人进行基于城市实时交通信息、语音提示、智能导航,还可以为市民出行提供公交信息服务。同时,还有广告等多种增值功能。

（二）城市交通信息显示及汽车智能导航系统用途

1. 大众应用。当今日趋紧张的道路交通状况,急需要改变传统的"交通指挥模式";变被动指挥为主动疏导,市民开车在没有到达堵车地区之前就必须预知,防止发生堵塞,而实时路况信息发布系统,就是一种"把交通警察请到自己身边"的系统,它的作用自然不言而喻了。

2. 特殊行业应用。

（1）应急车辆的调度者,如警察、消防队和救护车,需要在最短时间内到达事故现场。例如,救护车从事故现场快速到达医院是很重要的。系统可以确保缩短从作出反应到返回医院的时间,医院在车辆到达时已经做好了充分的急救准备。

（2）城市营运出租车市场。

（3）车辆租赁业市场。

（4）国家机关移动监控目标市场。

（5）私家车中的高档消费群体市场。

（6）奥运会及交警日常交通诱导市场。

在一些特殊活动中,如奥林匹克运动会、国际汽车大奖赛,春节等节日,大量的游客聚集,需要大型的服务和后勤设施安排他们。对于组织者,应用智能交通功能管理食品和货物的运输和补给,同时可以管理比赛现场的个人安全和旅馆的交通服务。运营商也可以将接收机同时出租给观众和活动组织者。

3. 运输物流业市场。系统独特的智能导航功能将传统的 GPS 导航技术与实时交通结合在一起。应用智能交通,驾驶人可以自己安排最佳行车线路,在最短的时间内将货物送到客户手里,提高驾驶人的生产效率，降低成本。驾驶人在路上通过文字或移动电话可以接收到调度员新的送货指示或与客户通话。他可以将有关信息很快传回给调度员处理。个人助理平台可以提供信息服务，如实时天气报告、体育和突发新闻。

（三）LED 交通诱导信息发布系统

LED 交通诱导信息发布系统是城市智能交通系统的重要组成部分，是城市交通指挥控制系统与外部进行信息交换的组成环节。

TJ—TGS—LED 交通诱导信息发布系统，通过在交通路口、干道设立 LED 大屏幕显示牌，将各种交通信息、交通管制信息和其他公众服务信息提供给外出者。方便其选择最佳出行路径。

1. 系统功能。其包括：汉字与图表显示功能；系统状态自检功能；显示屏具有自动感光功能；本地存储与实时控制显示功能；系统可通过多种方式显示道路交通流动态信息。

2. 系统显示信息。内容包括：气候状况；交通事故；交通拥堵信息；交通安全宣传教育；交通管制信息；道路施工信息；突发性事件信息；其他有关信息。

三、停车信息管理系统

一套完整的停车诱导系统包含四个基本组成部分：数据采集系统、数据通信系统、信息发布系统和中央控制系统。其工作原理是：首先通过各停车场的数据采集系统对各停车场的车位相关信息进行采集，并按照一定规则通过数据传输网络将信息送至中央控制系统，由中央控制系统对信息进行分析处理后存放到数据库服务器，同时分送给信息发布系统，提供信息服务。对于数据库服务器中的车位信息，系统提供数据查询接口。

国际上通行三种数据采集方式：第一种在停车场出入口埋设类似 RFID 的设备，成本低廉，而且准确。第二种是在每个车位安装微波设备，判断微波长短的变化采集数据。第三种则采用一卡通的形式采集数据。

智能停车诱导系统的服务渠道主要包括：路边视觉信息发布设施（如，停车诱导显示屏等）、手机短信、互联网、交通台、服务电话等。信息服务的方式可以是交互式，也可以是单向信息发布方式。服务范围包括：车位信息、停车场分布和位置信息、停车场收费情况、停车场对外开放时间等。

停车系统作为城市智能交通的组成部分，能合理地安排必要停车，提高路外停车设施泊位利用率，促使停车设施利用均衡化，减少路边停车现象，减少等待入库排队车辆，减少驾驶人寻找停车泊位的时间消耗，从而减少市中心为停车而附加的交通量。

思考题：

1. 我国公安交通管理应用系统各个子系统的功能与特点。
2. GPS 在智能交通系统发展中的应用策略分析。
3. 如何从公众应用的角度发展我国的智能交通信息服务系统？
4. 交通诱导系统在缓解大城市交通拥堵中的作用。
5. 停车信息管理系统在我国的应用前景。

附录一 中华人民共和国道路交通安全法

目 录

第一章 总 则

第一条 为了维护道路交通秩序，预防和减少交通事故，保护人身安全，保护公民、法人和其他组织的财产安全及其他合法权益，提高通行效率，制定本法。

第二条 中华人民共和国境内的车辆驾驶人、行人、乘车人以及与道路交通活动有关的单位和个人，都应当遵守本法。

第三条 道路交通安全工作，应当遵循依法管理、方便群众的原则，保障道路交通有序、安全、畅通。

第四条 各级人民政府应当保障道路交通安全管理工作与经济建设和社会发展相适应。

县级以上地方各级人民政府应当适应道路交通发展的需要，依据道路交通安全法律、法规和国家有关政策，制定道路交通安全管理规划，并组织实施。

第五条 国务院公安部门负责全国道路交通安全管理工作。县级以上地方各级人民政府公安机关交通管理部门负责本行政区域内的道路交通安全管理工作。

县级以上各级人民政府交通、建设管理部门依据各自职责，负责有关的道路交通工作。

第六条 各级人民政府应当经常进行道路交通安全教育，提高公民的道路交通安全意识。

公安机关交通管理部门及其交通警察执行职务时，应当加强道路交通安全法律、法规的宣传，并模范遵守道路交通安全法律、法规。

机关、部队、企业事业单位、社会团体以及其他组织，应当对本单位的人员进行道路交通安全教育。

教育行政部门、学校应当将道路交通安全教育纳入法制教育的内容。

新闻、出版、广播、电视等有关单位，有进行道路交通安全教育的义务。

第七条 对道路交通安全管理工作，应当加强科学研究，推广、使用先进的管理方法、技术、设备。

第二章 车辆和驾驶人

第一节 机动车、非机动车

第八条 国家对机动车实行登记制度。机动车经公安机关交通管理部门登记后，方可上道路行驶。尚未登记的机动车，需要临时上道路行驶的，应当取得临时通行牌证。

第九条 申请机动车登记，应当提交以下证明、凭证：

（一）机动车所有人的身份证明；

（二）机动车来历证明；

（三）机动车整车出厂合格证明或者进口机动车进口凭证；

（四）车辆购置税的完税证明或者免税凭证；

（五）法律、行政法规规定应当在机动车登记时提交的其他证明、凭证。

公安机关交通管理部门应当自受理申请之日起五个工作日内完成机动车登记审查工作，对符合前款规定条件的，应当发放机动车登记证书、号牌和行驶证；对不符合前款规定条件的，应当向申请人说明不予登记的理由。

公安机关交通管理部门以外的任何单位或者个人不得发放机动车号牌或者要求机动车悬挂其他号牌，本法另有规定的除外。

机动车登记证书、号牌、行驶证的式样由国务院公安部门规定并监制。

第十条 准予登记的机动车应当符合机动车国家安全技术标准。申请机动车登记时，应当接受对该机动车的安全技术检验。

但是，经国家机动车产品主管部门依据机动车国家安全技术标准认定的企业生产的机动车型，该车型的新车在出厂时经检验符合机动车国家安全技术标准，获得检验合格证的，免予安全技术检验。

第十一条 驾驶机动车上道路行驶，应当悬挂机动车号牌，放置检验合格标志、保险标志，并随车携带机动车行驶证。

机动车号牌应当按照规定悬挂并保持清晰、完整，不得故意遮挡、污损。

任何单位和个人不得收缴、扣留机动车号牌。

第十二条 有下列情形之一的，应当办理相应的登记：

（一）机动车所有权发生转移的；

（二）机动车登记内容变更的；

（三）机动车用作抵押的；

（四）机动车报废的。

第十三条 对登记后上道路行驶的机动车，应当依照法律、行政法规的规定，根据车辆用途、载客载货数量、使用年限等不同情况，定期进行安全技术检验。对提供机动车行驶证和机动车第三者责任强制保险单的，机动车安全技术检验机构应当予以检验，任何单位不得附加其他条件。对符合机动车国家安全技术标准的，公安机关交通管理部门应当发给检验合格标志。

对机动车的安全技术检验实行社会化。具体办法由国务院规定。

机动车安全技术检验实行社会化的地方，任何单位不得要求机动车到指定的场所进行检验。

公安机关交通管理部门、机动车安全技术检验机构不得要求机动车到指定的场所进行维修、保养。

机动车安全技术检验机构对机动车检验收取费用，应当严格执行国务院价格主管部门核定的收费标准。

第十四条 国家实行机动车强制报废制度，根据机动车的安全技术状况和不同用途，规定不同的报废标准。

应当报废的机动车必须及时办理注销登记。

达到报废标准的机动车不得上道路行驶。报废的大型客、货车及其他营运车辆应当在公安机关交通管理部门的监督下解体。

第十五条　警车、消防车、救护车、工程救险车应当按照规定喷涂标志图案，安装警报器、标志灯具。其他机动车不得喷涂、安装、使用上述车辆专用的或者与其相类似的标志图案、警报器或者标志灯具。

警车、消防车、救护车、工程救险车应当严格按照规定的用途和条件使用。

公路监督检查的专用车辆，应当依照公路法的规定，设置统一的标志和示警灯。

第十六条　任何单位或者个人不得有下列行为：

（一）拼装机动车或者擅自改变机动车已登记的结构、构造或者特征；

（二）改变机动车型号、发动机号、车架号或者车辆识别代号；

（三）伪造、变造或者使用伪造、变造的机动车登记证书、号牌、行驶证、检验合格标志、保险标志；

（四）使用其他机动车的登记证书、号牌、行驶证、检验合格标志、保险标志。

第十七条　国家实行机动车第三者责任强制保险制度，设立道路交通事故社会救助基金。具体办法由国务院规定。

第十八条　依法应当登记的非机动车，经公安机关交通管理部门登记后，方可上道路行驶。

依法应当登记的非机动车的种类，由省、自治区、直辖市人民政府根据当地实际情况规定。

非机动车的外形尺寸、质量、制动器、车铃和夜间反光装置，应当符合非机动车安全技术标准。

第二节　机动车驾驶人

第十九条　驾驶机动车，应当依法取得机动车驾驶证。

申请机动车驾驶证，应当符合国务院公安部门规定的驾驶许可条件；经考试合格后，由公安机关交通管理部门发给相应类别的机动车驾驶证。

持有境外机动车驾驶证的人，符合国务院公安部门规定的驾驶许可条件，经公安机关交通管理部门考核合格的，可以发给中国的机动车驾驶证。

驾驶人应当按照驾驶证载明的准驾车型驾驶机动车；驾驶机动车时，应当随身携带机动车驾驶证。

公安机关交通管理部门以外的任何单位或者个人，不得收缴、扣留机动车驾驶证。

第二十条　机动车的驾驶培训实行社会化，由交通主管部门对驾驶培训学校、驾驶培训班实行资格管理，其中专门的拖拉机驾驶培训学校、驾驶培训班由农业（农业机械）主管部门实行资格管理。

驾驶培训学校、驾驶培训班应当严格按照国家有关规定，对学员进行交通安全法律、法规、驾驶技能的培训，确保培训质量。

任何国家机关以及驾驶培训和考试主管部门不得举办或者参与举办驾驶培训学校、驾驶培训班。

第二十一条　驾驶人驾驶机动车上道路行驶前，应当对机动车的安全技术性能进行认真检查；不得驾驶安全设施不全或者机件不符合技术标准等具有安全隐患的机动车。

第二十二条　机动车驾驶人应当遵守道路交通安全法律、法规的规定，按照操作规范安全驾驶、文明驾驶。

饮酒、服用国家管制的精神药品或者麻醉药品，或者患有妨碍安全驾驶机动车的疾病，或者过度疲劳影响安全驾驶的，不得驾驶机动车。

任何人不得强迫、指使、纵容驾驶人违反道路交通安全法律、法规和机动车安全驾驶要求驾驶机动车。

第二十三条 公安机关交通管理部门依照法律、行政法规的规定，定期对机动车驾驶证实施审验。

第二十四条 公安机关交通管理部门对机动车驾驶人违反道路交通安全法律、法规的行为，除依法给予行政处罚外，实行累积记分制度。公安机关交通管理部门对累积记分达到规定分值的机动车驾驶人，扣留机动车驾驶证，对其进行道路交通安全法律、法规教育，重新考试；考试合格的，发还其机动车驾驶证。

对遵守道路交通安全法律、法规，在一年内无累积记分的机动车驾驶人，可以延长机动车驾驶证的审验期。具体办法由国务院公安部门规定。

第三章 道路通行条件

第二十五条 全国实行统一的道路交通信号。

交通信号包括交通信号灯、交通标志、交通标线和交通警察的指挥。

交通信号灯、交通标志、交通标线的设置应当符合道路交通安全、畅通的要求和国家标准，并保持清晰、醒目、准确、完好。

根据通行需要，应当及时增设、调换、更新道路交通信号。增设、调换、更新限制性的道路交通信号，应当提前向社会公告，广泛进行宣传。

第二十六条 交通信号灯由红灯、绿灯、黄灯组成。红灯表示禁止通行，绿灯表示准许通行，黄灯表示警示。

第二十七条 铁路与道路平面交叉的道口，应当设置警示灯、警示标志或者安全防护设施。无人看守的铁路道口，应当在距道口一定距离处设置警示标志。

第二十八条 任何单位和个人不得擅自设置、移动、占用、损毁交通信号灯、交通标志、交通标线。

道路两侧及隔离带上种植的树木或者其他植物，设置的广告牌、管线等，应当与交通设施保持必要的距离，不得遮挡路灯、交通信号灯、交通标志，不得妨碍安全视距，不得影响通行。

第二十九条 道路、停车场和道路配套设施的规划、设计、建设，应当符合道路交通安全、畅通的要求，并根据交通需求及时调整。

公安机关交通管理部门发现已经投入使用的道路存在交通事故频发路段，或者停车场、道路配套设施存在交通安全严重隐患的，应当及时向当地人民政府报告，并提出防范交通事故、消除隐患的建议，当地人民政府应当及时作出处理决定。

第三十条 道路出现坍塌、坑漕、水毁、隆起等损毁或者交通信号灯、交通标志、交通标线等交通设施损毁、灭失的，道路、交通设施的养护部门或者管理部门应当设置警示标志并及时修复。

公安机关交通管理部门发现前款情形，危及交通安全，尚未设置警示标志的，应当及时采取安全措施，疏导交通，并通知道路、交通设施的养护部门或者管理部门。

第三十一条 未经许可，任何单位和个人不得占用道路从事非交通活动。

第三十二条 因工程建设需要占用、挖掘道路，或者跨越、穿越道路架设、增设管线设施，应当事先征得道路主管部门的同意；影响交通安全的，还应当征得公安机关交通管理部门的同意。

施工作业单位应当在经批准的路段和时间内施工作业，并在距离施工作业地点来车方向安全距离处设置明显的安全警示标志，采取防护措施；施工作业完毕，应当迅速清除道路上的障碍

物，消除安全隐患，经道路主管部门和公安机关交通管理部门验收合格，符合通行要求后，方可恢复通行。

对未中断交通的施工作业道路，公安机关交通管理部门应当加强交通安全监督检查，维护道路交通秩序。

第三十三条 新建、改建、扩建的公共建筑、商业街区、居住区、大（中）型建筑等，应当配建、增建停车场；停车泊位不足的，应当及时改建或者扩建；投入使用的停车场不得擅自停止使用或者改作他用。

在城市道路范围内，在不影响行人、车辆通行的情况下，政府有关部门可以施划停车泊位。

第三十四条 学校、幼儿园、医院、养老院门前的道路没有行人过街设施的，应当施划人行横道线，设置提示标志。

城市主要道路的人行道，应当按照规划设置盲道。盲道的设置应当符合国家标准。

第四章 道路通行规定

第一节 一般规定

第三十五条 机动车、非机动车实行右侧通行。

第三十六条 根据道路条件和通行需要，道路划分为机动车道、非机动车道和人行道的，机动车、非机动车、行人实行分道通行。没有划分机动车道、非机动车道和人行道的，机动车在道路中间通行，非机动车和行人在道路两侧通行。

第三十七条 道路划设专用车道的，在专用车道内，只准许规定的车辆通行，其他车辆不得进入专用车道内行驶。

第三十八条 车辆、行人应当按照交通信号通行；遇有交通警察现场指挥时，应当按照交通警察的指挥通行；在没有交通信号的道路上，应当在确保安全、畅通的原则下通行。

道路交通管理教程

DAOLU JIAOTONG GUANLI JIAOCHENG

第三十九条　公安机关交通管理部门根据道路和交通流量的具体情况，可以对机动车、非机动车、行人采取疏导、限制通行、禁止通行等措施。遇有大型群众性活动、大范围施工等情况，需要采取限制交通的措施，或者作出与公众的道路交通活动直接有关的决定，应当提前向社会公告。

第四十条　遇有自然灾害、恶劣气象条件或者重大交通事故等严重影响交通安全的情形，采取其他措施难以保证交通安全时，公安机关交通管理部门可以实行交通管制。

第四十一条　有关道路通行的其他具体规定，由国务院规定。

第二节　机动车通行规定

第四十二条　机动车上道路行驶，不得超过限速标志标明的最高时速。在没有限速标志的路段，应当保持安全车速。

夜间行驶或者在容易发生危险的路段行驶，以及遇有沙尘、冰雹、雨、雪、雾、结冰等气象条件时，应当降低行驶速度。

第四十三条　同车道行驶的机动车，后车应当与前车保持足以采取紧急制动措施的安全距离。有下列情形之一的，不得超车：

（一）前车正在左转弯、掉头、超车的；

（二）与对面来车有会车可能的；

（三）前车为执行紧急任务的警车、消防车、救护车、工程救险车的；

（四）行经铁路道口、交叉路口、窄桥、弯道、陡坡、隧道、人行横道、市区交通流量大的路段等没有超车条件的。

第四十四条　机动车通过交叉路口，应当按照交通信号灯、交通标志、交通标线或者交通警察的指挥通过；通过没有交通信号灯、交通标志、交通标线或者交通警察指挥的交叉路口时，应当减速慢行，并让行人和优先通行的车辆先行。

436

第四十五条 机动车遇有前方车辆停车排队等候或者缓慢行驶时，不得借道超车或者占用对面车道，不得穿插等候的车辆。

在车道减少的路段、路口，或者在没有交通信号灯、交通标志、交通标线或者交通警察指挥的交叉路口遇到停车排队等候或者缓慢行驶时，机动车应当依次交替通行。

第四十六条 机动车通过铁路道口时，应当按照交通信号或者管理人员的指挥通行；没有交通信号或者管理人员的，应当减速或者停车，在确认安全后通过。

第四十七条 机动车行经人行横道时，应当减速行驶；遇行人正在通过人行横道，应当停车让行。

机动车行经没有交通信号的道路时，遇行人横过道路，应当避让。

第四十八条 机动车载物应当符合核定的载质量，严禁超载；载物的长、宽、高不得违反装载要求，不得遗洒、飘散载运物。

机动车运载超限的不可解体的物品，影响交通安全的，应当按照公安机关交通管理部门指定的时间、路线、速度行驶，悬挂明显标志。在公路上运载超限的不可解体的物品，并应当依照公路法的规定执行。

机动车载运爆炸物品、易燃易爆化学物品以及剧毒、放射性等危险物品，应当经公安机关批准后，按指定的时间、路线、速度行驶，悬挂警示标志并采取必要的安全措施。

第四十九条 机动车载人不得超过核定的人数，客运机动车不得违反规定载货。

第五十条 禁止货运机动车载客。

货运机动车需要附载作业人员的，应当设置保护作业人员的安全措施。

第五十一条 机动车行驶时，驾驶人、乘坐人员应当按规定使用安全带，摩托车驾驶人及乘坐人员应当按规定戴安全头盔。

第五十二条　机动车在道路上发生故障，需要停车排除故障时，驾驶人应当立即开启危险报警闪光灯，将机动车移至不妨碍交通的地方停放；难以移动的，应当持续开启危险报警闪光灯，并在来车方向设置警告标志等措施扩大示警距离，必要时迅速报警。

第五十三条　警车、消防车、救护车、工程救险车执行紧急任务时，可以使用警报器、标志灯具；在确保安全的前提下，不受行驶路线、行驶方向、行驶速度和信号灯的限制，其他车辆和行人应当让行。

警车、消防车、救护车、工程救险车非执行紧急任务时，不得使用警报器、标志灯具，不享有前款规定的道路优先通行权。

第五十四条　道路养护车辆、工程作业车进行作业时，在不影响过往车辆通行的前提下，其行驶路线和方向不受交通标志、标线限制，过往车辆和人员应当注意避让。

洒水车、清扫车等机动车应当按照安全作业标准作业；在不影响其他车辆通行的情况下，可以不受车辆分道行驶的限制，但是不得逆向行驶。

第五十五条　高速公路、大中城市中心城区内的道路，禁止拖拉机通行。其他禁止拖拉机通行的道路，由省、自治区、直辖市人民政府根据当地实际情况规定。

在允许拖拉机通行的道路上，拖拉机可以从事货运，但是不得用于载人。

第五十六条　机动车应当在规定地点停放。禁止在人行道上停放机动车；但是，依照本法第三十三条规定施划的停车泊位除外。

在道路上临时停车的，不得妨碍其他车辆和行人通行。

第三节　非机动车通行规定

第五十七条　驾驶非机动车在道路上行驶应当遵守有关交通

安全的规定。非机动车应当在非机动车道内行驶；在没有非机动车道的道路上，应当靠车行道的右侧行驶。

第五十八条　残疾人机动轮椅车、电动自行车在非机动车道内行驶时，最高时速不得超过十五公里。

第五十九条　非机动车应当在规定地点停放。未设停放地点的，非机动车停放不得妨碍其他车辆和行人通行。

第六十条　驾驭畜力车，应当使用驯服的牲畜；驾驭畜力车横过道路时，驾驭人应当下车牵引牲畜；驾驭人离开车辆时，应当拴系牲畜。

第四节　行人和乘车人通行规定

第六十一条　行人应当在人行道内行走，没有人行道的靠路边行走。

第六十二条　行人通过路口或者横过道路，应当走人行横道或者过街设施；通过有交通信号灯的人行横道，应当按照交通信号灯指示通行；通过没有交通信号灯、人行横道的路口，或者在没有过街设施的路段横过道路，应当在确认安全后通过。

第六十三条　行人不得跨越、倚坐道路隔离设施，不得扒车、强行拦车或者实施妨碍道路交通安全的其他行为。

第六十四条　学龄前儿童以及不能辨认或者不能控制自己行为的精神疾病患者、智力障碍者在道路上通行，应当由其监护人、监护人委托的人或者对其负有管理、保护职责的人带领。

盲人在道路上通行，应当使用盲杖或者采取其他导盲手段，车辆应当避让盲人。

第六十五条　行人通过铁路道口时，应当按照交通信号或者管理人员的指挥通行；没有交通信号和管理人员的，应当在确认无火车驶临后，迅速通过。

第六十六条　乘车人不得携带易燃易爆等危险物品，不得向车外抛洒物品，不得有影响驾驶人安全驾驶的行为。

第五节 高速公路的特别规定

第六十七条 行人、非机动车、拖拉机、轮式专用机械车、铰接式客车、全挂拖斗车以及其他设计最高时速低于七十公里的机动车，不得进入高速公路。高速公路限速标志标明的最高时速不得超过一百二十公里。

第六十八条 机动车在高速公路上发生故障时，应当依照本法第五十二条的有关规定办理；但是，警告标志应当设置在故障车来车方向一百五十米以外，车上人员应当迅速转移到右侧路肩上或者应急车道内，并且迅速报警。

机动车在高速公路上发生故障或者交通事故，无法正常行驶的，应当由救援车、清障车拖曳、牵引。

第六十九条 任何单位、个人不得在高速公路上拦截检查行驶的车辆，公安机关的人民警察依法执行紧急公务除外。

第五章 交通事故处理

第七十条 在道路上发生交通事故，车辆驾驶人应当立即停车，保护现场；造成人身伤亡的，车辆驾驶人应当立即抢救受伤人员，并迅速报告执勤的交通警察或者公安机关交通管理部门。因抢救受伤人员变动现场的，应当标明位置。乘车人、过往车辆驾驶人、过往行人应当予以协助。

在道路上发生交通事故，未造成人身伤亡，当事人对事实及成因无争议的，可以即行撤离现场，恢复交通，自行协商处理损害赔偿事宜；不即行撤离现场的，应当迅速报告执勤的交通警察或者公安机关交通管理部门。

在道路上发生交通事故，仅造成轻微财产损失，并且基本事实清楚的，当事人应当先撤离现场再进行协商处理。

第七十一条 车辆发生交通事故后逃逸的，事故现场目击人员和其他知情人员应当向公安机关交通管理部门或者交通警察举报。举报属实的，公安机关交通管理部门应当给予奖励。

　　第七十二条　公安机关交通管理部门接到交通事故报警后，应当立即派交通警察赶赴现场，先组织抢救受伤人员，并采取措施，尽快恢复交通。

　　交通警察应当对交通事故现场进行勘验、检查，收集证据；因收集证据的需要，可以扣留事故车辆，但是应当妥善保管，以备核查。

　　对当事人的生理、精神状况等专业性较强的检验，公安机关交通管理部门应当委托专门机构进行鉴定。鉴定结论应当由鉴定人签名。

　　第七十三条　公安机关交通管理部门应当根据交通事故现场勘验、检查、调查情况和有关的检验、鉴定结论，及时制作交通事故认定书，作为处理交通事故的证据。交通事故认定书应当载明交通事故的基本事实、成因和当事人的责任，并送达当事人。

　　第七十四条　对交通事故损害赔偿的争议，当事人可以请求公安机关交通管理部门调解，也可以直接向人民法院提起民事诉讼。

　　经公安机关交通管理部门调解，当事人未达成协议或者调解书生效后不履行的，当事人可以向人民法院提起民事诉讼。

　　第七十五条　医疗机构对交通事故中的受伤人员应当及时抢救，不得因抢救费用未及时支付而拖延救治。肇事车辆参加机动车第三者责任强制保险的，由保险公司在责任限额范围内支付抢救费用；抢救费用超过责任限额的，未参加机动车第三者责任强制保险或者肇事后逃逸的，由道路交通事故社会救助基金先行垫付部分或者全部抢救费用，道路交通事故社会救助基金管理机构有权向交通事故责任人追偿。

　　第七十六条　机动车发生交通事故造成人身伤亡、财产损失的，由保险公司在机动车第三者责任强制保险责任限额范围内予以赔偿。超过责任限额的部分，按照下列方式承担赔偿责任：

（一）机动车之间发生交通事故的，由有过错的一方承担责任；双方都有过错的，按照各自过错的比例分担责任。

（二）机动车与非机动车驾驶人、行人之间发生交通事故的，由机动车一方承担责任；但是，有证据证明非机动车驾驶人、行人违反道路交通安全法律、法规，机动车驾驶人已经采取必要处置措施的，减轻机动车一方的责任。

交通事故的损失是由非机动车驾驶人、行人故意造成的，机动车一方不承担责任。

第七十七条　车辆在道路以外通行时发生的事故，公安机关交通管理部门接到报案的，参照本法有关规定办理。

第六章　执法监督

第七十八条　公安机关交通管理部门应当加强对交通警察的管理，提高交通警察的素质和管理道路交通的水平。

公安机关交通管理部门应当对交通警察进行法制和交通安全管理业务培训、考核。交通警察经考核不合格的，不得上岗执行职务。

第七十九条　公安机关交通管理部门及其交通警察实施道路交通安全管理，应当依据法定的职权和程序，简化办事手续，做到公正、严格、文明、高效。

第八十条　交通警察执行职务时，应当按照规定着装，佩带人民警察标志，持有人民警察证件，保持警容严整，举止端庄，指挥规范。

第八十一条　依照本法发放牌证等收取工本费，应当严格执行国务院价格主管部门核定的收费标准，并全部上缴国库。

第八十二条　公安机关交通管理部门依法实施罚款的行政处罚，应当依照有关法律、行政法规的规定，实施罚款决定与罚款收缴分离；收缴的罚款以及依法没收的违法所得，应当全部上缴国库。

第八十三条 交通警察调查处理道路交通安全违法行为和交通事故，有下列情形之一的，应当回避：

（一）是本案的当事人或者当事人的近亲属；

（二）本人或者其近亲属与本案有利害关系；

（三）与本案当事人有其他关系，可能影响案件的公正处理。

第八十四条 公安机关交通管理部门及其交通警察的行政执法活动，应当接受行政监察机关依法实施的监督。

公安机关督察部门应当对公安机关交通管理部门及其交通警察执行法律、法规和遵守纪律的情况依法进行监督。

上级公安机关交通管理部门应当对下级公安机关交通管理部门的执法活动进行监督。

第八十五条 公安机关交通管理部门及其交通警察执行职务，应当自觉接受社会和公民的监督。

任何单位和个人都有权对公安机关交通管理部门及其交通警察不严格执法以及违法违纪行为进行检举、控告。收到检举、控告的机关，应当依据职责及时查处。

第八十六条 任何单位不得给公安机关交通管理部门下达或者变相下达罚款指标；公安机关交通管理部门不得以罚款数额作为考核交通警察的标准。

公安机关交通管理部门及其交通警察对超越法律、法规规定的指令，有权拒绝执行，并同时向上级机关报告。

第七章 法律责任

第八十七条 公安机关交通管理部门及其交通警察对道路交通安全违法行为，应当及时纠正。

公安机关交通管理部门及其交通警察应当依据事实和本法的

有关规定对道路交通安全违法行为予以处罚。对于情节轻微，未影响道路通行的，指出违法行为，给予口头警告后放行。

第八十八条 对道路交通安全违法行为的处罚种类包括：警告、罚款、暂扣或者吊销机动车驾驶证、拘留。

第八十九条 行人、乘车人、非机动车驾驶人违反道路交通安全法律、法规关于道路通行规定的，处警告或者五元以上五十元以下罚款；非机动车驾驶人拒绝接受罚款处罚的，可以扣留其非机动车。

第九十条 机动车驾驶人违反道路交通安全法律、法规关于道路通行规定的，处警告或者二十元以上二百元以下罚款。本法另有规定的，依照规定处罚。

第九十一条 饮酒后驾驶机动车的，处暂扣一个月以上三个月以下机动车驾驶证，并处二百元以上五百元以下罚款；醉酒后驾驶机动车的，由公安机关交通管理部门约束至酒醒，处十五日以下拘留和暂扣三个月以上六个月以下机动车驾驶证，并处五百元以上二千元以下罚款。

饮酒后驾驶营运机动车的，处暂扣三个月机动车驾驶证，并处五百元罚款；醉酒后驾驶营运机动车的，由公安机关交通管理部门约束至酒醒，处十五日以下拘留和暂扣六个月机动车驾驶证，并处二千元罚款。

一年内有前两款规定醉酒后驾驶机动车的行为，被处罚两次以上的，吊销机动车驾驶证，五年内不得驾驶营运机动车。

第九十二条 公路客运车辆载客超过额定乘员的，处二百元以上五百元以下罚款；超过额定成员百分之二十或者违反规定载货的，处五百元以上二千元以下罚款。

货运机动车超过核定载质量的，处二百元以上五百元以下罚款；超过核定载质量百分之三十或者违反规定载客的，处五百元以上二千元以下罚款。

有前两款行为的，由公安机关交通管理部门扣留机动车至违法状态消除。

运输单位的车辆有本条第一款、第二款规定的情形，经处罚不改的，对直接负责的主管人员处二千元以上五千元以下罚款。

第九十三条 对违反道路交通安全法律、法规关于机动车停放、临时停车规定的，可以指出违法行为，并予以口头警告，令其立即驶离。

机动车驾驶人不在现场或者虽在现场但拒绝立即驶离，妨碍其他车辆、行人通行的，处二十元以上二百元以下罚款，并可以将该机动车拖移至不妨碍交通的地点或者公安机关交通管理部门指定的地点停放。公安机关交通管理部门拖车不得向当事人收取费用，并应当及时告知当事人停放地点。

因采取不正确的方法拖车造成机动车损坏的，应当依法承担补偿责任。

第九十四条 机动车安全技术检验机构实施机动车安全技术检验超过国务院价格主管部门核定的收费标准收取费用的，退还多收取的费用，并由价格主管部门依照《中华人民共和国价格法》的有关规定给予处罚。

机动车安全技术检验机构不按照机动车国家安全技术标准进行检验，出具虚假检验结果的，由公安机关交通管理部门处所收检验费用五倍以上十倍以下罚款，并依法撤销其检验资格；构成犯罪的，依法追究刑事责任。

第九十五条 上道路行驶的机动车未悬挂机动车号牌，未放置检验合格标志、保险标志，或者未随车携带行驶证、驾驶证的，公安机关交通管理部门应当扣留机动车，通知当事人提供相应的牌证、标志或者补办相应手续，并可以依照本法第九十条的规定予以处罚。当事人提供相应的牌证、标志或者补办相应手续的，应当及时退还机动车。

故意遮挡、污损或者不按规定安装机动车号牌的，依照本法第九十条的规定予以处罚。

第九十六条　伪造、变造或者使用伪造、变造的机动车登记证书、号牌、行驶证、检验合格标志、保险标志、驾驶证或者使用其他车辆的机动车登记证书、号牌、行驶证、检验合格标志、保险标志的，由公安机关交通管理部门予以收缴，扣留该机动车，并处二百元以上二千元以下罚款；构成犯罪的，依法追究刑事责任。

当事人提供相应的合法证明或者补办相应手续的，应当及时退还机动车。

第九十七条　非法安装警报器、标志灯具的，由公安机关交通管理部门强制拆除，予以收缴，并处二百元以上二千元以下罚款。

第九十八条　机动车所有人、管理人未按照国家规定投保机动车第三者责任强制保险的，由公安机关交通管理部门扣留车辆至依照规定投保后，并处依照规定投保最低责任限额应缴纳的保险费的二倍罚款。

依照前款交纳的罚款全部纳入道路交通事故社会救助基金，具体办法由国务院规定。

第九十九条　有下列行为之一的，由公安交通管理部门处二百元以上二千元以下罚款：

（一）未取得机动车驾驶证、机动车驾驶证被吊销或者机动车驾驶证被暂扣期间驾驶机动车的；

（二）将机动车交由未取得机动车驾驶证或者机动车驾驶证被吊销、暂扣的人驾驶的；

（三）造成交通事故后逃逸，尚不构成犯罪的；

（四）机动车行驶超过规定时速百分之五十的；

（五）强迫机动车驾驶人违反道路交通安全法律、法规和机动车安全驾驶要求驾驶机动车，造成道路交通事故，尚不构成犯罪的；

（六）违反交通管制的规定强行通行，不听劝阻的；

（七）故意损毁、移动、涂改交通设施，造成危害后果，尚不构成犯罪的；

（八）非法拦截、扣留机动车辆，不听劝阻，造成交通严重阻塞或者较大财产损失的。

行为人有前款第二项、第四项情形之一的，可以并处吊销机动车驾驶证；有第一项、第三项、第五项至第八项情形之一的，可以并处十五日以下拘留。

第一百条　驾驶拼装的机动车或者已达到报废标准的机动车上道路行驶的，公安机关交通管理部门应当予以收缴，强制报废。

对驾驶前款所列机动车上道路行驶的驾驶人，处二百元以上二千元以下罚款，并吊销机动车驾驶证。

出售已达到报废标准的机动车的，没收违法所得，处销售金额等额的罚款，对该机动车依照本条第一款的规定处理。

第一百零一条　违反道路交通安全法律、法规的规定，发生重大交通事故，构成犯罪的，依法追究刑事责任，并由公安机关交通管理部门吊销机动车驾驶证。

造成交通事故后逃逸的，由公安机关交通管理部门吊销机动车驾驶证，且终生不得重新取得机动车驾驶证。

第一百零二条　对六个月内发生二次以上特大交通事故负有主要责任或者全部责任的专业运输单位，由公安机关交通管理部门责令消除安全隐患，未消除安全隐患的机动车，禁止上道路行驶。

第一百零三条　国家机动车产品主管部门未按照机动车国家安全技术标准严格审查，许可不合格机动车型投入生产的，对负有责任的主管人员和其他责任人员给予降级或者撤职的行政处分。

机动车生产企业经国家机动车产品主管部门许可生产的机动车型，不执行机动车国家安全技术标准或者不严格进行机动车成品质量检验，致使质量不合格的机动车出厂销售的，由质量技术监督部门依照《中华人民共和国产品质量法》的有关规定给予处罚。

擅自生产、销售未经国家机动车产品主管部门许可生产的机动车型的，没收非法生产、销售的机动车成品及配件，可以并处非法产品价值三倍以上五倍以下罚款；有营业执照的，由工商行政管理部门吊销营业执照，没有营业执照的，予以查封。

生产、销售拼装的机动车或者生产、销售擅自改装的机动车的，依照本条第三款的规定处罚。

有本条第二款、第三款、第四款所列违法行为，生产或者销售不符合机动车国家安全技术标准的机动车，构成犯罪的，依法追究刑事责任。

第一百零四条 未经批准，擅自挖掘道路、占用道路施工或者从事其他影响道路交通安全活动的，由道路主管部门责令停止违法行为，并恢复原状，可以依法给予罚款；致使通行的人员、车辆及其他财产遭受损失的，依法承担赔偿责任。

有前款行为，影响道路交通安全活动的，公安机关交通管理部门可以责令停止违法行为，迅速恢复交通。

第一百零五条 道路施工作业或者道路出现损毁，未及时设置警示标志、未采取防护措施，或者应当设置交通信号灯、交通标志、交通标线而没有设置或者应当及时变更交通信号灯、交通标志、交通标线而没有及时变更，致使通行的人员、车辆及其他财产遭受损失的，负有相关职责的单位应当依法承担赔偿责任。

第一百零六条 在道路两侧及隔离带上种植树木、其他植物或者设置广告牌、管线等，遮挡路灯、交通信号灯、交通标志，妨碍安全视距的，由公安机关交通管理部门责令行为人排除妨碍；拒不执行的，处二百元以上二千元以下罚款，并强制排除妨碍，所需费用由行为人负担。

第一百零七条 对道路交通违法行为人予以警告、二百元以下罚款，交通警察可以当场作出行政处罚决定，并出具行政处罚决定书。

行政处罚决定书应当载明当事人的违法事实、行政处罚的依据、处罚内容、时间、地点以及处罚机关名称，并由执法人员签名或者盖章。

第一百零八条 当事人应当自收到罚款的行政处罚决定书之日起十五日内，到指定的银行缴纳罚款。

对行人、乘车人和非机动车驾驶人的罚款，当事人无异议的，可以当场予以收缴罚款。

罚款应当开具省、自治区、直辖市财政部门统一制发的罚款收据；不出具财政部门统一制发的罚款收据的，当事人有权拒绝缴纳罚款。

第一百零九条 当事人逾期不履行行政处罚决定的，作出行政处罚决定的行政机关可以采取下列措施：

（一）到期不缴纳罚款的，每日按罚款数额的百分之三加处罚款；

（二）申请人民法院强制执行。

第一百一十条 执行职务的交通警察认为应当对道路交通违法行为人给予暂扣或者吊销机动车驾驶证处罚的，可以先予扣留机动车驾驶证，并在二十四小时内将案件移交公安机关交通管理部门处理。

道路交通违法行为人应当在十五日内到公安机关交通管理部门接受处理。无正当理由逾期未接受处理的，吊销机动车驾驶证。

公安机关交通管理部门暂扣或者吊销机动车驾驶证的，应当出具行政处罚决定书。

第一百一十一条 对违反本法规定予以拘留的行政处罚，由县、市公安局、公安分局或者相当于县一级的公安机关裁决。

第一百一十二条 公安机关交通管理部门扣留机动车、非机动车，应当当场出具凭证，并告知当事人在规定期限内到公安机关交通管理部门接受处理。

公安机关交通管理部门对被扣留的车辆应当妥善保管，不得使用。

逾期不来接受处理，并且经公告三个月仍不来接受处理的，对扣留的车辆依法处理。

第一百一十三条　暂扣机动车驾驶证的期限从处罚决定生效之日起计算；处罚决定生效前先予扣留机动车驾驶证的，扣留一日折抵暂扣期限一日。

吊销机动车驾驶证后重新申请领取机动车驾驶证的期限，按照机动车驾驶证管理规定办理。

第一百一十四条　公安机关交通管理部门根据交通技术监控记录资料，可以对违法的机动车所有人或者管理人依法予以处罚。对能够确定驾驶人的，可以依照本法的规定依法予以处罚。

第一百一十五条　交通警察有下列行为之一的，依法给予行政处分：

（一）为不符合法定条件的机动车发放机动车登记证书、号牌、行驶证、检验合格标志的；

（二）批准不符合法定条件的机动车安装、使用警车、消防车、救护车、工程救险车的警报器、标志灯具，喷涂标志图案的；

（三）为不符合驾驶许可条件、未经考试或者考试不合格人员发放机动车驾驶证的；

（四）不执行罚款决定与罚款收缴分离制度或者不按规定将依法收取的费用、收缴的罚款及没收的违法所得全部上缴国库的；

（五）举办或者参与举办驾驶学校或者驾驶培训班、机动车修理厂或者收费停车场等经营活动的；

（六）利用职务上的便利收受他人财物或者谋取其他利益的；

（七）违法扣留车辆、机动车行驶证、驾驶证、车辆号牌的；

（八）使用依法扣留的车辆的；

（九）当场收取罚款不开具罚款收据或者不如实填写罚款额的；

（十）徇私舞弊，不公正处理交通事故的；

（十一）故意刁难，拖延办理机动车牌证的；

（十二）非执行紧急任务时使用警报器、标志灯具的；

（十三）违反规定拦截、检查正常行驶的车辆的；

（十四）非执行紧急公务时拦截搭乘机动车的；

（十五）不履行法定职责的。

公安机关交通管理部门有前款所列行为之一的，对直接负责的主管人员和其他直接责任人员给予相应的行政处分。

第一百一十六条　依照本法第一百一十五条的规定，给予交通警察行政处分的，在作出行政处分决定前，可以停止其执行职务；必要时，可以予以禁闭。

依照本法第一百一十五条的规定，交通警察受到降级或者撤职行政处分的，可以予以辞退。

交通警察受到开除处分或者被辞退的，应当取消警衔；受到撤职以下行政处分的交通警察，应当降低警衔。

第一百一十七条　交通警察利用职权非法占有公共财物，索取、收受贿赂，或者滥用职权、玩忽职守，构成犯罪的，依法追究刑事责任。

第一百一十八条　公安机关交通管理部门及其交通警察有本法第一百一十五条所列行为之一，给当事人造成损失的，应当依法承担赔偿责任。

第八章　附　　则

第一百一十九条　本法中下列用语的含义：

（一）"道路"，是指公路、城市道路和虽在单位管辖范围但允许社会机动车通行的地方，包括广场、公共停车场等用于公众通行的场所。

（二）"车辆"，是指机动车和非机动车。

（三）"机动车"，是指以动力装置驱动或者牵引，上道路行驶的供人员乘用或者用于运送物品以及进行工程专项作业的轮式车辆。

（四）"非机动车"，是指以人力或者畜力驱动，上道路行驶的交通工具，以及虽有动力装置驱动但设计最高时速、空车质量、外形尺寸符合有关国家标准的残疾人机动轮椅车、电动自行车等交通工具。

（五）"交通事故"，是指车辆在道路上因过错或者意外造成的人身伤亡或者财产损失的事件。

第一百二十条　中国人民解放军和中国人民武装警察部队在编机动车牌证、在编机动车检验以及机动车驾驶人考核工作，由中国人民解放军、中国人民武装警察部队有关部门负责。

第一百二十一条　对上道路行驶的拖拉机，由农业（农业机械）主管部门行使本法第八条、第九条、第十三条、第十九条、第二十三条规定的公安机关交通管理部门的管理职权。

农业（农业机械）主管部门依照前款规定行使职权，应当遵守本法有关规定，并接受公安机关交通管理部门的监督；对违反规定的，依照本法有关规定追究法律责任。

本法施行前由农业（农业机械）主管部门发放的机动车牌证，在本法施行后继续有效。

第一百二十二条　国家对入境的境外机动车的道路交通安全实施统一管理。

第一百二十三条　省、自治区、直辖市人民代表大会常务委员会可以根据本地区的实际情况，在本法规定的罚款幅度内，规定具体的执行标准。

第一百二十四条　本法自 2004 年 5 月 1 日起施行。

附录二　中华人民共和国道路交通安全法实施条例

第一章　总　　则

第一条　根据《中华人民共和国道路交通安全法》（以下简称道路交通安全法）的规定，制定本条例。

第二条　中华人民共和国境内的车辆驾驶人、行人、乘车人以及与道路交通活动有关的单位和个人，应当遵守道路交通安全法和本条例。

第三条　县级以上地方各级人民政府应当建立、健全道路交通安全工作协调机制，组织有关部门对城市建设项目进行交通影响评价，制定道路交通安全管理规划，确定管理目标，制定实施方案。

第二章　车辆和驾驶人

第一节　机动车

第四条　机动车的登记，分为注册登记、变更登记、转移登记、抵押登记和注销登记。

第五条　初次申领机动车号牌、行驶证的，应当向机动车所有人住所地的公安机关交通管理部门申请注册登记。

申请机动车注册登记，应当交验机动车，并提交以下证明、凭证：

（一）机动车所有人的身份证明；

（二）购车发票等机动车来历证明；

（三）机动车整车出厂合格证明或者进口机动车进口凭证；

（四）车辆购置税完税证明或者免税凭证；

（五）机动车第三者责任强制保险凭证；

（六）法律、行政法规规定应当在机动车注册登记时提交的其他证明、凭证。

不属于国务院机动车产品主管部门规定免予安全技术检验的车型的，还应当提供机动车安全技术检验合格证明。

第六条 已注册登记的机动车有下列情形之一的，机动车所有人应当向登记该机动车的公安机关交通管理部门申请变更登记：

（一）改变机动车车身颜色的；

（二）更换发动机的；

（三）更换车身或者车架的；

（四）因质量有问题，制造厂更换整车的；

（五）营运机动车改为非营运机动车或者非营运机动车改为营运机动车的；

（六）机动车所有人的住所迁出或者迁入公安机关交通管理部门管辖区域的。

申请机动车变更登记，应当提交下列证明、凭证，属于前款第（一）项、第（二）项、第（三）项、第（四）项、第（五）项情形之一的，还应当交验机动车；属于前款第（二）项、第（三）项情形之一的，还应当同时提交机动车安全技术检验合格证明：

（一）机动车所有人的身份证明；

（二）机动车登记证书；

（三）机动车行驶证。

454

机动车所有人的住所在公安机关交通管理部门管辖区域内迁移、机动车所有人的姓名（单位名称）或者联系方式变更的，应当向登记该机动车的公安机关交通管理部门备案。

　　第七条　已注册登记的机动车所有权发生转移的，应当及时办理转移登记。

　　申请机动车转移登记，当事人应当向登记该机动车的公安机关交通管理部门交验机动车，并提交以下证明、凭证：

　　（一）当事人的身份证明；

　　（二）机动车所有权转移的证明、凭证；

　　（三）机动车登记证书；

　　（四）机动车行驶证。

　　第八条　机动车所有人将机动车作为抵押物抵押的，机动车所有人应当向登记该机动车的公安机关交通管理部门申请抵押登记。

　　第九条　已注册登记的机动车达到国家规定的强制报废标准的，公安机关交通管理部门应当在报废期满的 2 个月前通知机动车所有人办理注销登记。机动车所有人应当在报废期满前将机动车交售给机动车回收企业，由机动车回收企业将报废的机动车登记证书、号牌、行驶证交公安机关交通管理部门注销。机动车所有人逾期不办理注销登记的，公安机关交通管理部门应当公告该机动车登记证书、号牌、行驶证作废。

　　因机动车灭失申请注销登记的，机动车所有人应当向公安机关交通管理部门提交本人身份证明，交回机动车登记证书。

　　第十条　办理机动车登记的申请人提交的证明、凭证齐全、有效的，公安机关交通管理部门应当当场办理登记手续。

　　人民法院、人民检察院以及行政执法部门依法查封、扣押的机动车，公安机关交通管理部门不予办理机动车登记。

　　第十一条　机动车登记证书、号牌、行驶证丢失或者损毁，机动车所有人申请补发的，应当向公安机关交通管理部门提交本人身份证明和申请材料。公安机关交通管理部门经与机动车登记档案核实后，在收到申请之日起 15 日内补发。

第十二条　税务部门、保险机构可以在公安机关交通管理部门的办公场所集中办理与机动车有关的税费缴纳、保险合同订立等事项。

第十三条　机动车号牌应当悬挂在车前、车后指定位置，保持清晰、完整。重型、中型载货汽车及其挂车、拖拉机及其挂车的车身或者车厢后部应当喷涂放大的牌号，字样应当端正并保持清晰。

机动车检验合格标志、保险标志应当粘贴在机动车前窗右上角。

机动车喷涂、粘贴标识或者车身广告的，不得影响安全驾驶。

第十四条　用于公路营运的载客汽车、重型载货汽车、半挂牵引车应当安装、使用符合国家标准的行驶记录仪。交通警察可以对机动车行驶速度、连续驾驶时间以及其他行驶状态信息进行检查。安装行驶记录仪可以分步实施，实施步骤由国务院机动车产品主管部门会同有关部门规定。

第十五条　机动车安全技术检验由机动车安全技术检验机构实施。机动车安全技术检验机构应当按照国家机动车安全技术检验标准对机动车进行检验，对检验结果承担法律责任。

质量技术监督部门负责对机动车安全技术检验机构实行资格管理和计量认证管理，对机动车安全技术检验设备进行检定，对执行国家机动车安全技术检验标准的情况进行监督。

机动车安全技术检验项目由国务院公安部门会同国务院质量技术监督部门规定。

第十六条　机动车应当从注册登记之日起，按照下列期限进行安全技术检验：

（一）营运载客汽车 5 年以内每年检验 1 次；超过 5 年的，

每 6 个月检验 1 次；

（二）载货汽车和大型、中型非营运载客汽车 10 年以内每年检验 1 次；超过 10 年的，每 6 个月检验 1 次；

（三）小型、微型非营运载客汽车 6 年以内每 2 年检验 1 次；超过 6 年的，每年检验 1 次；超过 15 年的，每 6 个月检验 1 次；

（四）摩托车 4 年以内每 2 年检验 1 次；超过 4 年的，每年检验 1 次；

（五）拖拉机和其他机动车每年检验 1 次。

营运机动车在规定检验期限内经安全技术检验合格的，不再重复进行安全技术检验。

第十七条　已注册登记的机动车进行安全技术检验时，机动车行驶证记载的登记内容与该机动车的有关情况不符，或者未按照规定提供机动车第三者责任强制保险凭证的，不予通过检验。

第十八条　警车、消防车、救护车、工程救险车标志图案的喷涂以及警报器、标志灯具的安装、使用规定，由国务院公安部门制定。

<h3 style="text-align:center">第二节　机动车驾驶人</h3>

第十九条　符合国务院公安部门规定的驾驶许可条件的人，可以向公安机关交通管理部门申请机动车驾驶证。

机动车驾驶证由国务院公安部门规定式样并监制。

第二十条　学习机动车驾驶，应当先学习道路交通安全法律、法规和相关知识，考试合格后，再学习机动车驾驶技能。

在道路上学习驾驶，应当按照公安机关交通管理部门指定的路线、时间进行。在道路上学习机动车驾驶技能应当使用教练车，在教练员随车指导下进行，与教学无关的人员不得乘坐教练车。学员在学习驾驶中有道路交通安全违法行为或者造成交通事故的，由教练员承担责任。

第二十一条　公安机关交通管理部门应当对申请机动车驾驶

证的人进行考试，对考试合格的，在 5 日内核发机动车驾驶证；对考试不合格的，书面说明理由。

第二十二条 机动车驾驶证的有效期为 6 年，本条例另有规定的除外。

机动车驾驶人初次申领机动车驾驶证后的 12 个月为实习期。在实习期内驾驶机动车的，应当在车身后部粘贴或者悬挂统一式样的实习标志。

机动车驾驶人在实习期内不得驾驶公共汽车、营运客车或者执行任务的警车、消防车、救护车、工程救险车以及载有爆炸物品、易燃易爆化学物品、剧毒或者放射性等危险物品的机动车；驾驶的机动车不得牵引挂车。

第二十三条 公安机关交通管理部门对机动车驾驶人的道路交通安全违法行为除给予行政处罚外，实行道路交通安全违法行为累积记分（以下简称记分）制度，记分周期为 12 个月。对在一个记分周期内记分达到 12 分的，由公安机关交通管理部门扣留其机动车驾驶证，该机动车驾驶人应当按照规定参加道路交通安全法律、法规的学习并接受考试。考试合格的，记分予以清除，发还机动车驾驶证；考试不合格的，继续参加学习和考试。

应当给予记分的道路交通安全违法行为及其分值，由国务院公安部门根据道路交通安全违法行为的危害程度规定。

公安机关交通管理部门应当提供记分查询方式供机动车驾驶人查询。

第二十四条 机动车驾驶人在一个记分周期内记分未达到 12 分，所处罚款已经缴纳的，记分予以清除；记分虽未达到 12 分，但尚有罚款未缴纳的，记分转入下一记分周期。

机动车驾驶人在一个记分周期内记分 2 次以上达到 12 分的，除按照第二十三条的规定扣留机动车驾驶证、参加学习、接受考试外，还应当接受驾驶技能考试。考试合格的，记分予以清除，发还机动车驾驶证；考试不合格的，继续参加学习和考试。

接受驾驶技能考试的，按照本人机动车驾驶证载明的最高准驾车型考试。

第二十五条 机动车驾驶人记分达到 12 分，拒不参加公安机关交通管理部门通知的学习，也不接受考试的，由公安机关交通管理部门公告其机动车驾驶证停止使用。

第二十六条 机动车驾驶人在机动车驾驶证的 6 年有效期内，每个记分周期均未达到 12 分的，换发 10 年有效期的机动车驾驶证；在机动车驾驶证的 10 年有效期内，每个记分周期均未达到 12 分的，换发长期有效的机动车驾驶证。

换发机动车驾驶证时，公安机关交通管理部门应当对机动车驾驶证进行审验。

第二十七条 机动车驾驶证丢失、损毁，机动车驾驶人申请补发的，应当向公安机关交通管理部门提交本人身份证明和申请材料。公安机关交通管理部门经与机动车驾驶证档案核实后，在收到申请之日起 3 日内补发。

第二十八条 机动车驾驶人在机动车驾驶证丢失、损毁、超过有效期或者被依法扣留、暂扣期间以及记分达到 12 分的，不得驾驶机动车。

第三章　道路通行条件

第二十九条 交通信号灯分为：机动车信号灯、非机动车信号灯、人行横道信号灯、车道信号灯、方向指示信号灯、闪光警告信号灯、道路与铁路平面交叉道口信号灯。

第三十条 交通标志分为：指示标志、警告标志、禁令标志、指路标志、旅游区标志、道路施工安全标志和辅助标志。

道路交通标线分为：指示标线、警告标线、禁止标线。

第三十一条 交通警察的指挥分为：手势信号和使用器具的交通指挥信号。

第三十二条 道路交叉路口和行人横过道路较为集中的路段应当设置人行横道、过街天桥或者过街地下通道。

在盲人通行较为集中的路段，人行横道信号灯应当设置声响提示装置。

第三十三条 城市人民政府有关部门可以在不影响行人、车辆通行的情况下，在城市道路上施划停车泊位，并规定停车泊位的使用时间。

第三十四条 开辟或者调整公共汽车、长途汽车的行驶路线或者车站，应当符合交通规划和安全、畅通的要求。

第三十五条 道路养护施工单位在道路上进行养护、维修时，应当按照规定设置规范的安全警示标志和安全防护设施。道路养护施工作业车辆、机械应当安装示警灯，喷涂明显的标志图案，作业时应当开启示警灯和危险报警闪光灯。对未中断交通的施工作业道路，公安机关交通管理部门应当加强交通安全监督检查。发生交通阻塞时，及时做好分流、疏导，维护交通秩序。

道路施工需要车辆绕行的，施工单位应当在绕行处设置标志；不能绕行的，应当修建临时通道，保证车辆和行人通行。需要封闭道路中断交通的，除紧急情况外，应当提前5日向社会公告。

第三十六条 道路或者交通设施养护部门、管理部门应当在急弯、陡坡、临崖、临水等危险路段，按照国家标准设置警告标志和安全防护设施。

第三十七条 道路交通标志、标线不规范，机动车驾驶人容易发生辨认错误的，交通标志、标线的主管部门应当及时予以改善。

道路照明设施应当符合道路建设技术规范，保持照明功能完好。

第四章　道路通行规定

第一节　一般规定

第三十八条　机动车信号灯和非机动车信号灯表示：

（一）绿灯亮时，准许车辆通行，但转弯的车辆不得妨碍被放行的直行车辆、行人通行；

（二）黄灯亮时，已越过停止线的车辆可以继续通行；

（三）红灯亮时，禁止车辆通行。

在未设置非机动车信号灯和人行横道信号灯的路口，非机动车和行人应当按照机动车信号灯的表示通行。

红灯亮时，右转弯的车辆在不妨碍被放行的车辆、行人通行的情况下，可以通行。

第三十九条　人行横道信号灯表示：

（一）绿灯亮时，准许行人通过人行横道；

（二）红灯亮时，禁止行人进入人行横道，但是已经进入人行横道的，可以继续通过或者在道路中心线处停留等候。

第四十条　车道信号灯表示：

（一）绿色箭头灯亮时，准许本车道车辆按指示方向通行；

（二）红色叉形灯或者箭头灯亮时，禁止本车道车辆通行。

第四十一条　方向指示信号灯的箭头方向向左、向上、向右分别表示左转、直行、右转。

第四十二条　闪光警告信号灯为持续闪烁的黄灯，提示车辆、行人通行时注意瞭望，确认安全后通过。

第四十三条　道路与铁路平面交叉道口有两个红灯交替闪烁或者一个红灯亮时，表示禁止车辆、行人通行；红灯熄灭时，表示允许车辆、行人通行。

第二节　机动车通行规定

第四十四条　在道路同方向划有 2 条以上机动车道的，左侧为快速车道，右侧为慢速车道。在快速车道行驶的机动车应当按照快速车道规定的速度行驶，未达到快速车道规定的行驶速度的，应当在慢速车道行驶。摩托车应当在最右侧车道行驶。有交通标志标明行驶速度的，按照标明的行驶速度行驶。慢速车道内的机动车超越前车时，可以借用快速车道行驶。

在道路同方向划有 2 条以上机动车道的，变更车道的机动车不得影响相关车道内行驶的机动车的正常行驶。

第四十五条　机动车在道路上行驶不得超过限速标志、标线标明的速度。在没有限速标志、标线的道路上，机动车不得超过下列最高行驶速度：

（一）没有道路中心线的道路，城市道路为每小时 30 公里，公路为每小时 40 公里；

（二）同方向只有 1 条机动车道的道路，城市道路为每小时 50 公里，公路为每小时 70 公里。

第四十六条　机动车行驶中遇有下列情形之一的，最高行驶速度不得超过每小时 30 公里，其中拖拉机、电瓶车、轮式专用机械车不得超过每小时 15 公里：

（一）进出非机动车道，通过铁路道口、急弯路、窄路、窄桥时；

（二）掉头、转弯、下陡坡时；

（三）遇雾、雨、雪、沙尘、冰雹，能见度在 50 米以内时；

（四）在冰雪、泥泞的道路上行驶时；

（五）牵引发生故障的机动车时。

第四十七条　机动车超车时，应当提前开启左转向灯、变换使用远、近光灯或者鸣喇叭。在没有道路中心线或者同方向只有 1 条机动车道的道路上，前车遇后车发出超车信号时，在条件许可的情况下，应当降低速度、靠右让路。后车应当在确认有充足的安全距离后，从前车的左侧超越，在与被超车辆拉开必要的安全距离后，开启右转向灯，驶回原车道。

第四十八条　在没有中心隔离设施或者没有中心线的道路上，机动车遇相对方向来车时应当遵守下列规定：

（一）减速靠右行驶，并与其他车辆、行人保持必要的安全距离；

（二）在有障碍的路段，无障碍的一方先行；但有障碍的一方已驶入障碍路段而无障碍的一方未驶入时，有障碍的一方先行；

（三）在狭窄的坡路，上坡的一方先行；但下坡的一方已行至中途而上坡的一方未上坡时，下坡的一方先行；

（四）在狭窄的山路，不靠山体的一方先行；

（五）夜间会车应当在距相对方向来车150米以外改用近光灯，在窄路、窄桥与非机动车会车时应当使用近光灯。

第四十九条　机动车在有禁止掉头或者禁止左转弯标志、标线的地点以及在铁路道口、人行横道、桥梁、急弯、陡坡、隧道或者容易发生危险的路段，不得掉头。

机动车在没有禁止掉头或者没有禁止左转弯标志、标线的地点可以掉头，但不得妨碍正常行驶的其他车辆和行人的通行。

第五十条　机动车倒车时，应当察明车后情况，确认安全后倒车。不得在铁路道口、交叉路口、单行路、桥梁、急弯、陡坡或者隧道中倒车。

第五十一条　机动车通过有交通信号灯控制的交叉路口，应当按照下列规定通行：

（一）在划有导向车道的路口，按所需行进方向驶入导向车道；

（二）准备进入环形路口的让已在路口内的机动车先行；

（三）向左转弯时，靠路口中心点左侧转弯。转弯时开启转向灯，夜间行驶开启近光灯；

（四）遇放行信号时，依次通过；

（五）遇停止信号时，依次停在停止线以外。没有停止线的，停在路口以外；

（六）向右转弯遇有同车道前车正在等候放行信号时，依次停车等候；

（七）在没有方向指示信号灯的交叉路口，转弯的机动车让直行的车辆、行人先行。相对方向行驶的右转弯机动车让左转弯车辆先行。

第五十二条 机动车通过没有交通信号灯控制也没有交通警察指挥的交叉路口，除应当遵守第五十一条第（二）项、第（三）项的规定外，还应当遵守下列规定：

（一）有交通标志、标线控制的，让优先通行的一方先行；

（二）没有交通标志、标线控制的，在进入路口前停车瞭望，让右方道路的来车先行；

（三）转弯的机动车让直行的车辆先行；

（四）相对方向行驶的右转弯的机动车让左转弯的车辆先行。

第五十三条 机动车遇有前方交叉路口交通阻塞时，应当依次停在路口以外等候，不得进入路口。

机动车在遇有前方机动车停车排队等候或者缓慢行驶时，应当依次排队，不得从前方车辆两侧穿插或者超越行驶，不得在人行横道、网状线区域内停车等候。

机动车在车道减少的路口、路段，遇有前方机动车停车排队等候或者缓慢行驶的，应当每车道一辆依次交替驶入车道减少后的路口、路段。

第五十四条 机动车载物不得超过机动车行驶证上核定的载质量，装载长度、宽度不得超出车厢，并应当遵守下列规定：

（一）重型、中型载货汽车，半挂车载物，高度从地面起不得超过4米，载运集装箱的车辆不得超过4.2米；

（二）其他载货的机动车载物，高度从地面起不得超过 2.5 米；

（三）摩托车载物，高度从地面起不得超过 1.5 米，长度不得超出车身 0.2 米。两轮摩托车载物宽度左右各不得超出车把 0.15 米；三轮摩托车载物宽度不得超过车身。

载客汽车除车身外部的行李架和内置的行李箱外，不得载货。载客汽车行李架载货，从车顶起高度不得超过 0.5 米，从地面起高度不得超过 4 米。

第五十五条 机动车载人应当遵守下列规定：

（一）公路载客汽车不得超过核定的载客人数，但按照规定免票的儿童除外，在载客人数已满的情况下，按照规定免票的儿童不得超过核定载客人数的 10%；

（二）载货汽车车厢不得载客。在城市道路上，货运机动车在留有安全位置的情况下，车厢内可以附载临时作业人员 1 人至 5 人；载物高度超过车厢栏板时，货物上不得载人；

（三）摩托车后座不得乘坐未满 12 周岁的未成年人，轻便摩托车不得载人。

第五十六条 机动车牵引挂车应当符合下列规定：

（一）载货汽车、半挂牵引车、拖拉机只允许牵引 1 辆挂车。挂车的灯光信号、制动、连接、安全防护等装置应当符合国家标准；

（二）小型载客汽车只允许牵引旅居挂车或者总质量 700 千克以下的挂车。挂车不得载人；

（三）载货汽车所牵引挂车的载质量不得超过载货汽车本身的载质量。

大型、中型载客汽车，低速载货汽车，三轮汽车以及其他机动车不得牵引挂车。

第五十七条 机动车应当按照下列规定使用转向灯：

（一）向左转弯、向左变更车道、准备超车、驶离停车地点或者掉头时，应当提前开启左转向灯；

（二）向右转弯、向右变更车道、超车完毕驶回原车道、靠路边停车时，应当提前开启右转向灯。

第五十八条 机动车在夜间没有路灯、照明不良或者遇有雾、雨、雪、沙尘、冰雹等低能见度情况下行驶时，应当开启前照灯、示廓灯和后位灯，但同方向行驶的后车与前车近距离行驶时，不得使用远光灯。机动车雾天行驶应当开启雾灯和危险报警闪光灯。

第五十九条 机动车在夜间通过急弯、坡路、拱桥、人行横道或者没有交通信号灯控制的路口时，应当交替使用远近光灯示意。

机动车驶近急弯、坡道顶端等影响安全视距的路段以及超车或者遇有紧急情况时，应当减速慢行，并鸣喇叭示意。

第六十条 机动车在道路上发生故障或者发生交通事故，妨碍交通又难以移动的，应当按照规定开启危险报警闪光灯并在车后50米至100米处设置警告标志，夜间还应当同时开启示廓灯和后位灯。

第六十一条 牵引故障机动车应当遵守下列规定：

（一）被牵引的机动车除驾驶人外不得载人，不得拖带挂车；

（二）被牵引的机动车宽度不得大于牵引机动车的宽度；

（三）使用软连接牵引装置时，牵引车与被牵引车之间的距离应当大于4米小于10米；

（四）对制动失效的被牵引车，应当使用硬连接牵引装置牵引；

（五）牵引车和被牵引车均应当开启危险报警闪光灯。

汽车吊车和轮式专用机械车不得牵引车辆。摩托车不得牵引车辆或者被其他车辆牵引。

转向或者照明、信号装置失效的故障机动车，应当使用专用清障车拖曳。

第六十二条　驾驶机动车不得有下列行为：

（一）在车门、车厢没有关好时行车；

（二）在机动车驾驶室的前后窗范围内悬挂、放置妨碍驾驶人视线的物品；

（三）拨打接听手持电话、观看电视等妨碍安全驾驶的行为；

（四）下陡坡时熄火或者空挡滑行；

（五）向道路上抛撒物品；

（六）驾驶摩托车手离车把或者在车把上悬挂物品；

（七）连续驾驶机动车超过 4 小时未停车休息或者停车休息时间少于 20 分钟；

（八）在禁止鸣喇叭的区域或者路段鸣喇叭。

第六十三条　机动车在道路上临时停车，应当遵守下列规定：

（一）在设有禁停标志、标线的路段，在机动车道与非机动车道、人行道之间设有隔离设施的路段以及人行横道、施工地段，不得停车；

（二）交叉路口、铁路道口、急弯路、宽度不足 4 米的窄路、桥梁、陡坡、隧道以及距离上述地点 50 米以内的路段，不得停车；

（三）公共汽车站、急救站、加油站、消防栓或者消防队（站）门前以及距离上述地点 30 米以内的路段，除使用上述设施的以外，不得停车；

（四）车辆停稳前不得开车门和上下人员，开关车门不得妨碍其他车辆和行人通行；

（五）路边停车应当紧靠道路右侧，机动车驾驶人不得离车，上下人员或者装卸物品后，立即驶离；

（六）城市公共汽车不得在站点以外的路段停车上下乘客。

第六十四条　机动车行经漫水路或者漫水桥时，应当停车察明水情，确认安全后，低速通过。

第六十五条 机动车载运超限物品行经铁路道口的，应当按照当地铁路部门指定的铁路道口、时间通过。

机动车行经渡口，应当服从渡口管理人员指挥，按照指定地点依次待渡。机动车上下渡船时，应当低速慢行。

第六十六条 警车、消防车、救护车、工程救险车在执行紧急任务遇交通受阻时，可以断续使用警报器，并遵守下列规定：

（一）不得在禁止使用警报器的区域或者路段使用警报器；

（二）夜间在市区不得使用警报器；

（三）列队行驶时，前车已经使用警报器的，后车不再使用警报器。

第六十七条 在单位院内、居民居住区内，机动车应当低速行驶，避让行人；有限速标志的，按照限速标志行驶。

第三节　非机动车通行规定

第六十八条 非机动车通过有交通信号灯控制的交叉路口，应当按照下列规定通行：

（一）转弯的非机动车让直行的车辆、行人优先通行；

（二）遇有前方路口交通阻塞时，不得进入路口；

（三）向左转弯时，靠路口中心点的右侧转弯；

（四）遇有停止信号时，应当依次停在路口停止线以外。没有停止线的，停在路口以外；

（五）向右转弯遇有同方向前车正在等候放行信号时，在本车道内能够转弯的，可以通行；不能转弯的，依次等候。

第六十九条 非机动车通过没有交通信号灯控制也没有交通警察指挥的交叉路口，除应当遵守第六十八条第（一）项、第（二）项和第（三）项的规定外，还应当遵守下列规定：

（一）有交通标志、标线控制的，让优先通行的一方先行；

（二）没有交通标志、标线控制的，在路口外慢行或者停车瞭望，让右方道路的来车先行；

（三）相对方向行驶的右转弯的非机动车让左转弯的车辆先行。

第七十条　驾驶自行车、电动自行车、三轮车在路段上横过机动车道，应当下车推行，有人行横道或者行人过街设施的，应当从人行横道或者行人过街设施通过；没有人行横道、没有行人过街设施或者不便使用行人过街设施的，在确认安全后直行通过。

因非机动车道被占用无法在本车道内行驶的非机动车，可以在受阻的路段借用相邻的机动车道行驶，并在驶过被占用路段后迅速驶回非机动车道。机动车遇此情况应当减速让行。

第七十一条　非机动车载物，应当遵守下列规定：

（一）自行车、电动自行车、残疾人机动轮椅车载物，高度从地面起不得超过 1.5 米，宽度左右各不得超出车把 0.15 米，长度前端不得超出车轮，后端不得超出车身 0.3 米；

（二）三轮车、人力车载物，高度从地面起不得超过 2 米，宽度左右各不得超出车身 0.2 米，长度不得超出车身 1 米；

（三）畜力车载物，高度从地面起不得超过 2.5 米，宽度左右各不得超出车身 0.2 米，长度前端不得超出车辕，后端不得超出车身 1 米。

自行车载人的规定，由省、自治区、直辖市人民政府根据当地实际情况制定。

第七十二条　在道路上驾驶自行车、三轮车、电动自行车、残疾人机动轮椅车应当遵守下列规定：

（一）驾驶自行车、三轮车必须年满 12 周岁；

（二）驾驶电动自行车和残疾人机动轮椅车必须年满 16 周岁；

（三）不得醉酒驾驶；

（四）转弯前应当减速慢行，伸手示意，不得突然猛拐，超越前车时不得妨碍被超越的车辆行驶；

（五）不得牵引、攀扶车辆或者被其他车辆牵引，不得双手离把或者手中持物；

（六）不得扶身并行、互相追逐或者曲折竞驶；

（七）不得在道路上骑独轮自行车或者 2 人以上骑行的自行车；

（八）非下肢残疾的人不得驾驶残疾人机动轮椅车；

（九）自行车、三轮车不得加装动力装置；

（十）不得在道路上学习驾驶非机动车。

第七十三条　在道路上驾驭畜力车应当年满 16 周岁，并遵守下列规定：

（一）不得醉酒驾驭；

（二）不得并行，驾驭人不得离开车辆；

（三）行经繁华路段、交叉路口、铁路道口、人行横道、急弯路、宽度不足 4 米的窄路或者窄桥、陡坡、隧道或者容易发生危险的路段，不得超车。驾驭两轮畜力车应当下车牵引牲畜；

（四）不得使用未经驯服的牲畜驾车，随车幼畜须拴系；

（五）停放车辆应当拉紧车闸，拴系牲畜。

第四节　行人和乘车人通行规定

第七十四条　行人不得有下列行为：

（一）在道路上使用滑板、旱冰鞋等滑行工具；

（二）在车行道内坐卧、停留、嬉闹；

（三）追车、抛物击车等妨碍道路交通安全的行为。

第七十五条　行人横过机动车道，应当从行人过街设施通过；没有行人过街设施的，应当从人行横道通过；没有人行横道的，应当观察来往车辆的情况，确认安全后直行通过，不得在车辆临近时突然加速横穿或者中途倒退、折返。

第七十六条　行人列队在道路上通行，每横列不得超过 2 人，但在已经实行交通管制的路段不受限制。

第七十七条 乘坐机动车应当遵守下列规定：

（一）不得在机动车道上拦乘机动车；

（二）在机动车道上不得从机动车左侧上下车；

（三）开关车门不得妨碍其他车辆和行人通行；

（四）机动车行驶中，不得干扰驾驶，不得将身体任何部分伸出车外，不得跳车；

（五）乘坐两轮摩托车应当正向骑坐。

第五节　高速公路的特别规定

第七十八条 高速公路应当标明车道的行驶速度，最高车速不得超过每小时 120 公里，最低车速不得低于每小时 60 公里。

高速公路上行驶的小型载客汽车最高车速不得超过每小时 120 公里，其他机动车不得超过每小时 100 公里，摩托车不得超过每小时 80 公里。

同方向有 2 条车道的，左侧车道的最低车速为每小时 100 公里；同方向有 3 条以上车道的，最左侧车道的最低车速为每小时 110 公里，中间车道的最低车速为每小时 90 公里。道路限速标志标明的车速与上述车道行驶车速的规定不一致的，按照道路限速标志标明的车速行驶。

第七十九条 机动车从匝道驶入高速公路，应当开启左转向灯，在不妨碍已在高速公路内的机动车正常行驶的情况下驶入车道。

机动车驶离高速公路时，应当开启右转向灯，驶入减速车道，降低车速后驶离。

第八十条 机动车在高速公路上行驶，车速超过每小时 100 公里时，应当与同车道前车保持 100 米以上的距离，车速低于每小时 100 公里时，与同车道前车距离可以适当缩短，但最小距离不得少于 50 米。

第八十一条 机动车在高速公路上行驶，遇有雾、雨、雪、

471

沙尘、冰雹等低能见度气象条件时，应当遵守下列规定：

（一）能见度小于 200 米时，开启雾灯、近光灯、示廓灯和前后位灯，车速不得超过每小时 60 公里，与同车道前车保持 100 米以上的距离；

（二）能见度小于 100 米时，开启雾灯、近光灯、示廓灯、前后位灯和危险报警闪光灯，车速不得超过每小时 40 公里，与同车道前车保持 50 米以上的距离；

（三）能见度小于 50 米时，开启雾灯、近光灯、示廓灯、前后位灯和危险报警闪光灯，车速不得超过每小时 20 公里，并从最近的出口尽快驶离高速公路。

遇有前款规定情形时，高速公路管理部门应当通过显示屏等方式发布速度限制、保持车距等提示信息。

第八十二条 机动车在高速公路上行驶，不得有下列行为：

（一）倒车、逆行、穿越中央分隔带掉头或者在车道内停车；

（二）在匝道、加速车道或者减速车道上超车；

（三）骑、轧车行道分界线或者在路肩上行驶；

（四）非紧急情况时在应急车道行驶或者停车；

（五）试车或者学习驾驶机动车。

第八十三条 在高速公路上行驶的载货汽车车厢不得载人。两轮摩托车在高速公路行驶时不得载人。

第八十四条 机动车通过施工作业路段时，应当注意警示标志，减速行驶。

第八十五条 城市快速路的道路交通安全管理，参照本节的规定执行。

高速公路、城市快速路的道路交通安全管理工作，省、自治区、直辖市人民政府公安机关交通管理部门可以指定设区的市人民政府公安机关交通管理部门或者相当于同级的公安机关交通管理部门承担。

第五章 交通事故处理

第八十六条 机动车与机动车、机动车与非机动车在道路上发生未造成人身伤亡的交通事故，当事人对事实及成因无争议的，在记录交通事故的时间、地点、对方当事人的姓名和联系方式、机动车牌号、驾驶证号、保险凭证号、碰撞部位，并共同签名后，撤离现场，自行协商损害赔偿事宜。当事人对交通事故事实及成因有争议的，应当迅速报警。

第八十七条 非机动车与非机动车或者行人在道路上发生交通事故，未造成人身伤亡，且基本事实及成因清楚的，当事人应当先撤离现场，再自行协商处理损害赔偿事宜。当事人对交通事故事实及成因有争议的，应当迅速报警。

第八十八条 机动车发生交通事故，造成道路、供电、通讯等设施损毁的，驾驶人应当报警等候处理，不得驶离。机动车可以移动的，应当将机动车移至不妨碍交通的地点。公安机关交通管理部门应当将事故有关情况通知有关部门。

第八十九条 公安机关交通管理部门或者交通警察接到交通事故报警，应当及时赶赴现场，对未造成人身伤亡，事实清楚，并且机动车可以移动的，应当在记录事故情况后责令当事人撤离现场，恢复交通。对拒不撤离现场的，予以强制撤离。

对属于前款规定情况的道路交通事故，交通警察可以适用简易程序处理，并当场出具事故认定书。当事人共同请求调解的，交通警察可以当场对损害赔偿争议进行调解。

对道路交通事故造成人员伤亡和财产损失需要勘验、检查现场的，公安机关交通管理部门应当按照勘查现场工作规范进行。现场勘查完毕，应当组织清理现场，恢复交通。

第九十条 投保机动车第三者责任强制保险的机动车发生交通事故，因抢救受伤人员需要保险公司支付抢救费用的，由公安机关交通管理部门通知保险公司。

抢救受伤人员需要道路交通事故救助基金垫付费用的，由公安机关交通管理部门通知道路交通事故社会救助基金管理机构。

第九十一条　公安机关交通管理部门应当根据交通事故当事人的行为对发生交通事故所起的作用以及过错的严重程度，确定当事人的责任。

第九十二条　发生交通事故后当事人逃逸的，逃逸的当事人承担全部责任。但是，有证据证明对方当事人也有过错的，可以减轻责任。

当事人故意破坏、伪造现场、毁灭证据的，承担全部责任。

第九十三条　公安机关交通管理部门对经过勘验、检查现场的交通事故应当在勘查现场之日起 10 日内制作交通事故认定书。对需要进行检验、鉴定的，应当在检验、鉴定结果确定之日起 5 日内制作交通事故认定书。

第九十四条　当事人对交通事故损害赔偿有争议，各方当事人一致请求公安机关交通管理部门调解的，应当在收到交通事故认定书之日起 10 日内提出书面调解申请。

对交通事故致死的，调解从办理丧葬事宜结束之日起开始；对交通事故致伤的，调解从治疗终结或者定残之日起开始；对交通事故造成财产损失的，调解从确定损失之日起开始。

第九十五条　公安机关交通管理部门调解交通事故损害赔偿争议的期限为 10 日。调解达成协议的，公安机关交通管理部门应当制作调解书送交各方当事人，调解书经各方当事人共同签字后生效；调解未达成协议的，公安机关交通管理部门应当制作调解终结书送交各方当事人。

交通事故损害赔偿项目和标准依照有关法律的规定执行。

第九十六条　对交通事故损害赔偿的争议，当事人向人民法院提起民事诉讼的，公安机关交通管理部门不再受理调解申请。

公安机关交通管理部门调解期间，当事人向人民法院提起民事诉讼的，调解终止。

第九十七条　车辆在道路以外发生交通事故，公安机关交通管理部门接到报案的，参照道路交通安全法和本条例的规定处理。

车辆、行人与火车发生的交通事故以及在渡口发生的交通事故，依照国家有关规定处理。

第六章　执法监督

第九十八条　公安机关交通管理部门应当公开办事制度、办事程序，建立警风警纪监督员制度，自觉接受社会和群众的监督。

第九十九条　公安机关交通管理部门及其交通警察办理机动车登记，发放号牌，对驾驶人考试、发证，处理道路交通安全违法行为，处理道路交通事故，应当严格遵守有关规定，不得越权执法，不得延迟履行职责，不得擅自改变处罚的种类和幅度。

第一百条　公安机关交通管理部门应当公布举报电话，受理群众举报投诉，并及时调查核实，反馈查处结果。

第一百零一条　公安机关交通管理部门应当建立执法质量考核评议、执法责任制和执法过错追究制度，防止和纠正道路交通安全执法中的错误或者不当行为。

第七章　法律责任

第一百零二条　违反本条例规定的行为，依照道路交通安全法和本条例的规定处罚。

第一百零三条　以欺骗、贿赂等不正当手段取得机动车登记或者驾驶许可的，收缴机动车登记证书、号牌、行驶证或者机动车驾驶证，撤销机动车登记或者机动车驾驶许可；申请人在 3 年内不得申请机动车登记或者机动车驾驶许可。

第一百零四条 机动车驾驶人有下列行为之一，又无其他机动车驾驶人即时替代驾驶的，公安机关交通管理部门除依法给予处罚外，可以将其驾驶的机动车移至不妨碍交通的地点或者有关部门指定的地点停放：

（一）不能出示本人有效驾驶证的；

（二）驾驶的机动车与驾驶证载明的准驾车型不符的；

（三）饮酒、服用国家管制的精神药品或者麻醉药品、患有妨碍安全驾驶的疾病，或者过度疲劳仍继续驾驶的；

（四）学习驾驶人员没有教练人员随车指导单独驾驶的。

第一百零五条 机动车驾驶人有饮酒、醉酒、服用国家管制的精神药品或者麻醉药品嫌疑的，应当接受测试、检验。

第一百零六条 公路客运载客汽车超过核定乘员、载货汽车超过核定载质量的，公安机关交通管理部门依法扣留机动车后，驾驶人应当将超载的乘车人转运、将超载的货物卸载，费用由超载机动车的驾驶人或者所有人承担。

第一百零七条 依照道路交通安全法第九十二条、第九十五条、第九十六条、第九十八条的规定被扣留的机动车，驾驶人或者所有人、管理人30日内没有提供被扣留机动车的合法证明，没有补办相应手续，或者不前来接受处理，经公安机关交通管理部门通知并且经公告3个月仍不前来接受处理的，由公安机关交通管理部门将该机动车送交有资格的拍卖机构拍卖，所得价款上缴国库；非法拼装的机动车予以拆除；达到报废标准的机动车予以报废；机动车涉及其他违法犯罪行为的，移交有关部门处理。

第一百零八条 交通警察按照简易程序当场作出行政处罚的，应当告知当事人道路交通安全违法行为的事实、处罚的理由和依据，并将行政处罚决定书当场交付被处罚人。

第一百零九条 对道路交通安全违法行为人处以罚款或者暂扣驾驶证处罚的，由违法行为发生地的县级以上人民政府公安机关交通管理部门或者相当于同级的公安机关交通管理部门作出决定；对处以吊销机动车驾驶证处罚的，由设区的市人民政府公安机关交通管理部门或者相当于同级的公安机关交通管理部门作出决定。

公安机关交通管理部门对非本辖区机动车的道路交通安全违法行为没有当场处罚的，可以由机动车登记地的公安机关交通管理部门处罚。

第一百一十条 当事人对公安机关交通管理部门及其交通警察的处罚有权进行陈述和申辩，交通警察应当充分听取当事人的陈述和申辩，不得因当事人陈述、申辩而加重其处罚。

第八章 附 则

第一百一十一条 本条例所称上道路行驶的拖拉机，是指手扶拖拉机等最高设计行驶速度不超过每小时 20 公里的轮式拖拉机和最高设计行驶速度不超过每小时 40 公里、牵引挂车方可从事道路运输的轮式拖拉机。

第一百一十二条 农业（农业机械）主管部门应当定期向公安机关交通管理部门提供拖拉机登记、安全技术检验以及拖拉机驾驶证发放的资料、数据。公安机关交通管理部门对拖拉机驾驶人作出暂扣、吊销驾驶证处罚或者记分处理的，应当定期将处罚决定书和记分情况通报有关的农业（农业机械）主管部门。吊销驾驶证的，还应当将驾驶证送交有关的农业（农业机械）主管部门。

第一百一十三条 境外机动车入境行驶，应当向入境地的公安机关交通管理部门申请临时通行号牌、行驶证。临时通行号牌、行驶证应当根据行驶需要，载明有效日期和允许行驶的区域。

入境的境外机动车申请临时通行号牌、行驶证以及境外人员申请机动车驾驶许可的条件、考试办法由国务院公安部门规定。

第一百一十四条 机动车驾驶许可考试的收费标准，由国务院价格主管部门规定。

第一百一十五条 本条例自 2004 年 5 月 1 日起施行。1960年 2 月 11 日国务院批准、交通部发布的《机动车管理办法》，1988 年 3 月 9 日国务院发布的《中华人民共和国道路交通管理条例》，1991 年 9 月 22 日国务院发布的《道路交通事故处理办法》，同时废止。

附录三　高速公路交通应急管理程序规定

（二〇〇八年十二月三日实施）

第一章　总　　则

第一条　为加强高速公路交通应急管理，切实保障高速公路交通安全畅通和人民生命财产安全，有效处置交通拥堵，根据《中华人民共和国道路交通安全法》及其实施条例、《中华人民共和国突发事件应对法》的有关规定，制定本规定。

第二条　因道路交通事故、危险化学品泄漏、恶劣天气、自然灾害以及其他突然发生影响安全畅通的事件，造成高速公路交通中断和车辆滞留，各级公安机关按照本规定进行应急处置。

第三条　高速公路交通应急管理工作应当坚持以人为本、统一领导、分工负责、协调联动、快速反应、依法实施的原则，将应急救援和交通疏导工作作为首要任务，确保人民群众生命财产安全和交通安全畅通。

第四条　各级公安机关要完善高速公路交通应急管理领导机构，建立统一指挥、分级负责、部门联动、协调有序、反应灵敏、运转高效的高速公路交通应急管理机制。

第五条　各级公安机关应当建立高速公路分级应急响应机制。公安部指导各级公安机关开展高速公路交通应急管理工作，省级公安机关指导或指挥本省（自治区、直辖市）公安机关开展高速公路交通应急管理工作，地市级以下公安机关根据职责负责辖区内高速公路交通应急管理工作。

第六条 各级公安机关应当结合实际，在本级人民政府统一领导下，会同环境保护、交通运输、卫生、安全监管、气象等部门和高速公路经营管理、医疗急救、抢险救援等单位，联合建立高速公路交通应急管理预警机制和协作机制。

第七条 省级公安机关应当建立完善相邻省（自治区、直辖市）高速公路交通应急管理协调工作机制，配合相邻省（自治区、直辖市）做好跨省际高速公路交通应急管理工作。

第八条 各级公安机关交通管理部门根据管理体制和管理职责，具体负责本辖区内高速公路交通应急管理工作。

第二章 应急准备

第九条 根据道路交通中断造成车辆滞留的影响范围和严重程度，高速公路应急响应从高到低分为一级、二级、三级和四级应急响应级别。各级公安机关应当完善高速公路交通管理应急预案体系，根据职权制定相应级别的应急预案，在应急预案中分别对交通事故、危险化学品泄漏、恶劣天气、自然灾害等不同突发情况作出具体规定。

第十条 各级公安机关应当根据高速公路交通应急管理实际需要，为高速公路公安交通管理部门配备应急处置的有关装备和设施，完善通讯、交通、救援、信息发布等装备器材及民警个人防护装备。

第十一条 公安部制定一级响应应急预案，每两年组织一次演练和培训。省级公安机关制定二级和三级响应应急预案，每年组织一次演练和培训。地市级公安机关制定四级响应应急预案，每半年组织一次演练和培训。

第十二条 跨省（自治区、直辖市）实施交通应急管理的应急预案应由省级公安机关制定，通报相关省级公安机关，并报公

安部备案。

　　跨地市实施交通应急管理的应急预案应由地市级公安机关制定，通报相关地市级公安机关，并报省级公安机关备案。

第三章　应急响应

　　第十三条　道路交通中断 24 小时以上，造成车辆滞留严重影响相邻三个以上省（自治区、直辖市）高速公路通行的为一级响应；道路交通中断 24 小时以上，造成车辆滞留涉及相邻两个以上省（自治区、直辖市）高速公路通行的为二级响应；道路交通中断 24 小时以上，造成车辆滞留影响省（自治区、直辖市）内相邻三个以上地市辖区高速公路通行的为三级响应；道路交通中断 12 小时以上，造成车辆滞留影响两个以上地市辖区内高速公路通行的为四级响应。

　　第十四条　各级公安机关接到应急事件报警后，应当详细了解事件情况，对事件的处置时间和可能造成的影响及时作出研判。在确认高速公路交通应急管理响应级别后，应当立即启动相应级别的应急预案并明确向下一级公安机关宣布进入应急状态。各级公安机关在宣布或者接上级公安机关命令进入应急状态后，应当立即部署本级相关部门或相关下级公安机关执行。

　　第十五条　一级响应时，公安部启动一级响应应急预案，宣布进入一级应急状态，成立高速公路交通应急管理指挥部，指导、协调所涉及地区公安机关开展交通应急管理工作，必要时派员赴现场指导工作，相关省级公安机关成立相应领导机构，指导或指挥省（自治区、直辖市）内各级公安机关开展各项交通应急管理工作。

　　第十六条　二级响应时，由发生地省级公安机关联合被影响地省级公安机关启动二级响应应急预案，宣布进入二级应急状态，以发生地省级公安机关为主成立高速公路交通应急管理指挥部，协调被影响地省级公安机关开展交通应急管理工作。必要时由公安部协调开展工作。

第十七条 三级响应时，省级公安机关启动三级响应应急预案，宣布进入三级应急状态，成立高速公路交通应急管理指挥部，指挥本省（自治区、直辖市）内各级公安机关开展交通应急管理工作。

第十八条 四级响应时，由发生地地市级公安机关联合被影响地公安机关启动四级响应应急预案，宣布进入四级应急状态，以发生地地市级公安机关为主成立高速公路交通应急管理指挥部，指挥本地公安机关，协调被影响地公安机关开展交通应急管理工作。

第十九条 发生地和被影响地难以区分时，上级公安机关可以指令下级公安机关牵头成立临时领导机构，指挥、协调高速公路交通应急管理工作。

第二十条 各级公安机关要根据事态的发展和现场处置情况及时调整响应级别。响应级别需要提高的，应当在初步确定后30分钟内，宣布提高响应级别或报请上级公安机关提高响应级别，启动相应级别的应急预案。

第四章 应急处置

第二十一条 一级响应，需要采取封闭高速公路交通管理措施的，由公安部作出决定；二级以下响应，需要采取封闭高速公路交通管理措施的，应当由省级公安机关作出决定，封闭高速公路24小时以上的应报公安部备案；情况特别紧急，如不采取封闭高速公路交通管理措施，可能造成群死群伤重特大交通事故等情形的，可先行封闭高速公路，再按规定逐级上报批准或备案。

第二十二条 高速公路实施交通应急管理时，非紧急情况不得关闭省际入口，一级、二级响应时，本省（自治区、直辖市）

范围内不能疏导交通，确需关闭高速公路省际入口的，按以下要求进行：

（一）采取关闭高速公路省际入口措施，应当事先征求相邻省级公安机关意见；

（二）一级响应时，需要关闭高速公路省际入口的，应当报公安部批准后实施；

（三）二级响应时，关闭高速公路省际入口可能在 24 小时以上的，由省级公安机关批准后实施，同时应当向公安部上报道路基本情况、处置措施、关闭高速公路省际入口后采取的应对措施以及征求相邻省级公安机关意见情况；24 小时以内的，由省级公安机关批准后实施；

（四）具体实施关闭高速公路省际入口措施的公安机关，应当每小时向相邻省（自治区、直辖市）协助实施交通管理的公安机关通报一次处置突发事件工作进展情况；

（五）应急处置完毕，应当立即解除高速公路省际入口关闭措施，并通知相邻省级公安机关协助疏导交通，关闭高速公路省际入口 24 小时以上的，还应当同时上报公安部。

第二十三条　高速公路实施交通应急管理一级、二级响应时，实施远端分流，需组织车辆绕道相邻省（自治区、直辖市）公路通行的，按以下要求进行：

（一）跨省（自治区、直辖市）组织实施车辆绕道通行的，应当报省级公安机关同意，并与相邻省级公安机关就通行线路、通行组织等有关情况协商一致后报公安部批准；

（二）组织车辆绕道通行应当采取现场指挥、引导通行等措施确保安全；

（三）按照有关规定发布车辆绕道通行和路况等信息。

第五章　现场处置措施

第二十四条　重特大交通事故交通应急管理现场处置措施：

（一）启动高速公路交通应急管理协作机制，立即联系医疗急救机构，组织抢救受伤人员，上报事故现场基本情况，保护事故现场，维护现场秩序；

（二）划定警戒区，并在警戒区外按照"远疏近密"的要求，从距来车方向五百米以外开始设置警告标志。白天要指定交通警察负责警戒并指挥过往车辆减速、变更车道。夜间或者雨、雪、雾等天气情况造成能见度低于五百米时，需从距来车方向一千米以外开始设置警告标志，并停放警车，打开警灯或电子显示屏示警；

（三）控制交通肇事人，疏散无关人员，视情采取临时性交通管制措施及其他控制措施，防止引发次生交通事故；

（四）在医疗急救机构人员到达现场之前，组织抢救受伤人员，对因抢救伤员需要移动车辆、物品的，应当先标明原始位置；

（五）确保应急车道畅通，引导医疗、施救等车辆、人员顺利出入事故现场，做好辅助性工作；救护车辆不足时，启用警车或征用过往车辆协助运送伤员到医疗急救机构。

第二十五条　危险化学品运输车辆交通事故交通应急管理现场处置措施：

（一）启动高速公路交通应急管理协作机制，及时向驾驶人、押运人员及其他有关人员了解运载的物品种类及可能导致的后果，迅速上报危险化学品种类、危害程度、是否泄漏、死伤人员及周边河流、村庄受害等情况；

（二）划定警戒区域，设置警戒线，清理、疏散无关车辆、人员，安排事故未受伤人员至现场上风口地带；在医疗急救机构人员到达现场之前，组织抢救受伤人员。控制、保护肇事者和当事人，防止逃逸和其他意外的发生；

（三）确保应急车道畅通，引导医疗、救援等车辆、人员顺利出入事故现场，做好辅助性工作；救护车辆不足时，启用警车或征用过往车辆协助运送伤员到医疗急救机构；

（四）严禁在事故现场吸烟、拨打手机或使用明火等可能引起燃烧、爆炸等严重后果的行为。经环境保护、安全监管等部门及公安消防机构监测可能发生重大险情的，要立即将现场警力和人员撤至安全区域；

（五）解救因车辆撞击、侧翻、失火、落水、坠落而被困的人员，排除可能存在的隐患和险情，防止发生次生交通事故。

第二十六条　恶劣天气交通应急管理现场处置措施：

（一）迅速上报路况信息，包括雾、雨、雪、冰等恶劣天气的区域范围及变化趋势、能见度、车流量等情况；

（二）根据路况和上级要求，采取分段通行、间断放行、绕道通行、引导通行等措施；

（三）加强巡逻，及时发现和处置交通事故现场，严防发生次生交通事故；

（四）采取封闭高速公路交通管理措施时，要通过设置绕行提示标志、电子显示屏或可变情报板、交通广播等方式发布提示信息，按照交通应急管理预案进行分流。

第二十七条　自然灾害交通应急管理现场处置措施：

（一）接到报警后，民警迅速赶往现场，了解现场具体情况；

（二）因自然灾害导致路面堵塞，及时采取封闭道路措施，对受影响路段入口实施交通管制；

（三）通过设置绕行提示标志、电子显示屏或可变情报板、交通广播等方式发布提示信息，按照交通分流预案进行分流；

（四）封闭道路分流后须立即采取带离的方式清理道路上的滞留车辆；

（五）根据现场情况调度施救力量，及时清理现场，确保尽早恢复交通。

第二十八条 公安机关接报应急情况后，应当采取以下措施：

（一）了解道路交通中断和车辆滞留的影响范围和严重程度，根据高速公路交通应急管理响应级别，启动相应的应急预案，启动高速公路交通应急管理协作机制；

（二）按照本规定要求及时上报有关信息；

（三）会同相关职能部门，组织实施交通管理措施，及时采取分段通行、间断放行、绕道通行、引导通行等措施疏导滞留车辆；

（四）依法及时发布交通预警、分流和诱导等交通管理信息。

第二十九条 公安机关接到危险化学品泄露交通事故报警后，应当立即报告当地人民政府，通知有关部门到现场协助处理。

第三十条 各级公安机关应当在高速公路交通管理应急预案中详细规定交通警察现场处置操作规程。

第三十一条 交通警察在实施交通应急管理现场处置操作规程时，应当严格执行安全防护规定，注意自身安全。

第六章 信息报告与发布

第三十二条 需采取的应急措施超出公安机关职权范围的，事发地公安机关应当向当地人民政府报告，请求协调解决，同时向上级公安机关报告。

第三十三条 高速公路实施交通应急管理可能影响相邻省（自治区、直辖市）道路交通的，在及时处置的同时，要立即向相邻省（自治区、直辖市）的同级公安机关通报。

第三十四条 受邻省高速公路实施交通应急管理影响，造成本省（自治区、直辖市）道路交通中断和车辆滞留的，应当立即向邻省同级公安机关通报，同时向上级公安机关和当地人民政府报告。

第三十五条 信息上报的内容应当包括事件发生时间、地点、原因、目前道路交通状况、事件造成损失及危害、判定的响应级别、已经采取的措施、工作建议以及预计恢复交通的时间等情况，完整填写《高速公路交通应急管理信息上报表》。

第三十六条 信息上报可通过电话、传真、公安信息网传输等方式，紧急情况下，应当立即通过电话上报，遇有暂时无法查清的情况，待查清后续报。

第三十七条 高速公路实施交通应急管理需启动一级响应的，应当在初步确定启动一级响应1小时内将基本信息逐级上报至公安部；需启动二级响应的，应当在初步确定启动二级响应30分钟内将基本信息逐级上报至省级公安机关；需启动三级和四级响应的，应当及时将基本信息逐级上报至省级公安机关。公安部指令要求查报的，可由当地公安机关在规定时间内直接报告。

第三十八条 各级公安机关应当按照有关规定在第一时间向社会发布高速公路交通应急管理简要信息，随后发布初步核实情况、政府应对措施和公众防范措施等，并根据事件处置情况做好后续发布工作。对外发布的有关信息应当及时、准确、客观、全面。

第三十九条 本省（自治区、直辖市）或相邻省（自治区、直辖市）高速公路实施交通应急管理，需采取交通管制措施影响本省（自治区、直辖市）道路交通，应当采取现场接受采访、举行新闻发布会等形式通过本省（自治区、直辖市）电视、广播、报纸、网络等媒体及时公布信息。同时，协调高速公路经营管理单位在高速公路沿线电子显示屏滚动播放交通管制措施。

第四十条 应急处置完毕，应当迅速取消交通应急管理等措施，尽快恢复交通，待道路交通畅通后撤离现场，并及时向社会发布取消交通应急管理措施和恢复交通的信息。

第七章 评估总结

第四十一条 各级公安机关要对制定的应急预案定期组织评估，并根据演练和启动预案的情况，适时调整应急预案内容。公安部每两年组织对一级响应应急预案进行一次评估，省级公安机关每年组织对二级和三级响应应急预案进行一次评估，地市级公安机关每半年对四级响应应急预案进行一次评估。

第四十二条 应急处置结束后，应急处置工作所涉及的公安机关应当对应急响应工作进行总结，并对应急预案进行修订完善。

第八章 附 则

第四十三条 违反本规定中关于关闭高速公路省际入口、组织车辆绕行分流和信息报告、发布等要求，影响应急事件处置的，给予有关人员相应纪律处分；造成严重后果的，依法追究有关人员法律责任。

第四十四条 本规定中所称"以上"、"以下"、"以内"、"以外"包含本数。

第四十五条 高速公路以外的其他道路交通应急管理参照本规定执行。

第四十六条 本规定自印发之日起实施。

参考文献

1. 李兵主编:《道路交通事故处理》,警官教育出版社1998年版。

2. 公安部教育局编:《道路交通事故处理》,群众出版社1998年版。

3. 许洪国、何彪编著:《道路交通事故分析与再现》,警官教育出版社2000年版。

4. 李蕊主编:《道路交通管理法规通论》,中国人民公安大学出版社2000年版。

5. 秦殿发、姚伟章主编:《道路交通卷》,群众出版社2001年版。

6. 公安部交通管理局编:《〈道路交通安全法〉适用指南》,中国人民公安大学出版社2003年版。

7. 丁利民主编:《道路交通管理新编》,群众出版社2003年版。

8. 刘建军主编:《交通事故物证技术鉴定》,中国人民公安大学出版社2003年版。

9. 公安部交通管理局编:《交通警察执法手册》,中国人民公安大学出版社2004年版。

10. 任大任主编:《道路交通秩序管理》,中国人民公安大学出版社2004年版。

11. 张德和、徐晓慧主编:《道路交通管理基础理论》,中国人民公安大学出版社2004年版。

12. 杜晓炎、杜心全、李英娟主编:《道路交通事故现场处理教程》，中国人民公安大学出版社 2005 年版。

13. 汤三红、程志凯、胡大鹤主编：《道路交通管理教程》，中国人民公安大学出版社 2005 年版。

14. 袁西安、郏红雯主编：《道路交通安全法教程》，中国人民公安大学出版社 2005 年版。

15. 管满泉、刘建华、王志华主编：《道路交通秩序管理教程》，中国人民公安大学出版社 2005 年版。

16. 翟忠民、景东升、陆化普著：《道路交通实战案例》，人民交通出版社 2007 年版。

17. 管满泉、吴建昆主编：《道路交通秩序管理》，中国人民公安大学出版社、群众出版社 2010 年版。